IK ELTON JOHN

Vertaald uit het Engels door Robert Neugarten

LEBOWSKI PUBLISHERS
AMSTERDAM 2020

Eerste druk, oktober 2019
Vierde druk, oktober 2020

Oorspronkelijke titel: *Me*
Oorspronkelijk uitgegeven door: Macmillan, 2019

Omslagbeeld voorplat: Terry O'Neill © HST Global Limited, courtesy of Rocket Entertainment
Omslagbeeld achterplat: Terry O'Neill/Iconic Images
Omslagontwerp: Sander Patelski
Typografie: Crius Group, Hulshout

ISBN 978 90 488 5927 6
ISBN 978 90 488 3872 1 (e-book)
NUR 661

www.lebowskipublishers.nl
www.overamstel.com

OVERAMSTEL
uitgevers

Lebowski Publishers is een imprint van Overamstel uitgevers bv
Meld je aan voor de nieuwsbrief om op de hoogte te blijven van de nieuwste boeken van Lebowski Publishers via www.lebowskipublishers.nl/nieuwsbrief

Dit boek is opgedragen aan mijn man David
en aan onze prachtige zonen Zachary en Elijah.
Met speciale dank aan Alexis Petridis, zonder wie
dit boek niet mogelijk zou zijn geweest.

proloog

Ik stond op het podium van de Latino Club in South Shields toen ik besefte dat ik het niet meer aankon. Het was een van de *supper clubs* die je in de jaren zestig en zeventig overal in Groot-Brittannië zag. Ze waren allemaal vrijwel hetzelfde: mensen in pakken zaten aan tafels kip te eten en dronken wijn uit mandflessen; reliëfbehang en lampenkappen met franje; revueacts en een presentator met een strikdasje. Je waande je in een ander tijdperk. Buiten was het de winter van 1967. De rockmuziek veranderde en ontwikkelde zich duizelingwekkend snel: *Magical Mystery Tour* van The Beatles, The Mothers of Invention, *The Who Sell Out* en *Axis: Bold as Love*, Dr. John en *John Wesley Harding*. In de Latino zag je alleen dat de Swinging Sixties zich hadden voltrokken omdat ik een kaftan droeg en een ketting met belletjes om mijn nek had hangen. Dat was niets voor mij. Ik moet zo ongeveer het minst overtuigende *flower child* van Engeland zijn geweest.

De kaftan en bellen waren het idee van Long John Baldry. Ik speelde orgel in Bluesology, zijn begeleidingsband. Het was John niet ontgaan dat alle andere rhythm-and-bluesbands op de psychedelische toer waren gegaan. De ene week speelde Zoot Money's Big Roll Band nog nummers van James Brown, maar als je ze een week later weer zag optreden, heetten ze Dantalian's Chariot, droegen ze witte gewaden en zongen ze dat de Derde Wereldoorlog alle bloemen zou vermoorden. John vond dat wij ook iets moesten doen, in elk geval met onze outfits. En dus kregen we allemaal kaftans. Goedkope voor de begeleidende musici, maar die van John werden speciaal voor hem gemaakt door Take Six in Carnaby Street. Dat dacht hij althans, totdat hij tijdens een optreden iemand in het publiek zag zitten met dezelfde kaftan. Hij stopte halverwege het nummer met zingen en riep die man woedend toe: 'Hoe kom je aan die kaftan? Dat is mijn kaftan!' Ik vond zijn reactie slecht te rijmen met de aura van vrede, liefde en universele broederschap waarmee kaftans werden geassocieerd.

Long John Baldry was mijn held. Hij was volstrekt hilarisch, buitengewoon excentriek, volkomen gay en een fantastische musicus, misschien wel de beste bespeler van de twaalfsnarige gitaar die Engeland ooit heeft voortgebracht. Hij was een van de belangrijkste vertegenwoordigers geweest van de Britse bluesgolf van de vroege jaren zestig, toen hij samenwerkte met onder anderen Alexis Korner en Cyril Davies en The Rolling Stones. Hij was een wandelende bluesencyclopedie. Je leerde al waanzinnig veel door gewoon bij hem in de buurt te zijn; hij liet me kennismaken met allerlei muziek die ik niet kende.

Maar bovenal was hij een ongelooflijk lieve, ruimhartige man met een neus voor talentvolle musici, die hij onder zijn vleugel nam en de tijd gunde om zelfvertrouwen op te bouwen. Dat deed hij met mij, en daarvoor had hij het al gedaan met Rod Stewart, die had gezongen in Johns oude band, Steampacket: Rod, John, Julie Driscoll, Brian Auger. Ze waren ongelooflijk goed, maar ze waren uit elkaar gegaan. Zoals ik het hoorde hadden Rod en Julie op een avond na een optreden in Saint-Tropez ruzie gekregen en had Julie rode wijn over Rods witte pak gegooid. Ik hoef je vast niet te vertellen hoe dat afliep. Het betekende het einde van Steampacket. John had Bluesology uitverkoren als zijn nieuwe begeleidingsband. We speelden in hippe soulclubs en blueskelders in het hele land.

Het was een geweldige beleving, ook al liet John, die er merkwaardige muzikale ideeën op nahield, ons bizarre sets spelen. We begonnen met heel stevige blues, nummers als 'Times Gettin' Tougher Than Tough', 'Hoochie Coochie Man'. Het publiek was als was in onze handen, maar dan moesten we van John 'The Threshing Machine' spelen, een seksueel getinte *novelty song* uit het zuidwesten van Engeland, zo'n liedje dat dronken rugbyers zingen, zoals ''Twas on the Good Ship Venus' of 'Eskimo Nell'. John zong het ook nog met een soort piratenaccent. Daarna moesten we dan een Amerikaanse klassieker spelen, zoals 'It Was a Very Good Year' of 'Ev'ry Time We Say Goodbye' omdat hij zijn imitatie wilde doen van de Amerikaanse jazzzangeres Della Reese. Ik heb geen idee waarom hij dacht dat mensen voor 'The Threshing Machine' of een imitatie van Della Reese kwamen, maar hij was en bleef er heilig van overtuigd dat ze dat wilden horen, al hoefde je maar het publiek in te kijken om te zien dat hij ongelijk had. De mensen op de eerste rij, die waren gekomen om de blueslegende John Long Baldry te horen, waren bijna allemaal *mods*; ze zaten kauwgum te kauwen en ons geschokt aan te staren: *Wat de fuck is die gast aan het doen?* Het was hilarisch, ook al zat ik met dezelfde vraag.

Toen sloeg de rampspoed toe: Long John Baldry had een grote hit. Dat zou normaal gesproken tot grote vreugde hebben geleid, maar 'Let the Heartaches Begin' was een weerzinwekkend nummer, een mierzoete ballade voor huisvrouwen die niets te maken had met de muziek die John zou moeten maken. Het stond wekenlang op nummer 1 en werd voortdurend gedraaid op de radio. Ik zou willen dat ik kon zeggen dat ik geen idee had wat er in hem omging, maar ik weet precies wat er in hem omging en ik kan hem geen ongelijk geven. Hij had zich jarenlang uit de naad gewerkt en eindelijk verdiende hij er goed aan. De blueskelders boekten ons niet meer en we promoveerden naar supper clubs, waar we hogere gages kregen. We speelden vaak in twee van die zalen op één avond. Niemand was daar geïnteresseerd in Johns cruciale bijdrage aan de Britse blues of zijn beheersing van de twaalfsnarige gitaar. Ze wilden gewoon kijken naar iemand die ze op tv hadden gezien. Soms kreeg ik zelfs de indruk dat ze helemaal niet geïnteresseerd waren in muziek. Als je in sommige clubs langer speelde dan de toegewezen tijd, lieten ze halverwege een nummer het gordijn zakken. Het voordeel was dat het publiek in de supper clubs meer van 'The Threshing Machine' genoot dan de mods in de blueskelders hadden gedaan.

Er was nog een probleem met 'Let the Heartaches Begin': Bluesology kon het live niet spelen. Ik bedoel niet dat we het weigerden te spelen. We kónden het niet, letterlijk. Op de plaatopname, die klonk als Mantovani, deden een orkest en een vrouwenkoortje mee. Wij waren een rhythm-and-bluesband van acht man met een blazerssectie. We konden het geluid van de plaat onmogelijk reproduceren. Daarom had John de muziek op tape laten zetten. Als het grote moment was aangebroken, zeulde hij een enorme spoelenrecorder van Revox het podium op en zong hij mee met de opname. De band stond erbij en deed niets. In onze kaftans en met bellen om onze nek. Terwijl mensen kip en friet zaten te eten. Wat een marteling.

Het enige vermakelijke aan de liveversie van 'Let the Heartaches Begin' was dat er vrouwen gingen gillen zodra John het nummer inzette. Ze werden schijnbaar zo overweldigd door verlangen dat ze hun kip en friet tijdelijk lieten staan om het podium te bestormen. Ze grepen zijn microfoonkoord om John naar zich toe te trekken. Dat deden de fans van Tom Jones ongetwijfeld elke avond, en hij onderging het vast gelaten, maar zo zat Long John Baldry niet in elkaar. Hij genoot niet van de verering, maar werd woedend. Hij stopte met zingen en bulderde als een strenge schoolmeester: 'ALS JE MIJN MICROFOON KAPOTMAAKT, KRIJG IK VIJFTIG POND VAN JE!' Op een avond werd zijn wanhopige waarschuwing genegeerd. De fans bleven aan het koord trekken en ik zag dat John zijn arm hief. Ik hoorde een luide bons en zag de speakers schudden. Ik besefte verbouwereerd dat ik het geluid hoorde van een door wellust bevangen fan die met een microfoon tegen haar hoofd werd geslagen. Achteraf is het een wonder dat John niet werd gearresteerd of aangeklaagd voor geweldpleging. Het werd onze grootste bron van vermaak tijdens 'Let the Heartaches Begin': ons afvragen of John die avond weer een bewonderaarster zou aftuigen.

Dit was het nummer dat John zong toen ik mijn moment van inzicht had in South Shields. Ik droomde er als kind al van om musicus te worden. In die dromen was ik soms Little Richard, soms Jerry Lee Lewis, soms Ray Charles. Maar nooit stond ik in die dromen in een supper club bij Newcastle – niet op mijn Vox Continental te spelen – terwijl Long John Baldry beurtelings begeleid door een bandrecorder stond te croonen en dreigde zijn fans een boete op te leggen. Toch stond ik daar nu. Ik hield veel van John, maar de tijd was rijp voor iets nieuws.

Het probleem was dat ik niet bepaald veel andere opties had. Ik had geen flauw idee wat ik wilde doen, of zelfs maar wat ik kón. Ik wist dat ik aardig kon zingen en pianospelen, maar voor popster was ik duidelijk niet in de wieg gelegd. Om te beginnen zag ik er niet uit als een popster; ik kwam niet eens weg met een kaftan. Bovendien heette ik Reg Dwight. Dat is geen popsterrennaam. 'Vanavond bij *Top of the Pops*, de nieuwe single van... Reg Dwight!' Dat ging 'm niet worden. De andere leden van Bluesology hadden namen die in *Top of the Pops* geen slecht figuur zouden slaan. Stuart Brown. Pete Gavin. Elton Dean. Elton Dean! Zelfs de saxofonist klonk meer als een popster dan ik, terwijl hij geen enkele behoefte had om er een te worden. Hij was een serieuze jazzliefhebber die in Bluesology wachtte op het moment dat hij uit zijn dak kon gaan in een improviserend freejazzkwintet.

Ik zou natuurlijk mijn naam kunnen veranderen, maar wat was daar het nut van? Ik dacht tenslotte niet alleen dat ik geen popster kon worden, het was me letterlijk vertéld dat ik geen popster kon worden. Ik had een paar maanden eerder auditie gedaan bij Liberty Records, dat een advertentie had geplaatst in *The New Musical Express*: LIBERTY RECORDS ZOEKT TALENT. Maar niet mijn talent, zo bleek. Ik had daar afgesproken met een zekere Ray Williams, voor hem gespeeld en zelfs een paar nummers opgenomen in een kleine studio. Ray vond dat ik mogelijkheden had, maar hij was de enige bij Liberty die er zo over dacht. Bedankt en tot ziens! En zo eindige dat avontuur.

Ik had welgeteld één andere optie. Tijdens mijn auditie had ik Ray Williams verteld dat ik liedjes schreef. Of althans: de helft van liedjes. Ik kon muziek en melodieën schrijven, maar geen teksten. Ik had het geprobeerd voor Bluesology en werd van de resultaten nog weleens badend in het zweet wakker: 'We could be such a happy pair, and I promise to do my share.' Als een soort troostprijs na de afwijzing had Ray me een envelop gegeven. Iemand die op dezelfde advertentie had gereageerd had teksten meegestuurd. Ik geloof niet dat Ray die had gelezen voordat hij ze aan me gaf.

De tekstschrijver kwam uit Owmby-by-Spital in Lincolnshire, niet bepaald de bakermat van de rock-'n-roll. Hij werkte op een kippenboerderij, waar hij met een kruiwagen dode vogels heen en weer reed. Maar zijn teksten waren behoorlijk goed. Esoterisch, een beetje beïnvloed door Tolkien en in de trant van 'A Whiter Shade of Pale' van Procol Harum. Het belangrijkste was dat er geen teksten bij zaten waarvan ik mijn ogen uit mijn hoofd wilde steken van gêne. Dat betekende dat ze veel beter waren dan mijn eigen probeersels.

Ik merkte bovendien dat ik er muziek bij kon schrijven, en nog heel snel ook. De teksten leken goed bij me te passen. Op persoonlijk niveau klikte het ook. Hij kwam me opzoeken in Londen, we gingen koffiedrinken en konden het meteen met elkaar vinden. Bernie Taupin bleek helemaal geen boerenpummel te zijn. Hij was voor een zeventienjarige uiterst verfijnd: hij had lang haar en was knap, zeer belezen, en een groot fan van Bob Dylan. Dus begonnen we samen te schrijven. Of beter: niet samen. Hij stuurde me vanuit Lincolnshire teksten toe en ik schreef de muziek thuis, in de flat van mijn moeder en stiefvader in Northwood Hills. Uit deze samenwerking waren tientallen liedjes voortgekomen. Toegegeven, we hadden nog niet één van die dingen weten te verkopen aan andere artiesten, en als we ons er fulltime op zouden toeleggen, zouden we snel blut zijn. Maar wat hadden we te verliezen, los van het financiële aspect? Een kruiwagen vol dode kippen en twee uitvoeringen van 'Let the Heartaches Begin' per avond.

Na een optreden in Schotland in december vertelde ik John en Bluesology dat ik de band zou verlaten. Prima, zei hij, even goede vrienden. Zoals ik al zei was John onvoorstelbaar ruimhartig. Tijdens de vlucht naar huis besloot ik dat ik toch mijn naam moest veranderen. Om de een of andere reden dacht ik dat ik razendsnel iets anders moest bedenken. Ik denk dat het symbolisch was voor mijn nieuwe leven: weg met Bluesology, weg met Reg Dwight. Omdat ik haast had, koos ik de namen van andere mensen: Elton van Elton Dean en John van Long John Baldry. Elton John. Elton John en Bernie Taupin. De liedjesschrijvers Elton John en Bernie Taupin. Ik vond het goed klinken. Bijzonder. Opvallend. Tijdens de busrit vanaf Heathrow vertelde ik mijn inmiddels ex-collega's over mijn besluit. Toen ze waren bijgekomen van het lachen, wensten ze me het beste.

een

Ik leerde Elvis Presley kennen dankzij mijn moeder. Elke vrijdag haalde ze na haar werk haar salaris op en dan ging ze bij Siever's, een elektronicazaak die ook platen verkocht, een nieuw 78 toerenplaatje kopen. Het was de mooiste tijd van de week, thuis wachten om te zien waarmee ze zou thuiskomen. Ze hield van dansen, dus ze was dol op bigbands – Billy May and His Orchestra, Ted Heath – en van Amerikaanse zangers zoals Johnnie Ray, Frankie Laine, Nat King Cole en Guy Mitchell die 'she wears red feathers and a huly-huly skirt' zingt. Maar op een van die vrijdagen kwam ze thuis met iets heel anders. Ze vertelde dat ze nog nooit zoiets had gehoord, maar dat het zo fantastisch was dat ze het wel moest kopen. Ik herkende de naam die ze noemde. Toen ik het weekend daarvoor bij de kapper op mijn beurt zat te wachten en een paar tijdschriften doorbladerde, was ik een foto tegengekomen van de meest bizar ogende man die ik ooit had gezien. Alles aan hem was uitzonderlijk: zijn kleren, zijn haar, zelfs zijn lichaamshouding. Als je hem vergeleek met de mensen die je zag lopen door het raam van de kapperszaak in de noordwestelijke Londense voorstad Pinner had hij net zo goed felgroen kunnen zijn, met uit zijn hoofd stekende antennes. Ik vond de foto zo fascinerend dat ik niet eens de moeite nam om het bijbehorende artikel te lezen. Tegen de tijd dat ik thuiskwam, was ik zijn naam al vergeten. Nu wist ik het weer: Elvis Presley.

Zodra mama de plaat opzette, bleek dat Elvis Presley klonk zoals hij eruitzag: alsof hij van een andere planeet kwam. In vergelijking met de muziek waar mijn ouders meestal naar luisterden kon je 'Heartbreak Hotel' nauwelijks muziek noemen. Dat inzicht zou mijn vader in de jaren daarna te pas en te onpas debiteren. Rock-'n-roll was niet nieuw voor me, want 'Rock Around the Clock' was eerder in 1956 een grote hit geweest. Maar ook daar leek 'Heartbreak Hotel' niet op. Het was rauw en kaal en traag en riep een spookachtige sfeer op. Het hele nummer was gedrenkt in een rare echo. Je kon amper een woord verstaan van wat hij zong. Ik begreep dat zijn liefje hem had verlaten, maar daarna raakte ik het spoor bijster. Wat was een 'dess clurk'? En wie was die 'Bidder Sir Lonely' waar hij steeds over zong?

Maar de woorden maakten niet uit, want terwijl hij zong had ik een bijna fysieke ervaring. Je kon de merkwaardige energie die hij afgaf letterlijk vóélen, alsof het besmettelijk was, alsof het vanuit de luidspreker rechtstreeks je lichaam binnendrong. Ik vond mezelf toen al een muziekfanaat. Ik had mijn eigen bescheiden verzameling plaatjes, die ik had gekocht met de platenbonnen en postwissels die ik voor verjaardagen en Kerstmis kreeg. Tot aan dat moment was Winifred Atwell mijn heldin geweest, een forse, immens vrolijke dame uit Trinidad die optrad met twee piano's: een vleugel waarop ze licht klassiek materiaal speelde en een in deerniswekkende staat verkerende barpiano voor ragtime en kroegliedjes. Ik was gek op haar gezellige uitstraling en de *campy* manier waarop ze verkondigde: 'En nu ga ik op mijn andere piano spelen', en hoe ze achteroverleunde en tijdens het spelen met een enorme grijns op haar gezicht naar het publiek keek, alsof niemand zich zo vermaakte als zij. Ik vond Winifred Atwell fantastisch, maar ik had tijdens het beluisteren van haar muziek nooit zoiets meegemaakt als dit. Ik had zoiets überhaupt nog nooit meegemaakt. Toen ik 'Heartbreak Hotel' hoorde, kreeg ik het gevoel dat er iets was veranderd en dat de dingen nooit meer hetzelfde zouden zijn. Ik bleek gelijk te hebben.

Dat was maar goed ook, want de wereld was dringend aan verandering toe. Ik groeide op in het Engeland van de jaren vijftig, en dat was – vóór Elvis, vóór rock-'n-roll – best een akelige plek. Ik vond het niet erg om in Pinner te wonen. Ik ben niet zo'n rockster die primair werd gemotiveerd door het brandende verlangen om de voorsteden achter zich te laten. Ik had het er naar mijn zin. Maar het land als geheel was er beroerd aan toe. Iedereen was achterbaks en angstig en beoordeelde elkaar. Het was een wereld van mensen die met zure gezichten naar buiten tuurden door een opening tussen de gordijnen, een wereld waar meisjes werden weggestuurd als ze een 'ongelukje' hadden gehad. Als ik aan het Engeland van de jaren vijftig denk, denk ik aan het moment waarop ik thuis op de trap zat te luisteren terwijl de broer van mijn moeder, oom Reg, mijn moeder ervan probeerde te overtuigen dat ze niet moest scheiden van mijn vader. 'Je kunt niet scheiden! Wat zullen de mensen wel niet denken? Wat zullen de buren zeggen?' Dat kon je oom Reg niet kwalijk nemen. Veel mensen vonden geluk minder belangrijk dan schone schijn.

De harde werkelijkheid is dat mijn ouders nooit met elkaar hadden moeten trouwen. Ik ben geboren in 1947, maar was in feite een oorlogskind. Ik moet zijn verwekt toen mijn vader met verlof was. Hij had zich in 1942, op het hoogtepunt van de Tweede Wereldoorlog, aangemeld voor de Royal Air Force en was na de oorlog bij de luchtmacht gebleven. Mijn ouders waren in elk geval een oorlogsstel. Hun verhaal klinkt romantisch. Ze ontmoetten elkaar in het jaar waarin mijn vader bij de RAF ging. Hij was zeventien en had gewerkt voor een scheepswerf in Rickmansworth die was gespecialiseerd in de bouw van *narrowboats* voor kanalen. Mama was zestien, haar meisjesnaam was Harris, en ze bracht voor United Dairies zuivel rond op paard-en-wagen, het soort werk dat vrouwen voor de oorlog niet deden. Mijn vader was een verdienstelijke amateurtrompettist. Tijdens een verlof schijnt mijn moeder hem te zijn opgevallen toen ze in hotel North Harrow een optreden bijwoonde van een band waarbij hij inviel.

In het echt was het huwelijk van Stanley en Sheila Dwight verre van romantisch. Ze waren allebei koppig en hadden een kort lontje, twee heerlijke karaktereigenschappen die ik tot mijn grote vreugde heb geërfd. Ik weet niet of ze ooit echt van elkaar hebben gehouden. Veel mensen gaven elkaar in die tijd overhaast het jawoord – de toekomst was onzeker, ook nog in januari 1945, toen mijn ouders trouwden, je moest je kansen grijpen – misschien had dat er iets mee te maken. Misschien hadden ze in de schaarse tijd die ze samen hadden doorgebracht ooit van elkaar gehouden, of in elk geval gedacht dat ze dat deden. Maar in mijn jeugd leken ze elkaar niet eens meer aardig te vinden. Er kwam geen einde aan de ruzies.

Als mijn vader weg was – en dat was hij vaak – werd er tenminste niet geruzied. Hij werd gepromoveerd tot luchtmachtkapitein en werd regelmatig in het buitenland gestationeerd, in Irak en Aden, dus ik groeide op in een huis vol vrouwen. We woonden in bij Ivy, mijn grootmoeder van moederskant, in het huis op Pinner Hill Road 55 waar ik ben geboren. Het was zo'n huis van de sociale woningbouw van een type dat in het Groot-Brittannië van de jaren twintig en dertig als paddenstoelen uit de grond schoot: twee-onder-een-kapwoningen met drie slaapkamers, rode baksteen op de begane grond en wit stucwerk op de bovenverdieping. Er was nog een man in huis, al merkte je dat zelden. Mijn grootvader was jong gestorven aan kanker en oma was hertrouwd met een zekere Horace Sewell, die een been had verloren in de Eerste Wereldoorlog. Horace had een hart van goud, maar was niet bepaald een prater. Hij was meestal buiten. Hij werkte bij Woodman's, de plaatselijke kwekerij. Als hij daar niet was, was hij in de tuin, waar hij al onze groenten en snijbloemen kweekte.

Misschien was hij vooral in de tuin om mijn moeder te ontlopen. Dat kon ik hem niet kwalijk nemen. Zelfs als mijn vader er niet was, had mijn moeder een vreselijk humeur. Als ik terugdenk aan mijn jeugd, denk ik aan haar buien: sombere, woedende, ongelukkige stiltes die zonder enige waarschuwing neerdaalden op het huis. Dan moest ik op eieren lopen en elk woord op een goudschaaltje wegen, want ze kon zomaar boos worden en dan kreeg ik een klap. Als ze gelukkig was, kon ze warm en charmant en gezellig zijn, maar ze leek altijd op zoek te zijn naar een reden om niet gelukkig te zijn, was altijd op ruzie uit, wilde altijd het laatste woord hebben. Oom Reg sprak ooit de gedenkwaardige woorden dat mama zelfs ruzie kon maken in een lege kamer. Ik heb jarenlang gedacht dat het op de een of andere manier mijn schuld was, dat ze nooit moeder had willen zijn. Ze was pas eenentwintig toen ze me kreeg. Ze zat gevangen in een mislukt huwelijk en moest vanwege geldgebrek bij haar moeder inwonen. Maar haar zus, mijn tante Win, heeft me verteld dat mama altijd zo was, dat het toen ze klein waren al was alsof er permanent een donkere wolk boven Sheila Harris hing, dat de andere kinderen bang voor haar waren en dat ze dat prima leek te vinden.

Ze had bizarre ideeën over het ouderschap. Het was toen nog heel normaal om je kinderen in toom te houden door hen te slaan. De heersende gedachte was dat er niets mis was met kinderen wat je niet kon oplossen door hun regelmatig een flink pak slaag te geven. Mijn moeder had die filosofie hartstochtelijk omarmd. Dat was vooral afschuwelijk en vernederend als het gebeurde in het openbaar. Weinig dingen zijn zo fnuikend voor je zelfbeeld als worden afgeranseld bij de plaatselijke supermarkt ten overstaan van een menigte geïntrigeerde toeschouwers. Maar soms was haar gedrag zelfs naar de maatstaven van die tijd onrustbarend. Ik ontdekte bijvoorbeeld dat mijn moeder me toen ik twee was zindelijk had gemaakt door me tot bloedens toe te slaan met een staalborstel als ik het potje niet gebruikte. Mijn oma was – begrijpelijk – woedend geworden toen ze dat hoorde en ze hadden wekenlang geen woord met elkaar gewisseld. Oma werd opnieuw woedend toen ze de remedie zag die mijn moeder had bedacht voor constipatie: ze legde me in de keuken op het afdruiprek en stak teerzeep in mijn kont. Als het inderdaad zo was dat ze mensen graag angst inboezemde, moet ze dolblij met me zijn geweest, want godverdomme, wat was ik bang voor haar. Ik hield van haar – ze was mijn moeder – maar ik was in mijn jeugd voortdurend in de hoogste staat van paraatheid en moest altijd voorzichtig zijn om haar niet op de een of andere manier boos te maken. Als zij blij was, was ik ook blij, al was het maar tijdelijk.

Met mijn oma had ik zulke problemen niet. Zij was degene die ik het meeste vertrouwde. Ik beschouwde haar als de spil van het gezin, ook omdat ze de enige was die niet het huis verliet om te gaan werken. Mijn moeder reed na de oorlog niet meer met melk rond, maar werkte in allerlei winkels. Oma was zo'n typische matriarch van de arbeidersklasse. Een indrukwekkende, hardwerkende vrouw. Geen woorden maar daden, handen uit de mouwen. Ze was lief en had een goed gevoel voor humor en ik droeg haar op handen. Ze kon heerlijk koken en had groene vingers, was dol op een borrel en een potje kaarten. Ze had een zwaar leven gehad. Omdat haar vader haar moeder had verlaten tijdens de zwangerschap, was oma geboren in een werkhuis. Ze sprak er nooit over, maar het had iemand van haar gemaakt die zich nooit uit het veld liet slaan, zelfs niet die keer dat ik jankend de trap af kwam omdat mijn voorhuid tussen mijn rits was gekomen en haar vroeg die te verlossen. Ze zuchtte alleen en ging aan het werk, alsof er geen dag verstreek waarop ze niet even een kleine jongen moest helpen zijn penis uit een rits te bevrijden.

Haar huis rook naar gebraden vlees en kolenvuur. Er stond altijd iemand voor de deur: tante Win of oom Reg, mijn neef John of mijn nicht Cathryn, of anders de huisbaas, de man van de Watford Steam Laundry of de man die de kolen kwam brengen. En er was altijd muziek. De radio stond vaak aan: *Two-Way Family Favourites*, *Housewives' Choice*, *Music While You Work*, *The Billy Cotton Band Show*. En anders werd er wel een plaat gedraaid op de radiogrammofoon. Meestal jazz, soms klassiek.

Ik kon urenlang naar die platen kijken om de labels te bestuderen. Blauwe Decca's, rode Parlophones, felgele MGM's, en HMV's en RCA's, die allebei om onbegrijpelijke redenen waren voorzien van dat plaatje van een hond die naar een ouderwetse grammofoon staart. Het waren magische voorwerpen voor me; ik kon er niet over uit dat je er op mysterieuze wijze geluid uit kon halen door er een naald op te zetten. Op een gegeven moment wilde ik alleen nog maar platen en boeken cadeau krijgen. Ik weet nog hoe teleurgesteld ik een keer was toen ik de trap af liep en een grote doos in cadeauverpakking zag. Mijn god, ze hebben me Meccano gegeven.

We hadden een piano, die van mijn oma was. Tante Win speelde erop, en later ook ik. Er waren allerlei familiemythen over mijn ongelooflijke talent op het instrument. Vooral werd vaak verteld dat ik als driejarige bij tante Win op schoot had gezeten en meteen de melodie van 'The Skaters' Waltz' kon spelen. Ik weet niet of dat klopt, maar ik weet wel dat ik al heel jong pianospeelde, al toen ik begon op Reddiford, mijn eerste school. Ik speelde dingen als 'All Things Bright and Beautiful' en de psalmen die ik op school hoorde bij de dagopening. Ik ben geboren met een goed oor, zoals anderen worden geboren met een fotografisch geheugen. Ik hoefde een muziekstuk maar één keer te horen, dan kon ik het al min of meer perfect naspelen op de piano. Vanaf mijn zevende kreeg ik les van ene mevrouw Jones. Niet lang daarna lieten mijn ouders me bij familiebijeenkomsten en huwelijken liedjes als 'My Old Man Said Follow the Van' of 'Roll Out the Barrel' spelen. Ondanks alle platen en de radio die we in huis hadden, vond mijn familie niets fijner dan gezellig met z'n allen zingen.

De piano kwam goed van pas als mijn vader thuis was met verlof. Net als veel andere Britse mannen van zijn generatie leek hij elk vertoon van emotie – afgezien van woede – te zien als een teken van dodelijke zwakte. Hij raakte me nooit aan, zei nooit dat hij van me hield. Maar hij hield van muziek. Als hij me piano hoorde spelen, kreeg ik complimentjes en misschien zelfs een arm rond mijn schouder als bewijs van zijn trots en goedkeuring. Dan wist ik dat hij me tijdelijk hoog had zitten, en dat was voor mij van levensbelang. Als ik net iets minder bang voor hem was dan voor mijn moeder, was dat alleen omdat hij minder vaak thuis was. Op een gegeven moment, toen ik zes was, had mijn moeder besloten om te vertrekken uit Pinner en haar hele familie achter te laten om met mijn vader naar Wiltshire te verhuizen; hij kreeg een post bij RAF Lyneham, in de buurt van Swindon. Ik kan me er niet veel van herinneren. Ik weet nog dat ik het heerlijk vond om op het platteland te spelen, maar ik herinner me ook dat ik me als een vis op het droge voelde, dat ik onzeker was door de veranderde omstandigheden en een achterstand opliep op school. We zijn er niet lang gebleven, want mama moet al snel hebben ingezien dat ze een verkeerde keuze had gemaakt. Na onze terugkeer naar Pinner had ik vaak het gevoel dat mijn vader niet echt bij ons woonde, dat hij meer iemand was die op bezoek kwam.

Alles was anders als hij er was. Er golden dan plotseling allerlei regels. Ik had een probleem als ik mijn bal vanaf het grasveld in het bloemperk schoot en ik had een probleem als ik op de Verkeerde Manier selderij at. De Juiste Manier om selderij te eten, mocht je dat willen weten, was blijkbaar dat je niet zo'n hard, knarsend geluid moest maken als je erin beet. Hij heeft me zelfs een keer geslagen omdat ik het jasje van mijn schooluniform niet correct uittrok. Helaas ben ik de Juiste Manier om een jasje uit te trekken vergeten, hoewel die informatie duidelijk van vitaal belang was. Tante Win raakte van dit voorval zo van streek dat ze mijn oma opzocht om te vertellen wat er aan de hand was. Oma, die inmiddels waarschijnlijk murw was gebeukt door de ruzies over zindelijkheid en constipatie, zei dat ze er maar beter buiten kon blijven.

Wat wás er nu eigenlijk aan de hand? Ik heb geen idee. Ik weet net zomin wat mijn vader dwarszat als wat mijn moeder dwarszat. Misschien had het te maken met het feit dat hij in het leger zat; daar hadden ze ook allerlei regels. Misschien was hij jaloers of voelde hij zich buitengesloten door zijn eigen familie omdat hij vaak en lang afwezig was; dan waren die regels zijn manier om zich te laten gelden als pater familias. Misschien was hij zelf zo opgevoed, al leken zijn ouders – mijn opa Edwin en oma Ellen – niet erg streng te zijn. Of misschien vonden mijn ouders het gewoon moeilijk om met een kind om te gaan, omdat ze dat nog nooit hadden gedaan. Ik weet het niet. Ik weet wel dat mijn vader een bijzonder kort lontje had en dat hij niet begreep dat je veel situaties kunt oplossen met woorden. Hij kon nooit kalm reageren. Hij zei nooit: 'Ga eerst even rustig zitten.' Hij explodeerde gewoon. Dat was het fameuze temperament van de familie Dwight. Het was als kind een nagel aan mijn doodskist, en dat bleef het toen deze eigenschap erfelijk bleek te zijn. Ik was ofwel genetisch voorbestemd om te ontploffen, of ik volgde onbewust het voorbeeld van mijn ouders. Het is hoe dan ook mijn hele volwassen leven lang een frustrerend probleem gebleven voor mij en iedereen in mijn omgeving.

Zonder mijn vader en moeder zou ik een doodnormaal, zelfs saai leven hebben gehad, typerend voor de jaren vijftig: *Muffin the Mule* op tv en elke zaterdagochtend kindervoorstellingen in The Embassy in North Harrow; *The Goon Show* op de radio en zondagavond altijd een maaltijd van brood en jus. Buitenshuis was ik heel gelukkig. Vanaf mijn elfde ging ik naar de Pinner County Grammar School, waar ik opviel door onopvallendheid. Ik werd niet gepest en was zelf geen pestkop. Ik was geen studiebol, maar ook geen rebel. Dat laatste liet ik over aan mijn vriend John Gates, die bijna dagelijks moest nablijven en zich altijd moest melden bij het schoolhoofd, zonder dat het arsenaal aan straffen dat hem werd opgelegd ook maar de geringste invloed had op zijn gedrag. Ik was iets te zwaar, maar was redelijk goed in sport, zonder dat je me ooit zou hebben aangezien voor een topatleet. Ik speelde voetbal en tennis; alles eigenlijk, behalve rugby. Vanwege mijn afmetingen zetten ze me in de scrum, waar het mijn rol leek te zijn om me herhaaldelijk door de tegenstanders in mijn ballen te laten schoppen. Dus daar bedankte ik voor.

Mijn beste vriend was Keith Francis, maar hij maakte deel uit van een grotere groep jongens en meisjes, mensen die ik nog altijd zie. Soms organiseer ik klassenreünies bij mij thuis. Ik was voor de eerste keer heel gespannen. Het is vijftig jaar geleden, ik ben beroemd, ik woon in een groot huis, wat zullen ze van me denken? Maar dat kon hun allemaal niet schelen. Het leek wel 1959 toen ze binnenkwamen. Ze waren allemaal weinig veranderd. John Gates had nog altijd zo'n blik in zijn ogen dat je dacht dat hij elk moment in de problemen kon komen.

Ik had jarenlang een leven waarin niets gebeurde. De opwindendste gebeurtenis was een uitstapje met school naar Annecy, waar we logeerden bij onze Franse penvrienden en ons vergaapten aan Citroën 2CV's, die heel anders waren dan de auto's die we thuis zagen rijden – de zittingen leken wel dekstoelen. Ook was er een dag in een paasvakantie toen Barry Walden, Keith en ik om inmiddels volstrekt onduidelijke redenen besloten om van Pinner naar Bournemouth te fietsen, een idee dat me belachelijk voorkwam zodra ik begreep dat hun fietsen versnellingen hadden en de mijne niet. Ik moest me op heuveltjes uit de naad fietsen om hen bij te houden. Het enige gevaar dat ons ooit belaagde was dat ik mijn vrienden dood zou vervelen als ik over platen ging praten. Alleen verzamelen was niet genoeg. Ik noteerde elke plaat die ik kocht in een boekje. Ik schreef de titels op van de nummers op de A- en de B-kant, en alle andere informatie die op het label stond: componist, producer, muziekuitgeverij. Ik leerde alles uit het hoofd en werd een wandelende muziekencyclopedie. Als je me argeloos vroeg waarom de naald oversloeg als ik 'Little Darlin'' van The Diamonds speelde, vertelde ik iedereen die binnen gehoorsafstand stond dat 'Little Darlin'' was uitgebracht op Mercury Records, een label dat in het VK werd gedistribueerd door Pye, en dat Pye het enige label was dat 78 toerenplaten uitbracht die waren gemaakt van nieuwerwets vinyl en niet van het oude vertrouwde schellak, en dat schellaknaalden anders reageerden op vinyl.

Maar mij hoor je niet klagen over dat saaie leventje; het beviel me prima. Thuis was alles zo vermoeiend dat ik juist blij was met een saai leven buitenshuis, vooral toen mijn ouders besloten toch weer fulltime samen te wonen. Dit gebeurde kort nadat ik was begonnen op Pinner County. Mijn vader was gestationeerd bij RAF Medmenham in Buckinghamshire. We verhuisden naar een huis in Northwoord, zo'n tien minuten van Pinner verwijderd, op Potter Street III. Daar hebben we drie jaar gewoond, lang genoeg om voor eens en voor altijd aan te tonen dat het huwelijk niet werkte. Mijn god, wat een ellende: eindeloos geruzie, zo nu en dan onderbroken door ijzige stiltes. Je kreeg geen moment rust. Als je voortdurend wacht op de volgende woede-uitbarsting van je moeder of de volgende keer dat je vader zegt dat je weer een regel hebt overtreden, weet je op een gegeven moment niet meer wat je moet doen. De onzekerheid over wat er nu weer gaat gebeuren vervult je met een verlammende angst. Ik was ontzettend onzeker, bang voor mijn eigen schaduw. Daar kwam bij dat ik dacht dat ik op de een of andere manier verantwoordelijk was voor de toestand waarin hun huwelijk verkeerde, omdat veel ruzies over mij gingen. Mijn vader kafferde me uit, mijn moeder kwam tussenbeide, en dan hadden ze weer een heftige ruzie over mijn opvoeding. Het gevolg was dat ik geen goed zelfbeeld had, wat zich manifesteerde in een gebrek aan vertrouwen in mijn uiterlijk dat ik pas veel later, toen ik al goed en wel volwassen was, wist af te schudden. Jarenlang kon ik mijn eigen aanblik in de spiegel niet verdragen. Ik haatte wat ik daar zag. Ik was te dik, ik was te klein, ik had een raar gezicht. En mijn haar wilde nooit doen wat ik wilde, met inbegrip van niet al op jonge leeftijd uitvallen. Het andere blijvende effect was angst voor confrontaties. Daar heb ik tientallen jaren last van gehad. Ik liet slechte zakelijke en persoonlijke relaties voortbestaan omdat ik geen problemen wilde veroorzaken.

Als het me thuis te veel werd, rende ik de trap op en deed ik de deur op slot. Dat was ook mijn strategie als mijn ouders ruzieden. Ik ging dan naar mijn slaapkamer, waar alles keurig opgeruimd was. Ik verzamelde naast platen ook strips, boeken en tijdschriften. Ik hield alles heel precies bij. Als ik niet de details van singletjes in mijn notieboekje zette, schreef ik wel de hitlijsten over uit *Melody Maker*, *The New Musical Express*, *Record Mirror* en *Disc* om de resultaten samen te voegen tot een persoonlijke hitlijst van hitlijsten. Ik ben altijd dol geweest op statistieken en cijfertjes. Ik krijg tot op de dag van vandaag elke dag de hitlijsten toegestuurd, de posities in de Amerikaanse radiolijsten en de bezoekcijfers van films en shows op Broadway. De meeste artiesten zijn daar niet in geïnteresseerd. Als ik met hen praat, weet ik beter hoe hun singles het doen dan zijzelf. Mijn officiële excuus is dat ik die dingen moet weten omdat ik tegenwoordig een bedrijf heb dat films produceert en artiesten managet. Maar ik zou hetzelfde doen als ik bij een bank werkte. Zo'n nerd ben ik wel.

Een psycholoog zou waarschijnlijk zeggen dat ik als kind probeerde orde te scheppen in een leven dat chaotisch was omdat mijn vader kwam en ging en ik voortdurend te maken had met ruzies en conflicten. Daarover, en over de stemmingen van mijn moeder, had ik geen controle. Maar ik had wel de regie over de spullen in mijn kamer. Spullen konden me geen pijn doen. Ik putte er troost uit. Ik sprak met mijn spullen alsof ze gevoelens hadden. Als er iets kapotging, was ik erg overstuur, alsof ik het had vermoord. Tijdens een extreem felle ruzie gooide mijn moeder een plaat naar mijn vader. De plaat brak in talloze stukjes. Het was *The Robin's Return* van de Australische ragtimepianiste Dolores Ventura. Ik weet nog dat ik dacht: hoe kun je dat doen? Hoe kun je zoiets moois kapotmaken?

Mijn platencollectie barstte uit haar voegen zodra de rock-'n-roll zich aandiende. Er speelden ook andere dingen waarvan je kon gaan denken dat we zelfs in de noordwestelijke voorsteden van Londen eindelijk die grauwe naoorlogse wereld achter ons zouden laten. We kregen een televisie en een wasmachine in huis. In Pinner High Street werd een koffiebar geopend die ik onvoorstelbaar exotisch vond totdat in het nabijgelegen Harrow een Chinees restaurant zijn deuren opende. Dat ging heel langzaam en geleidelijk, er zaten jaren tussen. Maar rock-'n-roll leek uit het niets te komen. Het ging zo snel dat ik amper begreep hoezeer het alles had veranderd. Eerst had je in de popmuziek alleen die goeie ouwe Guy Mitchell en 'Where Will the Dimple Be?' en Max Bygraves die over tandenborstels zong. Het was beschaafd en kitscherig en mikte op ouders, mensen die geen behoefte hadden aan extreme of schokkende zaken. Daarvan hadden ze hun portie wel gehad in de oorlog. Toen waren daar opeens Jerry Lee Lewis en Little Richard, mannen die volstrekt onverstaanbaar waren, alsof ze schuimbekkend stonden te zingen. Je ouders haatten die artiesten. Zelfs mijn moeder, die van Elvis hield, haakte af toen Little Richard verscheen. Ze vond 'Tutti Frutti' een enorme bak herrie.

Rock-'n-roll was een bom die maar bleef ontploffen: de explosies volgden elkaar in zo'n razendsnel tempo op dat je nauwelijks begreep wat er gebeurde. Je had de ene ongelooflijke single na de andere. 'Hound Dog', 'Blue Suede Shoes', 'Whole Lotta Shakin' Goin' On', 'Long Tall Sally', 'That'll Be the Day', 'Roll Over Beethoven', 'Reet Petite'. Ik moest een zaterdagbaantje nemen om het bij te houden. Gelukkig zocht meneer Megson van Victoria Wine iemand die kon helpen om achter de winkel de lege bierflesjes in kratten te doen en die op te stapelen. Ik was vaag van plan om te sparen, maar ik had meteen moeten inzien dat

dat plan gedoemd was te mislukken, want Victoria Wine lag pal naast Siever's. Meneer Megson had die tien shilling die hij me betaalde net zo goed meteen aan zijn buurman kunnen geven. Het waren de eerste tekenen van mijn levenslange verslaving aan shoppen: als ik iets wil hebben, kan ik onmogelijk mijn geld in mijn zak houden.

Zestig jaar later is het moeilijk om uit te leggen hoe revolutionair en schokkend rock-'n-roll was. Het was niet alleen de muziek: het was ook de cultuur die het vertegenwoordigde, en de kleren en de films en de houding. Wij tieners hadden het gevoel dat er eindelijk iets was wat helemaal voor ons was, wat exclusief tegen ons sprak, ons het gevoel gaf dat we anders waren dan onze ouders en dat we iets konden bereiken. Het is ook nauwelijks meer uit te leggen hoe vreselijk de oudere generatie het vond. Denk aan alle voorbeelden van morele paniek die popmuziek sinds die tijd heeft veroorzaakt – punk en gangsterrap, mods en rockers en heavy metal –, tel het allemaal bij elkaar op, verdubbel het en je hebt een idee van de woede en verontwaardiging die rock-'n-roll teweegbracht. Veel mensen hadden er een pesthekel aan. Mijn vader voelde niets dan haat en woede. Het moge duidelijk zijn dat hij niet hield van de muziek zelf – hij hield van Frank Sinatra – maar hij had een nog veel grotere hekel aan de impact en morele gevolgen van rock-'n-roll. 'Moet je zien hoe ze zich kleden, hoe ze zich gedragen. Die heupbewegingen, dat gekoketteer met hun pikken. Denk maar niet dat jij daaraan gaat meedoen.' Deed ik dat wel, dan zou ik een zogeheten *wide boy* worden, een oude Britse term voor een kleine crimineel, een oplichter, iemand die her en der wat ritselt en mensen oplicht. Mijn vader, die al wist dat ik zou kunnen ontsporen omdat ik niet eens op de Juiste Manier selderij kon eten, was er heilig van overtuigd dat rock-'n-roll me ten gronde zou richten. Als iemand per ongeluk de naam van Elvis of Little Richard noemde, stak hij een woedend betoog af waarin mijn onvermijdelijke transformatie tot wide boy een belangrijke rol speelde. Ik zat gewoon lekker naar 'Good Golly Miss Molly' te luisteren en dan moest ik opeens weer dat verhaal aanhoren, dat ik heler van gestolen panty's zou worden of dat ik ergens in de achterbuurten van Pinner mensen hun zuurverdiende centen zou aftroggelen met balletje-balletje.

Het risico dat het zo met me zou aflopen leek niet erg acuut – er zijn benedictijnse monniken die wilder leven dan ik als tiener deed – maar mijn vader nam het zekere voor het onzekere. Tegen de tijd dat ik in 1958 naar Pinner County Grammar School ging, zag je dat mensen zich anders gingen kleden. Mij was echter expliciet verboden om kleren te dragen die ook maar iets te maken hadden met rock-'n-roll. Keith Francis maakte de blits met halfhoge puntlaarsjes die zo spits toeliepen dat de punten enkele minuten eerder dan Keith zelf in de klas leken te zijn. Ik kleedde me nog altijd als een miniatuurversie van mijn vader. Mijn schoenen waren deprimerend genoeg net zo lang als mijn voeten. Mijn enige poging tot rebellie was mijn bril. Of beter gezegd: de frequentie waarmee ik die droeg. Eigenlijk hoefde ik mijn bril alleen te gebruiken om naar het schoolbord te kijken. Maar omdat ik zo dement was om te denken dat ik met bril op Buddy Holly leek, droeg ik het ding altijd, wat fataal was voor mijn gezichtsvermogen. En toen moest ik hem wel de hele tijd dragen.

Mijn verminderde gezichtsvermogen had ook onverwachte gevolgen op het gebied van mijn seksuele ontwaken. De precieze omstandigheden ben ik vergeten, maar mijn vader betrapte me tijdens het masturberen. Ik geloof dat ik niet op heterdaad werd betrapt, maar dat ik bezig was me te ontdoen van het belastende bewijs. Ik was niet zo vernederd als je misschien zou denken, voornamelijk omdat ik niet precies wist wat ik aan het doen was. Ik was een laatbloeier op seksueel gebied. Ik raakte er pas echt in geïnteresseerd toen ik al ruim over de twintig was, al moet ik erbij zeggen dat ik toen meteen begon aan een indrukwekkende gefocuste inhaalrace. Maar op school luisterde ik nog beteuterd toe als mijn vrienden erover spraken. 'We zijn naar de bios geweest en ik heb aan haar tieten gezeten.' Hoe dan? Waarom? Wat betekende dat eigenlijk?

Wat ik deed was geen woeste expressie van ontluikende seksualiteit; ik vond het gewoon een prettige ervaring. Hoe dan ook: mijn vader betrapte me en kwam met de overbekende waarschuwing dat ik blind zou worden als ik het zou blijven doen. Jongens in het hele land kregen dat te horen, begrepen dat het nonsens was en sloegen het in de wind. Maar aan mij bleef het knagen. Wat als het nu eens waar was? Ik had mijn gezichtsvermogen al beschadigd met mijn onberaden pogingen om op Buddy Holly te lijken. Misschien zou dit het proces voltooien. Het was beter om het risico niet te nemen. Talloze musici zeggen dat Buddy Holly een enorme impact heeft gehad op hun leven, maar ik ben vermoedelijk de enige die kan zeggen dat Holly me er onbedoeld van weerhield te rukken, tenzij Holly tijdens een tournee per ongeluk The Big Bopper betrapte of zo.

Maar ondanks alle regels over kleding en de waarschuwingen voor mijn onvermijdelijke verval in crimineel gedrag was mijn vader te laat met zijn gebod dat ik me niet moest laten meeslepen door rock-'n-roll. Ik zat er al tot over mijn oren in. Ik zag *Loving You* en *The Girl Can't Help It* in de bioscoop. Ik begon naar concerten te gaan. Een flinke groep van onze school ging elke week naar de Harrow Granada: ik, Keith, Kaye Midlane, Barry Walden en Janet Richie waren de trouwste leden van ons clubje en gingen het vaakst. Ene Michael Johnson was de enige die ik kende die net zo geobsedeerd was door muziek als ik. Soms wist hij zelfs dingen die ik niet wist. Het was Michael die enkele jaren later naar school kwam met een exemplaar van 'Love Me Do' van The Beatles, wie dat dan ook mochten zijn, en beweerde dat ze de grootste zouden worden sinds Elvis. Dat leek me overdreven totdat hij me het nummer liet horen. Ik besloot dat hij weleens gelijk kon hebben en was een muzikale obsessie rijker.

Een kaartje voor de Granada kostte twee shilling en zes pence, of vijf shilling voor de betere plaatsen. Je kreeg hoe dan ook waar voor je geld, want er waren altijd talloze zangers en bands. Je kreeg per avond tien artiesten te zien. Ze speelden allemaal twee liedjes en het hoofdprogramma deed er vier of vijf. Uiteindelijk trad iedereen daar wel een keer op. Little Richard, Gene Vincent, Jerry Lee Lewis, Eddie Cochran, Johnny and the Hurricanes. Als door een ongelukkige speling van het lot iemand de Harrow Granada niet met zijn komst verwaardigde, kon je de metro nemen naar Londen. Daar zag ik in The Palladium Cliff Richard and the Drifters, nog voordat zijn begeleidingsband The Shadows ging heten. In de voorsteden gingen ook kleinere zalen zoals de South Harrow British Legion en de Kenton Conservative Club optredens organiseren. Je kon met gemak twee of drie shows per week zien als je er het geld voor had. Ik kan me grappig genoeg niet herinneren dat ik ooit een slecht concert zag of teleurgesteld thuiskwam, hoewel sommige optredens beroerd moeten zijn geweest. Met name het geluid moet afschuwelijk zijn geweest, want ik kan me nauwelijks voorstellen dat ze in South Harrow in 1960 een geluidssysteem hadden dat recht deed aan de woeste kracht van rock-'n-roll.

Als mijn vader niet in de buurt was, speelde ik nummers van Little Richard en Jerry Lee Lewis op de piano. Die twee waren mijn echte idolen. Niet alleen vanwege hun speelstijl, ook al was die geweldig; ze speelden met enorm veel agressie, alsof ze hun instrument te lijf wilden gaan. Maar het was het feit dat ze stonden tijdens het spelen, de manier waarop ze tegen hun krukje schopten en op de piano sprongen. Ze maakten pianospelen net zo visueel opwindend en extravagant als gitaarspelen of zingen. Ik had nooit gedacht dat mijn instrument zich voor zulke zaken leende.

Ik was geïnspireerd en ging in plaatselijke jeugdclubs optredens doen met een band, The Corvettes. Het was niet echt serieus, want we gingen allemaal nog naar school – de andere leden zaten op Northwood, een andere plaatselijke school – en het duurde maar een paar maanden. We werden bij de meeste optredens betaald in cola. Maar ik had opeens een idee over wat ik wilde doen met mijn leven en het had niets te maken met de plannen die mijn vader voor me had: dat ik bij de RAF zou gaan of bij een bank zou werken. Ik durfde het nog niet hardop te zeggen, maar ik had besloten dat hij die plannen in zijn reet kon steken. Misschien was zijn angst dat rock-'n-roll me zou veranderen toch terecht geweest.

Of misschien hadden we gewoon niets gemeen. Behalve voetbal dan. Al mijn fijne jeugdherinneringen aan mijn vader hebben daarmee te maken. Zijn familie was fanatiek over voetbal. Twee van zijn neven waren profs en speelden voor Fulham in Zuidwest-Londen: Roy Dwight en John Ashen. Ik mocht weleens mee en dan stonden we langs de lijn op Craven Cottage. Dit was toen Jimmy Hill rechtsbinnen speelde en Bedford Jezzard clubtopscorer was. Zelfs als ze niet op het veld stonden beschouwde ik Roy en John als ontzagwekkende superhelden. Na zijn voetbalcarrière werd John een slimme zakenman met een voorliefde voor Amerikaanse auto's. Als hij en Bet, zijn vrouw, bij ons in Pinner op bezoek kwamen, parkeerde hij altijd een surrealistisch ogende Cadillac of Chevrolet naast het huis. Roy was een fantastische rechtsbuiten die later voor Nottingham Forest ging spelen en met dat team in 1959 de finale van de FA Cup haalde. Ik keek thuis naar de wedstrijd met een voorraad paaseitjes die ik speciaal voor deze grootse gebeurtenis had bewaard. Ik was totaal hysterisch en propte de chocolade in mijn mond. Ik kon nauwelijks geloven wat ik op het televisiescherm zag gebeuren. Na tien minuten opende Roy de score. Hij stond al op het punt om te worden opgeroepen voor het Engelse elftal. Met dat doelpunt leek hij zijn lot te hebben bezegeld: mijn neef – een heus familielid van me – zou ons land vertegenwoordigen. Dat was net zo ongelooflijk als Johns smaak in auto's. Vijftien minuten later werd Roy op een brancard van het veld gedragen. Hij had door een tackle zijn been gebroken en dát bezegelde zijn lot. Zijn voetbalcarrière was in feite voorbij. Hij probeerde nog een comeback, maar is nooit meer de oude geworden. Hij werd uiteindelijk gymleraar op een jongensschool in Zuid-Londen.

Mijn vader was supporter van Watford, een glamourloos team dat veel minder ontzag inboezemde en in de Third Division South speelde. Lager kon je niet spelen in het beroepsvoetbal. Niet lang voordat ik de wedstrijden van Watford begon te bezoeken, hadden ze zo beroerd gespeeld dat ze zelfs uit het systeem waren gezet, maar een verzoek om herintreding was gehonoreerd. Eén blik op hun stadion op Vicarage Road en je wist alles wat je over de club hoefde te weten. Er waren maar twee stokoude, vervallen overdekte tribunes. Het stadion deed ook dienst als hondenrenbaan. Als ik slim was geweest, was ik fan geworden van een team dat een beetje kon voetballen. Daarmee had ik mezelf twintig jaar misère kunnen besparen. Maar zo gaat het niet in het voetbal, of zo zou het in elk geval niet mogen gaan.

Het zit in je bloed: Watford was het team van mijn vader en dus was Watford ook mijn team.

Bovendien konden het stadion en het hopeloze team en de ijzige kou me niks schelen. De sfeer greep me meteen. De kick van voor de eerste keer live sport zien, de opwinding van in de trein naar Watford stappen en door het stadje naar het stadion lopen, de krantenverkopers die in de rust de standen bij de andere wedstrijden kwamen doorgeven, het ritueel van elke keer op exact dezelfde plek op de tribune staan, een gedeelte van de Shrodells Stand dat 'de Bocht' werd genoemd. Het was alsof je een drug nam en onmiddellijk verslaafd raakte. Ik was net zo obsessief over voetbal als over muziek. Als ik in mijn slaapkamer niet de hitlijsten zat te bewerken, knipte ik wel de stand van de voetbalcompetitie uit om die aan de muur te plakken en de standen nauwgezet bij te houden. Het is een verslaving die ik nooit heb afgeschud omdat ik dat niet wilde. Het was bovendien erfelijk; het kwam van mijn vader.

Op mijn elfde meldde mijn pianolerares me aan bij de Royal Academy of Music in het centrum van Londen. Ik haalde het toelatingsexamen en toen zagen mijn zaterdagen er vijf jaar lang zo uit: 's ochtends studeerde ik klassieke muziek en 's middags ging ik naar Watford. Dat tweede vond ik leuker dan het eerste. Het rook destijds in de Royal Academy of Music naar angst. Alles was intimiderend: het grote, imposante gebouw in edwardiaanse stijl op Marylebone Road, de verheven traditie van opgeleide componisten en dirigenten, het feit dat alles behalve klassieke muziek expliciet verboden was. Vandaag de dag is het er heel anders. Het is nu een plaats vol vreugde waar de leerlingen worden gestimuleerd om naast hun klassieke scholing ook pop of jazz te spelen en zelf dingen te schrijven. Destijds was het in de Royal Academy al heiligschennis om zelfs maar over rock-'n-roll te praten. Dat was alsof je tegen meneer pastoor zei dat je liever Satan wilde vereren.

Soms was het leuk in de Royal Academy. Ik had aan Helen Piena een fantastische lerares, zong graag met het koor en genoot ervan om Mozart, Bach, Beethoven en Chopin te spelen, het melodieuze werk. Maar vaak was het ook een marteling. Ik was een luie leerling. Soms had ik mijn huiswerk niet gedaan en dan ging ik ook maar helemaal niet. Dan meldde ik me af met een verdraaide stem en nam ik – zodat mijn moeder er niet achter zou komen – de trein naar Baker Street. Dan ging ik in de metro zitten en ging ik drieënhalf uur rond en rond in de Circle Line, waar ik *The Pan Book of Horror Stories* zat te lezen terwijl ik me had moeten bekwamen in Bartók. Ik wist dat ik geen klassiek pianist wilde worden. Om te beginnen was ik niet goed genoeg. Ik heb er de handen niet voor. Mijn vingers zijn kort voor een pianist. Bekijk maar eens wat foto's van concertpianisten; ze hebben handen als tarantula's. Bovendien was dat niet wat ik wilde met muziek. Ik wilde niet dat alles vaststond, dat je altijd de juiste noot moest spelen op het juiste moment, dat je nooit mocht improviseren.

Het is in zekere zin ironisch dat de Academy me jaren later een eredoctoraat verleende, want toen ik daar studeerde kwam ik niet in aanmerking voor welke onderscheiding dan ook. Maar in een ander opzicht is het niet ironisch. Ik ben trots dat ik daar heb gestudeerd. Ik heb benefietoptredens gedaan en geld ingezameld voor een nieuw pijporgel voor de Academy, ik heb met het Royal Academy Symphony Orchestra getourd in Groot-Brittannië en de Verenigde Staten en sponsor acht studiebeurzen per jaar. Het wemelde er van de mensen met wie ik later, toen ik al Elton John was, zou samenwerken: de producer Chris Thomas, de arrangeur Paul Buckmaster, de harpiste Skaila Kanga en de slagwerker

Ray Cooper. Alles wat ik daar leerde is binnengesijpeld in mijn muziek: ik heb er geleerd over samenwerken, over akkoordprogressies en hoe je een liedje schrijft. Ik raakte er geïnteresseerd in componeren met meer dan drie of vier akkoorden. Als je luistert naar het album *Elton John* of vrijwel al mijn latere platen hoor je wel ergens de invloed van klassieke muziek en de Royal Academy.

Tijdens mijn studie aan de Academy gingen mijn ouders eindelijk scheiden. Ik moet ze nageven dat ze – vermoedelijk om mij stabiliteit te geven – hadden geprobeerd iets van hun huwelijk te maken, al was het duidelijk dat ze elkaar niet konden verdragen. Het was niet verstandig, maar ze probeerden het toch. Maar in 1960 werd mijn vader in Harrogate in Yorkshire geplaatst. Tijdens zijn afwezigheid ontmoette mama een ander, en dat betekende het einde.

Mijn moeder en ik trokken in bij haar nieuwe partner, Fred, die schilder en decorateur was. Het was in financieel opzicht een moeilijke tijd. Fred was ook gescheiden. Hij had een ex en vier kinderen en zat dus zeer krap. We woonden in een vreselijk flatje in Croxley Green met afbladderend behang en klamme muren. Fred werkte zich uit de naad. Hij was naast zijn normale werk glazenwasser en deed allerlei klusjes om elke avond eten op tafel te zetten. Fred en mijn moeder hadden het zwaar. Oom Reg had het goed gezien: aan scheiden was echt nog een stigma verbonden.

Maar ik was dolblij met hun scheiding. Ik was bevrijd van de spanning die er altijd hing als mijn ouders samen waren. Mama had wat ze altijd had gewild: mijn vader was verdwenen uit haar leven. Het leek er een poosje op dat ze was veranderd. Ze was gelukkig en daar werd ik ook deelgenoot van. Ze was minder humeurig en had minder kritiek. Ik mocht Fred erg graag. Hij was gul, had een groot hart, en was makkelijk in de omgang. Hij kocht van zijn spaargeld een fiets met een racestuur voor me.

Hij vond het grappig toen ik zijn naam omdraaide en hem Derf ging noemen; die bijnaam bleef hangen. Ik mocht me kleden zoals ik wilde. Al jaren voordat hij met mijn moeder trouwde, noemde ik hem mijn stiefvader.

Het allermooiste was dat Derf van rock-'n-roll hield. Hij en mama steunden me enorm toen ik voor de muziek koos. Ik vermoed dat voor mijn moeder ook meespeelde dat ze mijn vader tot waanzin dreef door me te steunen. Hoe dan ook was ze enige tijd mijn grootste fan. Derf regelde mijn eerste betaalde baantje, als pianist in het Northwood Hills Hotel, dat geen hotel was, maar een pub. Derf zat daar een biertje te drinken toen hij van de uitbater hoorde dat de vaste pianist was opgestapt. Hij had gevraagd of ze mij een kans wilden geven. Ik speelde daar alles wat in me opkwam. Liedjes van Jim Reeves, Johnnie Ray, Elvis Presley, 'Whole Lotta Shakin' Goin' On'. Liedjes van Al Jolson, want ze waren dol op Al Jolson. Maar ze waren nog doller op oude Engelse publiedjes die iedereen kon meezingen: 'Down at the Old Bull and Bush', 'Any Old Iron', 'My Old Man', de liedjes die mijn familie graag zong als ze een paar borrels hadden gedronken. Ik werkte drie avonden per week en kreeg slechts een pond per avond, maar Derf ging altijd mee om rond te gaan met de fooienpot. Ik verdiende soms wel vijftien pond per week, een fortuin voor een vijftienjarige in de vroege jaren zestig. Ik spaarde en kocht een elektrische piano – een Hohner Pianette – en een microfoon zodat ik beter te horen was boven de herrie van de kroeg uit.

Mijn baantje was niet alleen lucratief, maar maakte me ook een onverschrokken performer. Want het Northwood Hills Hotel was niet bepaald een chique tent. Ik speelde niet in de stijlvolle salon, maar in de bar, waar bijna elke avond gevechten uitbraken als mensen een paar borrels ophadden. Het waren serieuze knokpartijen waarbij de glazen door de bar vlogen en de tafels omver werden geduwd. Eerst bleef ik gewoon spelen in de ijdele hoop dat de muziek de vechtersbazen tot bedaren zou brengen. Als een riedeltje 'Bye Bye Blackbird' niets uithaalde, moest ik de hulp inroepen van een groep zigeuners die regelmatig de pub bezocht. Ik was bevriend geraakt met een van hun dochters, die me zelfs had uitgenodigd om te komen eten in haar caravan. Ze zagen erop toe dat ik in veiligheid kwam als het losging in de pub. Als zij er niet waren, moest ik mijn toevlucht nemen tot een noodmaatregel. Dan klom ik uit het raam vlak naast de piano en kwam ik later, als het weer rustig was geworden, terug. Het was angstaanjagend, maar het heeft me mentaal gehard om live te kunnen optreden. Ik ken artiesten die zwaar beschadigd zijn geraakt door een slecht optreden voor een publiek dat hun muziek niet zag zitten. Ik heb zulke concerten ook gespeeld, maar ze hebben nooit veel impact op me gehad. Ik ben al blij als ik niet mijn optreden hoef te onderbreken om doodsbang uit een raam te klimmen.

Mijn vader ontmoette in Yorkshire een vrouw, Edna. Ze trouwden, verhuisden naar Essex en openden een papierwinkel. Hij moet in die tijd gelukkiger zijn geweest, want hij kreeg nog vier zonen, die hem op handen droegen. Ik kon echter geen verschil zien. Hij kende gewoon geen andere manier om zich in mijn bijzijn te gedragen. Hij was nog altijd afstandelijk en streng, zanikte over de vreselijke invloed van rock-'n-roll en was bezeten van de gedachte dat ik een crimineel zou worden en de familienaam te schande zou maken. Met de Green Line-bus naar Essex reizen om hem op te zoeken was steevast het dieptepunt van mijn week. We gingen niet meer samen naar de wedstrijden van Watford, want ik was inmiddels oud genoeg om alleen op de Bocht te staan.

Ik denk dat mijn vader uit zijn dak moet zijn gegaan van woede toen hij hoorde dat ik van plan was van school te gaan zonder eindexamen te doen omdat ik in de muziekindustrie ging werken. Dat zag hij niet als een geschikte carrière voor iemand met de gedegen opleiding die ik had genoten. Tot overmaat van ramp had zijn eigen neef me een baan bezorgd: Roy, de man van het doelpunt in de bekerfinale, die na de scheiding contact had gehouden met mijn moeder. Voetballers hadden vaak contacten in de muziekbusiness en Roy was bevriend met Tony Hiller, de general manager van Mills Music, een muziekuitgeverij in Denmark Street, het Britse antwoord op Tin Pan Alley. Ik hoorde via Roy dat er een vacature was op de verzendafdeling. Het was een baantje van niks en ik verdiende slechts vier pond per week, maar het was een ingang. Ik wist bovendien dat ik geen schijn van kans had om mijn examens te halen. Ik had al mijn energie gestoken in de Royal Academy, pogingen om piano te spelen als Jerry Lee Lewis en uit het raam van het Northwood Hills Hotel klimmen. Mijn schoolwerk had ik verwaarloosd.

Ik zeg dat ik denk dat hij uit zijn dak moet zijn gegaan van woede, maar eerlijk gezegd herinner ik me zijn reactie niet meer. Ik weet dat hij mijn moeder heeft geschreven om te eisen dat ze mijn plan zou dwarsbomen, maar je zult je kunnen voorstellen dat die brief haar vooral heel blij maakte. Verder stond iedereen aan mijn kant: mama, Derf en zelfs de rector van mijn school, wat nogal verwonderlijk was. Meneer Westgate-Smith was heel serieus en streng. Ik deed het in mijn broek toen ik hem ging vertellen dat ik een baan had aangenomen, maar hij reageerde aardig. Hij zei dat hij wist hoe dol ik was op muziek, dat ik al naar de Royal Academy ging en dat hij me zou laten gaan als ik beloofde hard te werken en me volledig in te zetten voor mijn geplande toekomst. Ik stond versteld, maar hij meende het echt.

Hij had ook kunnen weigeren. Dan zou ik ook zijn weggegaan, maar dan zou er een smet hebben gerust op mijn vertrek. Ik was blij met zijn steun. Jaren later, toen ik beroemd en succesvol was, schreef hij regelmatig om me te laten weten hoe trots hij was op wat ik had gepresteerd.

Op een perverse manier heeft ook de houding van mijn vader bijgedragen aan mijn succes. Hij is nooit anders gaan denken over mijn carrièrekeuze en heeft me nooit een compliment gegeven. Niet lang geleden kreeg ik een brief van Edna, zijn vrouw, waarin ze zei dat hij op zijn eigen manier wel degelijk trots op me was geweest, maar dat het gewoon niet in zijn aard zat om dat te uiten. Het feit dat hij dat niet deed, vervulde mij van het verlangen om hem te laten zien dat ik de juiste beslissing had genomen. Het werd mijn drijfveer. Ik dacht dat ik zijn ongelijk beter zou aantonen naarmate ik meer succes had, of hij dat succes nu wilde erkennen of niet. Ik denk tot op de dag van vandaag weleens dat ik dingen doe om aan mijn vader te laten zien wat ik waard ben. En hij is al sinds 1991 dood.

twee

Mijn timing was perfect. Ik ging in Denmark Street werken op het moment dat Denmark Street ten dode was opgeschreven. Tien jaar eerder was het nog het kloppend hart van de Britse muziekindustrie geweest, waar schrijvers hun liedjes verkochten aan muziekuitgevers, die ze weer doorverkochten aan artiesten. Maar de opkomst van The Beatles en Bob Dylan had alles veranderd. Zij hadden geen hulp van professionele liedjesschrijvers nodig; ze schreven hun liedjes zelf. Er kwamen steeds meer bands die een schrijver in de gelederen hadden: The Kinks, The Who, The Rolling Stones. Iedereen begreep dat dit de toekomst was. Er was nog net genoeg werk om Denmark Street draaiende te houden – niet alle bands konden zelf materiaal schrijven en er was een leger van zangers en crooners in het easy-listeninggenre dat als vanouds liedjes kocht – maar het einde naderde.

Mijn nieuwe baan bij Mills Music had niets met pop te maken en leek bij een heel ander tijdperk te horen. Ik moest bladmuziek voor brassbands verzamelen en de pakketjes naar het postkantoor tegenover Shaftesbury Theatre brengen. We zaten niet eens in het hoofdgebouw, mijn afdeling zat aan de achterkant. Het complete gebrek aan glamour van mijn nieuwe baan werd onderstreept toen Terry Venables, de uitblinkende middenvelder van Chelsea, op een middag onverwacht opdook in het gezelschap van een handvol teamgenoten. Ze werden achtervolgd door de pers – er speelde destijds een schandaal omdat ze na een wedstrijd ondanks een verbod van de trainer naar de kroeg waren gegaan – en hadden mijn nieuwe werkplek uitgekozen als schuilplaats. Ze kenden Mills Music goed omdat ze net als mijn neef Roy voetballende vrienden waren van Tony Hiller en begrepen dat de verzendafdeling van het bedrijf letterlijk de laatste plek in Londen was waar je ging kijken als je beroemdheden zocht.

Ik genoot er echter met volle teugen. Het was een opstapje naar de muziekindustrie. Ik vond Denmark Street, al liep het dan op zijn laatste benen, nog altijd magisch. Een plek vol glamour, al was die glamour in verval. Er waren gitaarwinkels en opnamestudio's. Je ging lunchen bij koffiebar Gioconda of de Lancaster Grill op Charing Cross Road. Je zag daar geen beroemdheden – het waren restaurants voor mensen die zich niets beters konden veroorloven – maar ze hadden een bepaald sfeertje. Er zaten mensen die nog hoopten, mensen die het zouden maken of nooit iets hadden voorgesteld, mensen die gezien wilden worden. Mensen zoals ik, zou je kunnen zeggen.

Mijn moeder, Derf en ik waren inmiddels uit de huurflat in Croxley Green met het vochtige, krullende behang verhuisd naar een nieuwe woning een paar kilometer verderop in Northwood Hills, vlak bij de pub waar ik vaak uit het raam was gevlucht. Frome Court zag er vanbuiten uit als een doodgewoon vrijstaand huis in de voorsteden, maar was vanbinnen opgedeeld in twee appartementen met elk twee slaapkamers. Wij woonden in 3A. Het voelde aan als thuis, in tegenstelling tot de eerdere woning, die meer had geleken op een straf voor mijn moeder en Derf omdat ze zo zondig waren geweest om te scheiden. Ik bespeelde de elektrische piano die ik had betaald van de opbrengsten van mijn puboptredens in een nieuwe band, die was opgericht door Stuart Brown, die ook in The Corvettes had gezeten. Bluesology was serieuzer en ambitieuzer. Stuart zag er goed uit en was ervan overtuigd dat hij een ster zou worden. We hadden een saxofonist. We hadden een set vol obscure bluesnummers van Jimmy Witherspoon en J.B. Lenoir die we repeteerden in The Gate, een pub in Northwood. We hadden zelfs een manager, een juwelier uit Soho die Arnold Tendler heette. Onze drummer Mick Inkpen werkte voor hem. Arnold was een schat van een man die dolgraag aan de slag wilde in de muziekbusiness. Hij had de pech dat hij Bluesology uitkoos om fors in te investeren nadat Mick hem had overgehaald naar een van onze concerten te komen. Hij betaalde voor apparatuur en podiumoutfits – identieke coltruien, broeken en schoenen – en kreeg er niets voor terug, afgezien van onze eindeloze klachten als er iets verkeerd liep.

We gingen optreden in en rond Londen. Arnold financierde een demo, die we opnamen in een studio in een prefabhutje in Rickmansworth. Wonderbaarlijk genoeg wist Arnold die demo bij Fontana Records te krijgen. Nog wonderbaarlijker was het dat ze besloten een single uit te brengen van 'Come Back Baby', het enige nummer dat ik had geschreven. Het werd een totale flop. Het werd een paar keer op de radio gedraaid, vermoedelijk op ranzige piratenstations die alles wel wilden spelen als het platenlabel ze wat poen toestopte. Het gerucht ging dat het nummer in *Juke Box Jury* zou komen, dus we gingen braaf voor de televisie zitten. Ons liedje zat niet in *Juke Box Jury*. We brachten een tweede single uit, 'Mr Frantic', ook van mijn hand. Ditmaal was er niet eens een gerucht dat we in *Juke Box Jury* zouden zitten. Het plaatje verdween spoorloos.

Eind 1965 gingen we werken voor Roy Tempest, een agent die zwarte Amerikaanse artiesten naar Groot-Brittannië haalde. Hij had in zijn kantoor een aquarium met piranha's, die de inspiratiebron leken te zijn voor zijn manier van zakendoen. Als hij

The Temptations of The Drifters niet naar Groot-Brittannië kon lokken, rekruteerde hij doodleuk een aantal onbekende zwarte zangers uit Londen, mat hun pakken aan en boekte hen voor een tournee langs Britse nachtclubs onder namen als The Temptin' Temptations of The Fabulous Drifters. Als iemand kwam klagen, deed hij of zijn neus bloedde: 'Natuurlijk zijn het niet The Temptations! Dit zijn The Temptin' Temptations! Dat is een heel andere groep!' In zekere zin was Roy de uitvinder van de *tribute band*.

Bluesology mocht niet klagen, want de artiesten die we begeleidden waren in elk geval de echte sterren: Major Lance, Patti LaBelle and the BlueBelles, Fontella Bass, Lee Dorsey. Dat werk betekende dat ik kon stoppen met bladmuziek voor brassbands in enveloppen proppen en professioneel musicus kon worden. Ik had geen keus, want het was onmogelijk om mijn normale baan aan te houden en ook nog alle concerten te spelen die Tempest voor ons boekte. Hij betaalde helaas hemeltergend slecht. Bluesology kreeg vijftien pond per week. Daarvan moesten we eten en onderdak en benzine voor ons busje betalen. Als we te ver van Londen speelden om na het optreden nog terug te kunnen keren naar de hoofdstad, moesten we in een bed and breakfast slapen, wat vijf shilling per nacht kostte. Ik vrees dat de sterren die we begeleidden niet veel meer kregen. De werklast was loodzwaar. We moesten avond aan avond de snelwegen over. We speelden in grote regionale clubs zoals The Oasis in Manchester, The Mojo in Sheffield, The Place in Hanley, Club A Go Go in Newcastle en Clouds in Derby. We speelden ook in coole clubs in Londen: Sybilla's, The Scotch of St. James, waar The Beatles en The Stones whisky met cola dronken, en The Cromwellian, waar barman Harry Heart bijna net zo beroemd was als de popsterren die hij bediende. Harry was hartstikke camp, sprak in de slangtaal Polari en had altijd een mysterieuze vaas met een heldere vloeistof op zijn toog staan. Het mysterie werd opgelost als je hem een drankje aanbood: 'Doe mij een gin-tonic, en neem er zelf ook eentje, Harry.' Dan zei hij: 'O, bedankt schat, bona, bona, eentje voor de pot dan maar.' Dan goot hij een portie gin in de vaas, waar hij tussen het bedienen van zijn klanten door zo nu en dan uit dronk. Niemand begreep hoe een man die blijkbaar elke avond een vaas gin leegdronk overeind bleef staan.

We speelden in de merkwaardigste clubs. Er was een tent in Harlesden die gewoon iemands woonkamer was en een club in Spitalfields waar ze om onverklaarbare redenen niet een podium hadden, maar een boksring. We speelden vaak in zwarte clubs; het had intimiderend kunnen zijn om daar als witte band zwarte muziek te spelen voor zwarte mensen, maar dat was het nooit, met name omdat het publiek in die clubs gek was op onze muziek. Bovendien: als je in je tienerjaren verwoede pogingen hebt gedaan om 'Roll Out the Barrel' te spelen terwijl de pubgasten elkaar verrot slaan, word je niet meer zo snel bang.

Ik heb me maar één keer ongemakkelijk gevoeld. Dat was in Balloch, iets buiten Glasgow. Toen we aankwamen, bleek het podium drie meter hoog te zijn. We ontdekten al snel dat die veiligheidsmaatregel moest voorkomen dat het publiek op het podium zou klimmen om de musici te vermoorden. Omdat dat niet ging, koelden ze hun woede op elkaar. De toeschouwers gingen na binnenkomst aan weerszijden van de zaal staan. De eerste noten van onze set waren het startsein voor de festiviteiten. Opeens vlogen de bierglazen door de lucht en ging iedereen elkaar te lijf. Het was geen concert, maar een knokpartij met muzikale begeleiding van een rhythm-and-bluesband. Daarbij vergeleken was een zaterdagavond in het Northwood Hills Hotel als de opening van het parlementaire jaar.

We speelden bijna elke avond twee shows, en nog meer als we

probeerden ons inkomen aan te vullen door solo-optredens te verzorgen. Ik herinner me een zaterdag waarop Roy om twee uur 's middags een optreden voor ons had geboekt in een club voor Amerikaanse militairen in Lancaster Gate. Daarna stapten we in het busje om naar Birmingham te rijden, waar we optraden in The Ritz en The Plaza. Toen reden we terug naar Londen om een show te spelen in Count Suckle's Cue in Paddington. Dat was een vooruitstrevende club, waar soul en ska samengingen, en een van de eerste zalen in Londen die niet alleen Amerikaanse artiesten boekte, maar ook West-Indische. Maar eerlijk gezegd herinner ik me die vernieuwende mix van Amerikaanse en Jamaicaanse muziek minder goed dan de fantastische pasteitjes die ze er serveerden. Zelfs de meest obsessieve muziekliefhebber stelt andere prioriteiten als hij om zes uur 's ochtends dreigt te verhongeren.

Soms maakte Roy rampzalige vergissingen met de boekingen. Hij haalde The Ink Spots naar Engeland, vermoedelijk omdat hij dacht dat elke zwarte Amerikaanse zanggroep een soulband moest zijn. Maar ze dateerden al van voor de rock-'n-roll en zongen *doo-wop*. Zodra ze 'Whispering Grass' of 'Back in Your Own Back Yard' begonnen te zingen, haakte het publiek af. Het waren fantastische liedjes, maar simpelweg niet wat men wilde horen. Het was hartverscheurend, totdat we optraden in The Twisted Wheel in Manchester. Het publiek daar bestond uit echte muziekliefhebbers met een enorme kennis van de geschiedenis van de zwarte muziek. Ze snapten het gewoon. Sommigen hadden de 78 toerenplaatjes van hun ouders meegenomen om te laten signeren. Aan het einde van de set tilden deze fans de bandleden letterlijk op hun schouders, waarna ze door de club werden gedragen. Je hoort vaak over het Swinging Londen van halverwege de jaren zestig, maar die jonge gasten in The Twisted Wheel waren beter geïnformeerd en hipper dan wie dan ook in het hele land.

Het geld en de werkdruk en de mislukte concerten lieten me eerlijk gezegd koud. Al mijn dromen waren uitgekomen. Ik speelde met artiesten van wie ik de platen verzamelde! Mijn favoriet was Billy Stewart, een beer van een vent uit Washington D.C., die onder contract stond bij Chess Records. Hij was een verbluffend goede zanger die van zijn overgewicht een gimmick had gemaakt. Hij zong er voortdurend over: 'She said I was her pride and joy, that she was in love with a fat boy.' Hij had een legendarisch kort lontje. Het schijnt dat de secretaresse van Chess de deur een keer niet snel genoeg voor hem opende en dat hij een vuurwapen tevoorschijn had gehaald en de deurhendel eraf had geschoten. Hij bleek ook een legendarische blaas te hebben. Als Billy vroeg of het busje even kon stoppen omdat hij langs de snelweg een plas moest doen, kon je je plannen voor de rest van de avond wel afzeggen. Dan stond je urenlang in de berm. We hoorden bizarre geluiden uit de struiken komen, alsof iemand een zwembad vulde met een brandslang.

Het was intimiderend om die artiesten te begeleiden, en niet alleen omdat er mensen bij zaten over wie werd gezegd dat ze gingen schieten als ze boos werden. Ook hun talent was angstaanjagend. Ik heb waanzinnig veel geleerd. Het was niet alleen de kwaliteit van hun stemmen; het waren onvoorstelbaar goede entertainers. Hoe ze bewogen, wat ze tussen de liedjes door zeiden, hoe ze hun publiek bespeelden, hoe ze zich kleedden. Ze hadden enorm veel stijl en flair. Soms hadden ze rare grillen – zo wilde Patti LaBelle elke avond 'Danny Boy' zingen – maar je kon ontzettend veel over het vak leren als je die mensen een uur lang observeerde op het podium. Bizar genoeg waren ze in ons land cultfiguren! Ze hadden in de VS grote hits gehad, maar in het VK waren hun nummers vaak gecoverd door witte artiesten die er in alle gevallen veel meer succes mee hadden. Vooral

Wayne Fontana and The Mindbenders hadden daar een handje van. Ze hadden nieuwe versies gemaakt van 'Um Um Um Um Um Um' van Major Lance en van 'A Groovy Kind of Love' van Patti LaBelle, waarvan veel meer exemplaren waren verkocht dan van de originele versies. Billy Stewarts versie van 'Sitting in the Park' was geflopt en Georgie Fame had er een hit mee gehad. Dat zat de artiesten niet lekker, en terecht. Ik begreep hoe boos ze erover waren toen een mod in het publiek in The Ricky-Tick in Windsor zo dom was om, toen Billy Stewart 'Sitting in the Park' zong, op sarcastische toon te roepen: 'We willen Georgie Fame!' Ik heb nog nooit zo'n dikke man zo snel zien bewegen. Hij sprong van het podium af het publiek in en wilde de mod te lijf gaan. Die jongen is letterlijk de club uitgerend omdat hij vreesde voor zijn leven. Dat zou jij ook hebben gedaan als een soulzanger van 150 kilo plotseling een hekel aan je had gekregen.

In maart 1966 ging Bluesology naar Hamburg om in de Top Ten Club op de Reeperbahn op te treden. We namen de veerboot en de trein en droegen zelf onze instrumenten. De club was legendarisch omdat The Beatles er hadden gespeeld voordat ze beroemd werden. Ze logeerden in de zolder van de club toen ze hun eerste single opnamen met Tony Sheridan. Er was in de vijf jaar sindsdien weinig veranderd. De bands werden nog steeds gehuisvest op zolder. Een eindje verderop zaten de prostituees nog altijd voor het raam, en in de club moest je nog altijd vijf uur per avond spelen, afgewisseld door een andere band. Een uur op, een uur af, en het publiek kwam en ging naar believen. Ik kon me makkelijk voorstellen dat The Beatles hetzelfde leven hadden geleid, al was het maar omdat het beddengoed sinds het verblijf van John en Paul niet meer leek te zijn verschoond.

We speelden als Bluesology en waren daarnaast de begeleidingsband van Isabel Bond, een zangeres uit Glasgow die zich in Duitsland had gevestigd. Ze was hilarisch, een snoezig ogend vrouwtje met donker haar dat vloekte als een bootwerker. Ze zong klassiekers waarvan ze de woorden had vervangen door schuttingtaal. Ze was de enige zangeres die 'Let Me Call You Sweetheart' zo kon zingen dat het over aftrekken ging.

Maar ik was zo onschuldig dat ik nauwelijks dronk en nog altijd geen belangstelling had voor seks, vooral omdat ik erin was geslaagd de rijpe leeftijd van negentien jaar te bereiken zonder te weten of te begrijpen wat seks eigenlijk was. Afgezien van de dubieuze bewering van mijn vader dat je blind werd van masturberen had niemand me verteld wat je deed of geacht werd te doen. Ik had geen idee van penetratie, geen idee wat pijpen was. Ik moet de enige Britse musicus van de jaren zestig zijn geweest die na een verblijf op de Reeperbahn nog maagd was. Ik verbleef in het Sodom en Gomorra van Europa, waar je alle kinky en perverse wensen kon laten vervullen, maar het spannendste wat ik deed was een broek met wijde pijpen kopen in een warenhuis. Ik deed niets anders dan muziek maken en platenzaken bezoeken. Ik ging helemaal op in muziek en was ongelooflijk ambitieus.

Diep in mijn hart wist ik dat Bluesology het niet zou gaan maken. We waren niet goed genoeg, dat zag je zo. Eerst hadden we obscure blues gespeeld, nu speelden we dezelfde soulnummers die vrijwel alle Britse rhythm-and-bluesbands halverwege de jaren zestig speelden, zoals 'In the Midnight Hour' en 'Hold On I'm Coming.' Het was duidelijk dat The Alan Brown Set en The Mike Cotton Sound die nummers beter speelden dan wij. Er waren zangers die beter waren dan Stuart, er waren organisten die stukken beter waren dan ik. Ik was eigenlijk een pianist en wilde op de toetsen beuken zoals Little Richard. Maar als je dat op een orgel doet, krijg je geen lekkere sound. Ik miste het technische raffinement dat je nodig hebt om goed orgel te spelen. Met de

Hammond B-12 die een vast plekje had op het podium van The Flamingo in Wardour Street kon ik totaal niet uit de voeten. Het was een enorm houten instrument, alsof je een ladekast bespeelde. Overal zaten knopjes en hendels en pedalen. Stevie Winwood en Manfred Mann gebruikten al die hulpmiddelen om fantastische geluiden aan de Hammond te ontlokken. Ik durfde ze niet eens aan te raken omdat ik letterlijk geen idee had wat ze deden. Zelfs de kleine Vox Continental waarop ik meestal speelde was een technisch mijnenveld. Een van de toetsen bleef altijd plakken. Het gebeurde halverwege de set in The Scotch of St. James. Ik speelde 'Land of a Thousand Dances' toen mijn orgel opeens een geluid begon te maken dat klonk alsof de Luftwaffe boven Londen was verschenen om de blitzkrieg nieuw leven in te blazen. De rest van de band bleef vrolijk meedansen met Long Tall Sally en twisten met Lucy die de watusi deed terwijl ik probeerde de crisis op te lossen door te ontsteken in gillende paniek. Ik wilde net het alarmnummer bellen toen Eric Burdon, de zanger van The Animals, het podium op liep. Hij was gezegend met de technische expertise die ik miste – Alan Price, de keyboardspeler van The Animals, was een virtuoos op de Vox Continental – en beukte met zijn vuist op het instrument, waarna de toets loskwam.

'Dat overkomt Alan ook steeds,' zei hij voordat hij het podium verliet.

We waren dus minder goed dan de bands die hetzelfde deden als wij en de bands die hetzelfde deden als wij waren minder goed dan de bands die zelf liedjes schreven. Toen we een keer nogal vroeg arriveerden voor een optreden in de Cedar Club in Birmingham zagen we The Move repeteren, een plaatselijk vijftal dat het helemaal zou gaan maken. Ze hadden een woeste podiumact, een manager met een vlotte babbel en een gitarist, Roy Wood, die nummers schreef. We bleven stiekem kijken. Ze klonken fantastisch en Roys liedjes waren beter dan de covers die ze deden. Alleen een krankzinnige zou hetzelfde hebben beweerd over dat handjevol nummers dat ik had geschreven voor Bluesology. Ik had ze eigenlijk alleen geschreven omdat het moest; we hadden binnenkort weer een van onze zeldzame opnamesessies, en dan moest je ook wat eigen materiaal hebben. Het was bepaald niet zo dat ik mijn diepste zielenroerselen in die nummers verwerkte, en dat was te horen ook. Toen ik The Move zag spelen, kreeg ik een soort epifanie. *Dit is het helemaal. Dit is de weg naar voren. Dit zou ik ook moeten doen.*

Ik denk dat ik eerder uit Bluesology zou zijn gestapt als Long John Baldry er niet bij betrokken was geraakt. We kregen die klus omdat we op het juiste moment op de juiste plek waren. Bluesology was in Zuid-Frankrijk toen John moest optreden in de Papagayo in Saint-Tropez, maar geen begeleidingsband had. Hij had aanvankelijk een band in de stijl van Steampacket willen formeren met zichzelf, Stuart Brown, een zekere Alan Walker – die volgens mij was aangenomen omdat Baldry hem een lekker ding vond – als zanger, en de Amerikaanse Marsha Hunt, die net naar Londen was verhuisd, als zangeres. Bluesology moest Johns begeleidingsband worden, maar eerst gooide hij de samenstelling om door een paar musici die hem niet bevielen te vervangen door mensen die hij geschikter vond. Het was niet echt wat ik wilde. Ik vond onze line-up een flinke stap achteruit voor John, want ik wist hoe goed Julie Driscoll en Rod waren. Als schooljongen had ik Rod en John een fantastisch optreden zien geven in de Kenton Conservative Club toen de band nog The Hoochie Coochie Men heette. En Brian Auger was een echte *musician's musician*. Hij zou absoluut geen hulp nodig hebben om tijdens een optreden zijn instrument een beuk te geven.

Ik had dus bepaalde reserves. De line-up met Alan Walker en

Marsha Hunt was geen lang leven beschoren. Marsha, een beeldschone, boomlange zwarte meid, zag er fantastisch uit, maar zong niet erg goed. Niettemin moest ik toegeven dat alles een stuk interessanter was geworden nu we met John werkten. Als je ooit het gevoel hebt dat je leven nogal saai is, zou je eigenlijk op tournee moeten gaan met een excentrieke, homoseksuele blueszanger van twee meter met een drankprobleem. Je zult je geen moment vervelen.

John was voortreffelijk gezelschap. Hij haalde me altijd op in Frome Court in zijn busje, dat was uitgerust met een grammofoon. Ik wist al dat hij in aantocht was omdat hij altijd zijn raampje opendraaide en zo hard mogelijk 'REGGIE!' riep. Zijn leven was een aaneenschakeling van incidenten, die vaak te maken hadden met zijn drankgebruik. Hij was zelfdestructief, dat had ik al snel door. De duidelijkste hint kreeg ik toen we in het Links Pavillion in Comer optraden en hij na de show zo bezopen werd dat hij in zijn witte pak van een klif viel. Ik besefte niet dat hij gay was. Ik begrijp nu hoe ongelooflijk dat is. We hebben het over een man die zichzelf Ada noemde, aan andere mannen refereerde als 'zij' of 'haar' en je voortdurend gedetailleerd op de hoogte hield van zijn seksuele wel en wee: 'Ik heb een nieuw vriendje, hij heet Ozzie. Lieverd, hij zit te tollen op mijn pik.' Ik was zo naïef dat ik werkelijk niet begreep wat het betekende om gay te zijn. Ik wist al helemaal niet dat die term ook weleens van toepassing zou kunnen zijn op mezelf. Ik dacht gewoon: wat? Hij zit te tollen op je pik? Hoe dan? Waarom? Waar heb je het in vredesnaam over?

Het was allemaal heel vermakelijk, maar het deed niets af aan het feit dat ik geen organist wilde zijn, dat ik geen begeleidend musicus wilde zijn en dat ik niet in Bluesology wilde zitten. En zo belandde ik in de nieuwe burelen van Liberty Records om de hoek van Piccadilly, waar ik als inleiding op mijn auditie mijn hart luchtte over de stagnerende carrière van Bluesology, de gruwelen van de clubs waar we optraden, de bandrecorder en de rol die dat ding speelde tijdens onze legendarische non-vertolkingen van 'Let the Heartaches Begin'.

Aan de andere kant van het bureau knikte Ray Williams me empathisch toe. Hij was blond, knap, goedgekleed en jong. Hij bleek zelfs zo jong te zijn dat hij geen zeggenschap had over het aanbieden van contracten. Dergelijke besluiten namen zijn superieuren. Ze zouden me misschien een contract hebben aangeboden als ik niet Jim Reeves' 'He'll Have to Go' had gekozen als mijn auditienummer. Ik dacht dat de meeste mensen iets als 'My Girl' of een Motown-nummer zouden spelen en dat ik me kon onderscheiden door iets heel anders te kiezen. Bovendien ben ik gek op 'He'll Have to Go'. Ik vond dat ik het goed kon zingen en had het nummer vaak in de kroeg in Northwood Hills gebruikt om het publiek de genadeslag toe te brengen. Als ik er goed over had nagedacht, zou het wellicht tot me zijn doorgedrongen dat dit nummer niet veel enthousiasme zou teweegbrengen bij mensen die een label voor progressieve rock wilden starten. Liberty nam onder meer The Bonzo Dog Doo-Dah Band, The Groundhogs en The Idle Race (een psychedelische band met als frontman Jeff Lynne, die later Electric Light Orchestra zou oprichten) onder contract. De Pinnerversie van Jim Reeves was wel het laatste waarop ze zaten te wachten.

Toch pakte het besluit om 'He'll Have to Go' te zingen goed uit. Want als ik de auditie had gehaald, had Ray me misschien niet de envelop met Bernies teksten gegeven. Ik weet niet wat er zou zijn gebeurd als ik die niet had gekregen, hoewel ik daar vaak over heb nagedacht omdat het zo'n bijzondere speling van het lot was. Ik moet erbij zeggen dat Rays kantoor een enorme puinhoop was. Overal lagen hoge stapels banden en honderden enveloppen.

Hij had post ontvangen van enorme aantallen ambitieuze musici en componisten en van iedere mafkees die de advertentie van Liberty had gezien. Hij leek die envelop min of meer willekeurig tevoorschijn te halen om me niet te laten vertrekken met het gevoel dat de bijeenkomst niets had opgeleverd. Ik kan me niet herinneren of hij de envelop had geopend voordat hij die aan mij gaf. Maar die envelop bevatte mijn toekomst; alles wat me daarna is overkomen, is terug te voeren op de inhoud ervan. Probeer daar maar eens over na te denken zonder hoofdpijn te krijgen.

Wie weet of ik een andere schrijfpartner zou hebben gevonden, of dat ik bij een andere band zou zijn gegaan, of dat ik ook zonder Bernie succes zou hebben gehad. Ik weet in elk geval dat mijn leven en mijn carrière dan anders zouden zijn verlopen en hoogstwaarschijnlijk minder goed. Ik kan me nauwelijks voorstellen hoe het beter had kunnen uitpakken. En dan had jij dit nu niet gelezen, denk ik.

Omdat Liberty niet geïnteresseerd was in de eerste liedjes die Bernie en ik schreven, bood Ray ons een contract aan voor een muziekuitgeverij die hij aan het opstarten was. We zouden pas gaan verdienen als we daadwerkelijk wat nummers verkochten, maar dat zagen we nog niet als een probleem. Ray geloofde echt in me. Hij stelde me voor aan andere tekstschrijvers, maar met hen pakte het minder goed uit dan met Bernie. Die anderen wilden samenwerken door de tekst en de muziek tegelijk te schrijven, maar dat kon ik niet. Ik moest de woorden op papier zien voordat ik een liedje kon schrijven. Ik had een kickstart nodig, een inspiratie. Wanneer ik Bernies teksten las, voelde ik de magie en wilde ik er muziek bij schrijven. Dat gebeurde meteen al toen ik in de metro, op weg naar huis vanaf Baker Street, die envelop opende. Het is altijd zo blijven gaan.

We produceerden aan de lopende band nummers die beter waren dan alles wat ik eerder had geschreven, al is dat nauwelijks een compliment. En als ik eerlijk ben, was slechts een gedeelte beter dan mijn eerdere nummers. We schreven twee soorten liedjes. De eerste categorie bestond uit nummers die we dachten te kunnen verkopen aan mensen als Cilla Black en Engelbert Humperdinck: grootse, sentimentele ballads en vrolijke bubblegumpop. Die nummers waren gruwelijk slecht. De rillingen liepen me weleens over de rug als ik besefte dat de tranentrekkers veel weg hadden van het gevreesde 'Let the Heartaches Begin'. Maar zo verdiende je nu eenmaal je geld als liedjesschrijver. Die grote commerciële sterren waren je doelgroep. Maar die doelgroep wisten we niet te bereiken. De grootste ster aan wie we een liedje verkochten was de acteur Edward Woodward, die van tijd tot tijd bijbeunde als crooner. Zijn album heette *This Man Alone* en daarmee bleek hij de omvang van zijn publiek heel aardig te hebben voorspeld.

Daarnaast waren er de liedjes die we graag wilden schrijven. Die waren beïnvloed door The Beatles, The Moody Blues, Cat Stevens en Leonard Cohen, de muziek die we kochten bij Musicland, een platenzaak in Soho waar Bernie en ik zo vaak kwamen dat het personeel soms vroeg of ik even wilde invallen achter de toonbank als iemand lunch ging halen. Het was het einde van de tijd van de psychedelica, dus we schreven veel fantasierijke liedjes over paardenbloemen en teddyberen. We probeerden de stijlen van anderen uit en merkten dat die geen van alle bij ons pasten. Maar dat proces moet je doorlopen om je eigen stem te vinden. Het was trouwens een leuk proces. Alles was leuk. Bernie was naar Londen verhuisd en onze vriendschap bloeide op. Hij werd de broer die ik nooit had gehad. Onze band werd nog versterkt doordat we tijdelijk in stapelbedden sliepen in mijn slaapkamer in het huis op Frome Court. We zaten hele dagen te schrijven.

Bernie schreef de teksten op een typemachine in de slaapkamer, bracht die naar de piano in de woonkamer en haastte zich dan weer naar de slaapkamer terwijl ik zijn woorden op muziek zette. We konden niet in dezelfde kamer zijn als we schreven. Als we niet schreven, waren we altijd samen. In platenzaken, in de bios. 's Avonds gingen we naar concerten of hingen we rond in clubs waar veel musici kwamen. Dan zagen we Harry Heart uit zijn vaas gin drinken en met jonge, hoopvolle muzikanten babbelen. We zagen ook regelmatig een grappige vent die zich in lijn met de heersende stemming van flowerpower Hans Christian Anderson liet noemen. De aura van sprookjesachtige buitenaardsheid die deze naam opriep werd verbroken wanneer hij zijn mond opende, want hij kwam uit Lancashire en had het bijbehorende vette accent. Later nam hij weer zijn eigen naam – Jon – aan en werd hij de zanger van Yes.

We namen onze twee soorten liedjes op in een kleine viersporenstudio in de in New Oxford Street gevestigde burelen van Dick James Music, waar Ray zijn uitgeverijtje had ondergebracht. Die locatie werd later beroemd omdat het de plek was waar een geheime opname was gemaakt terwijl de leden van The Troggs tijdens pogingen om een nummer te schrijven elf minuten lang tegen elkaar schreeuwden en vloekten: 'Je lult uit je reet, man!' 'Godvergeten drummers, ik heb schijt aan die gasten!' Deze beruchte opname werd later uitgebracht onder de titel *The Troggs Tapes*. Caleb Quaye, een multi-instrumentalist die altijd een brandende joint in zijn hand had, was de vaste geluidstechnicus van de studio. Caleb was erg hip en dat wilde hij weten ook. Hij zat de helft van de tijd te giechelen om dingen die Bernie en ik hadden gezegd of gedaan of gedragen die aantoonden hoe hopeloos *uncool* we waren. Maar net als Ray geloofde hij in wat we deden. Als hij niet hysterisch over de grond rolde of zich de tranen uit de ogen veegde van leedvermaak besteedde hij al zijn tijd en aandacht aan onze liedjes. Tegen de regels van het bedrijf in werkten we tot 's avonds laat door. We lieten ons bijstaan door sessiemuzikanten die Caleb kende en probeerden in het geheim allerlei arrangementen en productie-ideeën uit als de rest van het personeel van DJM al uren was vertrokken.

Het was een opwindende tijd, totdat we werden betrapt door de officemanager. Ik weet niet meer hoe hij ontdekte dat we daar waren. Misschien had iemand die langsreed het licht zien branden en had hij vermoed dat er werd ingebroken. Caleb was bang dat hij zijn baan zou verliezen en liet, vermoedelijk uit wanhoop, Dick James onze opnamen horen. In plaats van Caleb te ontslaan en ons eruit te zetten bood Dick aan onze nummers uit te geven. We zouden een voorschot krijgen van vijfentwintig pond per week, tien voor Bernie en voor mij vijf pond meer omdat ik zong en pianospeelde. Dit betekende dat ik Bluesology kon verlaten om me op het schrijven van liedjes toe te leggen: precies wat ik wilde. We verlieten verdwaasd zijn kantoor en waren te zeer met stomheid geslagen om blij te zijn.

Het enige nadeel van de nieuwe afspraken was dat Dick vond dat de ballads en de plastic pop onze toekomst waren. Hij werkte met The Beatles en was medeoprichter van hun muziekuitgeverij Northern Songs, maar in zijn hart was hij een ouderwetse Tin Pan Alley-man. DJM was een merkwaardig bedrijf. De helft leek op Dick zelf: van middelbare leeftijd en meer gerelateerd aan de oude Joodse showbusiness dan aan rock-'n-roll. De andere helft bestond uit jonge, hippe mensen zoals Caleb, Dicks zoon Stephen en Tony King.

King had op de tweede verdieping een kantoor gehuurd en werkte voor het nieuwe bedrijf AIR, een bond van onafhankelijke platenproducers die George Martin had opgericht omdat hij vond dat EMI hem schandalig slecht betaalde voor zijn werk aan de platen van The Beatles. Tony was verantwoordelijk voor publishing en promotiewerkzaamheden. Het zou een understatement zijn om te zeggen dat hij bij DJM een opvallende verschijning was. Tony zou nog zijn opgevallen tijdens een invasie van marsmannetjes. Hij droeg pakken van de hipste kleermakers in Londen, oranje fluwelen broeken, allerlei satijnen kledingstukken. Hij droeg kralenkettingen en er wapperden altijd zijden sjaals om zijn nek. Hij had blonde highlights in zijn haar. Hij was een fanatieke muziekliefhebber, op het obsessieve af, die voor The Rolling Stones en Roy Orbison had gewerkt. Hij was bevriend met The Beatles. Hij was net als Long John Baldry homoseksueel en iedereen mocht het weten. Hij liep niet echt, het was meer alsof hij door het kantoor zweefde. 'Sorry dat ik laat ben, lieverd, de telefoondraad raakte verstrikt in mijn halskettingen.' Hij was ontstellend grappig en fascinerend. Ik wilde zijn zoals hij. Ik wilde ook zo stijlvol en buitenissig en exotisch zijn.

Zijn manier van kleden beïnvloedde die van mij, wat weleens voor gefronste wenkbrauwen zorgde. Ik liet mijn snor staan. Ik kocht een Afghaanse jas, maar koos een goedkoop model. De schapenvacht was niet goed geprepareerd, waardoor de jas zo stonk dat ik hem van mijn moeder niet mocht dragen in onze flat. Omdat ik me de boetieks waar Tony winkelde niet kon veroorloven, kocht ik een stuk gordijnstof met afbeeldingen van Noddy waar ik door een vriendin van mijn moeder, een naaister, een overhemd van liet maken. Voor het promotiemateriaal van mijn eerste single 'I've Been Loving You' droeg ik een nepbontjas en een *trilby* van nepluipaardvacht.

Om de een of andere merkwaardige reden lokte de afbeelding van mij in die opvallende outfit geen drommen kopers naar de platenzaken toen de single in maart 1968 werd uitgebracht. Het was een totale flop. Ik was nauwelijks verbaasd of teleurgesteld. Ik hoefde niet zo nodig een carrière als soloartiest; ik wilde gewoon liedjes schrijven. Mijn platencontract was min of meer toevallig tot stand gekomen. Dicks zoon Stephen had de demo's van onze liedjes aan een aantal labels laten horen in de hoop dat een van hun artiesten ze wilde opnemen, iemand bij Philips zag mijn stem wel zitten, en opeens had ik een contract voor een paar singles. Ik had ernstige twijfels, maar ik ging erin mee omdat ik dacht dat het een manier was om de nummers die Bernie en ik hadden geschreven wat bekendheid te geven. We zetten als liedjesschrijvers nu echt stappen. We waren geïnspireerd geraakt door de authentieke *roots*-muziek en Americana van The Band en door nieuwe singer-songwriters die waren beïnvloed door Leonard Cohen en die we hadden ontdekt in de importbakken van Musicland. Die invloeden gingen goed samen met onze werkwijze. We begonnen dingen te schrijven die niet meer leken op pastiches van andermans werk. Ik luisterde keer op keer naar het nummer 'Skyline Pigeon' en constateerde trots dat ik niets kon bedenken waarop het leek. We hadden eindelijk iets origineels gemaakt.

Maar Dick had 'I've Been Loving You' uitgekozen als mijn debuutsingle. Ik denk dat hij zijn best had gedaan om het saaiste, minst opvallende liedje in mijn repertoire te vinden. Bernie had niet eens de tekst geschreven. We dachten het te kunnen verkopen aan de een of andere crooner. Het zal wel weer Dicks achtergrond in Tin Pan Alley zijn geweest. Ik wist dat het de verkeerde keuze was, maar ik wilde er geen ruzie over maken. Hij was de legende van Denmark Street die met The Beatles had gewerkt en hij had ons een contract aangeboden en een platencontract voor me geregeld toen hij Bernie en mij net zo goed op straat had kunnen zetten. De advertentie schreeuwde dat het 'de beste uitvoering van een debuutplaat ooit was', dat ik 'het grote nieuwe talent van 1968' was en sloot af met de woorden: 'U BENT GEWAARSCHUWD'. De kopers reageerden alsof ze waren gewaarschuwd dat alle exemplaren in rioolwater gedrenkt waren. Het grote nieuwe talent van 1968 was terug bij af.

Er deed zich in die periode nog een onverwachte complicatie voor in mijn leven. Ik had me verloofd met een zekere Linda Woodrow. We hadden elkaar eind 1967 ontmoet bij een optreden van Bluesology in The Mojo in Sheffield. Linda was bevriend met de diskjockey van de club, die 1,42 meter groot was en zich The Mighty Atom liet noemen. Linda was lang en blond en drie jaar ouder dan ik. Ze had geen werk. Ik weet niet hoe ze aan haar geld kwam – haar familie zal wel rijk zijn geweest – maar ze was financieel onafhankelijk. Ze was erg lief en geïnteresseerd in wat ik deed. Een gesprek na het optreden was uitgelopen op een samenzijn dat verdacht veel leek op een afspraakje, wat weer was uitgelopen op een tweede afspraakje, wat erop was uitgelopen dat ze op bezoek kwam in Frome Court. We hadden een merkwaardige relatie. Veel fysiek contact was er niet en seks hebben we al helemaal niet gehad, wat Linda interpreteerde als een blijk van ouderwetse hoffelijkheid en romantiek van mijn kant, en niet als een gebrek aan belangstelling of verlangen. Het was in 1968 nog niet ongehoord dat stellen niet voor het huwelijk met elkaar naar bed gingen.

Maar met of zonder seks verwierf de relatie een eigen momentum. Linda besloot naar Londen te verhuizen en nam een flat. Dat kon ze zich veroorloven, en we zouden kunnen samenwonen. Bernie werd onze huurder.

Ik zou liegen als ik beweerde dat de nieuwe situatie me geen ongemakkelijke gevoelens bezorgde, ook omdat Linda mijn muziek begon te bekritiseren. Ze was een groot fan van de Amerikaanse crooner Buddy Greco en maakte op allerlei manieren duidelijk dat het beter voor me zou zijn als ik hem imiteerde. Ik zette die gevoelens verbazend makkelijk opzij. De gedachte om te vertrekken uit Frome Court sprak me zeer aan. Ik was twintig en ik denk dat ik deed wat ik dacht wat er van me werd verwacht: dat ik me aan iemand bond.

En zo belandden we in een flat in Furlong Road in Islington: ik, Bernie, Linda en haar chihuahua Caspar. Ze kreeg een baantje als secretaresse en we bespraken steeds vaker onze verlovingsplannen. De alarmsignalen waren inmiddels moeilijk te negeren, al was het maar omdat mensen uit mijn naaste omgeving de zaak aankaartten. Mijn moeder was fel tegen het idee gekant, en je kunt een aardig beeld krijgen van wat Bernie ervan vond door te luisteren naar 'Someone Saved My Life Tonight', het nummer dat hij later schreef over die periode. Het is niet bepaald een opsomming van Linda's voortreffelijke eigenschappen. Hij spreekt haar aan als 'een dominante koningin' en 'een prinses in haar elektrische stoel'. Bernie had haar niet hoog zitten. Hij was bang dat ze onze muziek zou verpesten met haar gezeur over Buddy Greco. Hij vond haar bazig en was woedend over het feit dat ze hem had opgedragen de poster van Simon & Garfunkel weg te halen die in zijn kamer hing.

Een combinatie van halsstarrigheid en mijn afkeer van confrontaties stelde me in staat om de alarmsignalen te negeren. We verloofden ons op mijn vijfentwintigste verjaardag. Ik weet niet meer wie wie had gevraagd. We kozen een datum voor de bruiloft. Er werden dingen geregeld. Ik raakte in paniek. Ik had natuurlijk eerlijk moeten zijn. Maar dat sprak me niet aan. Ik had het niet in me om Linda te vertellen hoe ik erover dacht. Toen besloot ik maar een poging tot zelfmoord in scène te zetten.

Bernie, die me redde, heeft me nooit de details laten vergeten van die zogenaamde poging om met gas een einde aan mijn leven te maken. Iemand die zichzelf echt van kant wil maken, doet dat als hij alleen is zodat hij er niet van kan worden weerhouden; hij doet het midden in de nacht of als er niemand in de buurt is. Ik deed het 's middags in een flat vol mensen. Bernie was in zijn slaapkamer en Linda deed een dutje. Ik had niet alleen een kussen in de oven gelegd om mijn hoofd op te laten rusten, maar had ook het gas op de laagste stand gezet en alle keukenramen opengezet. Het was een dramatisch moment toen Bernie mijn hoofd uit de oven sleurde, maar er was welbeschouwd niet eens voldoende koolmonoxide in die keuken om een wesp te doden. Ik had gerekend op een reactie van absolute schok, waarna Linda zou inzien dat mijn suïcidale wanhoop alles te maken had met mijn negatieve gevoelens over ons naderende huwelijk. Maar ze reageerde mild verward. Linda dacht dat ik depressief was omdat 'I've Been Loving You' geen hit was geworden. Het moge duidelijk zijn dat dit het ideale moment was om haar de waarheid te vertellen, maar ik zweeg. Mijn zelfmoordpoging werd vergeten en de bruiloft bleef op de kalender prijken. We gingen op zoek naar een flat in Mill Hill om met zijn tweeën te gaan wonen.

Uiteindelijk moest Long John Baldry eraan te pas komen om me duidelijk te maken wat ik al wist. We waren na mijn vertrek uit Bluesology bevriend gebleven en ik had hem gevraagd ceremoniemeester te zijn bij mijn bruiloft. Hij had ja gezegd, hoewel hij het amusant leek te vinden dat ik ging trouwen. We spraken af in The Bag O'Nails, een club in Soho, om de details te bespreken. Bernie kwam ook mee.

Ik zag meteen dat John in een vreemde bui was. Hij maakte een afwezige indruk, maar ik had geen idee wat hem bezighield. Ik nam aan dat het een privékwestie was. Misschien wilde Ozzie niet meer op zijn pik tollen, of wat ze ook deden achter gesloten deuren. Na een paar drankjes vertelde hij me zonder er doekjes om te winden wat hem dwarszat.

'Godverdomme,' barstte hij uit. 'Waarom woon je in vredesnaam samen met een vrouw? Accepteer het toch, man. Jij bent gay. Je houdt meer van Bernie dan van haar.'

Er viel een pijnlijke stilte. Ik wist dat hij tot op zekere hoogte gelijk had. Ik hield niet van Linda, niet voldoende in elk geval om met haar te trouwen. Ik hield van Bernie. Niet op een seksuele manier, maar hij was wel mijn beste vriend. Het leed geen twijfel dat ik meer om onze muzikale samenwerking gaf dan om mijn verloofde. Maar gay? Daar was ik niet zo zeker van, vooral omdat ik niet precies wist wat dat inhield, gay zijn, al hadden een paar openhartige gesprekken met Tony King veel kunnen verduidelijken. Misschien was ik inderdaad gay. Vandaar misschien die bewondering voor Tony. Ik wilde niet zomaar zijn stijl en grootstedelijke verfijning imiteren; ik zag iets van mezelf in hem terug.

Ik had dus het een en ander om over na te denken. Dat deed ik echter niet; ik koos de tegenaanval. Ik zei dat John zich belachelijk gedroeg. Dat hij weer eens dronken was en ophef maakte om niets. Dat ik de bruiloft met geen mogelijkheid kon afzeggen. Dat alles al was geregeld. Dat we al een taart hadden besteld.

John gaf geen krimp en bleef op me inpraten. Ik zou mijn leven en ook dat van Linda ruïneren als ik de zaak niet zou afblazen. Ik was een godvergeten idioot, een lafaard. Ons gesprek werd geagiteerd en geëmotioneerd en begon de aandacht te trekken. Mensen aan de tafeltjes om ons heen gingen zich ermee bemoeien. Het waren – het was nu eenmaal The Bag O'Nails – allemaal popsterren, wat de zaak een surrealistisch tintje gaf. Cindy Birdsong van The Supremes mengde zich in het gesprek. Ik kende haar uit de tijd van Bluesology, toen ze een van Patti

LaBelle's BlueBelles was geweest. Ook P.J. Proby bemoeide zich ermee. Ik zou je dolgraag willen vertellen wat het enfant terrible van de popwereld van halverwege de jaren zestig, een man die regelmatig uit zijn broek scheurde en zijn haar in een paardenstaart droeg, te zeggen had over mijn geplande bruiloft, de mogelijke afzegging daarvan en het vraagstuk of ik nu wel of niet homoseksueel was, maar ik was inmiddels stomdronken en de details zijn nogal wazig, al moet ik op een gegeven moment hebben erkend dat John gelijk had, in elk geval over het huwelijk.

In mijn geheugen zie ik de rest van die avond in verbrokkelde beelden voor me. Dat we bij zonsopgang over straat naar de flat liepen, Bernie en ik, arm in arm voor morele ondersteuning. Dat we tegen een auto struikelden en vuilnisbakken omstootten. Een felle ruzie, Linda die dreigde zichzelf van kant te maken. Een lallende conversatie door de gesloten deur van Bernies kamer heen – hij had zich na thuiskomst meteen uit de voeten gemaakt – over de vraag of we dachten dat Linda het echt zou doen. En nog een gesprek door diezelfde deur heen toen ik kwam vragen of hij me wilde binnenlaten zodat ik op de grond kon slapen.

De volgende ochtend maakten we opnieuw ruzie en belde ik wanhopig naar Frome Court. 'They're coming in the morning with a truck to take me home,' schreef Bernie in 'Someone Saved My Life Tonight', maar dat was dichterlijke vrijheid. Er was geen 'they' en er was geen truck. Er was alleen Derf in zijn busje. Thuisgebracht werden Bernie en ik wel. Terug naar de stapelbedden van Frome Court. Bernie hing zijn poster van Simon & Garfunkel op. We hebben Linda nooit meer gezien.

drie

Theoretisch gezien woonden Bernie en ik tijdelijk in Frome Court, tot we iets zouden vinden voor onszelf. Het drong langzaam tot ons door dat we er wel enige tijd zouden wonen. We zouden niet zomaar iets vinden, want we konden ons niets veroorloven. En dat konden we niet omdat geen enkele Britse zanger de behoefte had om onze liedjes te vertolken. Van tijd tot tijd hoorden we dat een manager of producer belangstelling had voor iets wat we geschreven hadden. Dan mochten we enige tijd hopen en dan… niets. De afwijzingen stroomden binnen. Sorry, maar Cliff zegt nee. Nee, Cilla vindt toch dat het niet helemaal bij haar past. Nee, Octopus is niet geïnteresseerd in 'When I Was Tealby Abbey'. Octopus? Wie was in vredesnaam Octopus? Dat ze onze liedjes niet zagen zitten was letterlijk het enige wat ik wist over die band. We werden afgewezen door mensen van wie we nog nooit hadden gehoord.

Alles zat vast. Er gebeurde helemaal niets. Het was moeilijk om niet op te geven, maar een van de weinige voordelen van ons verblijf in Frome Court was dat mijn moeder altijd in de buurt was met haar gepatenteerde methode om me uit de put te halen: haar met een strak gezicht verkondigde voorstel dat ik zou stoppen met liedjes schrijven en in een plaatselijke winkel zou gaan werken. 'Je hebt opties. Er is een vacature in de wasserette, als je wilt.' De wasserette? Tja. Ik geef toe: je hele carrière naar wasmachines kijken is een aantrekkelijk vooruitzicht, maar ik denk dat ik toch nog even liedjes blijf schrijven.

En dus verhuisden we niet, maar probeerden we een slaapkamer met stapelbedden om te bouwen tot een aanvaardbare woonruimte voor twee volwassen mannen. Ik ging bij een boekenclub van *Reader's Digest* en kon zo onze boekenplanken geleidelijk vullen met in leer gebonden edities van *Moby Dick* en *David Copperfield*. Uit een catalogus van Littlewoods kochten we een stereo-installatie en twee koptelefoons die we ons konden veroorloven omdat je in termijnen mocht betalen. Bij Athena in Oxford Street kochten we een poster van Man Ray en daarna bij de winkel ernaast, India Craft geheten, wierookstokjes. Als we op de grond met onze koptelefoons op naar de laatste aanwinsten van Musicland lagen te luisteren in een dikke wolk wierooklucht konden we onszelf heel even artiesten wanen die als bohemiens leefden in de o zo hippe underground. Totdat de bezwering werd verbroken als mijn moeder aanklopte om te vragen wat dat merkwaardige aroma was. En wat wilden we trouwens eten vanavond?

Ik was iets welgestelder dan Bernie omdat Tony King zijn connecties bij AIR Studios had gebruikt om me werk te geven als sessiemuzikant. Je kreeg voor een sessie van drie uur negen pond, die als je in Abbey Road werkte cash werd uitbetaald. Als een sessie ook maar een minuut langer duurde dan de afgesproken tijd had je op basis van de vakbondsregels recht op het tarief voor een halve sessie extra. Dan kreeg je bijna vijftien pond, evenveel als ik in een week verdiende bij DJM. En dan was er nog de mogelijke bonus van een ontmoeting met Shirley Burns en Carol Weston, de secretaresses van AIR Studios, twee heerlijke vrouwen die altijd even wilden roddelen en mijn naam doorgaven als er ergens een klusje was. Ik maakte blijkbaar een moederinstinct in hen los; soms kreeg ik stiekem hun lunchbonnen toegestopt.

Dan kreeg ik ook nog eens een gratis maaltijd en was ik helemaal in de zevende hemel.

Ook los van het geld was dat sessiewerk een fantastische ervaring. Sessiemuzikanten kunnen niet kieskeurig zijn. Wat voor werk je ook kreeg aangeboden, je zei altijd ja. Je moest snel werken en scherp zijn, want je speelde met de beste musici van het land. Je zou de Mike Sammes Singers, die voor vrijwel iedereen de achtergrondvocalen verzorgden, niet snel angstaanjagend noemen, want ze zagen eruit als ooms en tantes van middelbare leeftijd die na een diner dansant op de golfclub nog even naar de studio waren gekomen. Maar als je zij aan zij met hen moest zingen, werd je plotseling doodsbang, want ze waren steengoed.

Je moest ook flexibel zijn, want je werd geacht een enorme verscheidenheid aan muzikale genres te beheersen. De ene dag zong je achtergrondkoortjes voor Tom Jones, de volgende dag maakte je een album met humoristische muziek van The Scaffold of maakte je arrangementen en speelde je piano voor The Hollies, of probeerde je een rockversie te verzinnen van het thema van *Zorba the Greek* voor The Bread and Beer Band, een project van Tony King dat niet van de grond kwam. Je ontmoette voortdurend nieuwe mensen en maakte nieuwe contacten: musici, producers, arrangeurs, mensen van platenlabels. Ik was op een dag aan het opnemen met The Barron Knights toen Paul McCartney de studio binnenwandelde. Hij nam plaats in de controlekamer en bleef een poosje luisteren. Toen liep hij naar de piano. Hij zei dat hij ons iets wilde laten horen waar hij in een nabijgelegen studio aan werkte en speelde acht minuten lang 'Hey Jude'. Dat wierp een iets ander daglicht op het komische nummer dat de Barron Knights maakten, waarin Des O'Connor deelnam aan de Olympische Spelen.

Sommige sessies waren heerlijk omdat we fantastische muziek

maakten. Andere waren juist leuk omdat we vreselijke muziek maakten. Ik deed veel covers voor het label Marble Arch; snel geproduceerde versies van nummers die op dat moment hoog stonden in de hitlijsten, die werden uitgebracht op albums met titels als *Top of the Pops*, *Hit Parade* en *Chartbusters* die goedkoop werden verkocht in supermarkten. Veel mensen beschouwen die klussen als het wanhopige dieptepunt van mijn carrière: de berooide, nog niet ontdekte artiest die anoniem andermans liedjes moest zingen om in een schamel levensonderhoud te voorzien. Zo kun je er met de kennis van nu naar kijken, maar zo zag ik het destijds niet. De sessies voor die coverplaten waren namelijk om te gillen zo leuk.

De instructies die we kregen van producer Alan Caddy waren fantastisch; het ene krankzinnige verzoek na het andere. 'Kun je "Young, Gifted and Black" zingen?' Nou, dat is niet het meest voor de hand liggende nummer voor een witte jongen uit Pinner, maar ik zal mijn best doen. 'Hierna doen we "Back Home" en dan moet je klinken als het Engelse voetbalelftal voor het wereldkampioenschap.' Oké, er zijn hier maar drie zangers, van wie er één een vrouw is, dus ik denk niet dat we exact zo zullen klinken als het origineel, maar jij bent de baas. Ik moest een keer klinken zoals Robin Gibb van The Bee Gees, een fantastische zanger, maar iemand met een unieke zangstijl: een spookachtig, nasaal vibrato dat ik alleen kon nadoen door tijdens het zingen mijn keel dicht te knijpen. Een voortreffelijke vondst die bij de andere musici een heus pandemonium teweegbracht. Ik stond te kwelen met mijn vingers rond mijn nek en moest wanhopig mijn best doen niet de studio in te kijken, waar de andere zangers, David Byron en Dana Gillespie, elkaar vasthielden en het bescheurden van het lachen.

Waren die sessies echt een betreurenswaardig artistiek dieptepunt in mijn professionele leven? Ik zal je vertellen hoe vreselijk ik het vond: ik heb nog een sessie gedaan toen ik al succes had als soloartiest. Ik verzeker je dat ik dit niet verzin. 'Your Song' was geschreven, het album *Elton John* was uit, ik had opgetreden in *Top of the Pops* en stond op het punt om naar Amerika te gaan voor een tournee, toen ik met alle liefde terugkeerde naar de studio om derderangs versies te zingen van 'In the Summertime' en 'Let's Work Together' voor een of ander beroerd album dat in supermarkten zou worden verkocht voor veertien shilling en zes pence. Zoals altijd genoot ik met volle teugen.

Maar het sessiewerk was niet het belangrijkste aspect van mijn vriendschap met Tony King. Hij had een fantastische, hechte vriendenkring, die hoofdzakelijk bestond uit homoseksuele mannen die in de muziekindustrie werkten: producers, promotors en pluggers, mensen van de BBC en de jonge, ambitieuze Schot John Reid, die heel zelfverzekerd was en heel grappig. Hij maakte verbijsterend snel carrière in de business. Hij werd uiteindelijk de Britse labelmanager voor Tamla Motown en werkte met The Supremes, The Temptations en Smokey Robinson. Tony zette die prestigieuze aanstelling luister bij door altijd plechtig aan John te refereren als Pamela Motown.

Tony's groep was niet uitgesproken wild of buitenissig. Ze kwamen bij elkaar over de vloer voor etentjes en bezochten restaurants en pubs, maar ze kwamen niet in de gayclubs. Ik genoot enorm van hun gezelschap. Ze waren verfijnd, intelligent en bijzonder geestig. Ik was dol op hun gevoel voor humor. Hoe meer ik erover nadacht, des te vreemder ik het vond dat ik me bij hen zo op mijn gemak voelde. Ik was nooit een eenling geweest en had – op school, in Bluesology, in Denmark Street – altijd veel vrienden gehad, maar dit was anders. Deze mannen gaven me het gevoel dat ik ergens bij hoorde. Ik voelde me als een van de kinderen in *Mary Poppins* die opeens kennismaken met een magische nieuwe wereld. Twaalf maanden nadat Long John Baldry ten overstaan van de hele clientèle van The Bag O'Nails luidkeels had verkondigd dat ik gay was, besloot ik dat hij gelijk had.

Alsof dat moest worden onderstreept besloot mijn libido nogal onverwacht zich voor de eerste keer te manifesteren, als een nerveuze laatkomer op een feestje dat al tien jaar eerder had moeten beginnen. Ik leek op mijn eenentwintigste een uitgestelde puberteit door te maken. Ik was heimelijk verliefd op allerlei mannen. Ik besefte dat ik John Reid niet alleen interessant vond vanwege zijn gevoel voor humor en zijn indrukwekkende kennis van Amerikaanse soul. Ik deed natuurlijk niets met deze gevoelens. Ik zou niet hebben geweten hoe dat moest. Ik had nog nooit een bewuste versierpoging gedaan, was nog nooit in een gaybar geweest. Ik had geen flauw idee hoe je iemand moest oppikken. Wat moest ik zeggen? 'Heb je zin om een filmpje te pakken en daarna naar bed te gaan?' Dat is mijn voornaamste herinnering aan die periode waarin ik me bewust werd van mijn seksualiteit. Ik was niet gekweld. Ik herinner me alleen dat ik seks wilde hebben, dat ik geen idee had hoe het moest en dat ik doodsbang was dat ik het verkeerd zou doen. Zelfs aan Tony vertelde ik niet dat ik homo was.

Ik had bovendien andere dingen aan mijn hoofd. Op een ochtend werden we op DJM ontboden voor een bespreking met Steve Brown, die Caleb had vervangen als studiomanager. Hij zei dat hij de nummers had gehoord die we hadden opgenomen en dat hij vond dat we onze tijd aan het verdoen waren. 'Jullie moeten stoppen met die troep. Jullie zijn er gewoon niet goed in.' Hij knikte. Hij vond het zo te zien heerlijk om ons af te kraken. 'Jullie zijn hopeloos. Jullie als songwriters? Dat wordt nooit wat. Jullie zijn prutsers.'

Het duizelde me. Lekker dan, dacht ik. Einde oefening. Tijd voor dat baantje in de wasserette van Northwood Hills. Nou ja, ik had altijd nog het sessiewerk. Maar hoe moest het met Bernie? Die arme jongen zou weer in Owmby-by-Spital achter kruiwagens met dode kippen moeten lopen. Die ene geflopte single die hij niet eens had geschreven en het afwijzingsbriefje van Octopus – wie ze ook mochten zijn – zouden de enige bewijzen zijn dat hij een muziekcarrière had gehad. Onze stereo-installatie was nog niet eens afbetaald.

Maar terwijl mijn brein overuren maakte, werd ik me ervan bewust dat Steve nog altijd aan het woord was. Hij zei iets over 'Lady What's Tomorrow', een nummer dat we hadden geschreven en niet eens hadden geprobeerd te verkopen. Het was beïnvloed door Leonard Cohen, dus Cilla Black zou er niet voor warmlopen. Maar Steve Brown deed dat wel.

'Jullie moeten meer van dat soort nummers schrijven,' vervolgde hij. 'Jullie moeten doen wat jullie zelf willen doen en geen troep schrijven die jullie denken te kunnen verkopen. Ik zal Dick eens vragen of we een album kunnen maken.'

Na het gesprek probeerden Bernie en ik in de kroeg te begrijpen wat er was gebeurd. Enerzijds had ik niet echt de ambitie om een soloartiest te zijn. Anderzijds was de kans die we kregen om te stoppen met tranentrekkers en plastic pop schrijven te verleidelijk om af te slaan. Bovendien dachten we nog altijd dat platen van Elton John een goede manier waren om het type nummers te etaleren dat we interessant vonden. Als we meer aandacht kregen, zou de kans toenemen dat beroemde artiesten die nummers zouden horen en zouden willen opnemen.

Er was echter een probleem. Het contract met Philips was voor singles; ze wilden geen album uitbrengen, maar een opvolger van 'I've Been Loving You'. Steve Brown nam een nummer op dat we hadden geschreven op basis van zijn aanwijzing dat we niet meer commercieel moesten denken, maar moesten doen wat wij interessant vonden. Het heette 'Lady Samantha' en we hadden het gevoel dat het een doorbraak betekende. Nu geef ik toe dat het op dat moment in mijn carrière al een doorbraak zou zijn geweest als ik een single had gemaakt waar ik naar kon luisteren zonder me kapot te schamen, maar 'Lady Samantha' was een behoorlijk goed nummer met een heel andere sound dan 'I've Been Loving You'. Het was hipper en zelfverzekerder. Er zat meer vlees aan. Het werd uitgebracht in januari 1969 en werd veel gedraaid op de radio zonder dat iemand het kocht.

Na deze flop ontdekten we dat Philips niet van plan was onze deal te vernieuwen. Om volstrekt raadselachtige redenen wilden ze geen album financieren van een artiest op wie ze alleen nog maar geld hadden verloren. Dick James hing vage verhalen op: hij wilde het album zelf uitbrengen en een echt label opzetten, en niet de opnamen in licentie ter beschikking stellen van andere labels. Maar hij wilde het liever hebben over het Eurovisie Songfestival. Tot zijn grote vreugde kwam een van onze pogingen om een middle-of-the-road popliedje te schrijven in aanmerking om de Britse inzending te worden. Lulu zou in haar tv-programma zes liedjes zingen waaruit de kijkers het winnende liedje mochten kiezen. Het is een understatement om te zeggen dat Bernie niet uit zijn dak ging. Hij vond het vreselijk. Het songfestival was destijds nog niet zo'n gênante vertoning als nu, maar het was nu ook weer niet zo dat serieuze bands als Pink Floyd en Soft Machine in de rij stonden om mee te mogen doen. Tot overmaat van ramp had Bernie niets met het liedje te maken, al werd zijn naam wel vermeld in de credits. Ik had de tekst bij elkaar geploeterd. Het was weer dezelfde situatie als met 'I've Been Loving You'. We waren terug bij af.

Bernies grootste angst werd bewaarheid toen we in Frome Court naar Lulu's programma keken. Ons liedje – míjn liedje – was volstrekt oninteressant en je was het meteen weer vergeten. Dat kon je van de andere liedjes niet zeggen. Alle andere componisten hadden een idee gehad dat zo afschuwelijk was dat je het met de beste wil van de wereld niet kon vergeten. Een van de liedjes klonk als iets waarbij dronken Duitsers in een bierhal op hun knieën zouden slaan. Een ander maakte gebruik van een weerzinwekkende combinatie van een bigband en een bouzouki. Weer een ander liedje, 'March', ging over marcheren, een punt dat meer dan afdoende duidelijk werd gemaakt door een legerband met koperblazers. Steve Brown had gelijk. We waren hier echt heel slecht in, wat maar weer eens bleek toen het publiek ons liedje de laatste plaats toekende. Het Duitse knieënliedje, dat 'Boom Bang-A-Bang' heette, won.

De volgende dag werd in *The Daily Express* haarfijn uitgelegd dat ons liedje had verloren omdat het evident het slechtste van de zes was. Dick gaf met de nodige tegenzin toe dat het misschien beter zou zijn als we ophielden ieders tijd te verspillen en inderdaad ons eigen album zouden maken. Als Philips het niet wilde uitgeven, zou hij wel iemand inhuren voor de pers en de promotie en zelf een platenlabel beginnen.

Met Steve Brown als producer en Clive Franks achter de bandrecorder zonderden we ons af in de kleine opnamestudio van DJM. Clive was de man die *The Troggs Tapes* had opgenomen; jaren later was hij coproducer bij een aantal van mijn albums en hij is tot op de dag van vandaag als geluidstechnicus betrokken bij mijn concerten. We gingen helemaal los op de nieuwe nummers. Psychedelische geluidseffecten, klavecimbels, achterstevoren gespeelde gitaarsolo's (dankzij Caleb), dwarsfluiten, bongo's, *stereo panning*, geïmproviseerde jazzintermezzo's, nepeindes waarbij het nummer wegebt en toch weer terugkomt, een fluitende Clive. Letterlijk en figuurlijk toeters en bellen. De plaat was waarschijnlijk beter geworden als we hadden beseft dat overdaad schaadt, maar zo denk je niet als je aan je eerste album werkt. Je hoort voortdurend een stemmetje dat je influistert dat het misschien ook je laatste plaat is en dat je dus alles moet proberen nu je de kans hebt. Maar wat hadden we een pret. Wat een avontuur! Het album heette *Empty Sky* en verscheen op 6 juni 1969 op Dicks nieuwe label DJM. Ik weet nog dat ik bij het horen van het titelnummer dacht dat ik nog nooit zoiets goeds had gehoord.

Er werden maar een paar duizend exemplaren van *Empty Sky* verkocht. Geen hit dus, maar toch had ik het gevoel dat mijn carrière langzaam maar zeker in beweging kwam. De recensies waren eerder veelbelovend dan ronduit goed, maar het was een stuk beter dan van *The Daily Express* te horen krijgen dat een liedje als 'Boom Bang-A-Bang' te hoog gegrepen voor je is. Toen het album net was verschenen, werden we gebeld met het bericht dat Three Dog Night 'Lady Samantha' zou coveren op hun nieuwe album. Three Dog Night! Die kwamen uit Amerika! Een echte Amerikaanse band had een van onze liedjes opgenomen. Niet een charmezanger met een amusementsprogramma op BBC 1, niet iemand die meedeed aan het Eurovisie Songfestival, maar een hippe, succesvolle Amerikaanse band. Een door Bernie en mij geschreven nummer prijkte op een album in de Amerikaanse top twintig.

Dankzij *Empty Sky* had ik materiaal om live uit te voeren. De eerste optredens waren nog heel voorzichtig. Ze waren nauwelijks aangekondigd, ik speelde met wie ik maar kon vinden – meestal Caleb en zijn nieuwe band Hookfoot – en ik was bloednerveus. De laatste keer dat ik op een podium had gestaan, had Long John Baldry zijn bandrecorder bij zich, droeg ik een kaftan en verloor ik mijn levenslust. Maar de shows werden beter naarmate ik me meer op mijn gemak voelde. Toen ik mijn eigen band samenstelde, werd het echt wat. Ik had Nigel Olsson en Dee Murray ontmoet bij DJM. Nigel speelde in de band Plastic Penny, die in 1968 een grote hit had gescoord en – ongelooflijk maar waar – een van de nummers had gekocht waarmee Bernie en ik een jaar eerder hadden geleurd. Ik vond het op de een of andere manier symbolisch dat ze het hadden opgenomen op een album dat verscheen toen Plastic Penny's moment in de spotlights voorbij was en hun carrière op de klippen liep. Dee had gespeeld in de psychedelische band The Mirage, die jarenlang zonder veel succes de ene single na de andere had uitgebracht. Dee en Nigel waren fantastische musici en het boterde meteen. Dee was een ongelooflijke bassist. Nigel was een drummer uit de school van Keith Moon en Ginger Baker, een showman met een drumstel dat bijna onze hele repetitieruimte in beslag nam. Hij had zijn naam op de dubbele basdrum laten zetten. Ze konden allebei zingen. Een gitarist hadden we niet nodig, want we hadden als drietal al een volle, rauwe sound. Daar komt bij dat je als trio de vrijheid hebt om spontaan te spelen. Het maakte niet uit dat we de gecompliceerde arrangementen van de plaat niet konden naspelen; we konden onze tijd nemen en improviseren, solo's spelen, de nummers in medleys verwerken of zomaar Elvis coveren of een versie spelen van 'Give Peace a Chance'.

Ik ging nadenken over hoe ik er op het podium uitzag. Ik wilde de frontman zijn, maar ik zat vast aan de piano. Ik kon niet over het podium banjeren à la Mick Jagger of instrumenten aan diggelen slaan zoals Jimi Hendrix en Pete Townshend deden. Ik weet uit bittere ervaring dat je, als je de controle verliest en probeert je piano van het podium te duwen, niet lijkt op een rebelse rockgod, maar op een verhuizer die een slechte dag heeft.

Ik dacht na over de pianisten die ik in mijn jeugd had bewonderd en hoe ze de boel hadden opgejut terwijl ze stonden achter wat ik altijd liefkozend een plank van drie meter noemde. Jerry Lee Lewis, die zijn krukje wegschopte en op de piano sprong; Little Richard, die tijdens het spelen achteroverleunde; en zelfs Winifred Atwell en hoe ze naar haar publiek grijnsde. Al deze mensen beïnvloedden mijn gedrag op het podium. Rechtopstaand piano spelen à la Little Richard is moeilijk als je zulke korte armpjes hebt als ik, maar ik volhardde. We klonken al niet als andere bands, en nu zagen we er ook anders uit. Want wat er verder ook op popgebied gebeurde toen de jaren zestig overgingen in de jaren zeventig, ik was er tamelijk zeker van dat er niet veel door een pianist geleide *power trio's* waren waarvan de frontman de buitenissigheid en agressie van de vroege rock-'n-roll koppelde aan de vrolijke goedmoedigheid van Winifred Atwell.

We tourden langs universiteiten en door hippies bevolkte zalen als The Roundhouse. De optredens werden wilder en de muziek werd beter, vooral toen we de nieuwe nummers gingen spelen die Bernie en ik hadden geschreven. Ik moet toegeven dat ik niet altijd uitblink in de beoordeling van mijn eigen werk – ik ben de man die zei dat 'Don't Let the Sun Go Down on Me' zo beroerd was dat ik me niet kon voorstellen dat ik het ooit zou uitbrengen, maar daarover later meer – maar zelfs ik zag in dat ons nieuwe materiaal van een ander niveau was dan al ons eerdere werk. Die nummers kwamen bijna vanzelf – Bernie schreef de tekst van 'Your Song' op een ochtend tijdens het ontbijt, waarna ik in exact een kwartier de muziek componeerde – omdat we in zekere zin al het harde werk al hadden gedaan. De sound van die nummers was de optelsom van alle uren die we hadden besteed aan pogingen om samen te schrijven, de optredens die ik had gedaan met Nigel en Dee, die me veel zelfvertrouwen hadden gegeven, de jaren die ik tegen wil en dank had doorgebracht in de Royal Academy, en alle avonden in het clubcircuit met Bluesology. Liedjes als 'Border Song' en 'Take Me to the Pilot' waren funky en soulachtig; dat waren dingen die ik had opgepikt door artiesten als Patti LaBelle en Major Lance te begeleiden. Daarnaast hadden ze een klassieke invloed die erin was gesijpeld doordat ik op zaterdagochtend Chopin en Bartók moest spelen.

Ze waren ook een product van de slaapkamer in Frome Court. Twee acts lagen tijdens het schrijven voortdurend op onze platenspeler. De ene was Delaney and Bonnie, een duo dat soul en rock combineerde. Ik was geobsedeerd door het spel van hun keyboardspeler Leon Russell. Het was alsof hij in mijn hoofd was gekropen en exact had bedacht hoe ik piano wilde spelen voordat ik het zelf wist. Hij bracht al mijn favoriete muzikale genres – rock-'n-roll, blues, gospel, country – samen tot een volmaakt natuurlijke stijl.

De andere act was The Band. Keer op keer speelden we hun eerste twee albums. Net als het pianospel van Leon Russell gaven hun liedjes me het gevoel dat iemand een fakkel had aangestoken om ons een nieuw pad te tonen en ons een manier te laten zien om te doen wat we wilden doen. 'Chest Fever', 'Tears of Rage', 'The Weight'; we hunkerden ernaar om zulke nummers te schrijven. Bernie dweepte met de teksten. Hij was als kind al dol geweest op het soort realistische verhalen over het oude Amerika dat The Band vertelde in liedjes als 'The Night They Drove Old Dixie Down'. Het waren witte musici die soulmuziek maakten zonder 'In the Midnight Hour' te coveren of flauwe imitaties te doen van het werk van zwarte artiesten. Het was een openbaring.

Dick kon zijn oren niet geloven toen we hem de demo's van de nieuwe nummers lieten horen. Hij wilde ondanks de verkoopcijfers van *Empty Sky* nog een album maken en was bereid er zestienduizend pond in te investeren. Dat zagen we als een hartverwarmend blijk van vertrouwen. Zestienduizend pond was destijds een onvoorstelbaar hoog budget voor een album, zeker als de artiest in kwestie nog nauwelijks platen had verkocht. Het lijdt geen twijfel dat Dick in ons geloofde, maar hij werd ook enigszins onder druk gezet. Bernie en ik waren bevriend geraakt met Muff Winwood, de broer van Steve, die voor Island Records werkte en vlak bij Frome Court woonde. Als ik het me goed herinner, ontmoetten we hem op een dag letterlijk in de tram naar Pinner. We gingen een paar keer per week bij hem langs met een fles Mateus Rosé en een doos bonbons voor zijn zeer verfijnde vrouw Zena om tafelvoetbal of Monopoly te spelen en hem adviezen te ontlokken over de muziekbusiness. Hij was zo enthousiast over de nieuwe nummers dat hij ons onder contract wilde nemen bij Island, dat veel groter en hipper was dan DJM. Het zou me niet verbazen als Dick plotseling zo vrijgevig was geworden omdat hij had gehoord dat er kapers op de kust waren.

Maar wat er ook achter zat, dat geld betekende dat we een echte studio konden boeken: Trident in Soho. Steve Brown stelde voor dat we er een producer van buitenaf bij zouden halen. Dat werd Gus Dudgeon, die David Bowies 'Space Oddity' had geproduceerd, een nummer 1-hit die we allemaal goed vonden klinken. We konden ons ook strijkers veroorloven, en de arrangeur Paul Buckmaster, die ook had meegewerkt aan 'Space Oddity'. Paul had zich de look van D'Artagnan aangemeten. Hij had lang haar met een middenscheiding en een sik en droeg een grote hoed. Ik vond hem nogal excentriek, maar dat had ik niet goed gezien. Paul was niet 'nogal' excentriek; hij was zo excentriek dat je ging denken dat hij echt krankzinnig was. Als hij voor het orkest stond, maakte hij geluiden met zijn mond om aan te geven wat de musici moesten doen. 'Ik kan niet goed beschrijven wat ik wil, maar zo moet het klinken.' Dan deden ze precies wat hij wilde. Hij was geniaal.

Maar ik moet zeggen: álles rond deze sessies was magisch, op een vreemde manier. Ik, Gus, Steve en Paul hadden alles – de liedjes, de sound, de arrangementen – van tevoren gepland en alles viel op zijn plaats. Ik had nauwelijks ooit op een klavecimbel gespeeld voordat we er een lieten komen voor 'I Need You to Turn to'. Het instrument was moeilijk te bespelen, maar het lukte me. Ik was doodsbang om live te spelen met een orkest, maar ik jutte mezelf op door mezelf voor te houden dat het nu eindelijk gebeurde, dat we eindelijk iets bereikten. Al die ranzige clubs met Long John Baldry en zijn bandrecorder, al het sessiewerk, Derf die in het Northwood Hills Hotel rondging met de fooienpot, de manier waarop Bernie en ik waren ontsnapt uit Furlong Road, Linda's dromen om een soort Buddy Greco van me te maken. Het had ons allemaal tot dit punt gebracht. En het werkte. We voltooiden het album in vier dagen.

We wisten dat we iets goeds hadden gemaakt, een album dat ons hogerop zou brengen. En we hadden gelijk. Toen *Elton John* in april 1970 uitkwam, kregen we fantastische recensies. John Peel draaide het en het album sloop de hitlijsten binnen. We kregen aanbiedingen voor optredens op het Europese vasteland, maar elke keer als we daarheen gingen, gebeurden er vreemde dingen. In Parijs had een slimmerik ons geboekt in het voorprogramma van Sérgio Mendes & Brasil '66. Het publiek, dat op een avondje bossanova had gerekend, was zo blij met deze onverwachte verruiming van hun muzikale horizon dat ze ons van het podium joelden. Toen we in het Belgische Knokke aankwamen, bleek dat we niet waren geboekt voor een concert, maar voor een liedjeswedstrijd die op tv werd uitgezonden. We gingen naar Nederland voor een televisieprogramma. Ze lieten me echter niet optreden; ik moest in een park 'Your Song' playbacken terwijl overal om me heen als paparazzi verklede acteurs foto's van me namen. Die opname wordt nog altijd zo nu en dan vertoond. Ik zie er woedend uit, alsof ik iemand een klap wil geven. Zo voelde ik me ook, al was dat niet de beste manier om een teder liedje te vertolken over ontluikende liefde.

In Engeland was er een buzz aan het ontstaan. In augustus speelden we tijdens het Krumlinfestival in Yorkshire op een weiland tussen heidevelden. Het had een ramp moeten worden. Het was ijskoud, het regende pijpenstelen en er deugde niets van de organisatie. Het podium was nog niet eens af op het moment dat het festival had moeten beginnen en de bands die moesten spelen begonnen te ruziën over de volgorde. Ik had geen zin in gekibbel, dus we gingen gewoon op, deelden brandy uit aan het publiek en gingen los op het podium terwijl Atomic Rooster en The Pretty Things nog altijd backstage probeerden uit te maken welke band populairder was. Als we in Londen optraden, zag ik inmiddels beroemde gezichten in het publiek. Blijkbaar werd in de industrie rondverteld dat we de moeite waard waren. Een paar weken voordat we op Krumlin speelden, waren Pete Townshend van The Who en Jeff Beck komen kijken naar een van onze optredens in The Speakeasy, de club die in Londen de rol van The Cromwellian en The Bag O'Nails had overgenomen als de plek waar mensen uit de muziekindustrie rondhingen. We werden gevraagd om 'Border Song' uit te voeren in *Top of the Pops.* Dat optreden deed niet veel voor de verkoopcijfers van de single, maar Dusty Springfield stelde zich in de kleedkamer aan ons voor en bood aan om tijdens ons optreden de achtergrondkoortjes te playbacken. Mijn mond viel open van verbazing. Ik was als schooljongen naar Harrow gegaan om haar te zien optreden met The Springfields en was na de show bij de artiesteningang blijven hangen om een glimp van haar op te vangen. Ze was langsgelopen in een lila shirt en een mauve rok en zag er onvoorstelbaar chic uit. Ik was in de vroege jaren zestig lid geworden van haar fanclub en had posters van haar opgehangen in mijn slaapkamer.

De enige belemmering van onze vooruitgang was Dick, die koppig vasthield aan het idee dat we naar Amerika moesten om op te treden. Hij had het album weten te verkopen aan het Amerikaanse label Uni, dat deel uitmaakte van MCA, en raakte niet uitgepraat over hoe enthousiast ze waren en hoe graag ze wilden dat we optredens in clubs zouden komen verzorgen. Ik zei dat ik daar het nut niet van inzag. Er kwam net iets in beweging in ons eigen land. De optredens waren fantastisch, het album verkocht aardig en Dusty Springfield was fan van me. Bernie en ik schreven aan de lopende band nummers. We werkten al aan demo's voor het volgende album. Waarom zouden we het momentum op het spel zetten door juist nu naar Amerika te trekken, waar niemand ons kende?

Dick zette zijn hakken in het zand: we moesten en zouden naar de VS. Maar ik kreeg een reddingsboei toegeworpen. Na het optreden in The Speakeasy had Jeff Beck me uitgenodigd om te jammen in zijn repetitieruimte in Chalk Farm. Daarna maakte zijn agent een afspraak met DJM. Het kwam erop neer dat Jeff mij, Dee en Nigel wilde gebruiken als zijn begeleidingsband tijdens een Amerikaanse tournee. Ik mocht tijdens de set een paar van mijn eigen nummers spelen. Ik vond het een ongelooflijk aanbod. Jeff was een van de beste gitaristen die ik ooit had gezien. Zijn laatste album, *Beck-Ola*, was een enorme hit geworden. We zouden weliswaar slechts 10 procent krijgen van de opbrengsten, maar 10 procent van de opbrengst van Jeff Beck was veel meer dan we destijds verdienden. Het belangrijkste was dat we ons in de kijker zouden kunnen spelen. We zouden in grote zalen staan en ik kon mijn eigen nummers laten horen; niet als een volslagen onbekende artiest, maar als lid van de band van Jeff Beck. En niet als een voorprogramma dat men kon negeren, maar in de hoofdset.

Ik wilde al vragen waar ik moest tekenen, maar Dick zei tegen Becks agent dat hij die 10 procent in zijn hol kon steken. Wat was hij van plan? Ik keek hem aan om non-verbaal te communiceren dat hij eens goed moest overwegen of het niet beter zou zijn om onmiddellijk zijn bek te houden. Maar hij ontweek mijn blik. De agent zei dat er over de deal niet viel te onderhandelen. Dick haalde zijn schouders op.

'Ik kan je op een briefje geven,' zei hij, 'dat Elton John over zes maanden dubbel zoveel verdient als Jeff Beck.'

Wat? Dick, jij ongelooflijke idioot. Waarom moest hij dat in vredesnaam zeggen? Het klonk als iets wat me de rest van mijn carrière zou achtervolgen. Ik zag al voor me hoe ik vijf jaar later nog altijd van club naar club zou sjokken: De Man Die Dubbel Zoveel Zou Gaan Verdienen Als Jeff Beck. De agent, die de rest van de muziekindustrie vermoedelijk zo snel mogelijk wilde vertellen dat Dick James was doorgedraaid, haastte zich weg. Dick toonde geen spoortje van berouw. Ik had Jeff Beck niet nodig. Ik moest in mijn eentje naar de VS gaan. *Elton John* stond vol met ijzersterke nummers. De band was live fantastisch. Het Amerikaanse label stond achter ons en zou tot het uiterste gaan om ons te promoten. Ooit zou ik hem dankbaar zijn.

Ik ging terug naar Frome Court om de zaak te bespreken met Bernie. Hij stelde voor dat we de trip als een vakantie zouden zien. We zouden plaatsen kunnen bezoeken die we alleen op tv of in films hadden gezien: het huis op Sunset Strip waar de Beverly Hillbillies woonden. We zouden naar Disneyland kunnen gaan en platenzaken bezoeken. En het Amerikaanse label zou tot het uiterste gaan. Waarschijnlijk zouden we zelfs worden afgehaald van het vliegveld. Misschien wel in een Cadillac. Een Cadillac!

We stonden met een klein groepje in de felle zonneschijn van Los Angeles: ik en Bernie, Dee en Nigel, Steve Brown en Ray Williams, die door DJM was aangesteld als mijn manager, onze roadie Bob en David Larkham, die de covers had ontworpen voor *Empty Sky* en *Elton John*. We waren versuft door de jetlag en vroegen ons af waarom er een felrode Londense bus bij de luchthaven stond geparkeerd. Een felrode Londense bus met mijn naam erop: ELTON JOHN HAS ARRIVED, stond er. Een felrode Londense bus waar we van onze enthousiaste Amerikaanse publiciteitsman Norman Winter in moesten stappen. Bernie en ik wisselden een geërgerde blik uit: verdomme, moet dit voor onze limo doorgaan?

Je hebt geen idee hoe traag een London Roadmaster is totdat je er een hebt genomen voor de rit van LAX naar Sunset Boulevard. De rit duurde tweeënhalf uur, deels omdat het voertuig niet harder kon dan zestig kilometer per uur en deels omdat we een omweg moesten nemen; dubbeldekkers waren niet toegestaan op de snelweg. Vanuit mijn ooghoek zag ik Bernie steeds verder wegzakken in zijn stoel totdat hij uiteindelijk niet meer door het raam kon worden gezien. Hij zal wel bang zijn geweest dat Bob Dylan of iemand uit The Band zou langsrijden en hem zou uitlachen.

Ik had me onze aankomst in Californië heel anders voorgesteld. Als ik geen palmbomen langs de weg had zien staan en als de bus niet vol had gezeten met Amerikanen – medewerkers van Uni Records – zou ik hebben gedacht dat ik in lijn 38 naar Clapton Pond zat. Het was mijn eerste ervaring met het verschil tussen Britse en Amerikaanse platenlabels. In Groot-Brittannië geldt dat, hoeveel je label ook van je houdt en hoe hartstochtelijk ze zich ook inzetten voor je album, die gevoelens altijd worden getemperd door een zekere terughoudendheid, een nationale neiging tot understatement en droge humor. Daar hadden de Amerikanen geen last van. We kregen te maken met onophoudelijk enthousiasme en een heel ander soort energie. Niemand had ooit zo tegen me gesproken als Norman Winter sprak: 'Dit wordt enorm, we hebben zus gedaan, we hebben zo gedaan, Odetta komt naar de show, Bread komt naar de show, The Beach Boys komen naar de show, het wordt fantastisch.' Ook had niemand ooit zóveel tegen me gepraat als Norman Winter. Hij had vanaf het moment dat hij zich in de aankomsthal aan me had voorgesteld nog geen moment gezwegen. Het was zowel verbijsterend als merkwaardig opwindend.

En alles wat hij vertelde, bleek te kloppen. Norman en zijn pr-afdeling hadden daadwerkelijk zus gedaan en zo gedaan; ze hadden de platenwinkels van LA zover gekregen dat ze het album hadden ingekocht en posters hadden opgehangen, interviews geregeld, talloze sterren uitgenodigd om naar het optreden te komen. Iemand had Neil Diamond, die ook bij Uni zat, gevraagd om me op het podium te introduceren. David Ackles stond in mijn voorprogramma, dat was ronduit ridicuul.

'Maar David Ackles zit bij Elektra,' stribbelde Bernie zwakjes tegen. Hij moet hebben teruggedacht aan de talloze uren waarin we in Frome Court naar Ackles' debuutalbum hadden geluisterd en hadden gesproken over zijn ongeëvenaard coole label Elektra, dat werd gerund door de fantastische Jac Holzman en legendes van de West Coast-muziek zoals The Doors, Love, Tim Buckley en Delaney and Bonnie onder contract had.

Het was eersteklas werk van een gepassioneerd, toegewijd team met een ongekend vermogen om een hype te creëren. Ze waren er op wonderbaarlijke wijze in geslaagd om een heus evenement te maken van een optreden van een onbekende artiest in een zaaltje waar driehonderd mensen in pasten. Dat had op mij een niet mis te verstaan effect. Ik had altijd mijn twijfels gehad over optreden in Amerika. Nu was ik doodsbang. Toen alle anderen een door Ray georganiseerd dagtripje naar Palm Springs maakten, koos ik er wijselijk voor om in mijn eentje in het hotel achter te blijven om me te richten op een nijpende aangelegenheid: doodsangsten uitstaan over het optreden. Hoe meer ik in paniek raakte, des te bozer ik werd. Hoe durfden ze allemaal naar Palm Springs te gaan om plezier te maken terwijl ze bij mij in het hotel hadden moeten zijn om zich volstrekt nutteloos zorgen te maken? Aangezien er niemand lijfelijk aanwezig was om tegen te schreeuwen, belde ik Dick James in Londen op om tegen hem te schreeuwen. Ik zei dat ik terugkwam naar Engeland, en wel meteen. Ze konden dat hele concert en de met sterren bezaaide gastenlijst en hun introductie door Neil Diamond in hun reet steken. Dick had zijn hele arsenaal van vaderlijke manipulatietechnieken nodig om me ervan te weerhouden mijn koffers te pakken. Ik besloot te blijven en de tijd die me nog restte voor het optreden te verdelen tussen platen kopen en mild mokken zodra iemand begon te vertellen over Palm Springs.

Er zijn twee dingen die me helder zijn bijgebleven van ons eerste optreden in The Troubadour. Het eerste is dat het applaus toen ik het podium betrad merkwaardig klonk en vergezeld ging van een soort verbaasd gemompel, alsof het publiek iemand anders had verwacht. Dat was in zekere zin ook zo. De cover van *Elton John* is duister en somber. Op de achterkant van de hoes staan nonchalant geklede musici afgebeeld. Ik draag op die foto een zwart T-shirt en een gehaakt vest. Dat was de man die ze hadden verwacht: een broeierige, in zichzelf gekeerde singer-songwriter. Maar toen ik een paar weken voor mijn vertrek naar de VS was gaan winkelen, was ik naar Mr Freedom in Chelsea gegaan, een winkel die een serieuze reputatie aan het opbouwen was. De ontwerper Tommy Roberts liet zijn verbeelding de vrije teugel en maakte kleren die eruitzagen alsof ze waren ontworpen door een striptekenaar. De kleren in de etalage waren zo bizar dat ik een hele tijd op de stoep bleef staan om de moed te verzamelen om naar binnen te gaan. Toen ik de stap had gewaagd, werd ik vriendelijk en enthousiast ontvangen door Tommy, die me overhaalde tot de aanschaf van een verzameling outfits die zelfs Tony King niet in het openbaar had durven dragen. Ik voelde me anders als ik die kleren droeg, alsof ik een aspect van mijn persoonlijkheid uitte dat ik altijd verborgen had gehouden, de behoefte om buitenissig en over de top te zijn. Ik vermoed dat de kiem was gelegd toen ik als kind die foto van Elvis zag in de kapperszaak in Pinner. Ik hield van dat shockerende, dat je een ster zag en dacht: wat is hier in vredesnaam aan de hand? De kleren van Mr Freedom waren niet buitenissig omdat ze sexy of bedreigend waren, maar omdat ze groter waren dan het leven zelf, leuker dan de wereld eromheen. Prachtig vond ik ze. Voordat ik in The Troubadour het podium opging, trok ik ze allemaal tegelijk aan. Het publiek kreeg niet een introspectieve singer-songwriter te zien, maar een man in een felgele tuinbroek, een T-shirt met lange mouwen met sterren erop en een paar lompe werkmanslaarzen, ook felgeel, waaruit blauwe vleugels ontsproten. Zo zagen gevoelige Amerikaanse singer-songwriters in de jaren zeventig er niet uit. Zo zag niemand in Amerika die goed bij zijn hoofd was er in de jaren zeventig uit.

Het tweede wat me helder voor de geest staat, is dat ik tijdens het spelen het publiek inkeek en geschrokken vaststelde dat Leon Russell op de tweede rij zat. Ik had verder niemand gezien van het sterrenlegioen dat geacht werd aanwezig te zijn, maar hij was niet te missen. Hij zag er ongelooflijk uit met zilveren manen en een lange baard als omlijsting van een streng, onbeweeglijk gezicht. Hoewel mijn hart me in de schoenen zonk, kon ik naar niets anders meer kijken. Het concert was tot aan dat moment goed verlopen. Dee en Nigel klonken strak, we hadden de spanningen afgeschud en begonnen de nummers wat meer ruimte te geven. Maar nu was ik weer net zo nerveus als in het hotel op de dag van het tripje naar Palm Springs. Het was als zo'n afschuwelijke nachtmerrie waarin je weer op school zit en een tentamen moet doen, maar opeens merkt dat je geen broek en onderbroek draagt. Je ziet tijdens het belangrijkste concert van je leven opeens je idool in het publiek zitten, die je glashard aankijkt.

Ik moest tot bedaren komen. Ik moest mezelf afleiden van het feit dat Leon Russell naar me staarde. Ik sprong overeind en schopte mijn pianokruk weg. Ik stond met gebogen knieën op de toetsen te hameren à la Little Richard. Ik liet me op de grond zakken en hield mezelf met de ene hand in evenwicht terwijl ik, met mijn hoofd onder de piano, met de andere bleef spelen. Toen stond ik op. Ik smeet mezelf naar voren en maakte een handstand op het instrument. Aan de herrie te horen die het publiek maakte, hadden ze dat ook niet verwacht.

Na afloop stond ik verbijsterd in de rokerige kleedkamer. Het was verbazingwekkend goed gegaan. Alle Britten gingen uit hun dak. Norman Winter sprak zo snel en intens dat ik de indruk kreeg dat hij zich tijdens de busreis naar ons hotel nog had ingehouden. De medewerkers van Uni Records kwamen voortdurend aanzetten met mensen die me de hand wilden schudden. Journalisten. Beroemdheden. Quincy Jones. De vrouw van Quincy Jones. De kinderen van Quincy Jones. Hij leek zijn hele familie te hebben meegenomen. Het was te veel om allemaal in me op te nemen.

Toen verstijfde ik. Ergens over de schouder van een van de talloze familieleden van Quincy Jones heen zag ik Leon Russell in de deuropening. Hij begon zich door de menigte heen een weg te banen in mijn richting. Zijn gezicht was net zo stil en gemeen als het had geleken toen ik op het podium stond. Hij maakte niet de indruk dat hij de avond van zijn leven had gehad. Verdomme. Ik ben erbij. Hij gaat iedereen vertellen dat ik een charlatan ben. Hij gaat tegen me zeggen dat ik een pianist van niks ben.

Hij schudde me de hand en vroeg hoe het met me ging. Hij sprak zacht, met een accent uit Oklahoma. Hij zei dat ik een fantastisch concert had gegeven en vroeg of ik met hem op tournee wilde.

De dagen daarna trokken als een bizarre koortsdroom aan me voorbij. We speelden nog een aantal shows in The Troubadour. Ze waren allemaal uitverkocht en groots. Er kwamen meer beroemdheden kijken. Ik groef elke avond in mijn tas met kleren van Mr Freedom en vond spullen die steeds buitenissiger werden totdat ik uiteindelijk oog in oog stond met een publiek dat bestond uit rocksterren en trendsetters van de scene in LA terwijl ik was gehuld in strakke zilverkleurige hotpants en een T-shirt met de tekst ROCK AND ROLL in pailletten. Leon Russell verscheen opnieuw backstage en gaf me alsof we oude vrienden waren zijn recept voor een middel tegen keelpijn. Uni trakteerde op een tripje naar Disneyland en ik kocht stapels platen bij Tower Records op Sunset Strip. De *LA Times* publiceerde een recensie van muziekredacteur Robert Hilburn. 'Hosanna,' begon hij. 'De rockmuziek, die een oninteressante fase doormaakte, heeft een nieuwe ster. Zijn naam is Elton John, hij is een Engelsman van drieëntwintig, en zijn debuut in The Troubadour afgelopen dinsdag was in vrijwel alle opzichten groots.' Godverdomme. Bob

Hilburn was geen kleine jongen. Ik had geweten dat hij in de zaal zat, maar niet dat hij zoiets zou schrijven. Na de verschijning van zijn stuk werd Ray Williams overspoeld met aanbiedingen van Amerikaanse promotors. We besloten langer in de VS te blijven voor optredens in San Francisco en New York. Ik deed het ene interview na het andere. Alle FM-zenders draaiden mijn album. KPPC, een station in Pasadena, bedankte me in een advertentie van een hele pagina in *The Los Angeles Free Press* letterlijk voor mijn bezoek aan Amerika.

Iedereen weet dat roem, en zeker plotselinge roem, hol, oppervlakkig en gevaarlijk is en een duistere verleidingskracht herbergt die het niet haalt bij echte liefde of vriendschap. Maar als je pijnlijk verlegen bent en wanhopig op zoek naar een steuntje voor je zelfvertrouwen, als je iemand bent die in zijn jeugd onzichtbaar wilde zijn om niet een donkere bui van je moeder of een woede-uitbarsting van je vader te veroorzaken, dan zijn – ik kan erover meepraten – lovende woorden in de *LA Times*, dat je de toekomst van de rock-'n-roll bent, en de aandacht van je muzikale helden verre van onwelkom. Als bewijs toon ik je Elton John, een maagd van drieëntwintig, een man die nog nooit van zijn leven een versierpoging heeft gewaagd, op de avond van 31 augustus 1970. Ik ben in San Francisco, waar ik over enkele dagen zal optreden. Ik ben in The Filmore om de Britse folkrockband Fairport Convention – die net als ik het zeiknatte festival in Krumlin heeft overleefd – aan het werk te zien en te spreken met de eigenaar van de zaal, de legendarische promotor Bill Graham, die me wil laten optreden in zijn concertruimte in New York, The Filmore East. Maar ik kan me nauwelijks concentreren op Fairport Convention of Bill Graham, want ik heb besloten dat ik vanavond dan toch eindelijk iemand zal versieren. Of dat ik me laat versieren. Het is mij om het even.

Ik wist dat John Reid toevallig ook in San Francisco was om de festiviteiten bij te wonen rond het tienjarig bestaan van Motown Records. Sinds ik hem via Tony King heb ontmoet, heb ik hem een paar keer 'zomaar' opgezocht bij EMI. De zwakke signalen die ik al dan niet heb afgegeven, zijn echter onopgemerkt gebleven. Hij leek te denken dat ik was gekomen om de stapel soulsingles in zijn kantoor te plunderen of hem mijn eigen singles te geven. Maar dat was toen. Ik heb inmiddels moed geput uit de gebeurtenissen van de afgelopen week, weet waar hij logeert en heb hem gebeld om hem ademloos te vertellen wat er allemaal is gebeurd in Los Angeles en hem zo nonchalant mogelijk voor te stellen dat we iets zouden afspreken. Ik zit in het Miyako, een prettig hotel in Japanse sfeer niet ver van The Filmore. Wil hij misschien op een avond iets komen drinken?

Het concert was afgelopen. Ik ging backstage om Fairport te begroeten, babbelde wat en dronk een paar drankjes voordat ik me verontschuldigde en in mijn eentje terugkeerde naar het Miyako. Ik was nog maar kort in mijn kamer toen de telefoon ging: er staat hier een meneer Reid voor u bij de balie. Mijn god. Nu gaat het gebeuren.

vier

Het ging na die avond in San Francisco allemaal heel snel. Een week later was ik in Philadelphia voor interviews toen ik werd gebeld door John, die naar Engeland was teruggekeerd en me vertelde dat hij bij de BBC Tony King tegen het lijf was gelopen. Hij had Tony verteld wat er was gebeurd en wat onze plannen waren. Tony had aanvankelijk versteld gestaan ('Reg? Reg is gay? En jullie gaan samenwonen? Als in: sámenwonen?') en moest hard lachen toen hij hoorde dat ik onze relatie zo geheim mogelijk wilde houden: 'Hoe bedoel je dat Reg het stil wil houden? Hij heeft iets met jou! Iedereen die ooit een Londense homoclub vanbinnen heeft gezien weet het van jou. Hij kan net zo goed meteen een neonreclame met de tekst IK BEN HOMO aan zijn huis hangen.'

Ik wilde het stil houden omdat ik niet wist hoe men zou reageren. Maar ik had me geen zorgen hoeven maken. Niemand van mijn vrienden en collega's had er problemen mee. Bernie, de band, Dick James en Steve Brown: ik kreeg de indruk dat ze opgelucht waren dat ik eindelijk met iemand naar bed was geweest. Buiten die kringen leek niemand rekening te houden met de mogelijkheid dat ik niet hetero was. Het komt nu krankzinnig op me over dat niemand destijds op het idee kwam, wanneer je kijkt naar mijn gedrag en outfits op het podium, maar we leefden in een andere wereld. Homoseksualiteit was in Groot-Brittannië pas sinds 1967 toegestaan en veel mensen wisten en begrepen er weinig over. Als we op tournee waren in Amerika, kwamen alle legendarische groupies uit die tijd, zoals de Plaster Casters en Sweet Connie from Little Rock, backstage. Daar werden de band en onze crew dolblij van, maar ik dacht: wacht eens even, wat kom je doen? Je komt toch niet voor mij? Heeft niemand je het nieuws verteld? En dan nog! Ik ben net het podium opgedragen door een bodybuilder terwijl ik de halve wereldvoorraad diamanten, pailletten en maraboe-veren droeg. Krijg je daar niet een bepaald beeld bij? Blijkbaar niet. Ik leerde om behendig weg te glippen en mezelf op te sluiten in toiletten om aan hun aandacht te ontkomen.

Ik weet niet of iemand uit mijn omgeving het raar vond dat John en ik al zo snel gingen samenwonen, maar niemand zei er iets over. Zoals later bleek was de snelheid waarmee mijn relatie met John zich ontwikkelde de eerste indicatie van hoe dat bij mij ging. Ik kon razendsnel hoteldebotel verliefd op iemand worden en ging meteen plannen maken voor onze gezamenlijke toekomst. Ik zag nooit het verschil tussen een tijdelijke verliefdheid en echte liefde en dacht al aan 'en ze leefden nog lang en gelukkig' als ik nog geen woord met diegene had gewisseld. Dit werd later, toen ik echt beroemd was, een ernstig probleem voor zowel mezelf als degene op wie ik mijn oog had laten vallen. Ik eiste dan dat ze alles zouden laten vallen om mee te gaan op tournee. Dat liep elke keer weer desastreus af.

Maar dat kwam later pas. Ik was echt verliefd op John. Het was een intense, argeloze, naïeve eerste liefde. En ik had net seks ontdekt. Het lag voor de hand om samen te gaan wonen, want onder de nieuwe omstandigheden was mijn woonsituatie verre van ideaal. Of je nu homo bent of hetero, het wordt lastig om een betekenisvolle seksuele relatie te hebben als je in de logeerkamer van je moeder woont en je schrijfpartner probeert te slapen in het stapelbed onder dat van jou.

Toen ik terugkwam uit Amerika gingen we op zoek naar een flat om samen te huren. We vonden iets in een nieuwbouwproject dat Water Gardens heette, vlak bij Edgware Road: slaapkamer, badkamer, woonkamer, keuken. Bernie trok tijdelijk in bij Steve Brown. Ook hij was in Californië verliefd geworden, op een meisje dat Maxine heette en dat ook mee was geweest naar Palm Springs. Geen wonder dat hij zo graag mee wilde.

Mijn moeder en Derf waren de laatste mensen aan wie ik het vertelde. Ik deed dat pas enkele weken nadat ik het huis had verlaten. Ik had tijd nodig om mezelf moed in te praten. Ik besloot dat de tijd rijp was op de avond dat John en ik in de London Palladium Liberace zouden zien optreden. We hadden kaartjes, maar ik zei tegen John dat hij in zijn eentje moest gaan omdat ik mijn moeder moest bellen. Ondanks mijn zenuwen verliep het gesprek goed. Mama was totaal niet verbaasd toen ik haar vertelde dat ik homo was. 'O, dat weten we toch. Dat weten we al heel lang.' Destijds schreef ik dat begrip van mijn seksuele geaardheid toe aan de mysterieuze vermogens van haar moederlijke intuïtie, al moet ik terugkijkend zeggen dat zij en Derf een heel aardig beeld van de situatie hadden kunnen krijgen toen ze mijn spullen hielpen verhuizen naar Water Gardens en zagen dat ik met een andere man in een flat met één slaapkamer woonde.

Mama was niet gecharmeerd van het idee dat ik gay was. Ze zei dat ik mezelf veroordeelde tot een leven van eenzaamheid, wat best vreemd is als je bedenkt dat ik een relatie had. Maar ze had me in elk geval niet verstoten of geweigerd het te accepteren. Toen John thuiskwam, bleek zijn avond stressvoller te zijn geweest dan die van mij. Liberace had halverwege zijn optreden totaal onverwacht aangekondigd dat er een bijzondere gast aanwezig was, een fantastische nieuwe zanger die een grote ster zou worden. 'Ik weet dat hij hier vanavond is en ik wil hem vragen op te staan en naar iedereen te zwaaien omdat hij zo goed is... Elton John!' Liberace had aangenomen dat ik niet was opgestaan uit bescheidenheid en was gaan aandringen: 'Toe nou, Elton, niet verlegen zijn, het publiek wil je graag zien. Willen jullie Elton John zien, dames en heren? Want geloof me: deze jongen wordt een superster. Geef hem een enorm applaus, misschien wil hij ons dan begroeten.' Een spotlight cirkelde vergeefs door de zaal. In Johns versie van het verhaal was Liberace urenlang doorgegaan en was het publiek eerst rusteloos geworden en toen ronduit geïrriteerd omdat ik zo flauw was om me niet te vertonen. Ondertussen vreesde de enige aanwezige die wist waar ik was dat hij zou sterven van schaamte. Uiteindelijk had Liberace het maar opgegeven. Volgens John bleef hij glimlachen, maar zette hij vervolgens de Hongaarse Rapsodie van Liszt in met iets wat verdacht veel leek op moordlustige woede.

Hoewel ik een optreden van Liberace had verpest terwijl ik tegenover mijn ouders uit de kast kwam, was het leven hemels. Ik kon eindelijk zijn wie ik was en hoefde me niet meer op te vreten over mezelf en over seks. John leerde me verdorven te zijn; dat bedoel ik op de best mogelijke manier. Zoals Tony al had opgemerkt kende John de gayscene als zijn broekzak, alle pubs en clubs. We gingen naar de Vauxhall Tavern om de fantastische dragqueen Lee Sutton te zien – 'mijn naam is Lee Sutton, vunzige seksmachine en ridder in de orde van het met iedereen gedeelde bed' – en bezochten The Sombrero op Kensington High Street. We organiseerden etentjes voor andere musici. Op een avond zagen we Neil Young, die na zijn optreden met ons mee naar huis kwam en om twee uur 's nachts na een paar borrels zijn hele nieuwe album voor ons zong. Onze buren, die al wisten dat er een spontaan feestje aan de gang was omdat mijn vriendin Kiki Dee met haar dronken kop tegen een glazen deur was gelopen terwijl ze een dienblad droeg met alle champagneglazen die we bezaten, waren hoorbaar blij toen ze Neil hoorden zingen. En zo hoorde ik 'Heart of Gold' voor het eerst in een uniek arrangement voor piano, stem en het geluid van een buurman die van tijd tot tijd met een bezem tegen zijn plafond beukte en Neil smeekte zijn bek te houden.

Er zat opeens vaart in mijn carrière. We waren in Groot-Brittannië minder groot dan in de vs, maar de band en ik waren na ons bezoek aan Amerika veel meer gefocust. We werden daar zo gewaardeerd en vereerd dat we wisten dat we op koers zaten. De berichten over wat er in Los Angeles was gebeurd hadden Groot-Brittannië bereikt en opeens toonde ook de pers belangstelling. Ik werd geïnterviewd door een verslaggever van het hippietijdschrift *Friends*. Ik liet hem twee nummers horen die we al hadden opgenomen voor ons volgende album *Tumbleweed Connection*. In zijn artikel ging hij net zo uit zijn dak als Robert Hilburn had gedaan: 'Ik denk dat hij en zijn tekstschrijver zullen uitgroeien tot de beste en populairste singer-songwriters van Engeland en uiteindelijk de hele wereld.' We speelden in de Royal Albert Hall in het voorprogramma van de band Fotheringay, die was opgericht door Sandy Denny, de voormalige zangeres van Fairport Convention. Net als het publiek in The Troubadour dachten ze dat ze een gevoelige singer-songwriter zouden krijgen – dat zou prima passen bij de melancholieke folkrock die ze zelf maakten – maar ze kregen rock-'n-roll, kleren van Mr Freedom en handstanden op de piano. Het was een onmogelijke opgave voor Fotheringay om daarna te spelen; we zaten boordevol adrenaline en zelfvertrouwen. Toen de adrenaline was uitgewerkt en ik besefte wat we hadden gedaan, schaamde ik me diep.

(*linksboven*) Een jaar oud, in 1948.

(*rechtsboven*) Met mijn moeder, Sheila Dwight, in de achtertuin van het huis van mijn oma op Pinner Hill Road 55.

(*rechts*) Bij Buckingham Palace met mijn moeder en mijn grootvader Fred Harris, juni 1950.

Als ik een liedje één keer had gehoord, kon ik het perfect uit mijn hoofd naspelen op de piano.

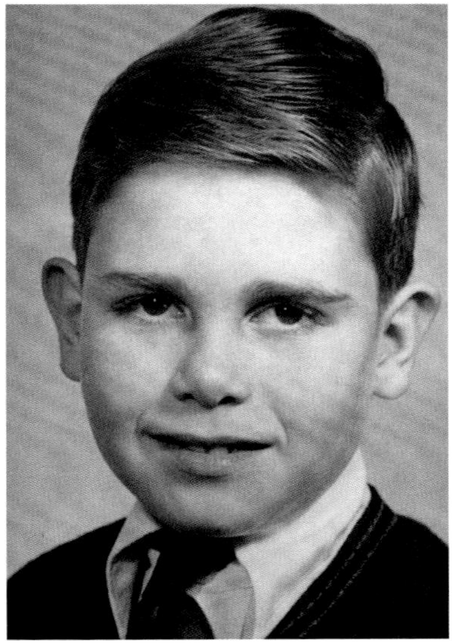

(*links*) Mijn vader en ik, op een zeldzaam moment dat hij niet klaagde over het rampzalige effect van Little Richard op mijn karakter; (*rechts*) Ik, verdacht normaal, op Pinner County Grammar.

Bluesology in 1965. Deze foto stond op de bladmuziek van onze single 'Come Back Baby', die werd uitgebracht vanuit de bespottelijke gedachte dat anderen het nummer zouden willen spelen.

(*links*) De broer die ik nooit had gehad. Bernie met mijn neef Paul en de snor die ik gelukkig maar kort heb gedragen. Op de achterste rij: mama, tante Win en tante Mavis; (*rechts*) Frome Court, waar Bernie en ik de bovenverdieping van het huis van mama en Derf hadden betrokken.

April 1969, voor mijn nieuwe Hillman Husky.

De geniale arrangeur Paul Buckmaster etaleert zijn opvallende gevoel voor stijl tijdens de sessies voor het album *Elton John*, 1970.

Een promofoto van Bernie en mij die werd genomen in de zomer van 1970 toen het nieuwe album aandacht begon te trekken.

The Troubadour, 1970. Als ik mijn zin had gekregen, was ik daar boos weggelopen zonder op te treden.

De avond waarop alles veranderde. Op het podium van The Troubadour in mijn gele tuinbroek en een T-shirt met pailletten.

Mijn held. Ik met Leon Russell in New York, 1970. Stel je eens voor dat dat gezicht je woedend aanstaart tijdens het belangrijkste optreden van je leven.

Sharon en Beryl. Ik en John Reid, jong en verliefd, 1972.

Ik heb veel over kunst geleerd van Bryan Forbes. Hier zie je me weer eens een ontdekkingsreis maken in zijn boekhandel in Virginia Water.

Backstage in het Shaw Theatre met prinses Margaret en haar echtgenoot Lord Snowdon. De prinses nodigde mij en de band uit voor een gedenkwaardig etentje.

Dee, ik, Davey en Nigel in Château d'Hérouville in 1972. Zie je hoe bescheiden ik me kleedde voor een opnamesessie?

Sandy Denny was een heldin van me, een verbluffend goede zangeres. Dit concert had de band in de spotlights moeten zetten, maar ik had alles verpest. Nog voordat ze opkwamen, vertrok ik met de noorderzon naar huis.

Maar het was duidelijk dat de tijd rijp was. De jaren zestig waren voorbij, The Beatles waren uit elkaar en allerlei artiesten braken tegelijkertijd door: ik, Rod Stewart, Marc Bolan, David Bowie. Hoewel we in muzikaal opzicht sterk van elkaar verschilden, waren er ook overeenkomsten. We waren allemaal het product van de Londense arbeidersklasse en hadden jarenlang in hetzelfde clubcircuit geploeterd zonder veel te bereiken. We kenden elkaar. Onze paden hadden elkaar gekruist in clubs en bij concerten in The Roundhouse. Met Bowie ben ik nooit echt bevriend geraakt. Ik was dol op zijn muziek en we hebben een paar keer samen iets sociaals gedaan. We zijn met Tony King naar The Sombrero geweest en hebben gegeten in Covent Garden toen hij repeteerde voor de Ziggy Stardust-tournee, maar hij had – in elk geval als ik in de buurt was – altijd iets afstandelijks over zich. Jaren later heeft hij in interviews nare dingen over me gezegd, waarvan 'de excuusflikker van de rockmuziek' de beroemdste was, maar de eerlijkheid gebiedt me te zeggen dat hij toen ongetwijfeld uit zijn plaat moet zijn geweest van de coke.

Marc en Rod, twee totaal verschillende persoonlijkheden, droeg ik op handen. Marc leek van een andere planeet te komen. Hij had een buitenaardse uitstraling, alsof hij op doortocht was naar ergens anders. Dat hoor je ook terug in zijn muziek. 'Ride a White Swan', een nummer dat voortdurend op de radio was in de periode waarin we naar Water Gardens verhuisden, klonk anders dan alle andere muziek die ik kende. Je kon gewoon niet bedenken hoe Marc die muziek had gemaakt. Zo was hij als mens ook. Hij was als een onontkoombare verschijning, hetero maar heel camp, en ongelooflijk aardig en lief. Hoewel hij een enorm ego had, leek hij zichzelf nooit serieus te nemen. Hij was tegelijkertijd overweldigend charmant en onverschrokken onoprecht. Hij kon zonder een spier te vertrekken de meest schandalige dingen zeggen: 'Lieverd, ik heb vanochtend een miljoen platen verkocht.' Dan dacht ik: Marc, niemand in de geschiedenis van de muziek heeft ooit in een ochtend een miljoen platen verkocht, en jij al helemaal niet. Maar hij was zo ontwapenend en betoverend dat je dat nooit hardop tegen hem zei. Je ging met hem mee. 'Een miljoen, Marc? Gefeliciteerd! Fantastisch, man.'

Vanwege de connectie met Long John Baldry kende ik Rod al jaren, maar ik leerde hem pas echt kennen nadat hij 'Country Comfort' had gecoverd, een van de nummers die ik aan de journalist van *Friends* had laten horen. Ik had in de pers geklaagd over het feit dat hij de tekst had aangepast: 'Hij klinkt alsof hij het allemaal tijdens het zingen bedenkt! Het lijkt ongeveer net zoveel op het origineel als "The Camptown Races"!' Daarmee was de toon voor onze vriendschap gezet. We hebben veel gemeen. We houden allebei van voetbal en kunst verzamelen. We zijn kort na de oorlog opgegroeid in gezinnen die niet veel hadden, wat ertoe heeft geleid dat we geen van tweeën terughoudend waren in het genieten van ons succes, om het maar even zo uit te drukken. Bovenal delen we een gevoel voor humor. Voor een man die bekendstaat om zijn voorliefde voor langbenige blondines heeft Rod een verrassend campy gevoel voor humor. Zo deed hij gezellig mee toen we in de jaren zeventig vrouwennamen kozen alsof we dragqueens waren. Ik was Sharon, John was Beryl, Tony was Joy en Rod was Phyllis. Al vijftig jaar lang nemen we elkaar in de zeik en proberen we elkaar de loef af te steken. Toen de pers ging speculeren over mijn haarverlies en de vraag of ik al dan niet een haarstukje droeg, was het Rod wel toevertrouwd om me een cadeautje te sturen: zo'n ouderwetse droogkap in de vorm van een helm waar oude vrouwtjes onder zitten bij de kapper. Ik vond dat zo attent dat ik niet wilde achterblijven, dus ik stuurde hem een looprek met kerstverlichting. Als hij een plaat heeft uitgebracht die beter verkoopt dan mijn laatste album kan ik er nog altijd donder op zeggen dat hij me een mailtje zal sturen: 'Lieve Sharon, ik wilde je even laten weten hoe akelig ik het vind dat je plaat niet eens in de top honderd staat, schat. Wat vervelend nou. Die van mij doe het zo goed! Liefs, Phyllis.'

Het hoogtepunt was in de vroege jaren tachtig, toen Rod in Earls Court speelde. Ze hadden het optreden gepromoot door een zeppelin met een foto van zijn gezicht over de concertlocatie te laten vliegen. Ik was dat weekend in Londen en kon het gevaarte zien vanuit het raam van mijn hotelkamer. Zo'n kans mocht ik niet laten lopen. Ik belde mijn management en ze huurden een scherpschutter in om de zeppelin naar beneden te schieten. Ik hoorde dat het ding op een dubbeldekker was geland en daarna verdween in de richting van Putney. Een uur later ging de telefoon. Het was Rod, die mopperde over de verdwijning van zijn zeppelin.

'Waar is verdomme mijn ballon gebleven? Dat was jij, hè? Jij koe! Jij kreng!'

Toen ik een jaar later in Olympia speelde, had de promotor een groot spandoek over de straat laten hangen dat vlak nadat het was opgehangen was verwijderd. Dat hoorde ik dankzij een telefoontje van Rod, die merkwaardig goed leek te weten wat er was gebeurd.

'Wat naar nou van je spandoek, lieverd. Ik hoor dat het er nog geen vijf minuten heeft gehangen. Je hebt het waarschijnlijk zelf niet eens gezien.'

Niet lang na onze verhuizing naar Water Gardens ging ik terug naar Amerika voor opnieuw een tournee. Het is een groot land en het laat de meeste mensen koud of de *LA Times* heeft gezegd dat je de toekomst van de rock-'n-roll bent. Je moet ernaartoe om die mensen te laten zien wat je in je mars hebt. We moesten bovendien een nieuw album promoten, want *Tumbleweed Connection* was al af. Opgenomen in maart 1970 en in het VK uitgebracht in oktober. Zo ging het toen nog. Je nam niet drie jaar de tijd om een plaat op te nemen. Je werkte vlot, bracht het zo snel mogelijk op de markt, hield het momentum intact en alles bleef fris en fruitig. Dat paste goed bij mijn werkwijze. Ik vind het vreselijk om tijd te verspillen in de studio. Dat zal wel een overblijfsel zijn van mijn tijd als sessiemuzikant of toen we midden in de nacht demo's opnamen bij DJM: het was altijd een race tegen de klok.

We zigzagden door Amerika en stonden meestal in het voorprogramma van onder anderen Leon Russell, The Byrds, Poco, The Kinks en Derek & the Dominos, de nieuwe band van Eric Clapton. Dat was een idee van mijn boeker Howard Rose, en het was een heel slimme zet. Wees niet het hoofdprogramma, zorg ervoor dat de mensen je snel nog een keer willen zien als je op eigen titel speelt. Hoewel de artiesten voor wie we het voorprogramma deden buitengewoon aardig en genereus waren, was het zwaar werk. We gingen elke avond het podium op met de bedoeling om de show te stelen. We werden altijd enthousiast ontvangen, en als we klaar waren, dachten we dat we het hoofdprogramma hadden overklast. Maar elke avond weer was dat hoofdprogramma toch beter dan wij. Je hoort vaak zeggen dat Derek & the Dominos vanwege de heroïne en de drank een puinhoop waren, maar dat zou je niet hebben gezegd als je de band dat najaar aan het werk had gezien. Ze waren fenomenaal.

Ik stond in de coulissen toe te kijken, alert op tips en ideeën voor mijn eigen optredens. Clapton was de ster, maar ik keek met argusogen naar Bobby Whitlock, de keyboardspeler van de band. Hij kwam uit Memphis, had het vak geleerd in de Stax Studios en had dat typisch zuidelijke, soulachtige geluid in zijn spel. Met deze mensen touren was net als achter Patti LaBelle of Major Lance staan in mijn tijd met Bluesology. Je keek toe en leerde van mensen met veel ervaring.

We hadden nog een lange weg te gaan, maar het werd me tijdens die tournee duidelijk dat onze naamsbekendheid toenam. Danny Hutton van Three Dog Night vertelde tijdens een etentje achteloos dat Brian Wilson ons wilde ontmoeten. Echt waar? Ik was in de jaren zestig idolaat geweest van The Beach Boys, maar hun carrière was in het slop geraakt en Wilson was een mysterieus, mystiek figuur geworden. Je hoorde weleens dat hij als een kluizenaar leefde of krankzinnig was geworden, of allebei. Maar Danny verzekerde ons dat hij een groot fan was en dat we welkom waren.

We reden naar zijn huis in Bel Air, een enorme villa in de Spaanse stijl met een intercom bij het hek. Danny belde aan en zei dat hij Elton John had meegenomen. Een doodse stilte aan de andere kant. Toen hoorden we een stem die onmiskenbaar toebehoorde aan het genie van The Beach Boys het refrein van 'Your Song' zingen: 'I hope you don't mind, I hope you don't mind.' De voordeur ging open en daar stond niemand minder dan Brian Wilson. Hij zag er prima uit, een beetje gezetter dan op de cover van *Pet Sounds*, maar zeker niet als de geschifte kluizenaar over wie werd geroddeld. We zeiden hallo. Hij staarde ons aan, knikte en zong nogmaals het refrein van 'Your Song'. Hij zei dat we naar boven moesten komen om zijn kinderen te ontmoeten. De kinderen sliepen al, maar hij maakte hen wakker.

‘Dit is Elton John,’ riep hij enthousiast. Zijn dochters oogden verbijsterd, wat ik hen niet kwalijk kon nemen. Brian zong het refrein van ‘Your Song’ voor hen. ‘I hope you don’t mind, I hope you don’t mind.’ Toen zong hij het refrein van ‘Your Song’ nog eens voor ons. De verrassing dat een van de weinige echte genieën van de popmuziek het refrein van ‘Your Song’ voor me zong was er inmiddels wel een beetje af. Ik begon te denken dat het weleens een lange, zware avond zou kunnen worden. Bernie en ik wisselden een blik uit die een combinatie was van angst, verwarring en onze wanhopige pogingen om niet heel hard te lachen om de situatie waarin we verzeild waren geraakt, een blik die in feite zei: *wat gebeurt hier verdomme?*

We zouden die blik in de laatste maanden van 1970 vaker uitwisselen. Ik werd uitgenodigd voor een feestje in het huis van Mama Cass Elliot op Woodrow Wilson Drive in Los Angeles dat bekendstond als de plek waar de musici uit Laurel Canyon elkaar troffen, waar Crosby, Stills and Nash was opgericht, en waar David Crosby had gepronkt met zijn nieuwe ontdekking, de singer-songwriter Joni Mitchell. En ja, ze waren er allemaal. Het was te gek voor woorden, alsof de hoezen van mijn platenverzameling tot leven waren gekomen. *Wat gebeurt hier verdomme?*

We liepen op de trap van Filmore East Bob Dylan tegen het lijf. Hij bleef staan, stelde zich voor en zei tegen Bernie dat hij onder de indruk was van de tekst van ‘My Father’s Gun’, een nummer van *Tumbleweed Connection. Wat gebeurt hier verdomme?*

We zaten na een concert in Philadelphia backstage toen opeens de deur van de kleedkamer openging en vijf mannen onaangekondigd naar binnen wandelden. Het waren onmiskenbaar de leden van The Band. Ze zagen eruit alsof ze zo van de hoes kwamen van het album dat we in Engeland hadden grijsgedraaid. Robbie Robertson en Richard Manuel vertelden dat ze met een privévliegtuig vanuit Massachusetts waren gekomen om ons te zien optreden. Ik probeerde te doen alsof dat de normaalste zaak van de wereld was. Zo nu en dan keek ik stiekem naar Bernie, die al net zo hard zijn best deed om cool over te komen. Een jaar eerder hadden we ervan gedroomd om nummers te schrijven zoals deze mannen, en nu stonden ze voor onze neus en vroegen ze of we ons nieuwe album wilden laten horen. *Wat gebeurt hier verdomme?*

Niet alleen The Band wilde ons ontmoeten; dat gold ook voor hun managers, Albert Grossman en Bennett Glotzer. Legendarische figuren uit de Amerikaanse muziekindustrie, met name Grossman, de notoir keiharde man die al sinds de vroege jaren zestig Dylan managede. Toen zijn cliënte Janis Joplin verslaafd was geraakt aan heroïne had hij geen pogingen gedaan haar te laten afkicken, maar zich verzekerd tegen haar mogelijke dood. Ze hadden waarschijnlijk gehoord dat ik even zonder manager zat. Ray Williams was een schat van een man, ik was hem veel verschuldigd en hij was zo onvoorstelbaar loyaal dat hij zelfs zijn dochter Amoreena had genoemd, naar een ander nummer op *Tumbleweed Connection*, maar ik had de kwestie na onze eerste reis naar Amerika met de band besproken en niemand vond hem de aangewezen persoon om onze belangen te behartigen. Zodra ik Grossman en Glotzer ontmoette, begreep ik dat zij dat evenmin waren. Ze leken op personages uit een film die wordt afgekraakt omdat er twee cartoonachtige, agressieve Amerikaanse managers in voorkomen die geen moment hun mond houden. Maar het waren mensen van vlees en bloed, en ik werd doodsbang van hun pogingen om me over te halen om met hen in zee te gaan. Ze zouden me geen rust gunnen zolang als ik een vacature had.

'Ik blijf je achtervolgen totdat je bij me tekent,' zei Glotzer letterlijk.

Dat was geen grap. Het lukte me maar niet om hem af te schudden. Misschien zou een straatverbod hebben geholpen. Het was weer eens lastig om de verleiding te weerstaan om me op te sluiten in de wc.

Het was denk ik in de periode waarin ik me verborgen hield voor Bennett Glotzer dat ik bedacht dat John mijn manager zou kunnen zijn. Hoe meer ik erover nadacht, des te logischer het ging lijken. John was jong, ambitieus en energiek. Zijn jeugd in de jaren vijftig en zestig in een arbeidersmilieu in het Schotse Paisley had hem hard genoeg gemaakt om te kunnen omgaan met alle aspecten van de muziekindustrie. We waren al een stel, dus hij zou zich echt inzetten voor mijn belangen. Hij was een geboren ritselaar, had een vlotte babbel en was briljant in zijn vak. Hij zag en hoorde dingen in muziek die anderen niet hoorden. Eerder dat jaar had hij Motown er persoonlijk van overtuigd dat ze een drie jaar oude albumtrack van Smokey Robinson & The Miracles als single moesten uitbrengen, waarna dat nummer, 'Tears of a Clown', zowel in Amerika als het VK op 1 kwam. Er waren zoveel exemplaren van verkocht dat Smokey zijn plannen om de muziekwereld te verlaten op de lange baan had geschoven.

Iedereen vond het een goed idee, ook John. Aan het einde van het jaar zegde hij zijn banen bij EMI en Motown op. Hij kreeg een bureau in het kantoor van Dick James en dat was dat. Hij was aanvankelijk in feite in dienst van DJM, dat hem betaalde om op te treden als liaison tussen mij en het bedrijf. Om het te vieren ruilden we mijn Ford Escort in voor een Aston Martin. Het was mijn eerste extravagante aanschaf, het eerste teken dat ik goed verdiende aan mijn muziek. We kochten de auto van Maurice Gibb van The Bee Gees; een echte popsterrenkar, een paarse DB6, protserig en mooi. En bijzonder onpraktisch, zoals we ontdekten toen John Martha Reeves & The Vandellas moest ophalen van Heathrow, een van zijn laatste klusjes voor Motown. We gingen vol trots in onze Aston Martin. Martha en haar Vandellas waren onder de indruk, totdat ze begrepen dat ze werden geacht mee te reizen op de achterbank. De ontwerpers hadden zich duidelijk meer beziggehouden met de gestroomlijnde vorm en het poëtische silhouet van de auto dan met het comfort dat een legendarisch trio soulzangeressen zou ondervinden op de achterbank. Op de een of andere manier wisten ze in te stappen. Misschien hadden ze tijdens de beroemde gedragstraining die Motown-sterren moesten volgen ook de cursus 'Hoe word ik een slangenmens' gevolgd. Terwijl ik over de A40 reed, keek ik in het spiegeltje. De achterbank was als het metrosysteem van Tokio tijdens het spitsuur. Maar toen dacht ik: mijn hemel, dat zijn Martha Reeves & The Vandellas! In mijn Aston Martin! Dat zou ik twaalf maanden geleden, toen ik nog rondreed in een Ford Escort met een achterbank waarop je nooit Motown-sterren aantrof, bijzonder vreemd hebben gevonden. Maar na het jaar dat ik had gehad had ik geleerd dat 'vreemd' een relatief begrip is.

Veel tijd om na te denken over de radicale veranderingen in mijn leven had ik niet. Ik werkte te hard. We waren het hele jaar 1971 op tournee: heen en weer tussen Amerika en Groot-Brittannië en toen naar Japan, Nieuw-Zeeland en Australië. We waren inmiddels altijd het hoofdprogramma, maar we hielden ons aan het advies van Howard Rose door in zalen te spelen die net iets kleiner waren dan de zalen die we zouden kunnen vullen, of slechts één optreden in een stad te doen als we ook twee uitverkochte concerten hadden kunnen geven. Dat deden we ook in eigen land. We bleven op universiteiten en in rockclubs spelen terwijl we al hadden kunnen overstappen naar grotere theaters. Dat is een slimme zet: wees niet inhalig, bouw je carrière geleidelijk op. Typisch Howard. Hij was ontzettend intelligent en zat vol met goede ideeën. Hij is tot op de dag van vandaag mijn agent. Ik heb enorm geboft met de mensen met wie ik werkte toen ik net begon in Amerika. Jonge Britse artiesten liepen altijd de kans om daar in de handen te vallen van gehaaide types, maar ik kwam terecht bij mensen die hun best deden om me het gevoel te geven dat ik deel uitmaakte van een familie. Ik denk dan naast Howard ook aan mijn muziekuitgever David Rosner en zijn vrouw Margo.

Als ik niet op het podium stond, was ik in de studio. Ik bracht in 1971 vier albums uit in Amerika. *Tumbleweed Connection* kwam daar pas uit in januari; de soundtrack voor de film *Friends* in maart. Dat album was slechts een kleine hit, maar deed het nog altijd beter dan de compleet geflopte film. In mei verscheen het eerder dat jaar opgenomen livealbum *11-17-70*, en in november was er al *Madman Across the Water,* een album dat we in vier dagen hadden opgenomen. Dat hadden er vijf moeten zijn, maar we verloren een dag dankzij Paul Buckmaster. Hij had de nacht voorafgaand aan de sessies doorgehaald – vermoedelijk met de nodige chemische assistentie – en had een inktpot over de enige partituur gemorst, die daardoor onbruikbaar werd. Ik was woedend. Het was een dure vergissing, en we hebben daarna tientallen jaren niet samengewerkt. Maar stilletjes was ik ook onder de indruk van het feit dat hij de hele partituur daarna in vierentwintig uur opnieuw maakte. Zelfs als Paul de boel verneukte, deed hij dat op een manier die aantoonde hoe geniaal hij was.

Ik houd erg van *Madman Across the Water*. Het was destijds een veel grotere hit in Amerika dan in het VK: daar in de top tien, niet hoger dan 41 in eigen land. Het is geen uitgesproken commercieel album, er stonden geen grote hitsingles op, en de nummers waren langer en complexer dan mijn eerdere materiaal. Bernies teksten waren in een aantal gevallen een dagboek van het jaar dat we hadden meegemaakt. In 'All the Nasties' vroeg ik me hardop af wat er zou gebeuren als ik publiekelijk uit de kast kwam. 'Als ze het me vragen, wat zou ik dan zeggen? Zouden ze me achter mijn rug bekritiseren? Misschien moet ik dat maar toelaten.' Niemand leek te snappen waar ik over zong.

Er gebeurde nog iets tijdens de sessies voor *Madman*. Gus Dudgeon huurde de Schotse gitarist Davey Johnstone in om op een paar nummers akoestische gitaar en mandoline te spelen. Ik mocht hem graag. Hij was slungelig en rechtdoorzee en had een voortreffelijke muzieksmaak. Ik nam Gus apart om hem te vragen of hij het een goed idee vond om Davey bij de band te halen. Ik liep al een tijdje rond met de gedachte om een gitarist aan het trio toe te voegen. Gus vond het een slecht idee. Davey was een voortreffelijke gitarist, maar hij speelde alleen akoestisch. Voor zover Gus wist, had hij nooit elektrische gitaar gespeeld. Hij zat in de band Magna Carta, die pastorale folk maakte, een genre dat in mijn repertoire zelden aan bod kwam.

Dat was een overtuigend bezwaar. Toch bood ik Davey de baan aan. Als ik in de voorgaande jaren iets had geleerd, dan was het wel dat ik zo nu en dan mijn intuïtie moest volgen. Je kunt zo hard werken als je maar wilt en alles zorgvuldig en gedetailleerd plannen, maar er zijn ook momenten waarop alles aankomt op je onderbuikgevoelens, je instinct, het lot. Wat zou er zijn gebeurd als ik niet had gereageerd op de advertentie van Liberty? Als ik voor de auditie was geslaagd en ze me niet die teksten van Bernie hadden gegeven? Als Steve Brown niet was verschenen bij DJM? Of als Dick niet zo zeker had geweten dat ik naar Amerika moest gaan, wat ik een raar idee vond?

Toen we naar Frankrijk gingen om het volgende album op te nemen in Château d'Hérouville kwam Davey mee. Ik had allerlei aanpassingen gedaan. Het was de eerste plaat die ik zou opnemen met mijn liveband en niet met sessiemuzikanten, de eerste keer dat Davey elektrische gitaar zou spelen en de eerste keer dat we geld hadden om in het buitenland op te nemen, in een studio in een kasteel nog wel. Niettemin barstte ik van het zelfvertrouwen. Vlak voor ons vertrek naar Frankrijk had ik mijn naam officieel veranderd in Elton John. Elton *Hercules* John. Ik had tweede voornamen altijd een tikkeltje belachelijk gevonden, dus ik deed het belachelijkste wat ik kon bedenken en ontleende de mijne aan het paard van de voddenman in de sitcom *Steptoe and Son*. Ik deed het eindelijk omdat ik het beu was als verkopers in winkels wel mij herkenden, maar niet de naam op mijn cheque. Maar het was meer symbolisch dan praktisch, alsof ik Reg Dwight definitief en wettelijk achter me liet en volledig kon zijn wie ik behoorde te zijn. Dat was uiteindelijk nog niet zo eenvoudig, maar op het moment zelf voelde het goed.

Ik vond het heerlijk om in het Château te werken, al had het wel een reputatie. Er schenen spoken rond te dolen. Bovendien was de plaatselijke bevolking op haar hoede voor de clientèle van de studio sinds The Grateful Dead daar was geweest, de dorpelingen had getrakteerd op een gratis concert en had besloten de geesten van de Franse plattelandsbevolking te verruimen door LSD in de drankjes te doen. Maar het was een prachtig gebouw uit de achttiende eeuw en ik vond het opwindend om daar, op locatie, nummers te moeten schrijven. We besloten ons album ernaar te vernoemen: *Honky Château*.

Ik ben niet zo'n musicus die voortdurend melodieën in zijn hoofd heeft. Ik hoef nooit midden in de nacht naar de piano te rennen als ik inspiratie krijg. Ik denk eigenlijk nooit aan liedjes schrijven als ik er niet mee bezig ben. Bernie schrijft de woorden, geeft die aan mij, ik lees ze, speel een akkoord en dan is er iets wat het proces overneemt, iets wat door mijn vingers komt. De muze, God, het lot: geef het maar een naam. Ik heb hoe dan ook geen idee wat het is. Maar ik weet onmiddellijk waar de melodie naartoe gaat. Soms duurt het schrijven van een liedje niet langer dan het me kost om ernaar te luisteren. 'Sad Songs (Say So Much)' was zo: ik ging zitten, las de tekst en speelde het vrijwel exact zoals je het hoort op de plaat. Soms duurt het iets langer. Als ik na veertig minuten niet tevreden ben met wat ik heb gedaan, geef ik het op en ga ik iets anders doen. Bernie heeft teksten geschreven waar ik nooit muziek bij heb kunnen bedenken. Hij schreef een fantastische tekst met de titel 'The Day That Bobby Went Electric', over het moment waarop hij Dylan voor de eerste keer 'Subterranean Homesick Blues' hoorde zingen, waar ik geen melodie bij kon vinden die naar mijn smaak klopte. Ik heb vier of vijf pogingen gewaagd. Maar ik heb nooit een writer's block gehad, het is me nooit overkomen dat ik met een tekst van Bernie ervoor ging zitten en dat er niets kwam. Ik weet niet waarom. Ik kan het niet verklaren en wil het ook niet verklaren. Sterker nog, ik vind het heerlijk dat ik het niet kan verklaren. Die spontaniteit is juist zo mooi.

Bernie bracht zijn typemachine mee naar het Château en we stelden zowel in de eetzaal als in de studio instrumenten op. Bernie produceerde aan de lopende band teksten en legde die op de piano. Ik stond vroeg op, ging naar de eetzaal om te zien wat hij had geschreven en componeerde de liedjes tijdens mijn ontbijt. Op onze eerste ochtend had ik drie liedjes af tegen de tijd dat de bandleden beneden kwamen om te ontbijten: 'Mona Lisas and Mad Hatters', 'Amy' en 'Rocket Man'.

Toen we Davey ervan hadden overtuigd dat het geen ontgroeningsstunt was en dat ik echt drie nummers had geschreven terwijl hij uitsliep, pakte hij zijn gitaar en vroeg hij me 'Rocket Man' nog eens te spelen. Hij voegde er geen solo aan toe en deed niets wat normale gitaristen zouden doen. Hij gebruikte een *slide* en speelde vreemde, eenzame noten die om de melodie heen en ervandaan zweefden. Het klonk prachtig. Zoals ik al zei: soms weet je intuïtie precies hoe het zit, soms moet je vertrouwen op je lotsbestemming.

De rest van de band speelde inmiddels al zo lang samen dat er tussen ons iets telepathisch was ontstaan. Iedereen wist zonder voorafgaande communicatie wat hij met een liedje moest doen. Het was heerlijk om samen in de eetzaal van het Château te zitten en te horen hoe de liedjes hun vorm vonden. We probeerden allerlei ideeën uit en wisten meteen dat ze goed waren. Er zijn momenten in mijn leven geweest waarop muziek mijn vluchtroute was, het enige wat werkte als verder alles kapot was, maar op dat moment had ik niets om voor te vluchten. Ik was vierentwintig, succesvol en gesetteld, en ik was verliefd. Daar kwam bij dat morgen een vrije dag was en dat ik naar Parijs zou gaan, waar ik de winkel van Yves Saint-Laurent wilde leegplunderen.

vijf

In 1972 verruilden John en ik Londen voor Virginia Water in Surrey. We gingen van een flat met een slaapkamer naar een bungalow met drie slaapkamers, een zwembad en een speelkamer in wat de zolder was geweest. Ik noemde het Hercules, naar mijn nieuwe tweede voornaam. Bernie en Maxine, die in 1971 waren getrouwd, hadden een huis in de buurt. Mama en Derf, die eindelijk waren getrouwd, kwamen ook in de buurt wonen en letten op de bungalow als we er niet waren. Er wordt weleens gezegd dat er vooral aandelenmakelaars in dat gedeelte van Engeland wonen. Dat klinkt saai en tuttig, maar zo was het totaal niet. Zo woonde Keith Moon vlakbij, en dat maakte het leven al een stuk onvoorspelbaarder. Keith was fantastisch, maar hij leek door zijn dieet van chemicaliën alle besef van tijd te zijn kwijtgeraakt. Soms verscheen hij, volledig van de kaart, onaangekondigd om halfdrie 's nachts, vaak in het gezelschap van Ringo Starr, die ook in de buurt woonde, en dan was hij oprecht verbaasd als bleek dat hij je uit bed had gebeld. Of hij stond om zeven uur 's ochtends op eerste kerstdag op je oprijlaan in een Rolls Royce met het schuifdak naar beneden *The Greatest Hits* van The Shadows op oorverdovend volume af te spelen. 'Lieve jongen! Ik heb een nieuwe auto! Kom je een ritje maken? Nee, nu meteen! Houd je ochtendjas maar aan.'

De interessantste persoon die ik in Virginia Waters leerde

kennen werkte niet in de muziekindustrie. Ik ontmoette Bryan Forbes toen ik zijn boekhandel in het stadje bezocht op zoek naar iets om te lezen. Hij stelde zich voor en vroeg of het kon kloppen dat hij me ergens van kende. Dat leek me niet onwaarschijnlijk, want er was inmiddels iets van mijn flamboyante podiumoutfits doorgesijpeld in de kleding die ik in het normale leven droeg; voor een middagje shoppen in een forensenstadje in Surrey haalde ik doodleuk een feloranje bontjas en laarzen met hakken van twintig centimeter uit de kast. Hij had me trouwens niet herkend, want toen we in gesprek raakten, bleek dat hij me aanzag voor een van The Bee Gees.

Nadat we hadden vastgesteld dat ik niet een van de gebroeders Gibb was, bleken we het prima te kunnen vinden. Hij was acteur geweest en was nu scenarist, romancier en regisseur. Later ging hij een filmstudio leiden. Hij en zijn vrouw, de actrice Nanette Newman, leken zo ongeveer iedereen te kennen: Hollywoodlegendes, schrijvers, televisiesterren. Als je naar Amerika ging en zei dat je altijd al David Niven of Groucho Marx had willen ontmoeten, kon Brian dat regelen. Dat leverde me onder meer een filmposter van de Marx Brothers op met de tekst 'voor John Elton van Marx Groucho'. Hij begreep niet waarom mijn naam – in zijn woorden – 'verkeerd om stond'. Ik moest jaren later aan Groucho denken toen ik in Buckingham Palace een koninklijke onderscheiding kreeg en de Lord Chamberlain me aan de koningin voorstelde als 'Sir John Elton'.

Op een zomerse zondagmiddag zaten John en ik buiten onze bungalow iets te eten toen we zagen dat een dame van rond de zestig onze oprijlaan op kwam fietsen. Ze leek wel een beetje op Katharine Hepburn. Sterker nog: het was Katharine Hepburn. 'Ik logeer bij Bryan Forbes. Hij zei dat ik jullie zwembad kon gebruiken.' John en ik waren met stomheid geslagen en konden alleen maar knikken. Vijf minuten later kwam ze weer tevoorschijn, ditmaal in een badpak. Ze klaagde dat er een dode kikker in het zwembad dreef. Terwijl ik nog ik aarzelde hoe ik het beestje moest verwijderen – ik ben niet zo'n held in zulke situaties – sprong ze in het water en pakte het met haar blote hand. Ik vroeg haar hoe ze dat durfde. 'Karakter, jongeman,' zei ze met een streng knikje.

Als je door het echtpaar Forbes werd uitgenodigd voor de lunch zat je zomaar tussen Peter Sellers en Dame Edith Evans gefascineerd naar hun verhalen te luisteren, of je kwam binnen en kreeg te horen dat ook de koningin-moeder zou aanschuiven. Bryan kende de koninklijke familie; hij was directeur van het National Youth Theatre en prinses Margaret steunde die instelling. De prinses was dol op muziek en had graag musici om zich heen. Ze nodigde mij en de band uit voor een souper in Kensington Palace na een optreden in de Royal Festival Hall. Dat werd een pijnlijke aangelegenheid. Niet vanwege prinses Margaret, die tegen iedereen heel aardig en vriendelijk was, maar vanwege haar man, Lord Snowdon. Iedereen wist dat hun huwelijk problemen kende, want de kranten stonden vol met verhalen, dat dan weer de een, dan weer de ander affaires had. Niettemin waren we geschokt toen hij arriveerde. Hij stormde halverwege de maaltijd binnen en snauwde tegen haar: 'Waar is godverdomme mijn eten?' Ze ruzieden en ze verliet in tranen de kamer. De band en ik hadden geen idee wat we moesten doen. Hoe bizar kan het leven worden voor een lid van de band van Elton John? Andere musici ontspannen na een optreden door joints te roken of groupies te versieren of hotelkamers kort en klein te slaan. En wij? Wij zien prinses Margaret en Lord Snowdon bekvechten.

Nog belangrijker dan wie Bryan allemaal kende was wat hij wist, en het feit dat hij een geboren leraar was: geduldig en gul met zijn tijd, een man met een verfijnde smaak, maar zonder enig snobisme. Hij vond het heerlijk als anderen zijn passies deelden. Hij bracht me de liefde voor kunst bij, en onder zijn invloed begon ik met verzamelen. Eerst art-nouveau- en art-decoposters, die in de jaren zeventig zeer gewild waren – Rod Stewart verzamelde ze ook – en toen surrealisten zoals Paul Wunderlich. Ik ging lampen van Tiffany en meubilair van Bugatti kopen. Bryan bracht me de liefde voor het theater bij en raadde me boeken aan. We raakten goed bevriend en gingen regelmatig samen op vakantie: ik en John, Brian en Nanette en hun dochters Emma en Sarah. Meestal huurden we een maand lang een huis in Californië, waar we vrienden ontvingen.

Nanette werd mijn vaste handlanger bij het shoppen, wat sinds ik aardig was gaan verdienen mijn grote hobby was. Nee, dat is niet helemaal waar. Ik hield als kind al van shoppen. Als ik terugdenk aan mijn jeugd in Pinner denk ik aan de winkels; de spoelen katoen in allerlei kleuren in het wolwinkeltje waar mijn oma haar breispullen kocht, de geur van verse noten als je Woolworths binnenwandelde, het zaagsel op de vloer van Sainsbury's, waar tante Win boter verkocht. Ik weet niet waarom die winkels me zo fascineerden. Ik vond het altijd fijn om spulletjes te verzamelen en ik heb het altijd heerlijker gevonden om cadeaus te geven dan die zelf te krijgen. Als kleine jongen vond ik het leukste aan Kerstmis om te bedenken wat ik voor mijn familieleden zou kopen: aftershave voor mijn vader, een regenhoedje voor mijn oma, en voor mijn moeder misschien zo'n vaasje van de kiosk bij station Baker Street waar ik altijd langskwam op weg naar de Royal Academy of Music.

Mijn succes betekende dat ik deze liefhebberij naar een hoger plan kon tillen. Als we uit LA terugkwamen, hadden we zoveel spullen bij ons dat de boete voor overgewicht net zoveel kostte als het vliegticket. Als ik hoorde dat tante Win in de put zat, liet ik een nieuwe auto bij haar bezorgen om haar op te vrolijken. Allerlei therapeuten hebben me inmiddels verteld dat dit obsessief, verslavend gedrag is of dat ik mensen cadeaus geef om hun liefde te kopen. Met alle respect voor de leden van de psychiatrische gemeenschap die zulke dingen tegen me hebben gezegd denk ik dat ze lulkoek verkondigen. Liefde kopen interesseert me niet. Ik vind het gewoon heerlijk als ik mensen het gevoel kan geven dat ze erbij horen of ze kan laten weten dat ik aan hen denk. Ik geniet ervan om hun gezicht te zien als ik hen blij heb gemaakt.

Ik heb geen psychiater nodig om me te vertellen dat materiële bezittingen nooit de plaats kunnen innemen van liefde of persoonlijk geluk. Ik heb genoeg ongelukkige, eenzame nachten doorgebracht in huizen vol prachtige spullen om dat te weten. En ik kan je niet aanraden om te shoppen als je in de deprimerende nasleep zit van een cocaïnemarathon van drie dagen, tenzij je de volgende dag bij het ontwaken wilt worden geconfronteerd met hele stapels zakken vol troep die je hebt gekocht zonder je daar ook maar iets van te herinneren. Of dat je, zoals mij overkwam, wakker wordt gebeld met het bericht dat je een tram hebt gekocht. Niet een modeltram, maar een echte. Een Melbourne-combinatietram van de klasse W2, om precies te zijn, die, zo laat de stem aan de andere kant van de telefoon je weten, van Australië naar Groot-Brittannië moet worden verscheept en alleen met behulp van twee Chinook-helikopters bij je huis kan worden afgeleverd.

Ik geef onmiddellijk toe dat ik allerlei overhaaste beslissingen heb genomen met een creditcard in mijn hand. Ik had vermoedelijk ook kunnen leven zonder een tram in mijn tuin of zonder het van glasvezel vervaardigde beeld van een tyrannosaurus rex – op ware grootte – dat ik aan het einde van een lange nacht overnam van Ringo Starr. Ringo wilde zijn huis verkopen en de aanwezigheid van die tyrannosaurus rex van vezelglas – op ware grootte – bleek potentiële kopers af te schrikken. Maar ik vond het al zolang als ik me kan herinneren troostrijk om dingen te verzamelen en heb het altijd heerlijk gevonden om meer over dingen te leren door ze te verzamelen, of het nu platen zijn of foto's of kleren of kunst. Dat is nooit veranderd, ongeacht de status van mijn privéleven. Ik heb het altijd troostrijk en fijn gevonden om te verzamelen als ik eenzaam en stuurloos was, en ik heb het troostrijk en fijn gevonden als ik me geliefd voelde en tevreden was. Veel mensen hebben dat. Talloze mensen zijn gek van modeltreinen, postzegels en vinyl. Ik heb gewoon het geluk dat ik genoeg geld heb om meer geld in mijn passies te steken dan de meeste mensen. Ik heb dat geld verdiend door hard te werken. Als mensen denken dat de manier waarop ik het uitgeef excessief of belachelijk is, is dat toch echt hun probleem. Ik heb er totaal geen schuldgevoelens over. Het is een verslaving, zeggen ze. Maar geloof me: ik ben verslaafd geweest aan zaken die gevaarlijker waren dan tafelgerei en foto's. Ik word er gelukkig van. Weet je, ik heb in een kast in mijn huis in Atlanta duizend kaarsen. Oké, dat zal dan wel excessief zijn. Maar ik verzeker je dat geen kast ter wereld zo lekker ruikt.

Niet alleen mijn shopgewoonten waren aan schaalvergroting onderhevig. Alles leek groter, luidruchtiger en excessiever te worden. Bernie en ik hadden niet voorzien dat 'Rocket Man' een enorme hitsingle zou worden – we dachten dat we typische albumartiesten waren – maar dat werd het nummer wel: nummer 2 in het VK, veel hoger dan we ooit met een single waren gekomen, en in Amerika werd het drie keer platina. We waren min of meer onbedoeld op een heel andere manier commercieel geworden. Dat veranderde ons publiek. Er verschenen gillende meisjes op de voorste rijen en bij de artiesteningang. Ze klampten zich huilend vast aan de auto als we wilden wegrijden. Heel bevreemdend was dat. Het was alsof ze op weg naar The Osmonds of David Cassidy een verkeerde afslag hadden genomen en bij ons optreden waren beland.

Ik werkte keihard, misschien wel te hard. Maar het was alsof ik werd voortgedreven door een onstuitbaar momentum dat me gaande hield, hoe moe ik ook was en met welke tegenslagen ik ook te maken kreeg. In de zomer van 1972, vlak voordat we de studio ingingen om *Don't Shoot Me, I'm Only the Piano Player* op te nemen, kreeg ik de ziekte van Pfeiffer. Ik had de sessies moeten afzeggen om te herstellen, maar ging gewoon naar Château d'Hérouville en ploeterde me er op pure adrenaline doorheen. Je zou als je het album hoort nooit zeggen dat de zanger ziek was. Die vent die 'Daniel' en 'Crocodile Rock' zingt, klinkt kerngezond. Een paar weken nadat het album af was, gingen we weer op tournee. Ik stopte meer en meer energie in onze optredens om ze steeds buitenissiger te maken. Ik nam voor mijn podiumoutfits professionele ontwerpers in dienst – eerst Annie Reavey, toen Bill Whitten en Bob Mackie – en zei dat ze moesten doen wat ze maar wilden, dat het niet krankzinnig genoeg kon: meer veren, meer pailletten, fellere kleuren, hogere hakken. Heb je een outfit ontworpen met veelkleurige, in het donker opgloeiende ballen aan elastiekjes? Hoeveel ballen? Waarom zijn het er niet meer? O, denk je dat ik geen piano kan spelen als ik dat draag? Laat dat maar aan mij over.

Toen kreeg ik het idee om 'Legs' Larry Smith, die in The Bonzo Dog Doo-Dah Band had gezeten, mee te nemen op tournee. Legs was een drummer die ook kon tapdansen. Tijdens de opnamen van *Honky Château* hadden we hem in de studio laten tapdansen op het nummer 'I Think I'm Going to Kill Myself' en nu liet ik hem dat ook op het podium doen. Naarmate de tournee vorderde, werd zijn act steeds uitgebreider. Legs kwam het podium op met een valhelm en de enorme sleep van een trouwjurk. Later liet hij zich vergezellen door twee als leden van het Korps Mariniers verklede dwergen terwijl er een lawine aan confetti uit het plafond kwam. Toen bedacht hij een act waarin hij en ik mimeden op 'Singin' in the Rain'. Er zat zelfs dialoog bij. Larry boog over mijn piano heen en verzuchtte: 'Tjonge, Elton, kon ik maar net zo goed spelen als jij. Jij bent zeker wel populair bij de jongens...' Zoals gebruikelijk keek niemand ervan op.

Ik vroeg Larry zelfs mee toen ik werd gevraagd om tijdens de Royal Variety Performance op te treden voor de koninklijke familie. Dat zorgde voor ophef. Bernard Delfont, die de voorstelling organiseerde, wilde om onverklaarbare redenen niet dat een man met een valhelm en een trouwjurk zou tapdansen voor de koningin-moeder. Toen ik zei dat hij in de stront kon zakken en dat ik alleen zou spelen als Larry mocht meedoen, bond hij in. Ik vond ons optreden het leukste onderdeel van de hele avond, op het feit na dat ik een kleedkamer deelde met Liberace. Hij was duidelijk vergeten dat ik destijds niet was komen opdagen bij zijn optreden in de London Palladium, of hij had het me vergeven. Hij was goddelijk; de personificatie van showbusiness. Hij kwam aanzetten met hutkoffers vol met kleren. Ik vond dat ik er best bizar uitzag in een veelkleurig krijtstreeppak met bijpassende platformschoenen en een hoge hoed, maar in vergelijking met zijn kant van de kleedkamer zag de mijne eruit als een saai hoekje van een filiaal van Marks and Spencer. Op zijn pak zaten kleine lichtpeertjes die oplichtten als hij achter de piano zat. Hij gaf me een handtekening in de vorm van een piano en vertelde de hele middag fantastische verhalen met een onmogelijk camp accent. Hij vertelde dat de hydraulische lift die hem op het podium moest tillen het halverwege zijn grootse entree bij een concert van een maand eerder had laten afweten. Als de echte strijder die hij nu eenmaal was, had hij veertig minuten opgetreden terwijl alleen zijn hoofd zichtbaar was voor het publiek.

Ik werkte al enige tijd aan een grootse entree bij mijn eigen optredens; dat was het enige moment waarop ik echt mobiel was en niet vastzat aan mijn piano. Het bereikte een hoogtepunt toen we in 1973 in de Hollywood Bowl speelden. Rond het podium hing een gordijn met een afbeelding van mij met een hoge hoed en in jacquet, omringd door dansende meiden. Tony King betrad het podium en stelde Linda Lovelace voor, destijds de grootste pornoster van de wereld. Vervolgens liep een rij lookalikes over een verlichte, door palmbomen geflankeerde trap aan de achterkant van het podium: de Engelse koningin, Batman en Robin, het monster van Frankenstein, de Paus. En uiteindelijk verscheen ik op de tonen van het thema van Twentieth-Century Fox, gekleed in wat ik mijn Ongelooflijke Kaasstengeloutfit noemde: de broek en het jasje waren compleet bedekt met maraboe-veren en ik droeg een bijpassende hoed. Terwijl ik afdaalde, gingen de bovenkanten van vijf piano's open en werden de letters E-L-T-O-N zichtbaar.

Voor de enkeling die dat misschien nog iets te subtiel of smaakvol vond, was het de bedoeling dat er vierhonderd duiven uit de piano's zouden vliegen. Ik weet niet of ze sliepen of te bang waren om eruit te komen, maar ze vertoonden zich niet. Toen ik boven op mijn eigen piano sprong, was ik in het onverwachte gezelschap van John Reid, die de wanprestatie van de duiven aan zijn woedende blik te zien als een persoonlijke belediging opvatte, alsof ze het expres hadden gedaan om te knagen aan zijn gezag als manager. Bernie rende met een schaapachtige blik van de ene piano naar de andere, pakte duiven op en gooide ze de lucht in.

Dansnummertjes, maraboe-veren en duiven die opvlogen – of niet opvlogen – uit piano's met mijn naam erop; de band was er geen fan van. Ook Bernie vond dat het allemaal afleidde van de muziek. Ik beschouwde het als een poging om mezelf te presenteren als een persoonlijkheid zoals je die in de rockwereld nog niet had. Bovendien vond ik het leuk om te doen. We hadden er belachelijke ruzies over. Dan zat het succesvolste schrijversteam van die tijd backstage in het Santa Monica Civic Auditorium te kibbelen. Niet over geld of muzikale keuzes, maar over de vraag of het een goed idee was als ik het podium zou betreden met een verlichte Kerstman voor mijn leuter. Soms had Bernie gelijk. De kostuums gingen letterlijk ten koste van de muziek. Ik had een bril laten maken in de vorm van het woord ELTON, met overal lichtjes. Het gewicht van de bril en de benodigde batterijen drukte zo zwaar tegen mijn neusgaten dat het klonk alsof ik mijn neus dichtkneep tijdens het zingen. Dat ondermijnde wel degelijk de emotionele impact van zijn liefdevol geschreven teksten.

De show in de Hollywood Bowl was een groots evenement om mijn nieuwe album *Goodbye Yellow Brick Road* te promoten. De opnamen van die plaat waren voor mijn doen nogal problematisch verlopen. We waren afgereisd naar Dynamic Sound Studios in Kingston in Jamaica. Het was destijds hip om je plaat op te nemen op exotische plekken buiten Europa en Dynamic was een voor de hand liggende keuze. Onder meer Bob Marley en Cat Stevens hadden er opgenomen. The Rolling Stones hadden er *Goats Head Soup* gemaakt. Maar bij aankomst bleek dat de studio ook een platenperserij huisvestte en dat het personeel van de perserij staakte. Als we aankwamen, trokken ze de deuren van het busje open en spuugden met blaaspijpen geperste glasvezel over iedereen heen. Daar kreeg je uitslag van. Als je om een andere microfoon vroeg, knikten ze traag en zeiden dan: 'Die kunnen we voor je hebben over… een dag of drie?' Het was hopeloos. Ik vraag me af hoe The Rolling Stones daar een album hebben kunnen maken. Misschien was Keith zo stoned dat hij nauwelijks merkte dat hij drie dagen op een werkende microfoon moest wachten.

Uiteindelijk gaven we het op. We zijn teruggegaan naar het hotel en hebben gebeld of we Château d'Hérouville konden reserveren. Terwijl we wachtten op een vliegtuig zat de band bij het zwembad doelbewuste pogingen te doen om het wereldrecord marihuanagebruik te verbeteren. Tegen de tijd dat we in het Château aankwamen, hadden we zoveel liedjes dat *Goodbye Yellow Brick Road* een dubbelalbum werd. Het werd veel succesvoller dan we hadden verwacht. Het is een duister album met liedjes over verdriet en desillusie, alcoholisten, hoeren en moord, en een nummer over een zestienjarige lesbienne die de dood vindt in de metro. Maar het album bleef maar verkopen en verkopen en verkopen totdat ik niet meer kon bedenken wie toch maar steeds al die exemplaren bleef kopen. Dat bedoel ik niet flauw: ik wist echt niet wie mijn klanten waren. Toen het Amerikaanse platenlabel me onder zware druk zette om 'Bennie and the Jets' uit te brengen als single, verzette ik me met hand en tand: het is een heel apart nummer, het klinkt totaal niet als al mijn andere materiaal en het duurt vijf minuten. Waarom zou je niet gewoon 'Candle in the Wind' uitbrengen, zoals we in Groot-Brittannië hadden gedaan? Ze zeiden dat het nummer in Detroit op alle zwarte stations werd gedraaid. Toen ze het uitbrachten, steeg het pijlsnel op de Billboard Soul Chart. Het was een surrealistische gewaarwording om mijn naam te zien tussen singles van Eddie Kendricks, Gladys Knight en Barry White. Ik was vast niet de eerste witte artiest die dat bereikte, maar wel de eerste uit Pinner.

Ik was inmiddels zo succesvol dat ik door Amerika ging touren in het Starship, een oude Boeing 720 – een passagiersvliegtuig – dat was omgebouwd tot een protserige tourbus die exclusief werd gebruikt door de top van de rockwereld van de jaren zeventig. Er waren ranzige geruchten over de feestjes die Led Zeppelin erin had gehouden. Maar wat ze in het vliegtuig hadden geflikt, zat me minder dwars dan hoe ze de buitenkant hadden toegetakeld. Ze hadden het toestel paars en goud geverfd, zodat het eruitzag als een bonbondoos met vleugels. Geen probleem: we konden een nieuw likje verf laten aanbrengen. Wat we maar wilden. Het werd rood en blauw met witte sterren. Veel smaakvoller.

Het Starship was uitgerust met een bar met oranje en gouden folie met een lange spiegel erachter, een orgel, eettafels, sofa's en een televisie met een videorecorder. Mijn moeder wilde absoluut tijdens haar lunch *Deep Throat* zien. 'Iedereen heeft het er toch over? Dan wil ik ook weten waar het over gaat.' De leden van Led Zeppelin hebben ongetwijfeld allerlei vuigs uitgehaald, maar ze hebben zichzelf vast nooit een halfuur vermaakt door een dame van middelbare leeftijd vol afgrijzen te zien gillen terwijl Linda Lovelace haar ding deed: 'O God, nee... wat gebeurt er nu weer? Nee, ik kan het niet aanzien. Hoe doet ze dat?'

Achterin was een slaapkamer met douche, een nephaard en plexiglas nachtkastjes waar je stiekem seks kon hebben. Je kon er ook prima mokken; dat zat ik op een avond te doen toen mijn Amerikaanse pr-vrouw Sharon Lawrence op de deur klopte en me smeekte eruit te komen. 'Kom naar de bar, we hebben een verrassing voor je.' Ik zei dat ze moest oprotten, maar ze bleef het proberen. Ik bleef zeggen dat ze moest oprotten. Uiteindelijk moest ze huilen: 'Je moet naar de bar komen! Het moet! Het moet!' Ik gooide de deur open en deed wat ze had gevraagd, al bleef ik onderweg puffen en zuchten en met mijn ogen rollen en smeken of ze me niet gewoon met rust konden laten. Toen ik bij de bar kwam, zat Stevie Wonder achter het orgel om 'Happy Birthday' voor me te spelen. Als we niet op 12.000 meter hoogte hadden gevlogen, zou ik op dat moment hebben gebeden of de grond zich kon openen om me te verzwelgen.

Van de buitenkant gezien leek alles perfect. De tournees werden groter en spectaculairder en de platen verkochten zo goed dat de pers me de grootste popartiest van de wereld was gaan noemen. John had het management helemaal overgenomen. Het contract dat hij in 1971 had getekend met DJM was verlopen. Hij had de burelen van DJM verlaten en zijn eigen managementbedrijf opgericht. We hadden ook samen met Bernie en Gus Dudgeon een platenlabel opgericht dat Rocket heette en niet bestemd was voor mijn platen, maar om jong talent een kans te geven. Soms konden we dat talent beter herkennen dan ontwikkelen. Zo konden we niets bereiken met de band Longdancer terwijl hun gitarist, de tiener Dave Stewart, overduidelijk talent had. Dat bleek jaren later, toen hij Eurythmics oprichtte. Maar we hadden ook successen. We namen Kiki Dee onder contract, die John en ik al jaren kenden. Toen John nog voor Motown werkte, was zij de enige witte Britse artiest op het label. Ze bracht al singles uit sinds de vroege jaren zestig, maar had nooit een hit gehad totdat wij haar versie uitbrachten van 'Amoureuse', een nummer van de Franse zangeres Véronique Sanson dat in het VK was geflopt, maar dankzij Tony King bij Kiki terecht was gekomen.

Maar onder het oppervlak begonnen er dingen verkeerd te gaan. We zaten de eerste weken van 1974 voor opnamen in de Caribou Ranch, een studio in de Rocky Mountains waarnaar we ons nieuwe album *Caribou* vernoemden. Zingen op grote hoogte kon een probleem zijn; vandaar dat ik een woede-uitbarsting kreeg tijdens de opname van 'Don't Let the Sun Go Down on

Me'. Nadat ik had geroepen dat ik het lied zo vreselijk vond dat we onmiddellijk moesten stoppen met de opname en dat we het naar Engelbert Humperdinck moesten sturen ('Als hij het niet wil, mag Lulu het hebben voor een B-kantje!') wisten ze me weer naar het zanghokje te loodsen, waar ik de take afmaakte. Toen schreeuwde ik tegen Gus Dudgeon dat ik het nummer nog afschuwelijker vond nu het klaar was en dat ik hem met mijn blote handen zou vermoorden als hij het op het album zou zetten. Verder was het in Caribou goed te doen. De studio was luxueuzer dan het Château. Je verbleef in prachtige blokhutten vol antieke spullen. Het bed waarin ik sliep zou ooit hebben toebehoord aan de negentiende-eeuwse Amerikaanse president Grover Cleveland. Er was een zaaltje om films te vertonen en musici die optraden in Denver of Boulder kwamen ons opzoeken. Stevie Wonder, die me blijkbaar had vergeven voor mijn gedrag aan boord van het Starship, kwam op een dag langs en ging er met een sneeuwscooter op uit. Hij wilde absoluut zelf sturen. Ik zal je vraag meteen maar beantwoorden: nee, ik heb geen flauw idee hoe Stevie Wonder succesvol met een sneeuwscooter door de Rocky Mountains ploegde zonder zichzelf of anderen de dood in te jagen, maar het is hem wel degelijk gelukt.

Toen we op een avond aan het afronden waren, liep ik een kamer binnen aan de achterkant van de studio. Ik zag dat John met iets aan het rommelen was op een tafel. Ik vroeg wat het was. Cocaïne, zei hij. Ik vroeg wat het met je deed en hij zei: 'Je gaat je er lekker van voelen.' Ik vroeg of ik het mocht proberen en hij zei ja. Van het eerste lijntje moest ik kokhalzen. Ik vond het gevoel achter in mijn keel erg onprettig, die vreemde combinatie van de gevoelloosheid die de coke zelf veroorzaakte en de poederachtige droogte van de shit waarmee het was versneden. Ik kwam er niet vanaf, hoe vaak ik ook slikte. Ik ging naar het toilet en gaf over. Toen ging ik onmiddellijk terug naar John en vroeg om nog een lijntje.

Waar was ik verdomme mee bezig? Ik had het geprobeerd, ik vond het niks, ik moest ervan overgeven... hallo? Was dat misschien Gods manier om te zeggen dat ik het niet moest doen? Ik kan moeilijk een duidelijkere waarschuwing bedenken dat het een slecht idee was, of het had een zwavelregen moeten zijn of een uitbraak van builenpest. Waarom liet ik het er niet bij zitten? Deels omdat het overgeven geen invloed had op wat de coke met me deed, en dat gevoel beviel me wel. Die stoot van zelfvertrouwen en euforie, het plotselinge gevoel dat ik me kon blootgeven, dat ik niet verlegen of geïntimideerd was, dat ik met iedereen kon praten. Dat was natuurlijk pure onzin. Ik zat vol energie, ik was nieuwsgierig, ik had een goed gevoel voor humor en honger naar kennis. Ik had geen drugs nodig om met mensen te praten. Ik denk eerder dat de cocaïne me meer zelfvertrouwen gaf dan goed voor me was. Als ik niet suf was geweest van de coke toen The Rolling Stones in Colorado waren en vroegen of ik op het podium wilde komen, zou ik waarschijnlijk hebben meegespeeld op 'Honky Tonk Women', naar het publiek hebben gezwaaid en het podium hebben verlaten. Maar nee: ik besloot dat het zo goed ging dat ik moest blijven staan om mee te jammen met de rest van hun set zonder even te vragen of de band wel behoefte had aan een extra keyboardspeler. Aanvankelijk dacht ik dat Keith Richards steeds naar me staarde omdat hij onder de indruk was van mijn geniaal geïmproviseerde bijdragen aan hun oeuvre. Na een paar nummers drong het tot me door dat zijn gelaatsuitdrukking geen blijk van diepe muzikale bewondering was. Hij leek meer op iemand die op het punt stond fysiek geweld te gebruiken tegen een muzikant die veel te lang was blijven staan. Toen ik me van het podium haastte, zag ik dat Keith me nog altijd aankeek met een blik die suggereerde dat dit muisje nog een staartje zou krijgen. Ik besloot niet te blijven hangen voor de afterparty.

Cocaïne had een zeker cachet. Het was modieus en exclusief. Als je coke gebruikte, was het alsof je toetrad tot een select groepje uitverkorenen dat zich in het geheim overgaf aan riskant en illegaal gedrag. Dat sprak me, hoe zielig het ook klinkt, sterk aan. Ik was dan wel succesvol en populair, maar cool voelde ik me nooit. Ook in Bluesology was ik altijd de nerd geweest, degene die er niet uitzag als een popster, die nooit wegkwam met hippe kleren, die de hele dag doorbracht in platenzaken terwijl de andere bandleden seks hadden en drugs gebruikten. Van coke ging ik me cool voelen: de subtiel gecodeerde gesprekken om uit te vinden wie spul bij zich had of er zin in had, wie bij dat clubje zat en wie niet. De geheimzinnige bezoekjes aan toiletten in clubs en bars. Natuurlijk: het was allemaal bullshit. Ik hoorde al bij een club. Sinds het begin van mijn solocarrière hadden andere artiesten me liefdevol verwelkomd. Vanaf het moment dat ik in LA was aangekomen hadden talloze musici die ik bewonderde en vereerde, mensen die ooit mythische namen op elpeehoezen en platenlabels waren geweest, zich in bochten gewrongen om me te steunen. Toen mijn succes eindelijk kwam, ging het zo snel dat ik ondanks dat warme welkom het gevoel had dat ik niet op mijn plek was en dat ik er niet helemaal bij hoorde.

Een lijntje doen en dan meteen nog een lijntje bleek mijn modus operandi te zijn. Ik ben nooit zo'n verslaafde geweest die niet zijn bed uit kon komen zonder een lijntje of die elke dag moest snuiven. Maar als ik eenmaal begon, kon ik niet meer ophouden totdat ik absoluut zeker wist dat er in de wijde omgeving geen coke meer was. Ik begreep al snel dat ik iemand anders – een assistent of een roadie – op mijn coke moest laten letten; niet omdat ik te bang was om het spul te beheren of omdat ik dat beneden mijn waardigheid vond, maar omdat het rond theetijd allemaal op zou zijn als ik de voorraad beheerde. Mijn onstilbare trek naar dat spul was ongelooflijk; dat trok zelfs enige aandacht in de kringen waarin ik me bevond. Als je bedenkt dat ik een rockster was die veel tijd doorbracht in het LA van de jaren zeventig, is dat geen geringe prestatie. Je zou opnieuw kunnen denken dat ik de zaak nog eens goed zou heroverwegen, maar we zullen zien dat de volgende zestien jaar boordevol incidenten zaten waarvan elk weldenkend mens zijn drugsgebruik eens goed zou heroverwegen. Dat was nu net het probleem. Omdat ik coke gebruikte, was ik geen weldenkend mens meer. Je zegt tegen jezelf dat het prima gaat; je drugsgebruik is toch niet schadelijk voor je carrière? Maar als je zulke hoeveelheden coke gebruikt, denk je niet meer rationeel. Je wordt onredelijk en onverantwoordelijk en gaat helemaal op in jezelf. Je denkt de maatstaf van alle dingen te zijn en duldt geen enkele tegenspraak. Het is een vreselijke drug.

Ik had zonder het te weten de slechtste beslissing van mijn leven genomen. En dat terwijl de problemen in mijn relatie met John nauwelijks meer te missen waren. Ik heb al eerder gezegd dat ik bijzonder naïef was over homoseksuele relaties. Wat ik bijvoorbeeld niet wist, was dat John het volstrekt acceptabel vond om zonder me iets te vertellen seks te hebben met anderen. Open relaties zijn onder homoseksuele mannen veel gebruikelijker dan onder heterostellen. Maar dat wilde ik niet. Ik was verliefd. Toen hij dat inzag, stopte hij niet met zijn promiscue gedrag. Hij ging erover liegen. Dat leidde tot allerlei vernederende voorvallen. Op een avond verdween John tijdens een feest in het huis van de regisseur John Schlesinger in LA. Ik ging hem zoeken en vond hem met iemand in bed in een van de kamers op de bovenverdieping. Mijn moeder belde me tijdens een tournee met het bericht dat ze naar ons huis in Virginia Water was gegaan en had ontdekt dat John in mijn afwezigheid een seksfeestje had georganiseerd. Als ik hem met zulke zaken confronteerde, kregen we ruzie. Dan werd het weer rustig en deed hij doodleuk weer exact hetzelfde. Of hij bedacht een nog ergere variant van overspel die erop leek te zijn gericht om me nog hysterischer te maken. Ik ontdekte dat hij bij een filmpremière een actrice had opgepikt en een affaire met haar was begonnen. Háár. Nu neukte hij ook al met vrouwen. Wat moest ik in vredesnaam doen met die onverwachte wending in onze relatie?

Het ging maar door en het was afschuwelijk. Al mijn huilbuien over zijn gedrag haalden niets uit. Waarom verliet ik hem niet? Deels omdat ik van hem hield. Ik was stapelverliefd geworden op John. Als je die gevoelens hebt voor iemand die je bedriegt, bedenk je voortdurend excuses voor hem en houd je jezelf voor dat hij het ditmaal echt meent en dat het voortaan beter zal gaan. Op zijn eigen manier hield John ook van me. Maar als je hem zijn gang liet gaan, was hij niet in staat om zijn pik in zijn broek te houden.

Ik bleef ook bij hem omdat ik bang voor hem was. John had een kort lontje en kon zomaar agressief worden, zeker als hij had gedronken of gesnoven. Soms waren zijn woede-uitbarstingen onbedoeld grappig. Dan belde ik bijvoorbeeld het kantoor van Rocket en vroeg ik of ik hem kon spreken. 'O, hij is er niet. Hij ging uit zijn plaat en heeft geprobeerd een elektrische typemachine van de trap te gooien. Maar die zat nog in het stopcontact, dus dat lukte niet echt. Daar werd hij nog bozer van en toen heeft hij al het personeel ontslagen en is hij weggebeend. We vragen ons af of we nu naar huis moeten gaan of niet.' Maar meestal was er niets grappigs aan. Ik heb John op een feestje van Rod Stewarts manager Billy Gaff iemand zien bedreigen met een gebroken glas. Hij sloeg de portier van een hotel in San Francisco na een ruzie over het parkeren van de auto. Bij de presentatie van *Goodbye Yellow Brick Road* sloeg hij in aanwezigheid van talloze Amerikaanse journalisten een geluidstechnicus. Tijdens een Nieuw-Zeelandse tournee in 1974 gooide hij een glas wijn leeg in het gezicht van de plaatselijke promotor van het label omdat de whisky op was tijdens het feestje dat ze voor me hadden georganiseerd. Toen een verslaggeefster van de plaatselijke krant tussenbeide wilde komen, stompte hij haar in haar gezicht. Later die avond kreeg ik op een ander feestje een discussie over het eerdere voorval, dat ik niet had zien gebeuren. John rende de hele kamer door, sloeg de man tegen de grond en begon hem te schoppen.

De volgende ochtend werden we allebei aangeklaagd op verdenking van geweldpleging. Ik werd vrijgesproken, betaalde een boete van vijftig pond en verliet direct Nieuw-Zeeland. Zonder John, wiens verzoek om op borgtocht te worden vrijgelaten was afgewezen. Hij werd uiteindelijk veroordeeld tot een gevangenisstraf van achtentwintig dagen in Mount Eden. Ik vloog zonder hem naar huis. Zijn gedrag was onverdedigbaar, maar in die periode gedroegen rockmanagers, zoals Peter Grant van Led Zeppelin, zich vaker gewelddadig. Toen ik op een zaterdagavond zat te wachten op Johns wekelijkse telefoontje uit de bajes wist ik in mijn hoofd een versie van de gebeurtenissen te construeren waarin hij de gekrenkte partij was die me edelmoedig te hulp was geschoten. Het hielp dat hij me had verteld dat de journaliste hem een flikker had genoemd, alsof dat zijn gedrag rechtvaardigde.

Ik kwam pas tot bezinning toen John míj sloeg. Dat gebeurde op de avond dat we een verkleedfeest gaven in Hercules. Ik ben vergeten waar de ruzie over ging. Waarschijnlijk had hij me weer eens bedrogen, maar het was begonnen voordat de gasten waren gearriveerd en hij werd steeds verhitter. Er werd geschreeuwd en met deuren geslagen en een prachtige art-decospiegel die we van Charlie Watts van The Rolling Stones hadden gekregen sneuvelde. Toen sleurde John me de badkamer binnen, waar hij me hard begon te slaan. Ik strompelde naar achteren. Ik was zo geschokt dat ik niets terugdeed. Nadat hij was weggebeend, bekeek ik mezelf in de spiegel. Ik bloedde uit mijn neus en had gezichtsverwondingen. Ik maakte mezelf schoon. Het feest ging door alsof er niets was gebeurd. Iedereen had plezier. Derf kwam verkleed als vrouw en Tony King was van top tot teen goud geverfd, zoals Shirley Eaton in *Goldfinger*. Maar het was alsof er eindelijk een knop was omgezet. Ik kon Johns gedrag niet langer goedpraten. Ik kon niet bij iemand blijven die me sloeg.

Ik geloof dat John niet had verwacht dat ik zou zeggen dat het over was. Ik denk dat hij, zelfs toen hij al was verhuisd naar een huis op Montpelier Square in Knightsbridge en ik mama en Derf had gevraagd om me te helpen een plek te vinden om te wonen – ik had letterlijk geen tijd om dat zelf te doen –, nog altijd verliefd op me was. Ik had het gevoel dat hij onmiddellijk zou zijn teruggekomen als ik hem dat had gevraagd. Maar ik wilde hem niet meer. Ik wilde dat hij mijn manager zou blijven, maar verder veranderden alle aspecten van onze relatie. Het machtsevenwicht verschoof. Tot aan dat moment was hij de dominante persoonlijkheid geweest. Toen we geen stel meer waren, werd ik zelfverzekerder en assertiever. Hij nam andere acts aan; niet alleen musici, maar ook komieken zoals Billy Connolly en Barry Humphries. Onze zakelijke relatie bleef intact omdat ik wist hoe slim hij was en dat hij een fantastisch oor had voor muziek. Toen we op een ochtend in zijn kantoor in South Audley Street zaten, zei hij dat hij me iets wilde laten horen van een van zijn nieuwe cliënten. Het zou een enorme wereldhit worden, zei hij. We luisterden naar het nummer en ik schudde vol ongeloof mijn hoofd.

'Ga je dat echt uitbrengen?'

Hij fronste. 'Wat is er mis mee?'

'Nou, om te beginnen duurt het drie uur. Bovendien heb ik van mijn hele leven nog nooit zo'n kitsch gehoord. En de titel is volslagen belachelijk.'

John liet zich niet uit het veld slaan. Hij haalde de testpersing van 'Bohemian Rhapsody' van de draaitafel en zei: 'Ik garandeer je dat dit een van de grootste hits aller tijden gaat worden.'

De charme van Queens beroemdste nummer mag me dan aanvankelijk zijn ontgaan, maar die van Freddie Mercury herkende ik onmiddellijk. Ik hield van hem zodra ik hem ontmoette. Hij kreeg volgens de traditie een dragnaam: Melina, naar de Griekse actrice Melina Mercouri. Freddie was een schitterend mens. Ongelooflijk slim en avontuurlijk. Lief en gul en attent, maar schandalig grappig. Mijn god, als je met hem en Tony King – ze waren de beste maatjes – ging stappen, kwam je de hele avond niet meer bij. Niemand werd gespaard, zelfs de andere leden van Queen niet. 'Heb je de gitarist gezien, lieverd? Mevrouw May? Heb je gezien wat ze draagt op het podium? Klompen! Godvergeten klompen! Hoe ben ik ooit op het podium beland met een gitarist met godvergeten klompen?'

Ook Michael Jackson ontkwam er niet aan. Freddie noemde hem Mahalia, wat Michael lang niet zo leuk leek te vinden als Freddie. Michael had Freddies toorn opgewekt door te proberen hem te interesseren in zijn dieren. Freddie had er een verhaal van gemaakt dat qua dramatiek niet onderdeed voor alles wat hij op het podium uithaalde. 'Och, lieverd. Die afschuwelijke lama! Helemaal naar Californië om mevrouw Jackson te ontmoeten en ze neemt me mee naar de tuin en daar staat de lama. Dan vraagt ze of ik haar wil helpen dat beest weer in zijn kooi te krijgen! Mijn witte pak helemaal onder de modder, en uiteindelijk moest ik roepen: "Godverdomme, Mahalia, haal die verdomde lama bij me weg!"' En dan sidderde hij voor het maximale komische effect: 'Het was een nachtmerrie, lieverd.'

zes

Ik leerde John Lennon kennen via Tony King, die naar LA was verhuisd om de general manager van Apple Records te worden in de VS. Sterker nog: de eerste keer dat ik Lennon ontmoette, danste hij met Tony. Dat was op zich niet zo gek, afgezien van het feit dat ze niet in een club waren, dat er geen muziek werd gespeeld en dat Tony was verkleed als koningin Elizabeth II. Ze waren bij Capitol Records in Hollywood, waar Tony's nieuwe kantoor was gehuisvest, om een televisiespotje op te nemen voor Johns album *Mind Games*, en dit was om redenen die alleen John kende het grote concept.

Ik mocht hem vanaf het eerste moment graag, en niet alleen omdat hij een Beatle was en dus een van mijn idolen. Hij was verdomme een Beatle die dacht dat het een goed idee was om zijn nieuwe album te promoten door te dansen met een vent die zich had verkleed als de Britse koningin. Ik dacht: hij en ik gaan het goed met elkaar vinden. En ik had gelijk. Zodra we begonnen te praten, kreeg ik het gevoel dat ik hem al mijn hele leven kende.

We zagen elkaar vaak als ik in Amerika was. Hij was weg bij Yoko en woonde met May Pang in Los Angeles. Ik weet dat die periode in zijn leven geacht wordt getroebleerd en onprettig en duister te zijn geweest, maar eerlijk gezegd heb ik al die dingen nooit in hem gezien. Ik hoorde weleens verhalen; over sessies die hij had gedaan met Phil Spector die compleet uit de hand liepen, en dat hij op een avond was doorgedraaid en het huis van de producer Lou Adler kort en klein had geslagen. Ik zag ook een zekere duisternis in de mensen om hem heen. Harry Nilsson was een schat van een man en een ongelooflijk getalenteerde zanger en songwriter, maar als hij te veel had gedronken, moest je voor hem op je hoede zijn. John en ik hebben veel drugs gebruikt en een aantal krankzinnige stapavondjes meegemaakt. Die goede oude Dr. John kon erover meepraten. We gingen naar Harry's concert in The Troubadour en hij nodigde John uit om op het podium te komen jammen. John was zo bezopen dat hij het orgel bespeelde met zijn ellebogen. Aan mij de schone taak om hem van het podium te loodsen.

Je hoefde trouwens niet eens te gaan stappen om een krankzinnige avond met John te beleven. We hadden ons op een avond verschanst in mijn hotelkamer in het Sherry-Netherland in New York en zaten ons manmoedig door een berg coke heen te werken toen er werd aangeklopt. Ik dacht meteen dat het de politie was. Als je veel coke hebt gesnoven en er wordt zomaar aangeklopt, denk je altijd aan de politie. John gebaarde dat ik moest gaan kijken wie het was. Ik keek door het spiekgaatje en reageerde met een merkwaardige combinatie van opluchting en ongeloof. 'John,' fluisterde ik, 'het is Andy Warhol.'

John schudde woest zijn hoofd en trok zijn vinger over zijn keel. 'Mooi niet. Niet opendoen,' siste hij me toe. 'Wat?' fluisterde ik terug. 'Hoe bedoel je, niet opendoen? Het is Andy Warhol!' Er werd opnieuw geklopt. John rolde met zijn ogen. 'Heeft hij die kutcamera bij zich?' vroeg hij. Ik keek opnieuw door het spiekgaatje en knikte. Andy en zijn polaroidcamera waren onafscheidelijk. 'Oké,' zei John. 'Wil je hem foto's laten nemen terwijl je hele slierten coke uit je neus hebt hangen?'

Ik moest toegeven dat ik dat niet wilde. 'Doe dan godverdomme niet open,' fluisterde John, en toen gingen we in stilte weer doen wat we aan het doen waren en probeerden we te negeren dat de beroemdste popartkunstenaar van de wereld stond aan te kloppen.

Maar ik kan oprecht zeggen dat ik nooit die gemene, intimiderende, destructieve kant van John heb gezien waarover mensen weleens spreken, die bijtende, scherpe gevatheid. Dat zeg ik niet om hem postuum heilig te verklaren. Ik wist dat hij zo kon zijn, maar ik ben er zelf nooit getuige van geweest. Ik zag alleen hoe aardig en lief hij was, en hoe graag hij plezier maakte. Ik heb hem zelfs voorgesteld aan mama en Derf. We gingen samen uit eten. Toen John naar de wc was, dacht Derf dat het leuk zou zijn als hij zijn kunstgebit zou uitdoen en in Johns glas zou leggen. Johns gevoel voor humor was zo aanstekelijk dat mensen zulke dingen deden. Hij was ontstellend grappig. Als hij en ik samen waren, werd er alleen maar gelachen en gelachen en gelachen. Met Ringo erbij werd het nog gezelliger.

We waren zo close dat hij toen zijn ex-vrouw Cynthia met hun zoon Julian naar New York kwam om hem op te zoeken, vroeg of Tony en ik hen tijdens de heenreis wilden begeleiden. We voeren naar Amerika op de ss France, een schitterend oud schip dat haar laatste reis maakte van Southampton naar New York. Een groot deel van de band reisde ook mee, met partners. Veel passagiers gedroegen zich hooghartig tegen ons – rijke, kolossale Amerikaanse vrouwen die als ik langsliep dingen zeiden als 'Ze zeggen dat hij beroemd is, maar ik heb nog nooit van hem gehoord' – maar ik had mijn haar dan ook felgroen geverfd en mijn koffers volgepakt met letterlijk oogverblindende kleren van de ontwerper Tommy Nutter. Ik kon moeilijk gaan klagen dat we aandacht trokken. Ik maakte me nog minder geliefd toen ik op een middag won bij bingo en zo opgewonden raakte dat ik keihard 'Bingo!' riep. Ik hoorde later dat je aan boord van de ss France moest aangeven dat je had gewonnen door zo rustig mogelijk het woord 'house' te mompelen. Nou, dat doen we in Pinner heel anders.

Het liet me koud. Ik had ontzettend veel lol: squash spelen, afzichtelijke revueshows zien, die om de een of andere reden altijd eindigden met een luidkeels door iedereen meegezongen 'Hava Nagila'. Ik kreeg telefonisch te horen dat ik voor mijn album *Caribou*, dat in juni 1974 was uitgebracht, een platina plaat zou krijgen. Ik werkte al aan de opvolger. Bernie had liedjes geschreven over de eerste jaren van onze samenwerking. Ze stonden in een duidelijke volgorde en vertelden een verhaal. Het waren schitterende teksten. Liedjes over pogingen om liedjes te schrijven. Over het feit dat niemand onze liedjes wilde hebben. Een liedje over mijn halfzachte zelfmoordpoging in het huis op Furlong Road en een nummer – 'We All Fall in Love Sometimes' – over de maffe relatie die tussen ons was ontstaan. Ik kreeg er tranen van in mijn ogen, omdat het waar was. Ik was niet fysiek verliefd op Bernie, maar ik hield van hem zoals van een broer. Ik heb nooit een betere vriend gehad.

Het was nog makkelijker dan normaal om deze teksten op muziek te zetten. Dat was maar goed ook, want ik kon de muziekzaal maar een paar uur per dag gebruiken, tijdens de lunch. De rest van de tijd speelde daar een klassiek pianiste. Als ik verscheen, maakte ze plaats met een enorm vertoon van vermoeid altruïsme. Ze ging dan spelen in een ruimte recht boven me, soms in het gezelschap van een operazangeres, de ster van die afgrijselijke revues. Dan moest ik twee uur lang boven hun herrie zien uit te komen. Zo heb ik *Captain Fantastic and the Brown Dirt Cowboy* geschreven. Ik schreef elke dag tijdens de lunchpauze een of twee nummers terwijl een gekwetste pianiste boven mijn hoofd op haar instrument zat te hameren. En ik moest de liedjes meteen onthouden, want ik was vergeten een bandrecorder in te pakken.

In New York verbleven we in het St. Pierre op 5th Avenue. Ik werd ontboden door John, die in de suite boven die van mij zat. Hij wilde ons een vroege versie van zijn nieuwe album laten horen. Bovendien wilde hij dat ik zou meespelen op twee van de liedjes, 'Surprise Surprise' en 'Whatever Gets You Thru the Night'. Dat tweede nummer klonk als een hit en deed dat een paar avonden later al helemaal toen we naar Record Plant East gingen, een studio in de buurt van Times Square. De technicus die daar de overdubs deed was Jimmy Iovine, die later een van de grootste moguls uit de muziekbusiness zou worden. John deed de productie zelf. Hij werkte razendsnel. Iedereen ziet John dankzij *Sgt. Pepper* en 'Strawberry Fields Forever' als iemand die eindeloos in de studio zat te experimenteren, maar hij werkte vlot en raakte snel verveeld, wat mij prima uitkwam. Tegen de tijd dat we klaar waren, was ik ervan overtuigd dat het een nummer 1-hit was. John was daar minder zeker van. Paul had nummer 1-hits gehad, George had nummer 1-hits gehad en zelfs Ringo had nummer 1-hits gehad, maar John nog nooit. Ik stelde een weddenschap voor. Als de single op 1 zou komen, moest hij bij me op het podium komen. Ik wilde hem graag zien spelen, want dat had hij amper gedaan sinds The Beatles uit elkaar waren gegaan. Hij had zich alleen vertoond bij een paar benefietoptredens.

Ik moet hem nageven dat hij zich sportief opstelde toen 'Whatever Gets You Thru the Night' op 1 kwam, zelfs nadat hij en Tony voor een show naar Boston waren gekomen om te zien wat hem te wachten stond. Toen ik voor de toegift opkwam in iets wat leek op een hartvormige bonbondoos met een tuniek eraan, keek John Tony verwilderd aan en zei: 'Godverdomme, wat is er met de rock-'n-roll gebeurd?'

Niettemin speelde hij op Thanksgiving 1974 in Madison Square Garden met ons mee, op voorwaarde dat we ervoor zouden zorgen dat Yoko niet zou komen. Ze waren nog altijd uit elkaar. Natuurlijk kwam Yoko toch – typisch Yoko, zou ik zeggen – maar Tony had ervoor gezorgd dat ze niet kon worden gezien vanaf het podium. Ze had John voor het optreden een corsage gestuurd, die hij op het podium in zijn revers had gestoken. Ik weet niet of hij daarom zo nerveus was of omdat hij niet wist wat hem te wachten stond als hij opkwam. In elk geval was hij opeens zo bang dat hij moest overgeven. Hij probeerde zelfs Bernie zover te krijgen dat hij met hem mee zou komen het podium op, maar dat werd niets. Bernie trad niet graag op de voorgrond en zelfs een wanhopige Beatle kon hem niet op andere gedachten brengen.

Ik kan in alle eerlijkheid zeggen dat ik nog nooit zo'n lawaai heb gehoord als de herrie die het publiek maakte toen ik hem voorstelde. Het ging maar door. Maar ik begreep hoe die mensen zich voelden. Ik en de rest van de band waren net zo blij met zijn aanwezigheid. Het was denk ik tot dat moment het hoogtepunt van onze carrière, om een podium te delen met iemand van zijn kaliber. De drie nummers die we samen speelden waren voorbij in een vloek en een zucht. Toen was hij weer weg. Hij kwam terug voor de toegift, met Bernie nota bene. Ze speelden tamboerijn tijdens 'The Bitch Is Back'. Wat een belevenis.

Na de show kwam Yoko backstage. We zijn uiteindelijk met een stel naar het St. Pierre gegaan, ik, John, Yoko, Tony en John Reid. Alsof de situatie niet al surrealistisch genoeg was, dook toen we iets zaten te drinken plotseling Uri Geller op. Hij liep naar onze tafel en begon alle lepels en vorken te buigen. Vervolgens ging hij onze gedachten lezen. Het was een bizarre dag, die er uiteindelijk toe leidde dat John en Yoko weer bij elkaar kwamen en samen met Sean – mijn peetzoon – een fijn leven gingen leiden in het Dakota. Ik vond dat het gebouw en de architectuur iets heel sinisters hadden. Ik kreeg koude rillingen als ik ernaar keek. Geen wonder dat Roman Polanski het uitkoos als de locatie voor *Rosemary's Baby*.

De sessies voor *Captain Fantastic* verliepen net zo probleemloos als het schrijven van de liedjes. We waren in de zomer van 1974 teruggegaan naar Caribou om de nummers op te nemen in de volgorde waarin ze op het album staan, alsof we het verhaal ter plaatse aan het vertellen waren. We hadden ook een paar singles opgenomen, een cover van 'Lucy in the Sky with Diamonds' met John op gitaar en als achtergrondzanger en 'Philadelphia Freedom', een van de weinige liedjes ooit waarvoor ik Bernie aanwijzingen heb gegeven. Meestal liet ik hem schrijven over wat hij maar wilde; we wisten al dat we niet op maat konden schrijven sinds we maar nummers bleven schrijven voor Tom Jones of Cilla Black en steeds hopeloos faalden. Maar Billie Jean King had me gevraagd een nummer te schrijven voor haar tennisteam, de Philadelphia Freedoms. Dat kon ik niet weigeren, want ik droeg haar op handen. We hadden elkaar een jaar eerder ontmoet tijdens een feestje in LA en ze was een van mijn beste vriendinnen geworden. Het klinkt misschien vreemd, maar ik vond dat Billie Jean en John Lennon veel met elkaar gemeen hadden: ze waren allebei heel gedreven, waren allebei aardig, lachten graag en hadden allebei het sterke gevoel dat ze met hun roem dingen konden veranderen. John was politiek geëngageerd en Billie was een pionier voor het feminisme, homorechten, de rechten van vrouwen in sport. Niet alleen tennis. Alle grote vrouwelijke tennissterren van tegenwoordig mogen haar op hun blote knietjes bedanken, want ze had het lef om toen ze de US Open won te zeggen: 'Als jullie het prijzengeld voor vrouwen niet optrekken naar dat van de mannen, speel ik volgend jaar niet.' Ik houd zielsveel van haar.

Bernie stond niet bepaald te popelen om over tennis te schrijven, want dat is geen ideaal onderwerp voor een popliedje. Hij besloot te schrijven over Philadelphia. Dat pakte perfect uit, want de sound van het liedje was beïnvloed door de muziek die destijds in die stad werd gemaakt door acts als The O'Jays, MFSB en Harold Melvin & the Blue Notes. Dat was de muziek die ik hoorde als ik in New York gayclubs als Crisco Disco, Le Jardin en 12 West bezocht. We waren dol op die clubs, al mocht ik er ooit bij Crisco Disco niet in. En ik was nog wel met Divine, de legendarische dragqueen. Ja, ik weet het: Elton John en Divine worden geweigerd bij een homoclub. Goeie grap! Maar hij droeg een kaftan en ik een felgekleurd jack en ze vonden ons overdressed. 'Het is vandaag geen Halloween, makker!'

Je ging niet naar die tenten om mannen op te pikken. Ik niet, in elk geval. Ik ging om te dansen, en als er aan het einde van de nacht iemand was, was dat prima. Geen drugs, behalve misschien poppers. Je had geen drugs nodig. De muziek was genoeg. 'Honey Bee' van Gloria Gaynor, 'I'll Always Love My Mama' van The Intruders. Fantastische platen, heel inspirerend, moedige muziek. We lieten Gene Page, die de arrangementen had gedaan voor al het werk van Barry White, de strijkers doen voor 'Philadelphia Freedom' en waren heel tevreden over de stijl en de sound. Dat hadden we goed gezien, want een paar maanden na de release deed MFSB een cover van het nummer. Ze vernoemden er zelfs een album naar.

'Philadelphia Freedom' haalde in de VS platina en een paar maanden later werd *Captain Fantastic* het eerste album in de geschiedenis dat op 1 binnenkwam in de Amerikaanse albumlijsten. Ik was in 1975 overal. Niet alleen op de radio. Ik was ook in de arcadehallen, want Bally had een fantastische flipperkast gemaakt van Captain Fantastic. Ik was zelfs op de zwarte tv, want ik werd als een van de eerste witte artiesten gevraagd voor *Soul Train*. Ik werd geïnterviewd door de onvoorstelbaar ontspannen Don Cornelius, die onder de indruk was van de creatie van Tommy Nutter die ik droeg, een pak met enorme revers en bruine en gouden krijtstrepen. 'Hé, *brother*, hoe kom je aan dat pak?'

Omdat ik bang was voor sleur, besloot ik de samenstelling van de band te veranderen en Dee en Nigel te laten gaan. Ik belde hen zelf. Ze namen het goed op. Dee was iets meer van slag dan Nigel, maar het liep niet uit op een enorme ruzie en ik kreeg niet het gevoel dat er kwaad bloed was tussen ons. Ik heb er nu een slechter gevoel over dan destijds. Het moet voor hen een enorme klap zijn geweest. Ze hadden jarenlang een sleutelrol gespeeld en we hadden de top van onze carrières bereikt. Maar ik keek alleen maar vooruit en mijn instinct zei me dat we onze sound moesten oppeppen: het moest funkier en steviger. Ik haalde gitarist Caleb Quaye en drummer Roger Pope, die op *Empty Sky* en *Tumbleweed Connection* had gespeeld, erbij, en twee Amerikaanse sessiemuzikanten, James Newton Howard en Kenny Passarelli, op keyboards en bas.

Er deed nog een Amerikaanse gitarist auditie, maar dat werd geen succes. Om te beginnen klikte het niet in muzikaal opzicht. Daarnaast joeg hij iedereen de stuipen op het lijf door te vertellen dat hij graag kippen in hun kont neukte om dan hun kop af te snijden. Het schijnt dat hun kringspier zich samentrekt als je dat doet, en dan kom je klaar. Het werd me niet duidelijk of hij een beroerd gevoel voor humor had of een pathetisch seksleven. Er zijn niet veel regels in de rock-'n-roll, maar dit zijn er een paar: volg altijd je muzikale intuïtie, lees de kleine lettertjes voordat je iets ondertekent en probeer geen mensen in je band te halen die kippen in hun kont neuken en onthoofden. Of daar zelfs alleen over praten. Die dingen gaan je op je zenuwen werken als je met zo iemand een hotelkamer moet delen.

Er was nog een complicatie. Het huwelijk van Bernie en Maxine was op de klippen gelopen en Maxine had nu iets met Kenny Passarelli. Mijn nieuwe bassist sliep met de ex van mijn schrijfpartner. Heel pijnlijk voor Bernie, maar er gebeurde in mijn eigen leven al zoveel dat ik me niet kon bemoeien met de relaties van anderen.

Ik ging met de nieuwe band naar Amsterdam om te repeteren. De repetities gingen fantastisch; we waren een belachelijk goede band. Maar de vrije dagen waren een zooitje, want we waren ook belachelijk goede drugsgebruikers. Tony King kwam langs met Ringo Starr en we maakten een boottripje door de grachten dat langzaam maar zeker verwerd tot een decadente drugsorgie. Ik vrees dat we die dag niet veel oog hadden voor de schoonheid van de grachtengordel. Iedereen had het te druk met coke snuiven en rook van joints in elkaars mond blazen. Ringo was zo stoned dat hij op een gegeven moment vroeg of hij in mijn band mocht spelen. Althans, dat zeiden de mensen later, ik heb het zelf niet gehoord. Als hij het heeft gezegd, was hij het waarschijnlijk een minuut later weer vergeten.

Een van de redenen voor mijn exorbitante drugsgebruik was dat ik een gebroken hart had. Ik was verliefd geworden op een hetero die mijn liefde niet beantwoordde. Ik zat zo vaak in mijn hotelkamer naar 'I'm Not in Love' van 10CC te luisteren dat Tony uiteindelijk een gouden plaat liet maken met de tekst: 'Voor Elton John omdat hij een miljoen keer naar "I'm Not in Love" heeft geluisterd.'

Mijn privéleven was sinds John en ik uit elkaar waren een ramp. Ik zocht naar wat ik niet kon hebben en werd voortdurend verliefd op hetero's. Soms verkeerde ik maandenlang in de waanzinnige veronderstelling dat zo iemand uiteindelijk zou bellen en zou zeggen: 'O, trouwens, ik houd van je', hoewel hij me duidelijk had gemaakt dat dat nooit zou gebeuren.

Soms zag ik iemand in een gaybar die me qua uiterlijk wel aanstond en dan was ik al hopeloos verliefd voordat ik een woord met hem had gewisseld. Dan wist ik zeker dat het lot had voorbestemd dat ik de rest van mijn leven met hem zou doorbrengen en was ik al bezig onze prachtige toekomst vorm te geven. Het was altijd hetzelfde type: blond, blauwe ogen, knap, en jonger dan ik, zodat ik hem kon overstelpen met vaderlijke liefde, het soort liefde dat ik als kind had moeten missen. Ik pikte hen niet echt op, het was meer alsof ik gijzelaars nam. 'Je moet stoppen met alles wat je doet, meegaan op tournee, de hele wereld met me rondvliegen.' Ik verwende die jongens met horloges en kleren en auto's, maar uiteindelijk hadden ze niets omhanden als ik er niet was. Ik had het meestal druk en dan stonden ze langs de lijn. Ik besefte het destijds niet, maar ik beroofde hen van hun bestaan. Dat begon na drie of vier maanden aan hen te knagen, ze gingen me vervelen, en het eindigde in tranen. Dan vroeg ik iemand om hen weg te sturen en begon ik opnieuw. Het was onvergeeflijk gedrag. Soms vertrok er eentje vanaf het vliegveld terwijl de volgende al werd ingevlogen.

Het was een decadente tijd en het moge duidelijk zijn dat veel popsterren zich zo gedroegen. Rod Stewart verdiende ook geen prijzen voor hoffelijkheid, want hij liet meisjes vaak weten dat hij klaar met hen was door een vliegticket achter te laten op hun bed. Ondanks de tijdgeest hoorde ik altijd een stemmetje dat me vertelde dat mijn gedrag niet deugde.

Ik wilde iemand om mee te worden gezien, iemand om mee te praten. Ik kon slecht alleen zijn. Er was geen eenzaamheid, geen reflectie. Ik moest mensen om me heen hebben. Ik was ongelooflijk onvolwassen. Ik was vanbinnen nog altijd dat kleine jochie uit Pinner. De feesten, de concerten, de platen en het succes, het was allemaal fantastisch. Maar zonder die zaken was ik geen volwassene, maar een tiener. Ik had het verkeerd gezien toen ik dacht dat ik mijn persoonlijkheid kon veranderen door mijn naam te veranderen. Ik was niet Elton, maar Reg. En Reg was nog precies zoals vijftien jaar geleden, toen hij naar zijn slaapkamer wegvluchtte als zijn ouders ruzie hadden: onzeker, zich bewust van zijn eigen lichaam en vol zelfhaat. Ik wilde 's avonds niet bij hem thuiskomen. Dan zou het leed niet te overzien zijn.

Toen we op een avond met de nieuwe band aan het opnemen waren in Caribou nam ik voor het slapengaan een overdosis valium. Twaalf tabletten. Ik weet niet meer precies wat me daartoe aanzette; het zal wel weer het stuklopen van een catastrofale liefdesrelatie zijn geweest. Toen ik de volgende ochtend wakker werd, rende ik naar beneden en heb ik in paniek Connie Pappas gebeld, die voor John Reid werkte. Ik vertelde haar wat ik had gedaan. Tijdens het gesprek kreeg ik een black-out. James Newton Howard hoorde me vallen en heeft me naar boven gedragen, naar mijn kamer. Ze hebben een arts gebeld, die me een kalmeringsmiddel voorschreef. Dat komt me achteraf gezien vreemd voor bij een patiënt die net heeft geprobeerd zijn leven te beëindigen met een overdosis kalmeringsmiddelen. Maar ze moeten hebben geholpen, in elk geval voor de korte termijn, want we konden de sessies afmaken.

Het eerste optreden van de nieuwe band was op 21 juni 1975 in Wembley Stadium in Londen. Het was een eendaags festival onder de titel Midsummer Music. Ik had de line-up zelf samengesteld: Stackridge, een band die voor ons label opnam, en daarna

Rufus met Chaka Khan, Joe Walsh, The Eagles en The Beach Boys. Ze waren allemaal fantastisch en het publiek genoot. Ik deed het hoofdprogramma en speelde ons nieuwe album *Captain Fantastic and the Brown Dirt Cowboy* in zijn geheel, van begin tot eind. Het was mijn grootste concert ooit. Alles klopte: het geluid, de voorprogramma's, zelfs het weer. Het was een regelrechte ramp.

Ik zal je zeggen wat ik heb geleerd. Als je ervoor hebt gekozen om meteen na The Beach Boys op te treden, die zo ongeveer alle hits speelden uit een van de beste en populairste oeuvres in de popmuziek, is het geen goed idee om te beginnen met tien liedjes die niemand in het publiek goed kent omdat je het betreffende album pas enkele weken daarvoor hebt uitgebracht. Dat cruciale inzicht verwierf ik helaas pas toen we al drie of vier liedjes hadden gedaan. Ik werd me bewust van een zekere rusteloosheid in het publiek, zoals schoolkinderen onrustig worden bij een langdradige officiële gelegenheid. We ploeterden voort. We klonken fantastisch, want we waren nu eenmaal belachelijk goed. Er begonnen mensen te vertrekken. Dat was me al jaren niet meer gebeurd, dat mijn publiek wegliep. Dat gevoel dat ik weleens had in de clubs als Long John Baldry zo nodig 'The Threshing Machine' wilde zingen of zijn imitatie van Della Reese wilde doen maakte zich weer van me meester.

Het had voor de hand gelegen om het plan af te kappen en hits te spelen. Maar dat kon ik niet. Om te beginnen was het een kwestie van artistieke integriteit. Daar kwam bij dat ik toen we opkwamen plechtig had beloofd dat we het hele album zouden spelen. Ik kon niet opeens halverwege 'Crocodile Rock' inzetten. Godverdomme. Ik zat eraan vast. Ik zag de recensies al voor me en we waren pas een halfuur bezig. We ploeterden voort. De nummers klonken nog altijd super. Er vertrokken nog meer mensen. Ik dacht aan het feest dat na het optreden was gepland, waar talloze sterren zouden komen die diep onder de indruk werden geacht te zijn van mijn show: Billie Jean, Paul McCartney, Ringo Starr. Lekker dan. Heel fijn, godverdomme. Ik verneuk de boel in het bijzijn van 82.000 mensen *en de helft van The Beatles*.

We kwamen uiteindelijk aan de hits toe, maar toen was het al te laat, zoals ook de recensenten terecht schreven. We keerden terug naar Amerika en hadden geleerd dat artistieke integriteit riskant is en dat je nooit te succesvol bent om plat op je bek te gaan.

Ik bracht steeds meer tijd door in de VS, dus het lag voor de hand om een huis te huren in Los Angeles, dat ik later zou kopen. Ik vond op Tower Grove Drive een huis in de Spaanse koloniale stijl dat was gebouwd voor John Gilbert, een ster uit het tijdperk van de stomme film. Hij had daar gewoond terwijl hij een affaire had met Greta Garbo. In de tuin, bij een waterval, stond een hut waarin Greta zich naar verluidt terugtrok als ze alleen wilde zijn.

Het was een prettige buurt, al brandde er een huis af toen ik er net woonde. De brand was ontstaan omdat de bewoner cocaïne had ge*freebased*, een activiteit die ik sterk afkeurde. Als je drugs ging verhitten was je een junk, terwijl ik op basis van verbijsterend kromme interne logica had vastgesteld dat ik geen junk was. En dat terwijl de feiten er niet om logen. Soms bleef ik hele nachten wakker van de coke om het spul dan zes maanden niet aan te raken. Ik was dus niet verslaafd. Het ging prima met me.

Ik nam een huishoudster aan, Alice, om mijn prachtige huis schoon te houden en me te verzorgen als ik een kater had. Ik vulde het huis met de spullen die ik verzamelde – art nouveau, art deco, meubels van Bugatti, lampen van Gallé, Lalique, schitterende posters – maar bracht al mijn tijd door in mijn slaapkamer, de televisiekamer en de snookerkamer. Nou ja, de snookerkamer gebruikte ik vooral om mannen te verleiden. Stripsnooker! Meestal werkte het, zeker na een paar lijntjes coke.

Dat was nog een reden waarom ik veel coke snoof. Het was voor mij een lustopwekkend middel. Vreemd, want bij veel mensen is het fnuikend voor erecties. Dat was voor mij nooit een probleem. Eerder het tegenovergestelde. Als ik genoeg coke nam, kon ik dagen hard blijven. En ik hield van het fantasieaspect: ik deed als ik coke had gebruikt dingen waarvoor ik anders de moed niet had. Coke ontneemt mensen hun remmingen. Ik heb het zelfs bij heteromannen gezien. Na een paar lijntjes deden ze dingen die ze onder normale omstandigheden in geen miljoen jaar zouden doen. Meestal hadden ze de volgende ochtend spijt, maar een enkeling kwam gewoon weer terug.

Neuken was nooit echt mijn ding. Ik keek liever, ik was een voyeur. Ik bevredigde mijn perverse afwijking door twee of drie mannen dingen te laten doen die ik wilde zien. Daar ontleende ik mijn seksuele genot aan: mensen seks met elkaar laten hebben die doorgaans geen seks met elkaar zouden hebben. Ik deed niet echt mee. Ik keek toe, nam polaroids, organiseerde de dingen. Het enige probleem was dat ik heel zuinig was op het interieur. Als ze lagen te seksen op de snookertafel, riep ik opeens: 'Niet klaarkomen op het vilt!' Dat kwam de sfeer niet ten goede. Dat ik niet zo geïnteresseerd was in neuken, is de reden dat ik geen hiv heb opgelopen. Anders was ik al dood geweest.

Mijn huis op Tower Grove Drive werd het feesthuis waar iedereen naartoe kwam na een avond stappen. Los Angeles was halverwege de jaren zeventig het centrum van de muziekindustrie. De stad had heerlijke homoclubs zoals After Dark en Studio One. Die eerste was een disco, nogal underground, de tweede had optredens. Daar zag ik Eartha Kitt zingen, die ik als kind had verafgood. Nou ja, eerlijk gezegd zag ik haar niet zingen. Ik ging voor de show backstage om haar te ontmoeten en het eerste wat ze zei was: 'Elton John, ik houd totaal niet van je muziek.' O, echt? Bedankt voor je eerlijke mening. Ik ga maar weer naar huis.

Als Dusty Springfield in de buurt was, gingen we naar de *roller derby* om de LA Thunderbirds te zien. Het was zalig camp, helemaal volgens een script, net als worstelen, maar lesbiennes waren er dol op. Het was gewoon een stelletje potten die op rolschaatsen rondjes reden en met elkaar knokten. We hadden heerlijke lunches en diners. De regisseur Franco Zeffirelli kwam lunchen en verklapte dat zijn beste vrienden hem Irene noemden. Toen Simon en Garfunkel kwamen eten, hebben we hints gespeeld. Ze konden er niets van, al waren ze beter dan Bob Dylan. Die begreep niet hoe je het aantal lettergrepen moest aangeven. Nu ik er nog eens over nadenk, was hij ook niet goed in 'klinkt als'. Een van de beste tekstschrijvers van de wereld en de meest geletterde man uit de popgeschiedenis kon niet besluiten of een woord uit een of twee lettergrepen bestond of waar het op rijmde. Hij was zo hopeloos slecht dat ik sinaasappels naar zijn hoofd gooide. Althans, dat hoorde ik de volgende ochtend over de telefoon van een van leedvermaak kakelende Tony King. Dat is niet wat je wilt horen als je een kater hebt: 'Goedemorgen, lieverd, weet je nog dat je gisteren sinaasappels naar Bob Dylan z'n hoofd hebt gegooid?' Mijn god!

LA had ook een merkwaardige, sinistere kant. De moorden van Charles Manson waren zes jaar later nog niet vergeten. Veel mensen hadden het gevoel dat je nergens veilig was, zelfs niet in een groot huis in Beverly Hills. Tegenwoordig heeft iedereen beveiligers en bewakingscamera's, maar destijds niet, zelfs ex-Beatles niet. Zo kon het gebeuren dat er toen ik op een ochtend wakker werd aan mijn voeteneind een meisje naar me zat te staren. Ik kon niet opstaan, want ik sliep altijd naakt. Ik kon alleen maar schreeuwen dat ze godverdomme moest oprotten. Ze zei niets terug en bleef me maar aanstaren, wat op de een of andere manier nog erger was dan wanneer ze had gesproken. Uiteindelijk heeft de huishoudster haar eruit gezet. Ik was doodsbang, ook omdat we geen idee hadden hoe ze was binnengekomen.

Maar je had geen stalker nodig om te weten dat LA duistere kantjes had. Op een avond ging ik naar een optreden van de Average White Band in The Troubadour. Ze waren zo fantastisch dat ik Cher en Martha Reeves mee het podium op sleepte om met de band te jammen. Na het optreden trakteerde ik de jongens op een etentje in Le Restaurant, waar je heerlijk kon eten en buitenissig gedrag werd getolereerd. Het management had niet eens vreemd opgekeken van het verjaardagsfeestje van John Reid. Dat was buitengewoon tolerant, als je bedenkt dat een vriend een paard had meegenomen naar het restaurant – dat was zijn verjaardagscadeau – dat onmiddellijk op de vloer had gescheten. Ik ging tot zes uur door met de Average White Band. Ik genoot van het gezelschap van zo'n jonge Britse band die op het punt stond om door te breken. Ze speelden een paar avonden achter elkaar in The Troubadour en stonden versteld van het feit dat ze het gingen maken in Amerika. Zo was ik vijf jaar eerder ook geweest. Maar twee dagen later belde John Reid met het bericht dat Robbie, de drummer van de band, dood was. Ze waren een avond later naar een feestje in de Hollywood Hills gegaan en hadden van de een of andere engerd heroïne gekregen die ze hadden aangezien voor cocaïne. Een paar uur later overleed hij in zijn hotelkamer aan een hartaanval.

Zoiets kon natuurlijk overal gebeuren, maar ik vond het exemplarisch voor LA. Het was zo'n plek waar dat oude cliché over dromen die uitkomen geen cliché was, maar de alledaagse waarheid. Het was min of meer de stad waar ik een ster was geworden; waar ik was gefêteerd door mijn idolen; waar ik op de een of andere manier thee had gedronken met Mae West, die tot mijn enorme genoegen na haar grootse entree met een wellustige grijns op haar gezicht had gezegd: 'Wat heerlijk, mijn favoriete aanblik: een kamer vol mannen.' Helaas waren de aanwezige mannen John Reid, Tony King en ik, dus het werd een teleurstellende avond voor haar. Als je niet op je hoede was – als je een verkeerde afslag nam of in het gezelschap van de verkeerde mensen belandde – kon LA je zomaar verzwelgen.

Tom Watson, de burgemeester van Los Angeles, riep de week van 20 tot 26 oktober 1975 uit tot Elton John Week. Er zou onder meer een ster met mijn naam worden onthuld op de Hollywood Walk of Fame, vlak bij Grauman's Chinese Theatre. Er waren twee concerten geboekt in het honkbalstadion van de Dodgers, dat plaats bood aan 55.000 mensen. Ik had al voor grotere aantallen gespeeld – in Wembley waren 82.000 mensen geweest, voordat ze massaal waren afgedropen – maar deze optredens voelden aan als een nieuw hoogtepunt. Ik was de eerste artiest die in het stadion mocht optreden sinds The Beatles in 1966, toen de promotor te weinig beveiligers had ingezet. Er was aan het einde van het optreden een relletje uitgebroken en de eigenaren van het stadion hadden rockconcerten in de ban gedaan. Ik had het gevoel dat ik thuiskwam, want mijn carrière had vijf jaar eerder een vlucht genomen toen ik optrad in The Troubadour.

Ik charterde een Boeing 707 van Pan Am en liet mama en Derf, mijn oma en een stel vrienden overvliegen vanuit Engeland, samen met de staf van Rocket, vertegenwoordigers van de media en een crew die onder leiding van presentator Russell Harty een televisiedocumentaire zou maken. Ik ontving het gezelschap op de landingsbaan met Tony King en een vloot Rolls Royces en

Cadillacs; het was de ontvangst die ik had verwacht toen ikzelf voor de eerste keer naar Amerika ging, maar werd teleurgesteld met die godvergeten dubbeldekker. Het was extravagant, maar ik wilde het mijn familie naar de zin maken en ik wilde dat ze trots op me zouden zijn.

Elton John Week ging in een roes aan me voorbij. Mijn familie bezocht Disneyland en de Universal Studios. Er was een feestje op John Reids jacht Madman om de release van *Rock of the Westies* te vieren. De grootse onthulling van de ster op de Walk of Fame was nogal een domper. Ik droeg een limoengroen pak van Bob Mackie met een bijpassende bolhoed met daarop de namen van andere sterren op de Walk of Fame. Ik werd erheen gereden in een gouden golfkarretje dat was opgetuigd met een enorme, oplichtende bril en een strikdasje. Ik was geen schoolvoorbeeld van subtiliteit en understatement, maar er zijn grenzen. Als je de beelden van het ritje bekijkt – die staan op YouTube – zie je aan mijn blik wat ik van dit prachtidee vond. Ik weet niet of jij ooit heel traag in het volle zicht van alle media op een gouden golfkarretje met een enorme verlichte bril en een strikdas door een haag van gillende fans bent gereden. Mocht dat niet zo zijn, dan kan ik je verzekeren dat het een marteling is.

Ik voelde me ongemakkelijk en probeerde de spanning te verlichten door gekke bekken te trekken en grapjes te maken ('Hierbij verklaar ik deze supermarkt voor geopend'), maar het kon me allemaal niet snel genoeg afgelopen zijn. Na afloop vertelden ze me dat er voor de eerste keer in de geschiedenis van de Walk of Fame zoveel fans op de onthulling van een ster waren afgekomen dat ze Hollywood Boulevard hadden moeten afsluiten.

De dag daarna had ik mijn familie uitgenodigd voor een lunch op Tower Grove Drive. Net als *Captain Fantastic* was *Rock of the Westies* op 1 binnengekomen in de Amerikaanse albumlijsten.

Dat had nog nooit iemand gepresteerd – Elvis niet, The Beatles niet – en nu had ik het twee keer gedaan binnen zes maanden. Ik was achtentwintig jaar en ik was, in elk geval voor nu, de grootste popster van de wereld. Ik had de meest prestigieuze concerten van mijn carrière voor de boeg. Mijn familie en vrienden waren erbij en vonden het heerlijk om mijn succes met me te delen. Dat was het moment waarop ik opnieuw besloot zelfmoord te plegen.

Ik kan je ook nu weer niet precies vertellen wat de directe aanleiding was. Terwijl mijn familie zat te eten, stond ik op van de tafel bij het zwembad. Ik liep naar boven en nam een flinke dosis valium. Vervolgens ging ik in mijn ochtendjas weer naar beneden, waar ik bekendmaakte dat ik pillen had geslikt en zou sterven. Toen smeet ik mezelf in het zwembad.

Ik weet niet precies hoeveel pillen ik had geslikt, maar het waren er minder dan die avond in Caribou Studios, wat vermoedelijk aantoont dat ik diep in mijn hart niet de bedoeling had om me van kant te maken. Dat bleek wel toen ik merkte dat de ochtendjas me naar beneden sleurde. Voor iemand die bezig dacht te zijn met zichzelf van kant maken, die er schijnbaar van overtuigd was dat het leven hem niets meer te bieden had en was vervuld van een verlangen naar de genadige bevrijding van de dood, vond ik het opeens verrassend onwenselijk om te verdrinken. Met woest flapperende armpjes zwom ik naar de rand van het zwembad. Iemand trok me op de kant. Ik herinner me levendig dat mijn grootmoeder 'O' zei. Om er vervolgens opmerkelijk gekwetst – onmiskenbaar de stem van een bejaarde dame uit de Britse arbeidersklasse die begrijpt dat haar Californische droomvakantie zal worden ingekort – aan toe te voegen: 'Dan kunnen we verdomme maar net zo goed naar huis gaan.'

Ik kon er niets aan doen, maar ik moest lachen. Misschien was dat precies de respons die ik nodig had. Ik had gehoopt op

'Ach, jij arme jongen', maar ik kreeg: 'Waarom gedraag je je als een verwende klootzak?'

Dat was een prima vraag: waarom gedroeg ik me als een verwende klootzak? Ik denk dat ik voor de dramatische geste koos om aandacht te trekken. Ik begrijp wel hoe geschift dat klinkt, want ik woonde in een stad die Elton John Week vierde, zou gaan optreden voor 110.000 mensen en werd gevolgd door een crew die een documentaire over me maakte. Hoeveel aandacht heeft een mens nodig? Maar ik verlangde naar een andere soort aandacht. Ik wilde mijn familie duidelijk maken dat er ondanks mijn onvoorstelbaar succesvolle carrière iets niet goed zat. Alles leek goed te gaan, en mijn leven leek perfect te zijn, maar zo was het niet. Ik kon niet tegen mijn familie zeggen dat ik te veel drugs gebruikte. Dat zouden ze niet hebben begrepen; ze wisten niet eens wat cocaïne was. Ik had het lef niet om te zeggen: 'Luister, ik voel me niet zo lekker, ik heb een beetje liefde nodig', want ik wilde niet dat ze de scheuren in de façade zouden zien. Ik was te koppig en te bang voor de reactie van mijn moeder om onder vier ogen tegen haar te zeggen: 'Mama, ik wil even met je praten. Het gaat niet goed met me. Ik heb hulp nodig. Wat zeg je ervan?' In plaats daarvan bleef ik maar broeden en broeden totdat ik uiteindelijk uitbarstte als de Vesuvius en die bespottelijke zelfmoordpoging in scène zette. Want zo zit ik in elkaar: het is alles of niets. Daar kon mijn familie niets aan doen. Het was allemaal mijn schuld. Ik was te trots om toe te geven dat mijn leven niet perfect was. Pathetisch was het.

Ze belden een arts. Omdat ik weigerde naar het ziekenhuis te gaan om mijn maag te laten leegpompen, gaf hij me een weerzinwekkend drankje waarvan ik moest braken. Meteen daarna voelde ik me prima. 'Oké, het gaat nu beter. En trouwens, ik moet nog twee optredens doen.' Het klinkt belachelijk en dat was het ook, maar ik veerde razendsnel weer op van mijn sterfbed. Oké, ik heb een zelfmoordpoging gedaan. Dat hebben we gehad, wat nu? Ik weet niet of iemand uit mijn omgeving dat vreemd vond, maar niemand zei er iets van. Vierentwintig uur later stond ik op het podium in Dodger Stadium.

Die twee concerten waren een complete triomf. Dat is het mooie van live optreden, voor mij althans. Tot op de dag van vandaag maakt alle ellende die ik meemaak even plaats als ik moet optreden. Toentertijd voelde ik me op het podium zelfs een ander mens dan als ik niet optrad. Alleen dan had ik werkelijk de controle over wat ik deed.

Het waren enorme evenementen. Cary Grant was backstage. Hij was ongelooflijk knap. Er traden gospelzangers met me op van James Clevelands Southern California Community Choir. Tijdens 'Philadelphia Freedom' liet ik Billie Jean meezingen in het achtergrondkoortje. De beveiligers droegen bespottelijke paarse onesies met franje. Ik liet Cal Worthington, de bekendste autoverkoper van Californië, op het podium komen met een leeuw. God mag weten waarom; het zal allemaal wel hebben bijgedragen aan de algehele sfeer van joligheid. Zelfs Bernie vertoonde zich aan het publiek, wat vrij ongehoord was.

Ik droeg een door Bob Mackie ontworpen Dodgers-uniform en -pet met pailletten. Ik klom op de piano en zwaaide met een honkbalknuppel. Ik hamerde op de toetsen tot mijn vingers gingen bloeden. We speelden drie uur lang en ik vond het heerlijk. Ik weet hoe je een goede show neerzet vanwege al die jaren in de clubs, waar ik Major Lance begeleidde of met Bluesology optrad voor twintig mensen. Ik heb zoveel ervaring dat mijn optredens nooit onder een bepaalde kwaliteitsdrempel komen. Maar zo nu en dan gebeurt er iets anders. Dan weet je al vanaf de eerste noot dat je die avond niets fout kunt doen. Het is alsof je handen en je brein onafhankelijk van elkaar opereren. Je hoeft je niet eens te concentreren en bent zo vrij als een vogeltje. Je kunt doen wat je maar wilt. Dat zijn de concerten waarvoor je leeft. Beide shows in Dodger Stadium waren zo. Het geluid was perfect, het weer kon niet beter. Ik weet nog dat ik op het podium stond en de adrenaline door mijn lijf voelde gieren.

Het was een hoogtepunt in mijn carrière en ik was slim genoeg om te weten dat het niet op dat niveau kon voortgaan. Zo is het nu eenmaal met succes. Wie je ook bent of hoe goed je ook bent, je platen blijven niet je hele carrière lang op 1 binnenkomen. Ik wist dat er een andere artiest of band zou komen. Ik wachtte zonder enige angst op dat moment. Het was bijna een opluchting toen 'Grow Some Funk of Your Own', de tweede single van *Rock of the Westies*, geen enorme hit werd. Om te beginnen was ik doodmoe; doodmoe van het touren, doodmoe van de interviews, doodmoe van de niet-aflatende catastrofe die voor mijn privéleven moest doorgaan. Het was bovendien nooit mijn bedoeling geweest om hitsingles te scoren. Ik was een albumartiest die platen had gemaakt als *Tumbleweed Connection* en *Madman Across the Water*. Ik was onbedoeld een singlesmachine geworden met de ene tophit na de andere terwijl die nummers niet eens waren geschreven om hitsingles te worden.

Een van de weinige keren dat ik doelbewust heb geprobeerd een hit te schrijven was aan het einde van 1975. Ik was op vakantie in Barbados met een grote groep vrienden. Bernie was erbij, Tony King, Kiki Dee, een heel stel. Ik vond dat we een duet moesten schrijven dat Kiki en ik konden zingen. Bernie en ik bedachten twee liedjes. Het ene heette 'I'm Always on the Bonk': 'I don't know who I'm fucking. I don't know who I'm sucking, but I'm always on the bonk.' Het andere heette 'Don't Go Breaking My Heart'. Ik schreef de melodie op de piano en bedacht de titel. Bernie maakte het af. Hij erg ontevreden over het resultaat en dat kan ik hem amper kwalijk nemen; Bernie is nu eenmaal geen liefhebber van wat hij als oppervlakkige popmuziek bestempelt, nooit geweest ook. Maar zelfs hij moest toegeven dat het nummer meer hitpotentie had dan 'I'm Always on the Bonk'.

zeven

Ik had alleen maar ingestemd met een interview met *Rolling Stone* omdat ik me suf verveelde. De Elton John World Tour van 1976 zou zonder journalisten verlopen. Ik hoefde geen pers te spreken voor de promotie, want alle optredens waren meteen uitverkocht. Maar ik zat al twee weken in een suite in het Sherry-Netherland omdat we negen keer optraden in Madison Square Garden en ik kon niets meer bedenken om de tijd te doden als ik niet op het podium stond.

Het was lastig om het hotel uit te komen. Het was augustus en het was onverdraaglijk heet in Manhattan, maar er stond voortdurend een menigte fans bij de ingang. Als ik al langs die mensen wist te komen, ontstond er overal waar ik maar ging chaos. Ik heb letterlijk gezien hoe oude dametjes werden omvergeworpen en vertrapt door mensen die een glimp van me wilden opvangen. Van zulke incidenten ga je niet positiever denken over roem. Toch probeerde ik mezelf bezig te houden. Ik was op bezoek geweest bij of opgezocht door alle vrienden en bekenden die toevallig in de stad waren. Ik was naar 12 West geweest voor een avondje uit en had het radiostation WNEW bezocht. Daar hadden ze me champagne gegeven, een gastvrij gebaar waar ze meteen spijt van kregen toen ik in de uitzending mijn eerlijke mening gaf over de popjournalist John Rockwell, die een slechte recensie had geschreven over mijn concert. 'Ik denk dat hij stinkvoeten heeft.

Ik denk dat het snot uit zijn neus druipt.' Ik was gaan winkelen, al begreep ik dat mijn shoptherapie misschien was uitgewerkt toen ik een koekoeksklok kocht waar geen vogeltje in zat, maar een grote houten penis die elk uur omhoogkwam. Die klok heb ik aan John Lennon gegeven toen ik hem opzocht, want het leek me een mooi cadeau voor iemand die alles al had. John en Yoko waren qua shoppen net zo erg als ik. Hun appartementen in het Dakota hingen zo vol met peperdure kunstwerken, antieke spullen en kleren dat ik hun ooit een kaartje heb gestuurd met een alternatieve versie van de tekst van 'Imagine': 'Imagine six apartments, it isn't hard to do, one is full of fur coats, another's full of shoes.' Ze hadden zelfs kuddes koeien! Echte Holsteins. Toen ik jaren later vroeg wat er met die beesten was gebeurd, haalde Yoko haar schouders op en zei: 'Ik heb ze weggedaan. Ze loeiden zo.'

Nadat ik John een koekoeksklok met een penis had gegeven, viel er niets meer te doen, niets in elk geval wat ik graag genoeg wilde doen om het leven van oude dametjes op het spel te zetten. Ik hing maar wat rond in het hotel. De bandleden hadden geen behoefte aan mijn gezelschap, want ik had hen de vorige avond vlak voor het optreden collectief ontslagen.

Het was een vreemde tournee geweest. Commercieel gezien was het een groot succes en in bepaalde opzichten had ik plezier. Kiki Dee was meegekomen om 'Don't Go Breaking My Heart' met me te zingen, dat ondanks Bernies bezwaren die zomer aan beide kanten van de Atlantische Oceaan op nummer 1 was gekomen. In het VK hadden we in auto's gereisd en tussen de optredens door bezienswaardigheden bekeken. We stopten voor ijsjes en slopen pubs binnen voor de lunch. De Amerikaanse tournee was een aaneenschakeling van grootse gebeurtenissen. Er waren altijd beroemde filmsterren backstage, we hadden op

4 juli een groot concert gegeven in Massachusetts waarvoor ik me had verkleed als het Vrijheidsbeeld en we hadden een gastoptreden gehad van Divine, die behendig om de band heen dartelde hoewel een van zijn hoge hakken was afgebroken zodra hij op het podium stapte.

En ik had Elvis Presley ontmoet, backstage in het Capital Centre in Landover, Maryland, twee avonden voordat ik daar zelf optrad. Ik had Bernie en mijn moeder meegenomen. Dat laatste lag voor de hand. Mama had me laten kennismaken met Elvis' muziek en nu zou ik haar voorstellen aan Elvis zelf. We werden naar een propvolle kleedkamer gebracht. Ik was het wel gewend dat rocksterren veel mensen om zich heen hadden, maar ik had nog nooit zoiets gezien als de entourage van Elvis: neven en nichten, oude makkers uit Memphis, mensen die alleen maar werden geacht hem drankjes en handdoeken aan te reiken. Toen ik me erlangs had geperst om zijn hand te schudden, brak mijn hart. Je zag meteen dat er iets grondig mis was met hem. Hij was te zwaar, zag grauw en transpireerde. Er zaten doodse zwarte gaten op de plek waar zijn ogen hadden moeten zitten. Hij bewoog zich loom en ongemakkelijk, alsof hij net was ontwaakt uit een algehele narcose. Een straaltje zwarte haarverf stroomde langs zijn voorhoofd naar beneden. Hij was compleet afwezig en kwam nauwelijks uit zijn woorden.

Onze ontmoeting was kort, ongemakkelijk en gênant. Ik was doodsbang en vol ontzag in zijn aanwezigheid, geen recept voor een sprankelende conversatie. En Elvis... ik kon niet uitmaken of hij geen idee had wie ik was – het leek heel goed mogelijk dat hij van niemand meer wist wie hij of zij was – of dat hij het best wist maar geen zin had om me te ontmoeten. Iedereen wist dat Elvis niet tuk was op concurrentie. Het gerucht ging dat hij toen hij in het Witte Huis op bezoek ging bij Richard Nixon tegen de Amerikaanse president had geklaagd over The Beatles. En een paar jaar eerder had zijn ex Priscilla contact met me opgenomen. Haar dochter Lisa Marie was een groot fan van me. Zou ik haar misschien willen ontvangen als verrassing voor haar verjaardag? We hadden thee gedronken in mijn huis in Los Angeles. Misschien was hij daar boos over.

Ik vroeg of hij 'Heartbreak Hotel' zou spelen en hij gromde op een manier die deed vermoeden dat hij dat niet zou doen. Ik vroeg om zijn handtekening en zag zijn handen trillen toen hij de pen pakte en een nauwelijks leesbaar krabbeltje zette. Toen gingen we naar zijn optreden kijken. Zo nu en dan zag je nog heel even de ongelooflijke artiest die hij was geweest. Dat duurde een paar regels van een nummer en dan was het weer weg. Ik herinner me vooral dat hij shawls uitdeelde aan dames in het publiek. In het verleden had hij een reputatie gehad omdat hij zijden shawls uitdeelde, een grootse geste die paste bij de King of Rock-'n-roll. Maar de tijden waren veranderd. Nu waren het goedkope nylonshawls die niet lang zouden meegaan. Dat gold ook voor Elvis, meende mijn moeder.

'Volgend jaar is hij dood,' zei ze toen we vertrokken. Ze had gelijk.

Toch bleef onze ontmoeting nog wekenlang aan me knagen. Niet alleen omdat hij er zo beroerd aan toe was, al was dat al ongelooflijk genoeg. Ik had immers nooit gedacht dat ik Elvis zou ontmoeten en medelijden met hem zou hebben. Maar daarnaast kon ik maar al te goed begrijpen waarom het zo met hem was gelopen, geïsoleerd als hij was van de buitenwereld. Misschien had hij te veel loze tijd doorgebracht in dure hotels. Misschien had hij net een oud vrouwtje te veel op een brancard weggedragen zien worden en had hij besloten dat die buitenwereld de moeite niet waard was.

Mijn tournee was een succes, maar alles was vertrouwd: de stadions, het Starship, de beroemdheden, en zelfs de set die we speelden. We hadden een nieuw album opgenomen, de dubbelaar *Blue Moves*, maar die zou pas in het najaar uitkomen en ik had een jaar eerder in Wembley geleerd dat je het nietsvermoedende publiek niet moest lastigvallen met nieuw materiaal. Dat gold zeker voor een plaat als *Blue Moves*. Ik ben er erg trots op, maar de muziek was complex en moeilijk om te spelen, tamelijk experimenteel en met veel invloeden uit de jazz. Bovendien was de sfeer somber en melancholiek. Bernie had in de teksten zijn hart uitgestort over zijn scheiding. Ik had er passende muziek bij geschreven. Ik had ook een tekstgedeelte bijgedragen, de openingsregels van 'Sorry Seems to Be the Hardest Word', het uitvloeisel van alweer een rampzalige verliefdheid op een hetero: 'What can I do to make you love me? What can I do to make you care?' Het is een fantastische plaat, maar niet bepaald het werk van twee mensen die over straat huppelen en volop genieten van het leven.

Dat was het echte probleem van de tournee. De vakantie in Barbados was heerlijk geweest, maar was al vervaagd tot een verre herinnering. Emotioneel had ik hetzelfde punt bereikt als toen ik mezelf in LA in het zwembad stortte. Mijn moeder en Derf hadden een nieuw huis voor me gevonden: Woodside. Dat klonk fijn, een huis in georgiaanse stijl in Old Windsor op een flink stuk land. Maar ik wist niet echt hoe fijn het was, want ik was er nog amper geweest. Ik had Derf gevraagd om planken te maken voor mijn platenverzameling en om een paar dieren te huisvesten: het konijn Clarence, de kaketoe Ollie en de treurmaina Roger, die ergens 'flikker op' had leren zeggen, een frase waarmee hij zich later te schande maakte toen hij het zei toen prinses Margaret kwam lunchen. Ik nam zijn advies ook ter harte, want er moesten altijd platen worden opgenomen en er moest altijd worden getourd.

Ik genoot nog altijd intens van live spelen, maar fysiek was ik op. Ik kreeg last van aanvallen die verdacht veel op epileptische toevallen leken. Die had ik niet vaak, maar vaak genoeg om bang van te worden. Ik liet een hersenscan uitvoeren. De neuroloog kon niets vinden. Ik vermoed dat hij een betere diagnose had kunnen stellen als ik hem had verteld wat ik op regelmatige basis in mijn neus stopte. Met Bernie ging het niet veel beter. Sinds zijn scheiding zag je hem alleen zonder een bierglas in zijn hand als hij het had neergezet om een lijntje coke te snuiven. Ik stelde voor dat hij zou proberen ook met anderen te schrijven; niet omdat er in professioneel of persoonlijk opzicht iets mis was met onze relatie, maar omdat ik dacht dat we allebei baat zouden hebben bij een nieuwe werksituatie.

Het bereikte allemaal het kookpunt op de voorlaatste dag van onze reeks optredens in Madison Square Garden. Ik zei backstage tegen de band dat ik het niet meer aankon. Ik zou hun een jaarsalaris geven als ontslagvergoeding, maar we zouden in de nabije toekomst niet meer touren. Tegen het einde van de show mompelde ik dat we een tijdje zouden weggaan. Maar zodra ik het had gezegd, wist ik niet meer of ik het meende of niet. Aan de ene kant was het duidelijk dat ik niet op deze voet kon doorgaan en steeds maar de wereld rond kon blijven reizen. Ik had mezelf ervan overtuigd dat dat de kern van het probleem was. Het was de reden waarom ik zo moe was, waarom mijn relaties altijd op niets uitliepen en waarom ik ongelukkig was. Aan de andere kant genoot ik nog altijd van optreden. Ik was al op tournee sinds mijn achttiende. Het was mijn werk. Ik kende geen volwassen leven zonder tournees. Wat moest ik in vredesnaam de hele dag doen? Kijken hoe Derf planken ophing en luisteren naar een vogel die om de tien minuten zei dat ik moest opflikkeren?

Ik was dus in een melancholieke bui toen de journalist van *Rolling Stone* me kwam opzoeken. Deze Cliff Jahr viel ons al wekenlang lastig met verzoekjes om een interview. Ik had geen idee dat Cliff trots uit de kast was gekomen en dat hij het zijn missie had gemaakt om de waarheid te achterhalen over mijn seksualiteit. Hij zag dat niet als iets politieks, denk ik. Mensen uit de kast laten komen gold destijds niet als een aanslag op de repressieve samenleving. Hij was gewoon een gretige freelancer, belust op een primeurtje.

Ik begreep later dat Cliff een ingewikkeld plan had om me de gewenste informatie te ontfutselen. Hij zou tijdens het interview een geheim codewoord gebruiken dat voor de fotograaf het teken was om de kamer te verlaten. Dan zou hij journalistieke listen en lagen inzetten om mij mijn duistere geheim te laten opbiechten. Maar hij kreeg niet eens de kans om zijn strategie in de praktijk te brengen, want ik begon zelf over het onderwerp. Hij vroeg of ik verliefd was. Dat was in die dagen helemaal de verkeerde vraag om aan mij te stellen tenzij je een paar uur de tijd had om te luisteren naar mijn klachten over de deerniswekkende toestand van mijn privéleven. Ik begon te vertellen dat ik wanhopig op zoek was naar iemand om van te houden. Ik vroeg me hardop af of relaties met vrouwen misschien niet duurzamer zouden zijn dan de relaties die ik had gehad met mannen. Hij oogde verbouwereerd en vroeg heel hoffelijk of ik wilde dat hij zijn cassetterecorder zou uitzetten, zodat we vertrouwelijk verder konden praten. Ik zei nee. Kan mij het schelen, zeg. Ik dacht echt dat het geen enorme kwestie zou zijn. Mijn omgeving accepteerde al jaren dat ik homoseksueel was. De hele muziekindustrie wist dat ik een relatie had gehad met John Reid. En het kan ook geen enorme schok zijn geweest voor Cliff Jahr, aan wie ik al eerder had verteld dat Divine en ik waren geweigerd bij Crisco Disco. Dat was me nogal een clou: ik had samen met de beroemdste dragqueen van de wereld een gayclub bezocht die zijn naam ontleende aan een anaal glijmiddel. Het nieuws dat ik niet heteroseksueel was kan voor niemand als een donderslag bij heldere hemel zijn gekomen.

Hij vroeg of ik biseksueel was en ik zei ja. Dat zou je kunnen zien als moedwillige vaagheid, maar ik kan in alle eerlijkheid zeggen dat ik toen al een relatie met een vrouw had gehad en dat ik later ook nog een relatie met een vrouw heb gehad. Hij vroeg of Bernie en ik ooit een stel waren geweest. Nee, zei ik. De naam van John Reid viel en ik jokte door te zeggen dat ik nooit met wie dan ook een serieuze relatie had gehad. Het was niet aan mij om anderen in *Rolling Stone* uit de kast te sleuren. Ik zei dat ik vond dat iedereen zelf moest weten met wie hij het bed indook. 'Maar geiten, dat gaat te ver,' zei ik erbij.

Op dat moment stapte John Reid de kamer binnen om te vragen of alles naar wens verliep. Ik weet niet of dat perfecte timing was of dat hij in een toenemende staat van paniek aan de deur had staan luisteren en het niet meer uithield toen ik grappen begon te maken over bestialiteit. Misschien vond hij ook dat geiten te ver gingen. Ik zei tegen John dat het prima ging, en dat meende ik. Ik was niet opgelucht, zenuwachtig of trots. Ik voelde niet de emoties die je zou verwachten bij iemand die net publiekelijk uit de kast is gekomen. Ik voelde eigenlijk niets. Alle zorgen die ik me moest maken over mijn seksualiteit en wat anderen ervan vonden had ik me jaren geleden al gemaakt. Nu liet het me koud.

De mensen om me heen zagen het anders, al zei niemand er iets over tegen mij. Dat durfden ze niet omdat ze respect hadden voor de bedragen die iedereen dankzij mij verdiende en omdat ze bang waren dat het befaamde temperament van de Dwights zich zou laten gelden. Maar tegen de tijd dat het nummer van *Rolling Stone* verscheen, kreeg ik het gevoel dat John Reid en mijn Amerikaanse label doodsangsten uitstonden en vol spanning wachtten op de desastreuze impact die mijn onthullingen zouden hebben op mijn carrière.

Uiteindelijk werd de volledige omvang duidelijk van de schade die ik had aangericht: er was geen schade. Een paar mafkezen schreven ingezonden brieven naar *Rolling Stone* dat ze zouden bidden dat mijn perverse ziel gespaard zou blijven voor Gods woede en eeuwige verdoemenis. Een paar Amerikaanse radiostations lieten weten dat ze mijn platen niet meer zouden draaien, maar dat liet me siberisch. Ik wil niet arrogant klinken, maar ik had het sterke vermoeden dat mijn carrière het ook zonder die zenders wel zou redden. Sommige mensen zeggen dat het interview in *Rolling Stone* een daling in de verkoopcijfers van mijn platen veroorzaakte, maar die daling had zich al eerder ingezet. Hoewel *Rock of the Westies* op 1 was binnengekomen, was die plaat veel slechter verkocht dan *Captain Fantastic*.

In Groot-Brittannië staakte *The Sun* een actie waarmee je exemplaren van *Blue Moves* kon winnen omdat er op de cover, een prachtig schilderij van Patrick Procktor dat ik bezat van mensen in een park, geen vrouwen te zien waren. Dat was blijkbaar angstaanjagende homoseksuele propaganda waartegen de arme lezertjes moesten worden beschermd. De logica leek te zijn dat lezers van *The Sun* die een schilderij zagen van mannen in een park onmiddellijk hun trouwring zouden wegsmijten, hun vrouw en kinderen zouden achterlaten en zich naar de eerste de beste gaybar zouden haasten en onderweg 'I Am What I Am' zouden zingen. Meer negatieve reacties waren er niet.

De Britse pers had minder belangstelling voor mijn seksleven dan voor de begroeiing van mijn hoofd. Dat kon ik ze amper kwalijk nemen. Ik was al een jaar geobsedeerd door wat daar gebeurde. Mijn haar was in de vroege jaren zeventig al uitgedund, maar een slechte verfbeurt in New York had tot haarverlies op grote schaal geleid. Omdat ik onder de indruk was van de manier waarop de modeontwerpster Zandra Rhodes haar haarkleur wist aan te passen aan haar outfits, liet ik al jarenlang zonder schadelijke neveneffecten mijn haar in alle denkbare tinten verven in een salon in Londen. Ik weet niet wat de kapper in New York had gebruikt, maar niet lang daarna begon mijn haar in grote plukken uit te vallen. Toen we in 1976 op tournee gingen, was ik nagenoeg kaal.

Ik vond dat het er vreselijk uitzag. Sommige mensen zijn gezegend met een gezicht dat er goed uitziet met een kaal hoofd. Zo iemand ben ik niet. Ik vertoon zonder haar een alarmerende gelijkenis met Shrek. Maar er was een oplossing, of zo leek het althans. Ik werd verwezen naar een zekere Pierre Putot in Parijs, die een grootse pionier werd geacht te zijn op het gebied van haartransplantatie. Die ingreep was destijds nog zo nieuw dat elke arts die zich ermee inliet een groots pionier werd genoemd, maar men verzekerde me dat niemand beter was dan hij. Onderga die simpele ingreep, zeiden ze, en je zult als een nieuw mens zijn kliniek verlaten. Passanten zouden versteld staan van mijn nieuwe manen en zouden *incroyable!* roepen, en *sacre bleu!*

Het liep anders. Om te beginnen was de ingreep verre van simpel. Ik zat daar vijf uur. Ik liet het twee keer doen en het deed beide keren ontstellend veel pijn. Ze gebruikten een techniek met de weinig appetijtelijke naam 'stripoogsten' waarbij ze met een scalpel 'strips' haar van mijn achterhoofd haalden om die te bevestigen op de kruin. Het geluid leek op dat van een konijn dat een wortel doorknaagt. Ik had gruwelijk veel pijn toen ik na de eerste behandeling de kliniek verliet. Ik struikelde toen ik in een wachtende auto wilde stappen en stootte mijn hoofd tegen het portier. Zo ontdekte ik dat een haartransplantatie ondergaan pijnlijk is, maar dat die pijn weinig voorstelt in vergelijking met je hoofd stoten tegen een autoportier nadat je net een haartransplantatie hebt ondergaan. Terwijl ik koortsachtig het bloed probeerde te deppen met een tissue, deed ik het enige wat ik kon bedenken wat me misschien kon afleiden van de pijn. Ik vroeg de chauffeur naar een winkelstraat te rijden.

Tot overmaat van ramp was de transplantatie geen succes. Ik weet niet waarom, maar het pakte niet. Aan de arts lag het niet. Misschien had het iets te maken met al die drugs die ik gebruikte. Of misschien met het feit dat ze hadden gezegd dat ik in de weken na de ingreep absoluut geen hoed mocht dragen en dat ik besloot dat advies in de wind te slaan omdat ik er zonder hoed uitzag als iets wat aan het einde van een horrorfilm opduikt om kamperende tieners met een bijl te stripoogsten. Mijn hoofd zat vol korsten en rare kraters. Ik had natuurlijk ook iets lichters kunnen dragen, zoals een bandana, maar ik voelde er niets voor om in het openbaar te verschijnen als een zigeuner die de toekomst voorspelt.

De media werden gek toen ze hoorden wat er was gebeurd in de kliniek van monsieur Putot. Ik had mijn hele carrière lang niets gedaan wat ze zo fascinerend vonden als de haartransplantatie. De paparazzi moesten en zouden een foto nemen van mij zonder hoed. Je zou haast denken dat ik niet uitdunnend haar verborgen hield, maar het geheim van het eeuwige leven. De paparazzi hadden pech, want ik hield tien jaar lang elke keer als ik in het openbaar verscheen min of meer permanent mijn hoed op. In de late jaren tachtig, vlak voordat ik stopte met drinken, was ik het beu. Ik liet wat nog van mijn haar over was platina verven en liet me zo fotograferen voor de cover van mijn album *Sleeping with the Past*. Nadat ik was gestopt met drinken, nam ik een *weave*, een procedure waarbij ze wat je nog aan haar hebt verlengen met ander haar. Ik vertoonde me bij het Freddie Mercury Tribute Concert voor het eerst met deze nieuwe look. Iemand schreef dat ik een dode eekhoorn op mijn hoofd leek te hebben. Dat was gemeen, maar helemaal ongelijk had hij niet.

Uiteindelijk staakte ik de strijd. Ik nam een toupet die was gemaakt door mensen die ook pruiken maakten voor Hollywoodfilms. Het is heel merkwaardig. Jarenlang waren mensen geobsedeerd door mijn haar of het gebrek daaraan. Maar sinds ik een pruik draag spreekt bijna niemand er meer over. Zo'n pruik heeft trouwens ook nadelen. Toen ik een paar jaar geleden lag te slapen in mijn huis in Atlanta, werd ik wakker omdat ik stemmen hoorde in het appartement. Dat konden alleen maar inbrekers zijn. Ik deed mijn ochtendjas aan en sloop de slaapkamer uit om te zien wat er aan de hand was. Pas halverwege de gang besefte ik dat ik mijn toupet niet had opgezet. Ik haastte me terug naar de slaapkamer, want als ik zou worden doodgeknuppeld door inbrekers wilde ik niet ook nog eens kaal zijn als het gebeurde. Met pruik en al betrad ik de keuken, waar ik twee werklui aantrof die waren gestuurd om een lekkage te fiksen. Ze verontschuldigden zich uitvoerig omdat ze me wakker hadden gemaakt. Ondanks mijn opluchting zag ik dat ze maar naar me bleven staren. Ze hebben nooit eerder een ster gezien, dacht ik terwijl ik terugliep naar de slaapkamer. Maar in de badkamer begreep ik dat de werklui niet betoverd waren geweest door de verschijning van de legendarische Elton John. Ze waren betoverd door de verschijning van de legendarische Elton John die zijn pruik achterstevoren droeg. Ik zag er bespottelijk uit, als Frankie Howerd na een zware nacht met sterke tegenwind. Ik deed het ding af en ging weer slapen.

Hoewel de buitenwereld geen punt had gemaakt van het nieuws over mijn seksualiteit, begon ik me af te vragen of ik het nieuws niet op een beter moment bekend had kunnen maken. Ik heb een tip voor iedereen die van plan is om publiekelijk uit de kast te komen. Doe dat niet vlak nadat je bent aangesteld als voorzitter van een Britse voetbalclub, tenzij het je leuk lijkt om elke zaterdagmiddag een koor van supporters van de tegenpartij te horen zingen: 'Ga niet naast Elton zitten, want voor je het weet, heb je een penis in je reet.' Ik zou natuurlijk kunnen uitweiden over de schandalige homofobie van voetbalfans in de jaren zeventig, maar eerlijk gezegd kon ik er wel om lachen, hoewel het ook vernederend was. Ik werd er niet bang van en voelde me niet bedreigd; het was grappig bedoeld en ik moest het accepteren. Als ze het zongen, glimlachte ik gewoon en zwaaide ik naar hen.

Ik had bij Watford FC wel grotere problemen dan zangkoren. Dat Watford in de problemen zat – en niet alleen op het veld – hoorde ik voor het eerst van een journalist die me in 1974 interviewde en ook supporter was van de club. Ik volgde mijn clubje nog altijd op de voet, bezocht als het maar even kon de wedstrijden en stond dan nog altijd in de Bocht, waar ik als kind al met mijn vader ging staan. Dat ik daar stond, was niet het enige wat me terugvoerde naar die tijd. Watford was nog net zo slecht als in de jaren vijftig en speelde altijd in de laagste profcompetitie. Fan zijn van Watford was als spelen in Bluesology. Ik hield van de club, maar je wist dat het nooit iets zou worden.

De journalist had me verteld dat de club financiële problemen had omdat niemand wilde kijken naar een team dat elke week verloor. De club zocht wanhopig naar manieren om geld binnen te halen. Ik belde de club en stelde voor dat ik in het stadion een benefietoptreden zou verzorgen. Dat vonden ze een prima idee. Als beloning mocht ik aandelen van de club kopen en vicevoorzitter worden. Ik trok voor het concert een bijenpak aan dat moest lijken op Harry de Horzel, de mascotte van het team. Ik vroeg ook Rod Stewart om op te treden. Zo gunde ik Rod een leuke middag vol leedvermaak over het afschuwelijke stadion van Watford – een ruïne in verval, waarvan het veld nota bene werd omringd door een hondenrenbaan –, de beroerde resultaten van het team in vergelijking met die van zijn geliefde Celtic, en vooral mijn nieuwe rol als vicevoorzitter.

'Wat weet jij nou van voetbal, Sharon?' vroeg hij. 'Als je er iets van wist, zou je geen supporter zijn van dit stelletje ongeregeld.'

Ik zei dat hij zijn bek moest houden. De rest van het bestuur ontving me met open armen. Als het al iemand dwarszat dat de nieuwe vicevoorzitter bij vergaderingen verscheen met groen-oranje haar en vanwege zijn plateauzolen boven iedereen uittorende, werd dat beleefd verzwegen. Maar mijn aanwezigheid haalde weinig uit. Het team was nog altijd beroerd, de club nog altijd blut. Maar er bleef iets aan me knagen: als fan zijn van Watford net zo frustrerend was als lid zijn van Bluesology, was het misschien opnieuw mijn taak om daar iets aan te doen.

Vandaar dat ik ja zei toen de voorzitter, de plaatselijke zakenman Jim Bonser, me in het voorjaar van 1976 vroeg of ik de club wilde kopen. John Reid was woedend en zanikte voortdurend over de zware druk die een voetbalclub op mijn financiële positie zou leggen. Ook hij kreeg van me te horen dat hij zijn bek moest houden. Ik wilde het echt doen. Ik wil altijd winnen, of het nu bij squash is of bij tafeltennis of Monopoly. Tot op de dag van vandaag wil ik als ik ga tennissen niet gewoon een bal heen en weer slaan om een beetje te bewegen. Ik wil er een wedstrijd van maken en ik wil winnen. De voorzittersrol appelleerde aan die karaktertrek. De uitdaging sprak me aan. Ik was het zat dat mijn weekends altijd werden verpest omdat Watford weer eens had verloren.

Ik hield natuurlijk van de club. Ik was al mijn hele leven lang supporter van Watford terwijl alle andere aspecten van mijn leven onherkenbaar waren veranderd. Vicarage Road was hooguit tien kilometer verwijderd van de plek waar ik was geboren. Het was een connectie met mijn afkomst en herinnerde me eraan dat ik, hoe succesvol en beroemd ik ook was en hoeveel geld ik ook verdiende, nooit mocht vergeten dat ik was opgegroeid in een arbeidersmilieu in Pinner.

En er was nog iets. Ik vond het heerlijk om bij de club te zijn omdat alles er anders was dan in de muziekwereld waarin ik me doorgaans begaf. Er was geen glamour, geen luxe, geen limousine, geen Starship. Je stapte met de spelers in de trein naar Grimsby, keek naar de wedstrijd, hoorde de gezangen van de supporters van de tegenpartij over je schijnbaar onverzadigbare lust om je penis in de reet van je buurman te steken, en dan nam je weer de trein naar huis in het gelukzalige bezit van een doos plaatselijke vis die je aan het einde van de wedstrijd had mogen ontvangen van het bestuur van Grimsby.

Er was geen bullshit. Als je succes hebt in de muziekindustrie, merk je dat veel mensen alleen nog tegen je zeggen wat ze denken dat je wilt horen en niet meer wat ze eigenlijk vinden. Niemand wil je boos maken of problemen veroorzaken. Bij Watford was het anders. De medewerkers en spelers waren vriendelijk en respectvol, maar mijn ego strelen was niet hun hoogste prioriteit. Ze waren er als de kippen bij om me vertellen als mijn nieuwe album niet deugde – 'Maak weer eens zo'n liedje als "Daniel", dat was een goeie' – of als ik een belachelijke jas droeg. Dat ik geen speciale behandeling kreeg omdat ik toevallig Elton John was, werd me altijd duidelijk als ik meedeed aan een wedstrijdje vijf tegen vijf. Als ik de bal kreeg, zag ik een speler van de tegenstander voor een tackle op me afkomen, en voordat ik het wist was ik de bal kwijt en vloog ik op hoge snelheid achteruit door de lucht om daarna hard op mijn kont te landen.

Ik bezondigde me nooit aan divagedrag. Ik moest leren een goede verliezer te zijn, om de bestuursleden van de tegenpartij te feliciteren als hun club ons had verslagen. Ik kon me geen woede-uitbarstingen veroorloven, kon niet gaan mokken of drinken of drugs gebruiken. Ik was daar niet de ster die op zijn wenken werd bediend, maar vertegenwoordigde Watford Football Club. Eén keer heb ik de regels overtreden. Toen ik op tweede kerstdag een enorme kater had nadat ik de hele nacht coke had gesnoven, heb ik in de boardroom wat whisky gedronken. Dat kwam me de volgende dag op een standje te staan dat niemand me normaal gesproken zou hebben durven geven. 'Wat flik je me nou, man? Je doet jezelf tekort en je doet de club tekort.'

De man die dat tegen me zei was Graham Taylor, de manager die ik in april 1977 persoonlijk had overgehaald om naar Watford te komen. Hij was tweeëndertig toen ik hem ontmoette – jong voor een voetbaltrainer – en hij deed me aan Bernie denken. Hij kwam net als Bernie uit Lincolnshire. Net als Bernie durfde hij het met me aan. Graham werd bijzonder goed betaald voor een trainer van een team van het niveau van Watford, maar die baan was voor hem dan ook een flinke stap terug. Hij was met zijn vorige club Lincoln City gepromoveerd en iedereen dacht dat hij hogerop zou komen en niet weer zou afdalen. Maar ik voelde met hem – net als destijds met Bernie – meteen een klik. Ik bemoeide me niet met wat hij deed en liet hem gewoon zijn werk doen.

Toen het ging lopen, hadden we meer succes dan we ooit voor mogelijk hadden gehouden. Ook dat was een parallel met mijn samenwerking met Bernie. Graham was een fantastische manager. Hij stelde een voortreffelijk team samen dat achter de schermen werkte. Bertie Mee, die van Arsenal overkwam om zijn assistent te worden, had in de jaren dertig zelf gevoetbald en wist alles over voetbal. Eddie Plumley, die van Coventry kwam, werd algemeen manager. Graham haalde nieuwe spelers en stimuleerde verbluffend goede jonge talenten. Hij haalde de pas zestienjarige John Barnes, die zou uitgroeien tot een van de beste spelers die Engeland ooit heeft gehad, voor de prijs van een voetbaluitrusting. Hij maakte sterren van spelers uit de eigen kweek, zoals Luther Blissett en Nigel Callaghan. Hij liet iedereen harder trainen dan ze ooit hadden gedaan en liet hen opwindend voetbal spelen met twee grote spitsen en twee snelle buitenspelers. Onze fantastische aanval scoorde aan de lopende band, waardoor de mensen ons weer wilden zien spelen. Graham liet de hondenrenbaan weghalen en zette nieuwe tribunes neer met een speciaal vak waar ouders en hun kinderen de wedstrijd veilig konden bijwonen. Tegenwoordig heeft elke club zo'n vak, maar Watford had de primeur.

Al die zaken kostten geld, en dat betekende dat John Reid bleef klagen. Mij liet het koud. Ik was geen zakenman die geld in de club stak als een financiële investering. Watford zat in mijn bloed. Ik was zo geobsedeerd dat ik bijgelovig werd. Als we een paar wedstrijden hadden gewonnen, droeg ik elke week dezelfde kleren of haalde ik mijn zakken niet leeg. Ik was zo enthousiast dat ik mensen kon overhalen om supporter van Watford te worden. Ik kreeg mijn oude vriend Muff Winwood zover dat hij West Bromwich Albion terzijde schoof om toe te treden tot het bestuur van Watford. Bij gemeenteraadsverkiezingen pleitte ik vergeefs voor toestemming om een nieuw stadion te bouwen aan de rand van het stadje. Na de wedstrijden bezocht ik de Supporters' Club, een klein gebouw op de hoofdtribune, om te horen wat onze supporters te zeggen hadden. Ze moesten weten hoe belangrijk de club voor me was, dat we hen niet voor lief namen, dat Watford niets voorstelde zonder de supporters. Ik organiseerde enorme feesten voor de spelers en medewerkers en hun families in Woodside, compleet met vijf-tegen-vijftoernooien en kinderspelletjes. Ik kocht een Aston Martin ('de Voorzittersauto') die ik in de clubkleuren – geel met een rood en zwarte streep door het midden – liet spuiten en reed erin naar uitwedstrijden. Ik begreep pas hoeveel aandacht ik daarmee trok toen ik werd voorgesteld aan prins Philip. We spraken over koetjes en kalfjes toen hij opeens een ander onderwerp aansneed.

'U woont toch in de buurt van Windsor Castle?' vroeg hij. 'Hebt u die idioot weleens gezien die daar rijdt in een foeilelijke auto? Felgeel met een bespottelijke streep. Kent u hem?'

'Zeker, uwe hoogheid. Dat ben ik namelijk zelf.'

'Werkelijk?' Hij was niet erg uit het veld geslagen. Hij leek het wel leuk te vinden dat hij de idioot in kwestie had gevonden, zodat hij hem goede raad kon geven. 'Wat bezielt je, man? Bespottelijk. Je staat compleet voor schut. Verkoop dat ding.'

Als ik met de Voorzittersauto niet op tijd kon zijn voor de wedstrijd, charterde ik een helikopter. Als ik in het buitenland zat, belde ik de club en kreeg ik het radioverslag van het plaatselijke ziekenhuis te horen. Dan zat de band backstage in een concertzaal in de VS naar me te luisteren terwijl ik in mijn eentje in de kleedkamer mijn longen uit mijn lijf gilde omdat we Southampton hadden geklopt in een bekerwedstrijd. Ik ben zelfs midden in de nacht opgestaan om te luisteren toen we in Nieuw-Zeeland waren. Als de wedstrijd samenviel met het begin van een concert, begonnen we wat later. Ik vond alles heerlijk: de opwinding van de wedstrijden, het gevoel van kameraadschappelijkheid en dat je bij een team hoorde waarin iedereen, van de spelers tot de dames die thee schonken, dezelfde doelen nastreefde. Het geluk dat Watford me schonk had ik tegen geen enkele prijs ooit kunnen kopen.

Het was ook zeker geen verspild geld, want de resultaten van mijn investering waren duidelijk zichtbaar. Watford ging winnen en bleef winnen. Na het eerste seizoen promoveerden we naar de Derde Divisie. Na het tweede promoveerden we naar de Tweede Divisie. In 1981 bereikte Watford voor de eerste keer in zijn geschiedenis de hoogste divisie van het Engelse voetbal. Twee jaar later werden we tweede in de hoogste divisie. Dat betekende dat we ons plaatsten voor de UEFA Cup, waarin ook teams als Real Madrid, Bayern München en Inter Milaan uitkwamen. Ik had tijdens onze eerste ontmoeting tegen Graham gezegd dat ik dat wilde bereiken. Hij had me aangekeken alsof ik gek was en gezegd dat we ons al gelukkig mochten prijzen als we ons met het team dat we hadden konden handhaven in de Vierde Divisie – 'Die spits van je lijkt verdomme wel een giraf' – voordat hij zag dat ik het meende en bereid was om mijn woorden te onderbouwen met forse financiële steun. We hadden verwacht dat het tien jaar zou kosten, maar Watford kreeg het in vijf jaar voor elkaar.

In 1984 haalden we de finale van de FA Cup, het oudste, meest prestigieuze voetbaltoernooi van Groot-Brittannië. Wembley, 100.000 toeschouwers. Ik was inmiddels gewend geraakt aan goede prestaties – zelfs na jarenlang falen wen je verbijsterend snel aan succes – maar vlak voor de wedstrijd drong het opeens tot me door wat we allemaal hadden bereikt. Dat hopeloze clubje dat niemand wilde zien spelen en altijd werd uitgelachen, en nu stonden we hier! Toen de brassband 'Abide with Me' inzette, de traditionele hymne van de FA Cupfinale, hield ik het niet meer. Ik barstte in het bijzijn van de camera's van de BBC in tranen uit. Helaas was dat het hoogtepunt van de dag. We verloren met 2-0 van Everton. Het had veel spannender moeten zijn en een van hun doelpunten had moeten worden afgekeurd, maar ik moet toegeven dat ze beter waren dan wij. Hoewel ik zwaar teleurgesteld was, organiseerden we een feest voor het team. De jongens hadden het fantastisch gedaan.

Toen ik voor de wedstrijd uitkeek over de mensenmenigte in het stadion kreeg ik hetzelfde gevoel dat ik had gehad op het podium van Dodger Stadium. En net als tijdens mijn optredens daar wist ik dat dit een hoogtepunt was, dat het nooit meer beter zou worden. Ik had gelijk. Een paar jaar later verliet Graham Taylor de club om manager te worden van Aston Villa. Ik stelde Dave Bassett aan als zijn vervanger, maar dat werd geen succes. De chemie was er niet en hij paste niet bij het team. Ik begon te denken dat ik Watford tegelijk met Graham had moeten verlaten. Ik hield nog altijd van de club, maar de magie van ons samenwerkingsverband kon ik zonder hem niet opnieuw oproepen.

Ik heb Watford uiteindelijk verkocht aan de multimiljonair Jack Petchey, die rijk was geworden door auto's te verkopen. Zeven jaar later kocht ik weer een grote hoeveelheid aandelen in de club en werd ik opnieuw voorzitter omdat ik vond dat Jack, die meer een zakenman was dan iemand met hart voor de club, er een zooitje van had gemaakt. Watford was gedegradeerd naar de Tweede Divisie. Ik deed het alleen omdat Graham had toegezegd terug te zullen keren als trainer. Het team presteerde goed, maar het was anders dan de eerste keer omdat we niet meer die heerlijke uitdaging voelden die we hadden gekend toen we vanuit de kelder van het profvoetbal omhoog moesten klimmen. Uiteindelijk vertrok Graham opnieuw, en ditmaal volgde ik hem. Ik deed in 2002 voorgoed afstand van het voorzitterschap. Op een merkwaardige manier duurde onze samenwerking in stilte voort. Tot aan zijn dood in 2017 belde ik Graham regelmatig op om over het team te praten. Hoe ze het deden, wat we vonden van de nieuwste trainer. Want ondanks alles wat hij presteerde in het voetbal bleef hij altijd van Watford houden.

Ik ben onvoorstelbaar trots op wat we samen hebben neergezet, maar ik ben Watford veel meer verschuldigd dan Watford mij verschuldigd is. Ik was clubvoorzitter tijdens de zwaarste periode van mijn leven, jaren van verslaving en ongeluk, mislukte relaties, slechte zakendeals, rechtszaken en eindeloos veel chaos en tumult. Al die tijd was Watford een constante bron van geluk voor me. Toen ik in mijn privéleven geen liefde vond, voelde ik wel de liefde van de club en de supporters. Het gaf me iets anders om me op te concentreren, een passie die een afleiding vormde van alles wat niet goed zat in mijn leven. Er zijn – je weet wel waarom – delen van de jaren tachtig waarvan ik me niets kan herinneren. Ik wist vaak een dag later al niet meer wat er was gebeurd, laat staan dertig jaar later. Maar elke wedstrijd van Watford die ik heb bijgewoond staat voorgoed in mijn geheugen gegrift. De avond waarop we Manchester United in hun eigen stadion uitschakelden in de League Cup toen we nog in de Derde Divisie zaten: twee goals van Bissett, allebei kopballen. De kranten schreven nooit over Watford, maar nu spraken ze van Elton Johns Rocket Men. Die avond in november 1982 waarop we voor de Milk Cup uit speelden bij Nottingham Forest. Ze klopten ons met 7-3, maar ik vond het een van de beste wedstrijden die ik ooit had gezien. Brian Clough, de legendarische trainer van Nottingham, was het met me eens en zei tegen Graham dat hij nooit zou toestaan dat zijn voorzitter langs de zijlijn zat, zoals ik altijd deed. God mag weten wat er met me zou zijn gebeurd als ik de club niet had gehad. Ik overdrijf niet als ik zeg dat Watford misschien wel mijn leven heeft gered.

acht

In het najaar van 1976, toen ik thuiszat en strikt genomen was gestopt met optreden, maakte ik werk van de renovatie van Woodside. Er stond op die plek in Old Windsor al een huis sinds de elfde eeuw, dat oorspronkelijk was gebouwd voor de lijfarts van Willem de Veroveraar, maar steeds weer afbrandde. De laatste versie werd in 1947 gebouwd voor Michael Sobell, die rijk was geworden als fabrikant van radio's en televisies. Het was gebouwd in georgiaanse stijl. Maar toen ik het inrichtte, besloot ik decoraties in stijlen als Regency en het palladianisme te negeren ten faveure van een stijl die interieurontwerpers kennen als Popster Draait Halverwege De Jaren Zeventig Compleet Door. Er waren flipperkasten, jukeboxen, koperen palmbomen, en overal memorabilia. Lampen van Tiffany stonden naast een paar Dr. Martens-laarzen van ruim een meter die ik had gedragen toen ik in *Tommy*, de film van The Who, 'Pinball Wizard' zong. Aan de muren moesten etsen van Rembrandt om ruimte vechten met gouden platen en spullen die fans me hadden gestuurd. Ik had een voetbalveldje voor vijf tegen vijf op het terrein laten aanleggen en naast de woonkamer een volledig uitgeruste disco laten bouwen, compleet met lichten, een spiegelbal, een dj-hokje en enorme speakers. Een van de kamers huisvestte een replica van de troon van Toetanchamon. Aan de buitenmuren bevestigde speakers waren verbonden met de stereo in mijn slaapkamer. Als ik wakker werd, bracht ik over die speakers een fanfare ten gehore zodat iedereen wist dat ik in aantocht was. Ik vond het een hilarische grap, lekker camp, maar bezoekers die er niet op waren voorbereid, fronsten vaak hun wenkbrauwen alsof ze serieus rekening hielden met de mogelijkheid dat het succes me naar mijn hoofd was gestegen.

Ik had een serre op het terrein laten ombouwen tot een appartement met eigen tuin, waar ik mijn grootmoeder liet wonen. Horace, haar tweede man, was gestorven en ik wilde niet dat ze alleen zou wonen. Ze was immers al over de zeventig. Ze heeft er gewoond totdat ze in 1995 overleed. Wat mij betreft was de cirkel rond. Ik was in haar huis geboren en zij stierf in het mijne, al was ze daar zeer zelfredzaam. Ze was altijd onafhankelijk geweest, dat wilde ik haar niet afnemen. Ze woonde achter de hekken van Woodside, zodat ik wist dat ze veilig was, maar ze leefde haar eigen leven en had haar eigen vrienden. Ik kon haar opzoeken wanneer ik maar wilde, maar ik kon haar ook beschermen tegen de waanzin, overdaad en stupiditeit van mijn leven. Ze leek gelukkig te zijn en werkte vaak in haar tuintje. Ze was daar onkruid aan het wieden toen de koningin-moeder kwam lunchen. We hadden het goed met elkaar kunnen vinden toen we elkaar bij Bryan Forbes hadden ontmoet en ik was een keer uitgenodigd om te komen eten in de Royal Lodge in Windsor. Je kon echt met haar lachen. Na het eten wilde ze dansen op haar lievelingsplaat, het oude Ierse drinkliedje 'Slattery's Mounted Fut'. Als ik me niet vergis heeft Val Doonican het ooit opgenomen.

Toen ik de surrealistische ervaring van een dansje met de koningin-moeder op een oud Iers drinkliedje had overleefd, leek het me redelijk ongevaarlijk om haar uit te nodigen voor een lunch. Ze had me verteld dat ze bevriend was geweest met de familie die voor de oorlog in Woodside woonde, dus ik dacht dat ze het leuk zou vinden om het huis nog eens te zien. Toen ze mijn uitnodiging accepteerde, leek het me een hilarisch idee om mijn oma niet te vertellen wie er op bezoek zou komen. Ik belde haar en zei: 'Kom even langs, oma, er is iemand die je wil ontmoeten.' Mijn grootmoeder zag er de lol niet van in. Toen het bezoek was vertrokken, werd ze woedend op me: 'Hoe kon je me zoiets aandoen? Ik stond verdomme met de koningin-moeder te praten in rubberlaarzen en tuinhandschoenen! Ik ben nog nooit zo vernederd! Doe me dat nooit meer aan.'

Ik nam personeel in dienst. Aanvankelijk was Bob Halley mijn chauffeur en zijn vrouw Pearl de huishoudster; een schat van een vrouw die echter totaal niet kon koken. Er waren schoonmakers en ik had een *personal assistent*, Andy Hill. Hij was de zoon van de waard van de Northwood Hills, de pub waar ik als kind piano had gespeeld. Ik had hem vooral aangenomen omdat ik heimelijk verliefd op hem was. Toen dat over was, zag ik in dat hij niet de juiste man was voor die baan. Daar viel iets uit te leren. Uiteindelijk werd Bob Halley mijn persoonlijk assistent.

Ik liet mijn moeder het huis managen, maar dat was een grote vergissing. Ze was goed met de administratie, maar heerste met ijzeren vuist. Ik had al een verandering in haar gedrag opgemerkt. Ze was nog altijd gelukkig met Derf, maar leek weer weg te glijden in hoe ze was geweest voordat ze hem ontmoette: humeurig, lastig en twistziek. Niets was ooit goed genoeg. Ik dacht dat het ons dichter bij elkaar zou brengen als ze voor me werkte, zoals in Frome Court toen Bernie en ik net begonnen. Maar het was alsof het plezier dat ze had ontleend aan mijn vroege successen was gesleten. Ze leek een hekel te hebben aan alles wat ik deed. Ik kreeg een constante stroom van pissige kritiek te verduren over mijn kleren, mijn vrienden, mijn muziek. We hadden voortdurend ruzie over geld. Ze had de oorlog en de rantsoenen meegemaakt en zat vastgeroest aan de gedachte dat je elk dubbeltje twee keer moest omdraaien voordat je het uitgaf. Maar zo dacht ik, zoals je inmiddels wel zult hebben begrepen, niet over geld uitgeven. Ik werd het beu dat er vragen werden gesteld over elke aanschaf die ik deed en dat ik elke keer met haar moest kibbelen als ik een cadeau voor iemand kocht. Ik kreeg het gevoel dat ik niet aan haar kon ontkomen, dat ik geen privacy meer had. Dan werd ik wakker nadat ik met iemand had geslapen, en dan werden mijn verovering en ik meteen geconfronteerd met mijn moeder, die woedend met een bonnetje stond te wapperen en vroeg: 'Waarom heb je zo'n dure jurk gekocht voor Kiki Dee?' Dat gaat slecht samen met postcoïtaal geluk. En dan was ze ook nog eens onvoorstelbaar gemeen tegen het personeel, dat ze als stront behandelde, alsof zij de dame van het huis was en anderen haar onderdanen. Ik moest het altijd regelen als ze weer eens haar geduld had verloren en tegen iemand had geschreeuwd. Uiteindelijk werd het me allemaal te claustrofobisch en gespannen. Het was een opluchting toen zij en Derf vertrokken om aan de zuidkust te gaan wonen.

Ik lag op een zondagochtend alleen in bed in Woodside zo'n beetje televisie te kijken toen er opeens een vent met feloranje haar in beeld kwam, die Rod Stewart een nutteloze oude lamzak noemde. Opeens was mijn nieuwsgierigheid geprikkeld. Iemand die Rod afzeikte, dat mocht ik niet missen. Hij heette Johnny Rotten, hij droeg verbluffende kleren en ik vond hem hilarisch, een kruising tussen een boze jonge man en een gemene oude nicht, met scherpe, bijtende humor. Hij werd door een zekere Janet Street-Porter geïnterviewd over de ontluikende Londense punkscene. Haar vond ik ook leuk; ze kwam voor haar mening uit en was doortastend. Ik moet er in alle eerlijkheid voor Rod bij zeggen dat Johnny Rotten alles leek te haten; mij zal hij ook wel een nutteloze oude lamzak hebben gevonden. Niettemin besloot ik Rod te bellen, want hij moest weten wat er speelde. 'Hallo, Phyllis, heb je gezien wat er vanochtend op de buis was? Ze hadden zo'n nieuwe band, The Sex Pistols, en geloof het of niet, ze noemden je een nutteloze oude lamzak. Ja, letterlijk: Rod Stewart is een nutteloze oude lamzak. Vind je dat niet vreselijk? En je bent pas tweeëndertig. Wat akelig voor je.'

Het kon me geen bal schelen wat ze van me vonden. Ik was dol op punk. Ik hield van de energie, de attitude en de stijl en ik vond het kostelijk dat mijn oude vriend Marc Bolan onmiddellijk beweerde dat hij het twintig jaar geleden al had uitgevonden. Dat was de Marcste reactie die ik me kon voorstellen. Ik vond punk niet shockerend; ik had de schandalige opkomst van rock-'n-roll en de bijbehorende sociale omwentelingen meegemaakt, dus ik was immuun voor de gedachte dat je aan muziek aanstoot zou kunnen nemen. Ik voelde me ook niet bedreigd of overbodig gemaakt. Ik kon me niet voorstellen dat mijn fans opeens hun exemplaren van *Captain Fantastic* zouden verbranden om in The Vortex naar The Lurkers te spugen. Daar had ik bovendien geen invloed op; ik was niet van plan deze trend in mijn muziek te verwerken. Maar ik vond The Clash en Buzzcocks en Siouxsie and the Banshees fantastisch. Ook Janet Street-Porter vond ik fantastisch. Ik heb haar de dag na het programma opgebeld om haar uit te nodigen voor de lunch, en daarmee was het bezegeld: vrienden voor het leven.

Hoewel punk me niet rechtstreeks raakte, was het een teken aan de wand; er waren veranderingen gaande. En er waren meer tekenen. Ik werkte niet meer met Dick James en DJM. Mijn contract met Dick was vlak na de release van *Rock of the Westies* verlopen. Ze hadden nog het recht om de liveplaat *Here and There* uit te brengen, wat ik vreselijk vond. Niet omdat er slechte muziek op stond, maar omdat hij opnamen bevatte uit de periode 1972-'74 en alleen was gemaakt voor het geld. Daarna was het over. Ik weigerde een nieuw contract te tekenen en verkaste naar Rocket, mijn eigen label. John Reid mopperde dat Dick ons al die jaren had geflest. Hij vond de contracten die Bernie en ik in de jaren zestig met Dick hadden getekend unfair en was van mening dat onze royaltypercentages te laag waren en dat er iets niet deugde aan de regeling van onze buitenlandse royalty's. Tegen de tijd dat DJM en de bazen en buitenlandse dochterondernemingen van het label hun aandeel hadden opgeëist, bleef er voor Bernie en mij nog maar vijftien pond over van elke honderd pond die we hadden verdiend. Dat waren in de muziekindustrie van die tijd weliswaar standaardprocedures, maar die procedures deugden niet. Het conflict liep uit op een door ons gewonnen rechtszaak halverwege de jaren tachtig. Ik vond het vreselijk, want ik hield van Dick. Over hem als persoon heb ik niets slechts te zeggen. Toch vond ik dat ik dat moest doen, want de industrie moest artiesten anders gaan behandelen. Dick overleed niet lang daarna aan een hartaanval en zijn zoon Steve gaf mij de schuld van zijn dood. Het was heel onprettig, heel sneu. Dick had een beter einde verdiend.

We vertrokken dus bij DJM. Bovendien hadden Bernie en ik afgesproken dat we een tijdje niet zouden samenwerken. Er was geen conflict, geen ruzie. We dachten gewoon dat het verstandig was. We zaten al tien jaar aan elkaar vast en het leek ons goed om te stoppen voordat het een sleur zou worden. Ik wilde niet dat het met ons zo zou aflopen als met Bacharach en David, die hadden samengewerkt totdat ze elkaar niet meer konden luchten of zien. Het enige wat Bernie ooit zonder mij had gemaakt was een soloalbum waarop hij gedichten voorlas met muzikale omlijsting van Caleb Quaye en Davey Johnstone. Dick had de plaat uitgebracht en vervolgens tijdens een bespottelijke vergadering geëist dat ik Bernie tijdens mijn volgende Amerikaanse tournee als voorprogramma zou inzetten. 'Hij kan zijn gedichten voordragen! De mensen zullen het prachtig vinden!' Het was me een raadsel waarom Dick het zo'n goed idee vond, tenzij hij een verzekering had afgesloten op Bernies leven en snel wilde cashen als hij op het podium zou worden vermoord. Je kon veel zeggen van het Amerikaanse publiek dat in de vroege jaren zeventig concerten bezocht, maar die lui gingen echt niet vijfenveertig minuten luisteren naar een man die gedichten voordroeg over zijn jeugd in Lincolnshire, hoe mooi die ook waren. Ik zei dat het al een opgave was om Bernie aan het einde van een optreden even op het podium te halen voor een buiging. Zou hij te porren zijn voor een experimentele set, *spoken word* nog wel? Het onderwerp verdween gelukkig van tafel.

Nu was Bernie echt op eigen benen gaan staan. Hij had een album gemaakt met Alice Cooper, een ambitieus conceptalbum over Alice' alcoholisme en zijn verblijf in een afkickkliniek. Hij had onze oude bassist Dee Murray erbij gehaald en Davey Johnstone speelde gitaar. Ik was onder de indruk van die plaat. Maar waarom was het zo vreemd om in de credits de naam van Alice in plaats van de mijne naast die van Bernie te zien staan? Nee, mijn gevoelens waren niet vreemd. Het was simpel. Ik geef het niet graag toe, maar ik was jaloers.

Ik zette het van me af. Ik had immers een nieuwe schrijfpartner, Gary Osborne, die ik had leren kennen toen hij de Engelse tekst schreef voor 'Amoureuse', het nummer waarmee Kiki Dee eindelijk een hit had gescoord. Het was heel anders dan werken met Bernie, want Gary wilde dat ik eerst de muziek schreef voordat hij de tekst toevoegde. We hebben samen voortreffelijke nummers gemaakt, zoals 'Blue Eyes', 'Little Jeannie' en de ballade 'Chloe'. We raakten goed bevriend. Zo goed zelfs dat ik met Kerstmis, toen mijn toenmalige vriendje op mysterieuze wijze niet, zoals we hadden geregeld, uit Los Angeles invloog, in tranen Gary en zijn vrouw Jenny belde. Het vriendje, dat zelfs naar mijn maatstaven een rampzalige keuze was, had besloten dat hij toch niet gay was en was ervandoor gegaan met een van de stewardessen van het Starship. Niemand had me dat verteld. Hij was gewoon verdwenen. Zijn vliegtuig landde op Heathrow, hij zat er niet in, en ik heb letterlijk nooit meer iets van hem gehoord. Ik had het misschien moeten zien aankomen, maar ik moet eerlijk zeggen dat hij in bed niet erg heteroseksueel op me overkwam. Ik was compleet overstuur en zat in mijn huis in het trieste gezelschap van een lading niet-geopende cadeaus en een niet-gebraden kalkoen. Omdat ik op een romantische kerst had gerekend, had ik het voltallige personeel de hele week vrijgegeven. Gary en Jenny wijzigden hun plannen en kwamen uit Londen om de kerst met me door te brengen. Wat een schatten.

Niet met Bernie werken had nog meer voordelen. Ik kon meer en anders dan voorheen muzikaal experimenteren. Ik vloog naar Seattle om een paar nummers voor een ep op te nemen met de producer Thom Bell, die de platen had gemaakt die 'Philadelphia Freedom' hadden geïnspireerd. Hij liet me lager zingen dan ik gewend was en voorzag de nummers van weelderige strijkersarrangementen. Zevenentwintig jaar later kwam 'Are You Ready for Love', een van de nummers die we hadden opgenomen, in het VK op 1. Dat zegt wel iets over de tijdloosheid van het geluid van Thom Bell. Later schreef ik een aantal fantastische nummers met de newwavezanger Tom Robinson. Een van die nummers heette 'Sartorial Eloquence', een titel die mijn Amerikaanse label te moeilijk vond voor Amerikanen. We moesten de titel veranderen in het minder poëtische 'Don't Ya Wanna Play This Game No More'. Een ander nummer van Tom, 'Elton's Song', leek totaal niet op de dingen die Bernie deed; het was een melancholiek portret van een homoseksuele schooljongen die verliefd is op een van zijn vrienden. Ik schreef ook met Tim Rice, die in de jaren zeventig talloze records had gebroken en prijzen en onderscheidingen had gewonnen met *Jesus Christ Superstar* en *Evita*, musicals die hij had geschreven met Andrew Lloyd Webber. Van de nummers die we schreven werd destijds alleen 'Legal Boys' uitgebracht – op mijn album *Jump Up!* dat in 1982 verscheen – maar tientallen jaren later werd Tim een van de belangrijkste muzikale partners van mijn carrière.

Zo nu en dan schreef ik, voor het eerst in mijn carrière, helemaal alleen. Op een sombere zondag in Woodside, toen ik een zware kater had, schreef ik een instrumentaal nummer dat mijn stemming goed weergaf. 'Life isn't everything,' zong ik er steeds bij. De volgende ochtend hoorde ik dat Guy Burchett, een jongen die voor Rocket werkte, vrijwel exact op het moment dat ik het nummer schreef was overleden na een motorongeluk. Vandaar dat ik het 'Song for Guy' noemde. Het was anders dan al mijn eerdere werk en mijn Amerikaanse label weigerde het tot mijn grote woede uit te brengen als single. In Europa werd het een enorme hit. Toen ik jaren later Gianni Versace ontmoette, vertelde hij dat het zijn favoriete liedje uit mijn oeuvre was. Het was zo moedig, zei hij. Dat vond ik overdreven; het was zeker anders, maar moedig zou ik het niet noemen. Na enige tijd begreep ik dat hij het moedig vond omdat hij de titel verkeerd had verstaan; hij dacht dat het 'Song for a Gay' heette.

Sommige experimenten hadden beter in het laboratorium kunnen blijven. Videoclips waren begin 1978 nog nieuw; ik besloot er zomaar in te duiken en de meest onvoorstelbare, duurste en weelderigste clip aller tijden te maken voor het nummer 'Ego'. We gaven een fortuin uit en huurden Michael Lindsay-Hogg in als regisseur. De clip werd opgenomen als een speelfilm. Er waren tientallen acteurs bij betrokken, sets, brandende fakkels, moordscènes, flashbacks in sepiatinten. Ik was zo toegewijd dat ik zelfs op een gegeven moment mijn hoed afzette. Voor de première huurden we een bioscoop af in de West End, maar we hadden over het hoofd gezien dat mensen die opdraven voor een filmpremière verwachten dat de film langer duurt dan drieënhalve minuut. Toen de voorstelling voorbij was, weerklonk er een weifelend applausje, waarna de onmiskenbare sfeer van 'Was dit alles?' de zaal overnam, alsof ik het publiek had uitgenodigd voor een galadiner om ze af te schepen met een reep chocola. Ik besloot de clip nogmaals te laten vertonen, wat een dramatische sfeerverandering teweegbracht: het ging van 'Was dat alles?' naar 'Nee, niet dat weer!' Tot overmaat van ramp wilde niemand het clipje vertonen. MTV bestond nog niet en televisieprogramma's vertoonden geen videoclips. De single flopte. Het gaf John Reid de gelegenheid om op karakteristieke wijze te flippen en kantoorpersoneel te ontslaan vanwege hun incompetentie. Niet lang daarna moest hij dezelfde mensen weer aannemen. Ik heb sindsdien altijd een hekel gehad aan video's opnemen.

En dan was er nog het discoalbum, een idee dat deels was ontstaan omdat ik zo vaak in Studio 54 rondhing. Ik ging er altijd heen als ik in New York was. Het was een verbijsterende tent, heel anders dan alle andere clubs die ik ooit heb gezien. De baas, Steve Rubell, had het talent om een verbluffende ambiance te creëren vol overheerlijke obers in korte broekjes en andere bijzondere types. En dan heb ik het niet over de beroemdheden, al waren die er ook in overvloed. Ik bedoel mensen als Disco Sally, die eruitzag alsof ze zeventig was en altijd volop lol had, en Rollereena, een vent die zich kleedde als Miss Havisham uit *Great Expectations* en zich op rolschaatsen over de dansvloer begaf. Ik vond het nog indrukwekkender dat Rubell die ambiance kon creëren terwijl hij altijd zwaar onder de Quaaludes zat. Studio 54 was een magische plek waar alles kon gebeuren en soms nog gebeurde ook. Tijdens een feestje van Rocket zag ik op een gegeven moment dat Lou Reed en zijn transseksuele partner Rachel helemaal opgingen in een gesprek met – je raadt het nooit – Cliff Richard. Hoewel ik het heerlijk vond om te zien dat mensen die zo totaal verschillend in het leven stonden het goed met elkaar konden vinden, kon ik met geen mogelijkheid bedenken waarover ze spraken.

In de kelder snoven beroemdheden coke van een flippermachine. Je had daar altijd bijzondere ervaringen. Zo werd ik op een avond gestoord door Liza Minnelli, die mijlenver heen was en wilde weten of ik met haar wilde trouwen. Maar wat me vooral aantrok is een aspect dat zelden wordt genoemd als het over Studio 54 gaat: de muziek. Nou ja, de muziek en de obers, maar aan die obers had je niks. Als ik iets probeerde, zeiden ze dat hun dienst pas om zeven uur 's ochtends was afgelopen. Ik wilde met alle plezier tot zeven uur wachten, maar tegen die tijd begonnen de excessen hun tol te eisen en dan kwam het er niet meer van. Probeer maar eens verleidelijk te zijn als je ogen twee verschillende kanten op kijken en je drie pogingen nodig hebt om door de deur naar buiten te stappen.

Ik kwam dus vooral op de muziek af. Ik hield nog net zoveel van disco als toen ik het voor het eerst had gehoord in de homoclubs in LA. Daarom had ik een disco laten bouwen in Woodside: zodat ik voor dj kon spelen als ik mensen over de vloer had en indruk kon maken met mijn enorme verzameling 12-inchsingles. Maar ik moest toegeven dat de dj's van Studio 54 een betere verzameling hadden dan ik, plus een geluidssysteem dat de speakers die ik uit de Trident Studios had laten komen liet klinken als een transistorradio met een bijna lege batterij. Ze kregen iedereen aan het dansen. Zelfs Rod Stewart, en dat was een hele prestatie, want Rod deed altijd alsof dansen tegen zijn religie was. Hij had altijd een stimulans nodig om een dansje te wagen. Dan kwamen de flesjes amylnitriet die ik altijd bij me had goed van pas. Poppers waren destijds populair in gayclubs; als je eraan snoof, kreeg je een korte, wettelijk toegestane, euforische kick. Mijn merk heette – ik zeg dit niet graag – Cum en had een heftig effect op Rod. Als ik het hem aanbood nadat hij urenlang had geweigerd uit zijn stoel te komen, was hij opeens de rest van de avond niet meer weg te slaan van de dansvloer. Hij stopte alleen even voor nog een snuif: 'Hebben we misschien nog wat Cum, Sharon?'

Een van de belangrijkste discoproducers was Pete Bellotte, die ik al kende sinds de jaren zestig, toen Bluesology samen met zijn band The Sinners optrad in de Top Ten Club in Hamburg. Het was leuk om hem weer te zien, en de plaat die we samen maakten had iets kunnen worden als ik niet had besloten dat ik geen nummers zou schrijven. Ik zou alleen zingen wat Pete en zijn team van schrijvers hadden bedacht. Dat deed ik omdat ik mijn Amerikaanse label Uni nog slechts twee albums verschuldigd was. Ik was nog altijd woedend omdat ze hadden geweigerd 'Song for Guy' uit te brengen en had besloten dat ik zo snel mogelijk en met minimale inspanning mijn contract wilde uitdienen. Niet alles op *Victim of Love* was afgrijselijk – als ze het titelnummer hadden gedraaid in Studio 54, zou ik erop hebben gedanst – maar het is nooit een goed idee om te kwader trouw een album te maken. Je hoort altijd dat de muziek niet met oprechte bedoelingen is gemaakt. En dan werd de plaat in de VS ook nog eens eind 1979 uitgebracht, in een periode waarin er veel kritiek kwam op disco en vooral op rockartiesten die de euvele moed hadden gehad zich aan het genre te wagen. *Victim of Love* flopte zowel in Amerika als in het VK faliekant. Eens te meer werd op de burelen van Rocket menigeen ontslagen door John Reid, die hen kort daarna schaapachtig weer terughaalde.

Zoals ik al vermoedde toen ik op het podium van Madison Square Garden aankondigde dat ik zou stoppen met optreden, was dat geen plan waaraan ik me kon houden. Althans, soms kon ik dat niet. Ik wist niet of het het slimste of het stomste was wat ik ooit had gedaan. Ik veranderde afhankelijk van mijn stemming voortdurend van mening en dat had de verwachte geschifte gevolgen. De ene dag zat ik tevreden thuis aan iedereen die het maar wilde horen te vertellen hoe heerlijk het was dat ik niet meer zat vastgeketend aan die eindeloze cyclus van tournees en dat ik genoot van mijn vrije tijd die me de kans gaf om mijn taken waar te nemen als voorzitter van Watford FC. Een dag later belde ik het onafhankelijke label Stiff Records om mijn diensten aan te bieden als keyboardspeler tijdens de geplande collectieve tournee met onder meer Ian Dury en Elvis Costello. Dat aanbod werd aangenomen. Mijn plotselinge behoefte om weer voor een publiek te staan werd overigens in hoge mate gemotiveerd door het feit dat ik mijn oog had laten vallen op Wreckless Eric, een andere artiest die voor het label opnam, maar die helaas niet 'wreckless' genoeg was om zich met me in te laten.

Toen bracht ik een groep musici bij elkaar waarvan de kern werd gevormd door China, de band die Davey Johnstone had opgericht toen ik zei dat ik niet meer zou touren. We hebben drie weken koortsachtig gerepeteerd voor een benefietconcert waaraan ik mijn medewerking had toegezegd omdat ik betrokken was bij Goaldiggers, de liefdadigheidsinstelling achter het evenement. Tijdens de repetities mompelde ik zo nu en dan dat ik wel met de band op tournee wilde. Toen besloot ik op de avond zelf dat het hele idee een vreselijke vergissing was geweest. Op het podium maakte ik opnieuw bekend dat ik stopte met optreden. Ik had niemand van tevoren ingelicht en John Reid was witheet. Het openhartige gesprek dat we na de show backstage over de kwestie voerden, moet in heel Noord-Londen te horen zijn geweest.

Uiteindelijk begreep ik dat ik, als ik weer ging optreden, iets heel anders moest doen zodat het weer een uitdaging zou zijn. Ik besloot op tournee te gaan met Ray Cooper, die ik al had gekend voordat ik beroemd werd. Hij had gespeeld in de band Blue Mink, die deel uitmaakte van de scene rond DJM. Hun zanger, Roger Cook, was ook als songwriter verbonden aan de muziekuitgeverij van Dick James en bijna alle leden van Blue Mink hadden meegewerkt aan mijn vroege albums. Ray was al jaren af en aan de percussionist in mijn band, maar ditmaal zouden alleen hij en ik optreden; niet in stadions, maar in theaters. We hadden al eerder een paar shows samen gedaan, liefdadigheidsoptredens in The Rainbow in Londen, waarvan de eerste was opgeluisterd door de aanwezigheid van prinses Alexandra, een nicht van de koningin. Toen ze me na het optreden, dat ze braaf had uitgezeten, backstage kwam opzoeken, viel ze met de deur in huis: 'Waar haalt u al die energie vandaan? Gebruikt u soms veel cocaïne?'

Het was zo'n moment waarop de tijd lijkt stil te staan terwijl je brein probeert te bedenken wat er in vredesnaam aan de hand is. Was ze zo onvoorstelbaar naïef dat ze niet begreep wat ze had gezegd? Of – veel erger – wist ze precies wat ze had gezegd? Jezus, kon ze het wéten? Had het nieuws over mijn onverzadigbare behoefte aan coke – toch al zo'n heet hangijzer in de muziekbusiness – zelfs Buckingham Palace bereikt? Zaten ze er 's avonds aan tafel over te keuvelen? 'Zeg moeder, ik hoor dat je bij Elton John hebt geluncht en zijn grootmoeder hebt ontmoet. Wist je dat die man geen nee kan zeggen tegen het witte poeder?' Uiteindelijk wist ik mezelf voldoende te beteugelen om een onzekere ontkenning te prevelen.

Ondanks de onverwachte vragen van leden van de koninklijke familie over mijn drugsgebruik had ik genoten van die optredens in The Rainbow. Ze waren op de best mogelijke manier angstaanjagend. Met alleen een percussionist als begeleiding kon ik geen moment ontspannen en de band het werk laten doen. Ik moest elke seconde geconcentreerd blijven en haarscherp spelen. De tournee was een groot succes. We kregen voortreffelijke recensies en ik voelde elke avond die perfecte combinatie van angst en opwinding die een artiest zou moeten voelen voordat hij het podium betreedt. Het was bevrijdend en uitdagend en het gaf voldoening, omdat het totaal anders was dan alles wat ik eerder had gedaan. De nummers die we uitvoerden, de presentatie, zelfs de plaatsen waar we optraden. Ik wilde landen bezoeken waar ik nog nooit had opgetreden, zelfs als ik er niet erg bekend was; Spanje, Zwitserland, Ierland, Israël. En zo kwam het dat ik plat op mijn rug en met mijn benen in de lucht van Heathrow naar Moskou vloog.

Waarom lag ik plat op mijn rug met mijn benen in de lucht? Omdat we met Aeroflot vlogen en het zodra we waren opgestegen duidelijk werd dat de luchtvaartmaatschappij van de Russische staat niet de moeite had genomen om de stoelen te bevestigen aan de vloer van het toestel. Het was me daarnaast niet ontgaan dat er geen zuurstofmaskers aanwezig waren voor noodgevallen. Wat het vliegtuig wel had – en niet zo'n beetje ook – was een speciale geur, antiseptisch en scherp, die me deed denken aan de carbolzeep waarmee mijn oma me waste toen ik een kind was.

Ik heb nooit precies achterhaald wat het was, maar het was de geur van Rusland in 1979, die je ook in alle hotels rook.

Het was vooral een grap geweest toen ik de promotor Harvey Goldsmith voorstelde dat ik in Rusland zou kunnen spelen. Westerse rockmuziek was onder het communisme min of meer verboden – men deelde tapes van albums met elkaar als smokkelwaar – en homoseksualiteit was illegaal, dus de kans leek verwaarloosbaar klein dat ze behoefte hadden aan een uit de kast gekomen rockster. Maar Moskou zou in 1980 de Olympische Spelen organiseren en ik denk dat men behoefte had aan positieve publiciteit. Ze wilden niet dat de Sovjet-Unie zou worden beschouwd als een monolithische, grauwe staat waar alle vormen van plezier in de ban waren gedaan. Harvey diende een verzoek in via Buitenlandse Zaken en de Russen stuurden een vertegenwoordiger van de muziekpromotor van de staat naar een optreden dat Ray en ik gaven in Oxford. Nadat die man had vastgesteld dat we niet The Sex Pistols waren en geen bedreiging vormden voor de tedere zieltjes van de communistische jeugd kregen we groen licht. Ik nam mijn moeder en Derf mee op tournee, een handvol Britse en Amerikaanse journalisten, en een filmcrew onder leiding van de schrijvers Dick Clement en Ian La Frenais, die een documentaire zouden maken. Ik vond het een opwindende reis naar het onbekende, al kon die dan elk moment tragisch aflopen als de luchtdruk in de cabine uitviel.

We werden op het vliegveld van Moskou begroet door een groep hoogwaardigheidsbekleders, twee meisjes die als tolken zouden optreden en een ex-militair die Sasha heette. Hij was mijn bodyguard. Iedereen in ons gezelschap nam aan dat hij een spion was die ons namens de KGB in de gaten moest houden. Dat mocht hij van mij naar hartenlust doen, want hij zag er voortreffelijk uit, al was hij teleurstellend gretig met verhalen over zijn vrouw en kinderen. We namen de slaaptrein naar Leningrad. Het was heet. Ik had me gekleed voor winter op de Siberische steppen, maar Moskou bleek ten prooi te zijn gevallen aan een verzengende hittegolf. Het was ook ongemakkelijk, maar daarvan kon ik de Russen niet de schuld geven. Dat lag aan het feit dat ik door de dunne muren heen kon horen hoe John Reid, die de slaapcoupé naast de mijne had, alles uit de kast haalde om een verslaggever van *The Daily Mail* te verleiden.

Het hotel in Leningrad was niet veelbelovend. Het eten was met geen pen te beschrijven: zevenenvijftig varianten van bietensoep en aardappelen. Als ze dit al serveerden in de beste hotels, wat aten gewone mensen dan? Elke verdieping werd in de gaten gehouden door streng kijkende oude dames, echte Russische baboesjka's, die alle vormen van westerse bandeloosheid moesten tegengaan. Maar het hotel was onverwacht hip. Op onze eerste ochtend verscheen de crew stralend bij het ontbijt. Ze hadden ontdekt dat de kamermeisjes je onweerstaanbaar vonden als je uit het Westen kwam en iets te maken had met rock-'n-roll, ook al droeg je alleen de speakers. De dames kwamen naar je kamer, zetten het bad aan om de waakzame baboesjka's in verwarring te brengen, ontdeden zich van al hun kleren en besprongen de crewleden. In de hotelbar was het altijd feest. Er zaten veel Finnen die waren gekomen met de expliciete bedoeling om zo bezopen mogelijk te worden van de goedkope Russische wodka. Dat spul was dodelijk. Op een gegeven moment kreeg ik tot mijn verbazing een joint in handen geduwd. Midden in het repressieve, communistische Rusland had de crew op de een of andere manier wiet gescoord. Het zat de jongens op alle fronten mee. Het was nog besmettelijk ook, want niet lang daarna dook Sasha op met het voorstel dat we naar mijn kamer zouden gaan. Daar schrok ik zo van dat ik zelf begon over zijn vrouw en kinderen.

Nee, zei hij, dat was prima: 'In het leger hebben alle mannen seks met elkaar omdat we onze vrouwen missen.' Ik werd dronken en stoned en had seks met een militair. Ik weet niet wat ik precies had verwacht van mijn eerste achtenveertig uur in Rusland, maar het viel niet tegen.

Ik zou ook van het land zijn gaan houden als ik niet het bed had gedeeld met een Russisch staatsburger. De mensen waren onvoorstelbaar aardig en gul. Ze deden me op een merkwaardige manier denken aan Amerikanen, blakend van warmte en gastvrijheid. We bezochten de Hermitage en het Zomerpaleis, de cabine van Peter de Grote en het Kremlin. We zagen verzamelingen impressionistische kunst en Fabergé-eieren die zo buitengewoon waren dat je niet meer dacht aan de lunch die je voorgeschoteld had gekregen. Overal wilden mensen ons cadeaus aanbieden: chocoladerepen, knuffels, spullen waar ze duidelijk voor hadden moeten sparen. Ze duwden je die dingen op straat in de hand of duwden ze door de ramen van je coupé terwijl de trein het station verliet. Mijn moeder was in tranen: 'Die mensen hebben niets en toch geven ze je cadeaus.'

De optredens, in Leningrad en Moskou, waren fantastisch. Uiteindelijk althans, want het begin was altijd stroef. De beste plaatsen waren vergeven aan hoge omes van de communistische partij; zo moest worden bewerkstelligd dat de publieksreactie beperkt bleef tot beschaafd applaus. De mensen die me echt wilden zien optreden, zaten achter in de zaal weggestopt. Maar ze hadden Ray Cooper onderschat. Ray is een fantastische musicus die de meest onopvallende instrumenten bespeelt op de minst onopvallende manieren. Hij is de Jimi Hendrix van de tamboerijn, een geboren frontman die gevangenzit in het lichaam van een slagwerker. In Rusland speelde hij alsof alle flamboyante optredens die hij in de loop van de jaren had verzorgd slechts een opwarmertje waren geweest. Hij jutte het publiek op om mee te klappen of rende naar de voorkant van het podium om te roepen dat ze moesten opstaan. Het werkte. De jongens en meisjes achterin liepen door de gangpaden naar voren. Ze wierpen me bloemen toe en vroegen in de onderbrekingen tussen de nummers mijn handtekening. Ze hadden me verteld dat ik niet 'Back in the U.S.S.R.' mocht zingen, dus dat deed ik natuurlijk toch. Als de KGB me al had bespioneerd, hadden ze dat blijkbaar niet goed genoeg gedaan om te weten dat mij iets verbieden de beste manier is om het me te laten doen.

Na het optreden in Moskou stonden er duizenden mensen buiten de concertzaal mijn naam te scanderen. Het waren er veel meer dan er in de zaal pasten. Vanuit het raam van mijn kleedkamer wierp ik hun de bloemen toe die ik had gekregen. Mijn moeder keek toe. 'Je zou ze beter een tomaat kunnen toewerpen,' zei ze indachtig ons laatste feestmaal van bietensoep en aardappelen. 'Zo'n ding hebben ze waarschijnlijk nog nooit gezien.'

Als pr-actie voor de Sovjet-Unie was mijn bezoek tijdsverspilling. Zes maanden later viel het land Afghanistan binnen en was alle internationale goodwill die het had verworven door me 'Bennie and the Jets' te laten zingen weer verdampt. Voor mij persoonlijk was de reis het begin van een levenslange liefdesaffaire met Rusland en de Russen. Ik ben er altijd naartoe blijven gaan, zelfs als men zei dat ik het niet moest doen. Voor homoseksuele Russen is de situatie nu onder Vladimir Poetin waarschijnlijk nog slechter dan in 1979, maar wat kan ik bereiken door het land te boycotten? Ik bevind me in Rusland in een bevoorrechte positie. Ik ben daar ondanks mijn homoseksualiteit altijd geaccepteerd en warm onthaald. Ik hoef geen blad voor de mond te nemen als ik er ben. Mijn uitlatingen halen de kranten, ik kan ontmoetingen regelen met homo's en mensen van het ministerie van Volksgezondheid en ik kan promotie doen voor het goede werk van de Elton John AIDS Foundation. Ik heb Sasha nooit meer teruggezien, maar ik hoorde later dat hij een van de eerste Russen was die overleed aan aids. Vandaag de dag zijn er maar weinig landen waar de aids/hiv-epidemie zo snel groeit als in Rusland. Dat los je niet op zonder onderhandelingen, zonder dat mensen ervoor gaan zitten om erover te spreken. Die discussie moet ergens beginnen. Vandaar dat ik blijf teruggaan. Elke keer als ik er ben, spreek ik me op het podium uit over homofobie of homorechten. Soms lopen er een paar mensen de zaal uit, maar de overgrote meerderheid applaudisseert. Ik ben het de Russen en mezelf verschuldigd om dat te blijven doen.

Als de shows met Ray Cooper me iets duidelijk hadden gemaakt, was het wel dat ik thuishoorde op het podium. Mijn privéleven was nog altijd een chaos: steeds nieuwe vriendjes, veel drugs. Ik werd een keer in allerijl van Woodside naar het ziekenhuis vervoerd. De media zeiden dat het een hartprobleem was, maar in werkelijkheid had het te maken met het feit dat ik vlak na alweer een snuifmarathon was gaan tennissen met Billie Jean. Afgezien van *Victim of Love* mocht ik over de verkoop van mijn albums niet klagen. De opvolger, *21 at 33*, haalde in 1980 zelfs goud in Amerika. Maar het was duidelijk dat mijn platen niet meer zo goed werden verkocht als voorheen, ook al was ik weer – rustig aan, elke keer maar een paar liedjes – gaan samenwerken met Bernie. Soms leek hij me iets duidelijk te willen maken met zijn teksten. Zo hoefde je geen genie te zijn om te begrijpen wat hij bedoelde toen hij me een liedje stuurde dat 'White Lady White Powder' heette, een portret van een hopeloze cokejunk. Ik had het lef om het te zingen alsof het over iemand anders ging.

Als ik op het podium stond, smolt alles een paar uur weg.

Na de release van *21 at 33* ging ik op wereldtournee. Ik had de originele Elton John Band – ik, Dee en Nigel – weer bij elkaar gehaald en aangevuld met fantastische sessiemuzikanten zoals Richie Zito, Tim Renwick en (op keyboards) James Newton Howard. Tijdens de optredens met Ray had ik me ingehouden en het theatrale gedeelte aan hem overgelaten, maar nu besloot ik weer voluit te gaan. Ik schakelde naast mijn oude ontwerper Bob Mackie ook Bruce Halperin in en zei dat ze zich mochten uitleven: van broeken met wijde pijpen en plateauzolen kon vanwege de veranderende mode geen sprake meer zijn, maar Bruce bedacht iets wat leek op een militair uniform met rode en gele bliksemflitsen en pijlen, met revers in de vorm van het toetsenbord van een piano en een bijpassende pet.

Het waren weer kolossale shows. In september 1980 speelde ik in Central Park voor een half miljoen mensen, mijn grootste publiek ooit. Voor de toegift had Bob een Donald Duck-kostuum gemaakt. Dat was in theorie een fantastisch idee, maar de praktische uitvoering liet te wensen over. Om te beginnen kreeg ik dat ding niet aan. Ik stond backstage met een arm door een broekspijp en mijn arm in een mouw te huilen van de pret terwijl iedereen riep dat ik moest opschieten. 'Straks gaan die 500.000 mensen nog denken dat er geen toegift komt! Dan gaan ze naar huis omdat ze denken dat het is afgelopen.' Toen ik uiteindelijk op het podium stond, bedacht ik dat ik beter een keer in mijn kostuum had kunnen repeteren om te zien hoe de outfit werkte. Dan was ik twee probleempjes op het spoor gekomen. In de eerste plaats kon ik in het pak niet lopen vanwege de enorme, flipperachtige eendenvoeten. Ik kon er ook niet in zitten; het was voorzien van enorme kontkussens waarmee ik niet veel meer kon doen dan zo'n beetje over mijn pianokruk heen hurken. Ik probeerde 'Your Song' te spelen, maar ik kwam niet bij van het lachen. Elke keer als ik een blik uitwisselde met Dee moest ik giechelen om zijn blik van vermoeide berusting, de blik van een man die na vijf jaar was teruggekeerd om te moeten vaststellen dat alles nog net zo bespottelijk was als vroeger. Bernies ballade over jonge liefde werd weer eens ondermijnd door mijn kostuumkeuze.

Afgezien van het eendenpak was het een fantastisch optreden: perfect New Yorks herfstweer, mensen die in bomen klommen om het beter te kunnen zien. Ik speelde 'Imagine' en droeg het op aan John Lennon, die ik al jaren niet meer had gezien. Hij leefde sinds de geboorte van Sean een teruggetrokken bestaan en wilde vast niet worden herinnerd aan de met drank doordrenkte waanzin van 1974 en 1975. Maar na het concert was er een groot feest op de Peking, een schip dat was omgebouwd tot een drijvend museum op de East River, waar hij en Yoko totaal onverwacht verschenen. Je kon nog ontzettend met hem lachen. Hij was opgewonden over een nieuw album dat hij ging maken, maar ik was te moe om lang te blijven. We spraken af elkaar te zien tijdens mijn volgende bezoek aan New York.

We tourden verder door Amerika en deden ook Australië aan. Vlak na onze landing in Melbourne zei de stewardess over de intercom dat Elton John en zijn gezelschap niet van boord moesten gaan. De moed zonk me in de schoenen zodra ze dat zei. Ik wist meteen dat er iemand dood was. Eerst dacht ik aan mijn oma. Elke keer als ik op tournee ging en haar in de serre gedag ging zeggen, vroeg ik me af of het misschien de laatste keer zou zijn. John Reid liep naar de cockpit om te vragen wat er aan de hand was en kwam huilend en onthutst terug. Hij vertelde me dat John Lennon was vermoord.

Ik kon het niet geloven. Niet alleen het feit dat hij dood was, maar de wreedheid waarmee het was gebeurd. Er waren al andere vrienden van me jong gestorven: Marc Bolan in 1977, Keith Moon een jaar later. Maar zij waren niet gestorven zoals John stierf. Marc was bij een auto-ongeluk overleden en Keith aan een ongeneeslijk geval van Keith Moon zijn. Ze waren niet vlak bij hun huis en zonder een aanwijsbare reden vermoord door een vreemde. Het was onverklaarbaar en niet te bevatten.

Ik wist niet wat ik moest doen. Wat zou jij doen? Ik stuurde Yoko geen bloemen, maar een enorme chocoladecake. Ze was dol op chocolade. Er was geen begrafenis die we konden bezoeken, en we waren nog in Melbourne toen op de zondag na zijn dood de herdenkingsplechtigheid werd gehouden waar Yoko om had gevraagd. We besloten de stadskathedraal af te huren en hebben daar onze eigen dienst gehouden, precies op het moment waarop mensen bijeenkwamen in Central Park. We zongen de 23e hymne, 'The Lord is My Shepherd'. Iedereen huilde: de band, de roadies, iedereen. Later schreven Bernie en ik 'Empty Garden' voor John. De tekst was fantastisch. Niet sentimenteel, want Bernie had John ook gekend en wist dat hij dat vreselijk zou hebben gevonden. Het was boos, vol onbegrip en verdriet. Het is een van mijn favoriete nummers, maar ik speel het live bijna nooit. Ik kan het niet zingen, het is te emotioneel. Tientallen jaren na Johns dood speelden we 'Empty Garden' tijdens mijn optredens in Las Vegas met visuele ondersteuning van prachtige opnamen van hem die we van Yoko hadden gekregen. Ik schoot nog steeds vol, elke keer als ik het zong. Ik hield van John. Als je zoveel van iemand houdt, verwerk je zijn dood nooit helemaal.

Een paar jaar na zijn dood belde Yoko. Ze zei dat ze me wilde spreken. Het was dringend en ik moest onmiddellijk naar New York komen. Ik nam meteen een vliegtuig. Ik had geen idee waar het over ging, maar ze klonk wanhopig. Toen ik aankwam in het Dakota, zei ze dat ze een flinke hoeveelheid tapes had gevonden met onvoltooide nummers waaraan John kort voor zijn dood had gewerkt. Ze vroeg of ik die wilde afmaken zodat ze konden worden uitgebracht. Het was vleiend, maar ik wilde het absoluut niet doen. Ik vond het te snel, het was niet het juiste moment. Ik dacht zelfs niet dat het juiste moment ooit zou komen. Ik vond het een vreselijke gedachte om zoiets te doen. Om te bedenken hoe ik liedjes moest afmaken waaraan John was begonnen; ik vond het aanmatigend. En het idee dat ik mijn stem op een plaat zou zetten waarop hij ook zong… nee, afschuwelijk. Yoko was volhardend, maar ik hield voet bij stuk.

Het werd een ongemakkelijk gesprek. Ik voelde me er na mijn vertrek vreselijk over. Yoko dacht dat ze Johns nagedachtenis eerde. Ze probeerde te voldoen aan zijn wensen, maar ik weigerde haar te helpen. Ik wist dat ik gelijk had, maar dat maakte het niet minder deprimerend. (Ze heeft de nummers uiteindelijk op het album *Milk and Honey* uitgebracht in de staat waarin ze al verkeerden.) Op zoek naar afleiding ben ik in de bioscoop Monty Pythons *The Meaning of Life* gaan zien. Ik lachte me suf om Monsieur Creosote, de weerzinwekkende vetzak die eet totdat hij explodeert. Ik bedacht hoe grappig John die scène zou hebben gevonden. Het was helemaal zijn gevoel voor humor: surrealistisch, bijtend, satirisch. Ik kon bijna zijn lach horen, dat aanstekelijke gekakel waarmee hij me altijd aan het lachen kreeg. Zo wilde ik hem herinneren. En zo herinner ik me hem nog steeds.

negen

Ik werd wakker omdat er iemand tegen de deur van mijn hotelsuite beukte. Ik had geen idee wie het was. Ik kon niet denken. Zodra ik mijn ogen opende, besefte ik dat ik zo'n kater had waarvan je niet denkt dat het een kater is. Je kunt je niet voorstellen dat je je zo beroerd voelt omdat je te veel hebt gedronken; er moet meer aan de hand zijn, iets ernstigs. Het was niet alleen mijn hoofd. Mijn hele lijf deed pijn. Vooral mijn handen. Sinds wanneer krijg je pijn aan je handen van een kater? En waarom rotte degene die op mijn deur stond te beuken niet gewoon een heel eind op ondanks mijn talloze smeekbeden om dat te doen?

Het beuken ging maar door en iemand riep mijn naam. Het was Bob Halley. Ik kwam mijn bed uit. Lieve hemel, wat een kater. Ik voelde me nog beroerder dan na het oudejaarsfeestje van Ringo Starr in 1974, en dat was om acht uur 's avonds begonnen en doorgegaan tot halfvier de volgende middag. Ik voelde me beroerder dan een paar jaar eerder in Parijs toen ik een appartement met uitzicht over de Seine had gehuurd, zogenaamd omdat ik opnamesessies zou doen, maar de hand had weten te leggen op cocaïne van farmaceutische kwaliteit en had geweigerd naar de studio te gaan. John Reid was op een ochtend langsgekomen om me desnoods naar de sessie te slepen, maar moest constateren dat ik niet naar bed was geweest en dat ik zo uit mijn plaat was gegaan dat ik hallucineerde dat het keukenmeubilair met me danste. Het zou weleens tijdens datzelfde tripje naar Parijs kunnen zijn geweest dat ik besloot me te scheren en zo enthousiast werd van de gedachte van scheren dat ik niet alleen mijn stoppels verwijderde, maar ook een van mijn wenkbrauwen. Zulke gebeurtenissen wilden in mijn hoofd nog weleens in elkaar overvloeien.

Ik deed de deur open. Bob keek me vorsend aan, alsof hij verwachtte dat ik iets zou zeggen. Toen ik dat niet deed, zei hij: 'Ik denk dat je dit even moet zien. Loop maar mee.' Ik volgde hem naar zijn kamer. Toen hij de deur opende, zag ik niets dan verwoesting. Afgezien van het bed was geen enkel meubelstuk ongeschonden. Verder lag alles op zijn kant of ondersteboven, of het lag in stukken. Tussen alle splinters zag ik de cowboyhoed die Bob graag droeg. Het ding was zo plat als een dubbeltje.

'Godverdomme,' zei ik. 'Wat is hier ontploft?'

Hij bleef lang stil. 'Elton,' zei hij uiteindelijk, 'jij bent ontploft.'

Wat bedoelde hij? Waar had hij het over? Ik begreep niet wat deze chaos met mij te maken kon hebben. Het laatste wat ik me herinnerde was dat ik het reuze naar mijn zin had. Waarom zou ik dingen kort en klein slaan?

'Ik was in de bar,' zei ik verontwaardigd. 'Met Duran Duran.'

Bob keek me aan om te zien of ik het echt meende. Toen zuchtte hij. 'Dat klopt,' zei hij. 'Eerst wel.'

En het leek allemaal zo goed te gaan. Het was juni 1983 en we waren in Cannes om een clip op te nemen voor 'I'm Still Standing', de eerste single van mijn nieuwe album *Too Low for Zero*. Sinds het debacle met 'Ego' had ik mijn best gedaan om zo min mogelijk betrokken te zijn bij het maken van clips, maar ditmaal had ik besloten alles uit de kast te halen. Dat was deels omdat de regisseur Russell Mulcahy was, met wie ik eerder had samengewerkt en die ik graag mocht. Russell was in de vroege jaren tachtig de uitgelezen man voor glossy, exotische, duur ogende videoclips. Hij had Duran Duran naar Antigua gehaald en op een jacht 'Rio' laten zingen. De andere reden was dat ik wilde dat 'I'm Still Standing' en *Too Low for Zero* goed zouden verkopen. Bernie en ik werkten weer fulltime samen. We hadden tijdens onze proefscheiding een aantal goede nummers geschreven, maar we hadden allebei ingezien dat onze samenwerking pas echt vruchtbaar kon zijn als we samen een heel album maakten. Omdat ik had genoten van de optredens met Dee en Nigel haalde ik mijn hele oude band naar de studio, met Davey op gitaar en Ray Cooper op percussie. Skaila Kanga, met wie ik al bevriend was sinds de Royal Academy, speelde net als op *Elton John* en *Tumbleweed Connection* harp.

We vlogen voor de opnamen naar George Martins studio in Montserrat, waar producer Chris Thomas een eersteklas team geluidstechnici en opnameassistenten had samengesteld: Bill Price, Peggy McCreary, die vlak daarvoor met Prince had gewerkt, en Renate Blauel, een Duits meisje. Ik had daar in 1981 een gedeelte van *Jump Up!* opgenomen, maar dit was anders. Bernie was erbij en het was het eerste album waarop de oude Elton John Band te horen zou zijn sinds *Captain Fantastic* in 1975. Het was alsof een goed geoliede machine opnieuw werd opgestart. Toch klonken we niet als op de platen die we hadden gemaakt in de jaren zeventig. De resultaten klonken heel fris. Ik had geëxperimenteerd met synthesizers en speelde niet meer alleen piano. We hadden sprankelende liedjes zoals 'I Guess That's Why They Call It the Blues', 'Kiss the Bride' en 'Cold as Christmas'. 'I'm Still Standing' klonk als een visitekaartje voor het hele album. De tekst ging over een ex van Bernie, maar werkte ook als een statement in de richting van mijn nieuwe Amerikaanse label, waar ik veel mee te stellen had.

Geffen Records had na zijn oprichting in 1980 jacht gemaakt op grote sterren: naast mij zaten ook onder meer Donna Summer, Neil Young, Joni Mitchell en John Lennon op het label. We hadden ons laten lokken door de reputatie van David Geffen, die in de jaren zeventig The Eagles en Jackson Brown succesvol had gemaakt, en de belofte van complete artistieke vrijheid. Maar mijn eerste album voor het label, *The Fox* (1981), was niet goed verkocht. *Jump Up!* was qua verkoopcijfers een verbetering geweest, maar de enige grote ster die een echte hit voor het label had gehad was John, en dat was doordat hij was vermoord. Voor zijn dood was *Double Fantasy*, zijn album met Yoko, slecht gerecenseerd en matig verkocht. Doodgaan was een wel zeer drastische manier om hits te scoren. Geffen raakte in paniek en kwam met bespottelijke ideeën. Het label ontsloeg Donna Summers producer Giorgio Moroder, die verantwoordelijk was geweest voor al haar hits. Het zette Joni Mitchell in de studio met Thomas Dolby, een wonderkind van de synthesizer, die ongeveer net zo goed bij Joni's muziek paste als een Zwitsers jodelkoor. Uiteindelijk wilde het label zelfs Neil Young aanklagen omdat hij onvoorspelbaar was; als je zijn carrière een beetje hebt gevolgd, weet je dat ze hem net zo goed hadden kunnen aanklagen voor Neil Young zijn. Het beviel me allemaal niet en ik dacht dat 'I'm Still Standing' als een waarschuwingsschot klonk. Een krachtige, zelfverzekerde song met dito boodschap: krijg de klere.

Daar hoorde een krachtige, zelfverzekerde video bij, en die leverde Russell ons. Het was een enorme productie met luchtshots vanuit helikopters en hele hordes dansers in bodypaint en kostuums. Mijn Bentley met open dak werd naar Nice gebracht zodat ik over de Croisette kon cruisen. Er was een choreografie waaraan ik aanvankelijk ook zou meedoen. Maar Arlene Phillips, de choreografe, verbleekte zichtbaar toen ze de bewegingen zag die ik zo zorgvuldig had verfijnd op de dansvloer van Crisco Disco en Studio 54 en besloot direct om mijn bijdrage aan dat aspect van de clip drastisch te beknotten. Uiteindelijk hoefde ik alleen nog maar met mijn vingers te knippen en op het ritme van de muziek over het strand te lopen. Misschien was ze bang dat ik het zo goed zou doen dat ik de professionals te kijk zou zetten en was haar latere opmerking dat ik de slechtste danser was die ze ooit had gezien bedoeld om die mensen niet in verlegenheid te brengen.

De opnamen begonnen om vier uur 's ochtends en gingen de hele dag door. Bij zonsondergang namen we een pauze. Ik ging terug naar mijn hotel, het Negresco, om me op te frissen voor de avondopnamen. In de lobby kwam ik Simon Le Bon tegen. Hij was daar met Duran Duran en ze gingen net naar de bar. Of ik misschien mee wilde? Ik kende hem niet goed, maar ik dacht dat ik van een snelle borrel zou opleven. Ik stond nog in dubio over mijn bestelling toen Simon vroeg of ik weleens een wodkatini had gedronken. Nee, dat had ik niet. Moest ik maar eens proberen.

Er bestaan verschillende verhalen over wat er daarna gebeurde. Ik kan die helaas bevestigen noch ontkrachten, want ik kan me niets meer herinneren, behalve dat ik Duran Duran gezellige gasten vond en dat de wodkatini's soepel naar binnen gleden. Afhankelijk van wie je gelooft heb ik er binnen een uur nog zes of acht gedronken en ook nog een paar lijntjes coke gesnoven. Toen schijn ik te zijn teruggekeerd naar de set, waar ik eerst eiste dat ze alle camera's zouden laten draaien en vervolgens al mijn kleren uittrok en naakt over de grond begon te rollen. John Reid, die als clown was verkleed omdat hij figureerde in het clipje, tekende bezwaar aan. Die interventie nam ik slecht op en ik stompte hem zo hard in zijn gezicht dat ik volgens sommige waarnemers zijn neus heb gebroken. Dat verklaarde die pijnlijke handen, maar ik was diep geschokt. Ik had als volwassene nog nooit iemand geslagen en heb dat later ook nooit meer gedaan. Ik heb zo'n hekel aan fysiek geweld dat ik niet eens naar rugby kan kijken. Maar goed, als ik tegen mijn levenslange gewoonte in iemand een klap moest geven, kon het maar net zo goed John Reid zijn, als wraak voor die keer dat hij mij had geslagen toen we nog samen waren.

John beende weg, pakte de sleutels van mijn Bentley en verdween in de nacht. Er werd pas de volgende dag weer iets van hem vernomen, toen hij Rocket belde en schreeuwde dat ze de Automobile Association moesten bellen. Hij was naar Calais gereden, had het veer naar Dover genomen en daar panne gekregen. De mensen van de wegenwacht zullen wel vreemd hebben opgekeken toen ze een Bentley met open dak aantroffen met achter het stuur een bloedende man in een clownspak.

Na Johns vertrek wist iemand me – zij het niet bij de eerste poging – in mijn kleren te hijsen en heeft Bob Halley me naar boven begeleid. Ik uitte mijn onvrede over zijn bemoeienis door zijn hotelkamer aan barrels te slaan. Als toegift had ik zijn hoed vertrapt. Ik was naar mijn kamer gestrompeld en buiten westen geraakt.

Bob en ik zaten ons op zijn bed te bescheuren van het lachen. Dat was de enige mogelijke reactie op mijn onvergeeflijke gedrag, al heb ik natuurlijk ook een aantal mensen gebeld om mijn excuses aan te bieden. Na die dag had ik eens goed moeten nadenken over mijn gedrag. Maar je voelt 'm waarschijnlijk al aankomen: dat deed ik niet. Het belangrijkste gevolg van wat er in Nice was gebeurd was dat ik besloot meer wodkatini's te drinken.

Dat was vanaf dat moment het vaste begin van een avondje uit: vier of vijf wodkatini's en dan naar een restaurant, L'Orangerie bijvoorbeeld als ik in Los Angeles was. Daar dronk ik bij het eten anderhalve fles wijn en dan gingen we naar mijn huis om te snuiven en blowen. Wodkatini's werden onder meer mijn lievelingsdrankje omdat ze een bonus hadden: ik kreeg er black-outs van, zodat ik 's ochtends niet wist hoe weerzinwekkend ik me de avond ervoor had gedragen. Van tijd tot tijd belde iemand om me eraan te herinneren en dan zei ik sorry. Ik herinner me een woedend telefoontje van Bernie na een avond in Le Dome, een restaurant in Los Angeles waarvan ik mede-eigenaar was, waar ik dronken was geworden en een in mijn ogen dolkomische speech had afgestoken waarin ik onder meer de moeder van John Reid had beledigd. Het was troostrijk om het niet meer te weten. Dan kon ik mezelf voorhouden dat het niet zo erg kon zijn geweest als ze zeiden, of dat het een losstaand voorval was geweest. Want meestal durfde niemand iets te zeggen, gewoon om wie ik was. Dat heb je met succes; het geeft je een vrijbrief om je beroerd te gedragen, een vrijbrief die pas wordt ingetrokken als je geen succes meer hebt, tenzij je mans genoeg bent om hem zelf in te leveren. Maar die twee mogelijkheden speelden in mijn geval nog niet.

Ik was de rest van 1983 op reis. Ik ging op de inmiddels gebruikelijke vakantie met Rod Stewart. We waren al naar Rio de Janeiro geweest voor het carnaval. Kostelijk was dat. We hadden matrozenpakken gekocht om elkaar te kunnen terugvinden in de menigte. We verlieten het hotel, maar er bleek net een groot marineschip te hebben afgemeerd in de haven en de straten waren volgestroomd met grote groepen geüniformeerde matrozen. Nu gingen we op safari naar Afrika. We dachten dat iedereen zou denken dat wij rocksterren ongelikte beren waren, dus we verschenen ondanks de verzengende hitte elke avond in rokkostuum bij het diner. Zo hoopten we onze medereizigers op hun gemak te stellen, maar die mensen, die zich kleedden op een manier die beter bij het klimaat paste, keken ons verontrust aan en leken te denken dat twee maniakken zich bij het safarigezelschap hadden aangesloten.

Daarna ging ik naar China met het team van Watford, dat als eerste Britse ploeg een uitnodiging had gekregen om na het seizoen wat wedstrijden te spelen in dat land. Het was vreemd en fijn om ergens te zijn waar afgezien van mijn reisgenoten niemand wist wie ik was. China was bovendien destijds, voordat het land zich meer openstelde voor het Westen, zeer fascinerend. Toen ik er een paar jaar later met het team terugkeerde, zag je de westerse invloeden binnensijpelen: mensen die rondfietsten met magnetronovens op hun rug, muziek van Madonna in bars. Maar die eerste keer was het alsof je een andere wereld bezocht. Er hing een spookachtige stilte in de stadions, want de communistische partij had om ondoorgrondelijke redenen bepaald dat er tijdens voetbalwedstrijden niet mocht worden gejuicht. We bezochten de graftombe van Mao en zagen hem liggen in zijn kristallen doodskist. Dat was een bizarre ervaring. Ik had in Rusland het lichaam van Lenin gezien, die er prima uitzag, maar er was duidelijk iets niet oké met Mao, of met wat ze met Mao hadden gedaan om zijn lichaam te conserveren. Hij had dezelfde felroze kleur als die schuimachtige garnalensnoepjes die je kinderen vaak ziet eten. Ik wil de mensen die hem hebben gebalsemd niet in diskrediet brengen, maar Mao leek echt over datum te zijn.

In oktober vloog ik naar Zuid-Afrika om op te treden in Sun City, een spectaculair slecht idee. De campagne tegen Sun City was nog niet op stoom gekomen – dat gebeurde pas nadat Queen er in 1984 had gespeeld – maar de zaak was al zeer controversieel en daar had ik alerter op moeten zijn. John Reid verzekerde me dat het geen probleem zou zijn. Er hadden zwarte artiesten in Sun City opgetreden: Ray Charles, Tina Turner, Dionne Warwick en zelfs Curtis Mayfield. Hoe erg kon het zijn als de grote dichter van de mensenrechtenbeweging ermee had ingestemd om daar te spelen? Strikt genomen was het niet eens in Zuid-Afrika, maar in Bophuthatswana. Het publiek was niet raciaal gesegregeerd.

Maar het was wel degelijk een probleem. Het publiek had net zo goed wel gesegregeerd kunnen zijn, want alleen witte Zuid-Afrikanen konden zich kaarten veroorloven. Als ik mijn huiswerk had gedaan, zou ik hebben geweten dat zwarte Zuid-Afrikanen zo woedend waren dat ze de tourbus van Ray Charles met stenen hadden bekogeld en dat zijn concerten in Soweto moesten worden afgezegd. Maar ik ondernam niets en stapte er blindelings in. Het was anders dan ondanks protesten naar Rusland gaan, want de mensen die in Zuid-Afrika leden onder apartheid wilden dat artiesten het land zouden boycotten. Je kon niets positiefs bereiken door erheen te gaan. Het heeft geen zin om te proberen het te rechtvaardigen. Soms verneuk je dingen en dan moet je dat ruiterlijk toegeven. Alle genoemde zwarte artiesten hebben later spijt gekregen van hun beslissing en dat geldt ook voor mij. Na mijn terugkomst heb ik een openbare, door tegen apartheid strijdende activisten opgestelde verklaring getekend waarin ik beloofde er nooit meer naartoe te gaan.

Ondertussen was mijn vader ernstig ziek. Een van mijn halfbroers had me na een optreden in Manchester backstage opgezocht en me verteld dat mijn vader hartproblemen had en een viervoudige bypassoperatie moest ondergaan. Ik was jarenlang op afstand gebleven, maar nu belde ik hem om te zeggen dat ik bereid was te betalen als hij de ingreep wilde laten uitvoeren in een privékliniek. Hij weigerde glashard. Dat was jammer, vooral voor zijn andere kinderen en mijn stiefmoeder. Hij hield van hen en zij hielden van hem. Het zou voor iedereen het beste zijn geweest om zijn gezondheidsproblemen zo snel mogelijk te verhelpen. Maar hij sloeg mijn aanbod af. Ik stelde voor dat we elkaar konden treffen in Liverpool als Watford daar speelde. Dan hoefde hij niet ver te reizen. Hij zei ja. Voetbal was het enige wat ons verbond. Ik kan me niet herinneren dat hij ooit een van mijn concerten heeft bezocht of dat we over muziek hebben gesproken. Mijn muziek was duidelijk niet zijn ding.

Voor de wedstrijd gingen we op mijn uitnodiging lunchen in Hotel Adelphi. Het was goed te doen. We spraken alleen over koetjes en kalfjes. Als we het even niet meer wisten, viel er een ongemakkelijke stilte, wat aantoonde hoe slecht we elkaar kenden. Ik was nog altijd boos over de manier waarop hij me had behandeld, maar dat hield ik voor me. Ik had geen zin in een confrontatie; dat zou de dag hebben verpest, en bovendien was ik nog altijd bang voor hem. Mijn leven was ingrijpend veranderd, maar onze relatie was bevroren in 1958. We zagen de wedstrijd in de voorzittersloge. Watford verloor met 3-1. We speelden nog niet lang in de hoogste divisie en het team vond het zichtbaar intimiderend om in een groot stadion als Anfield Road te spelen. Toch denk ik dat hij heeft genoten, al zag je dat bij hem nooit echt. Ik denk dat ik diep vanbinnen had gehoopt dat hij onder de indruk zou zijn van het feit dat ik voorzitter was van de club waar hij me als kleine jongen mee naartoe had genomen en dat onze supporters over 'het leger van Elton en Taylor' zongen als we hadden gescoord of ten aanval trokken. Als complimentjes voor mijn muziek er niet in zaten, kon ik die misschien wel krijgen voor wat we hadden bereikt met Watford. Maar het is er nooit van gekomen. Ik heb er later vaak over nagedacht. Ik weet niet of het voor hem moeilijk was om zulke dingen tegenover mij te uiten, of dat hij zich geneerde omdat hij ongelijk bleek te hebben gehad over de keuzes die ik ondanks zijn bezwaren had gemaakt. We gingen redelijk vriendschappelijk uit elkaar. We hadden decennialang zonder elkaar geleefd. Er waren geen heerlijke jeugdherinneringen om gedetailleerd te bespreken.

In december 1983 keerden we terug naar Montserrat. *Too Low for Zero* was een grote hit geworden, mijn bestverkochte album in bijna tien jaar – platina in Groot-Brittannië en Amerika, vijf keer platina in Australië – en we besloten voor de opvolger dezelfde formule te hanteren. Bernie schreef alle teksten, de oude Elton John Band verzorgde de muziek en Chris Thomas was de producer. De enige echte wijziging in de teamsamenstelling was dat Renate Blauel werd gepromoveerd van opnameassistent tot geluidstechnicus. Ze werkte zorgvuldig en iedereen – de band, de crew, Chris – mocht haar graag. Ze was rustig, maar taai en zelfverzekerd. Opnamestudio's waren nog mannelijke bastions; er werkten nauwelijks vrouwen. Renate wist een carrière op te bouwen omdat ze ongelooflijk goed was. Ze heeft later ook gewerkt voor The Human League en The Jam.

Ik vloog er op tweede kerstdag naartoe en was in een pesthumeur toen ik aankwam. Mijn moeder en Derf waren voor de kerst naar Woodside gekomen en mama was onmiddellijk vervallen in haar oude rol. Ze annexeerde het huis en behandelde het personeel als oud vuil. Ze had zelfs ruzie geschopt met een van de schoonmaaksters, wat had geleid tot een enorme ruzie met mij. Op kerstavond waren zij en Derf woedend vertrokken.

Maar ik vrolijkte al snel op. Tony King was een dag eerder aangekomen en zou blijven tot na oudjaar. Hij woonde inmiddels in New York en werkte namens RCA met Diana Ross en Kenny Rogers. Hij dronk niet meer en was bij de AA gegaan. Hij zag er fantastisch uit, maar vertelde angstaanjagende verhalen over wat er in de homoscene in Greenwich Village en op Fire Island gaande was met de nieuwe ziekte aids. We klooiden wat aan in de studio; ik bedacht typetjes zoals de bejaarde aristocrate Lady Choc Ice en de lugubere, Nico-achtige zangeres Gloria Doom, en Tony speelde dat hij hen interviewde. We waren grote fans van Steve Jackson, de jongen die Renates oude baan als opname-assistent had overgenomen. Hij was blond en beeldschoon.

Na een paar dagen vertrok Tony naar New York. Ik belde hem daar een paar weken later en zei dat ik nieuws had. 'Ik ga trouwen,' zei ik.

Tony lachte. 'O, ja?' En met wie dan wel? Die smakelijke opnameassistent? Word je de nieuwe mevrouw Jackson?'

'Nee,' zei ik. 'Ik trouw met Renate.'

Tony bleef lachen.

'Tony,' zei ik, 'ik ben serieus. Ik heb Renate ten huwelijk gevraagd en ze heeft ja gezegd. De bruiloft is over vier dagen. Kom je naar Sydney?'

Opeens werd er niet meer gelachen aan de andere kant van de lijn.

Ik had mijn vriendje Gary meegenomen naar Montserrat, een Australiër die ik een aantal jaren eerder had ontmoet in Melbourne. Hij was weer typisch zo'n knappe blonde gijzelaar zoals ik er veel had gehad. Nadat ik voor hem was gevallen, had ik zoals zo vaak zowel zijn leven als het mijne tot een hel gemaakt. Ik had hem zover gekregen dat hij Australië verliet en hij was bij me ingetrokken op Woodside, waar ik hem overstelpte met cadeaus. Toen hij me begon te vervelen, had ik Bob Halley gevraagd hem naar huis te sturen. Dan kwamen we weer in contact, veranderde ik van gedachten en vroeg ik hem weer naar Woodside te komen om vervolgens weer op hem uitgekeken te raken en Bob te vragen een ticket naar Brisbane te regelen. Zo ging het maar door en we kwamen nergens. Waarom ging het altijd zo? Ik wist dat het mijn schuld was, maar ik was te stom om te bedenken wat ik verkeerd deed. Zo werkt cocaïne. Het maakt je egoïstisch en narcistisch, alles moet draaien om wat jij wilt. Het maakt je bovendien volstrekt onvoorspelbaar, zodat je zelf niet eens weet wat je wilt. Dat is al een beroerde combinatie voor het leven in het algemeen, maar voor persoonlijke relaties is het helemaal dodelijk. Als je graag wilt leven in een deprimerende wereld van oneindige, bedrieglijke bullshit, kan ik je cocaïne warm aanbevelen.

Niettemin maakten we in Montserrat het ene nummer na het andere. Een ander lichtpuntje van de sessies was dat ik steeds meer tijd doorbracht met Renate. Ik genoot van haar gezelschap. Ze was intelligent en aardig en grappig, met een Brits gevoel voor humor. Hoewel ze beeldschoon was, leek ze zich daarvan niet bewust te zijn, want ze droeg altijd spijkerbroeken en T-shirts. Ze was een beetje geïsoleerd en eenzaam als enige vrouw in een mannenwereld. En geïsoleerd en eenzaam, daar herkende ik me wel in. We konden het zo goed vinden dat ik haar vaker opzocht dan Gary. Ik verzon redenen om met haar samen te zijn. Na het eten vroeg ik vaak of ze nog even mee wilde naar de studio, zogenaamd om te luisteren naar wat we die dag hadden gedaan; maar ik wilde gewoon met haar praten. Het kwam regelmatig bij me op dat ze alles was wat ik in een vrouw zou willen, als ik hetero was.

Dat was natuurlijk een flinke als. Het was zelfs zo'n grote als dat er een enorme hoeveelheid krom en irrationeel denkwerk nodig zou zijn om hem niet te zien als volstrekt onoverbrugbaar. Maar krom en irrationeel denkwerk was in die tijd een van mijn specialiteiten, dus ik ging meteen aan de slag. Wat als ik niet het probleem was met al mijn relaties? Wat als het lag aan het feit dat het gayrelaties waren? Wat als een relatie met een vrouw me gelukkig kon maken in opzichten waarin relaties met mannen altijd tekort waren geschoten? Wat als het feit dat ik zo genoot van Renates gezelschap geen vriendschappelijke band was tussen twee eenzame mensen die ver van huis waren, maar een plotselinge, onverwachte opleving van heteroseksuele verlangens? Wat als ik al die tijd alleen met mannen had geslapen omdat ik de juiste vrouw niet had gevonden? En als ik haar nu wel had gevonden?

Hoe meer ik erover piekerde, des te meer ik dacht dat het zo zat. Het was een riskante redenering die niet standhield als je er kritisch over ging nadenken. Maar dit was makkelijker voor me dan de waarheid onder ogen te zien.

We waren allebei dronken en zaten in een restaurant dat The Chicken Shack heette toen ik voor het eerst kwam met het idee dat we zouden kunnen trouwen. Renate dacht dat ik een grap maakte en lachte het heel begrijpelijk weg. Er was nog geen spoortje van liefde of romantiek tussen ons geweest, we hadden niet eens gekust. Ieder weldenkend mens zou het erbij hebben gelaten. Maar ik had mezelf er inmiddels van overtuigd dat het een fantastisch idee was. Ik wilde het en het zou in één klap al mijn problemen oplossen. Ik was betoverd door het idee van trouwen en door Renates gezelschap. Ik miste haar als we niet samen waren. Het leek verdacht veel op verliefdheid.

Toen de hele entourage verkaste van Montserrat naar Sydney – de band en ik zouden in Australië gaan touren en Renate en Chris Thomas moesten het album mixen – nam ik haar mee naar een Indiaas restaurant, waar ik mijn aanzoek herhaalde. Ik hield van haar en wilde de rest van mijn leven bij haar zijn. Het was een goed idee om te trouwen. En het moest meteen gebeuren, hier in Australië. Het was 10 februari 1984. We zouden kunnen trouwen op Valentijnsdag. Ik kon het regelen. Het was waanzin, maar het klonk romantisch. Renate zei ja.

We haastten ons terug naar ons hotel, het Sebel Townhouse, lieten iedereen in de bar bij elkaar komen en vertelden het grote nieuws: 'Hé, moeten jullie eens horen!' Het bericht zorgde voor verbijsterde gezichten, vooral bij Gary, die was meegekomen naar Australië en te horen kreeg dat hij voor de zoveelste keer mijn ex-vriendje was. Ik vroeg John Reid en Bernie om mijn getuigen te zijn. Het feestje dat daarop volgde, brak een record; er was nog nooit op een avond zoveel geld uitgegeven in die bar. Iedereen moest zich klemzuipen om het nieuws te kunnen verwerken.

Van de dagen daarna weet ik weinig meer. We moesten een receptie organiseren en een kerk vinden en het was een probleem om in die korte tijd de papieren rond te krijgen. Ik heb in een telefoongesprek met Renates vader om haar hand gevraagd. Hij was een zakenman uit München die zich uiterst schappelijk opstelde als je bedacht dat hij zomaar te horen had gekregen dat zijn dochter vier dagen later zou trouwen met een rockster van wie iedereen wist dat hij homoseksueel was. Ik belde mijn moeder en Derf om hen op de hoogte te brengen. Ze waren net zo verbaasd als de meeste anderen, maar lieten geen bezwaren horen. Dat zou ook geen zin hebben gehad. Ik deed precies wat ik wilde; als iemand me ook maar een strobreed in de weg legde, ging ik schreeuwen of met spullen smijten. Ik ben er niet trots op, maar zo was het. Vrienden die een verklaring zochten voor mijn besluit, kwamen meestal tot de conclusie dat ik ging trouwen omdat ik kinderen wilde. Ik liet hen in die waan – die plausibeler was dan de waarheid – maar kinderen waren wel het laatste wat ik wilde. Ik liep tegen de veertig en gedroeg me vaak zelf als een kind; ik had geen enkele behoefte aan echte kinderen in mijn leven. Misschien was Renate er anders over gaan denken als ze meer tijd had gehad. Maar ik denk het eerlijk gezegd niet.

De bruiloft verliep zo rimpelloos als een bruiloft maar kan verlopen waarbij een van de getuigen van de bruidegom z'n ex-minnaar is, de man aan wie hij zijn maagdelijkheid heeft verloren. Renate droeg een witte kanten jurk met een gouden hanger met diamanten, die ik haar had gegeven als huwelijkscadeau. Ze droeg bloemen in haar haar en zag er prachtig uit. Onze ouders waren er niet. Wel hadden veel vrienden het vliegtuig genomen, onder wie Tony King en Janet Street-Porter. Bernies nieuwe vrouw Toni was een van de bruidsmeisjes. Rod Stewart was verhinderd, maar zijn manager Billy Gaff had een telegram gestuurd: 'You may still be standing, lieverd,' stond erin, 'maar wij liggen verdomme allemaal op de grond.'

We werden op de trappen van de kerk belaagd door fans en paparazzi. Mensen stonden te klappen en te joelen. Iemand speelde uit een raam 'Kiss the Bride' van *Too Low for Zero*, dat ondanks de titel vermoedelijk het minst geschikte nummer is om bij een bruiloft te spelen, met uitzondering misschien van Tammy Wynettes 'D.I.V.O.R.C.E.' Terwijl iedereen me kon horen zingen 'Don't say "I do" – say "bye-bye"' riep een onmiskenbaar Australische stem: 'Je hebt het eindelijk voor mekaar! Lekker bezig, ouwe flikker!'

De receptie, in het Sebel, was natuurlijk uiterst bescheiden. Er waren witte rozen ingevlogen vanuit Nieuw-Zeeland, waar we naartoe zouden gaan voor onze huwelijksreis. Er was kreeft en kwartel en hertenhaas, Château Margaux en Puligny-Montrachet van de beste jaargangen, een bruiloftstaart met vijf verdiepingen, een strijkkwartet. Er werden speeches gehouden en telegrammen voorgelezen. En John Reid sloeg later iemand, een man van *The Sun*, wiens reportage over de bruiloft hem niet beviel. Het feest werd voortgezet in mijn hotelsuite met meer drank en cocaïne.

Dit is het moment om te zeggen dat Renate en ik toen we uit elkaar gingen hebben afgesproken dat we nooit in het openbaar zouden spreken over de intieme details van ons huwelijk. Aan die afspraak zal ik me houden. De waarheid is dat ik niets slechts te zeggen heb over Renate. Hetzelfde geldt voor alle anderen die haar hebben ontmoet. De enige die zich koel tegenover haar opstelde was mijn moeder, en dat had niets te maken met Renate of haar persoonlijkheid. Ik denk dat mijn moeder gewoon niet blij was nu iemand anders dan zij de hoofdrol speelde in mijn leven.

Iedereen in Woodside was inmiddels gewend geraakt aan mijn drugsgebruik en ging er realistisch mee om. Ik herinner me dat Gladys, een van de schoonmaaksters, me op een dag discreet apart nam en zei: 'Ik zag je speciale witte medicijn op de grond liggen toen ik je kamer schoonmaakte, dus ik heb het op je nachtkastje gelegd.' En inderdaad, daar lag het, op het spiegeltje waarop ik lijntjes had gemaakt. Ik zal wel hebben gedacht dat ik met dat gedrag zou stoppen als ik eenmaal een serieuze relatie had. Maar dat had ik verkeerd gezien. Dat had ik heel erg verkeerd gezien.

tien

Ik wil er even op wijzen dat Renate niet trouwde met zomaar een homoseksuele drugsverslaafde. Ze trouwde met een homoseksuele drugsverslaafde wiens leven op het punt stond gierend uit de klauwen te lopen op manieren die hij nooit voor mogelijk had gehouden. De eerste jaren van ons huwelijk waren voor mijn doen redelijk normaal. We keken samen toen Watford de FA Cup-finale verloor. Ik maakte een album, *Ice on Fire*, dat werd geproduceerd door Gus Dudgeon, met wie ik sinds halverwege de jaren zeventig niet meer had samengewerkt. In Groot-Brittannië scoorde ik een grote hit met 'Nikita', een liefdesliedje over een Rus die van Bernie een mannennaam had gekregen. Ik weet niet of hij dat per ongeluk had gedaan of uit kattenkwaad. We gingen samen naar Live Aid en richtten backstage een gebied in met kunstgras en een barbecue, waar we andere artiesten ontvingen. Freddie Mercury was nog helemaal euforisch nadat hij met Queen de show had gestolen en gaf zijn ongezouten freddiaanse mening over mijn podiumkleren: 'Lieverd! Wat had je verdomme op je hoofd? Je leek de koningin-moeder wel!' In de zomer van 1986 bezochten we het afscheidsconcert van Wham! in Wembley Stadium, waar ik George Michaels historische beslissing om de frivoliteit van de popmuziek vaarwel te zeggen en zichzelf uit te roepen tot een volwassen singer-songwriter kracht bijzette door verkleed als Ronald McDonald te arriveren in een Reliant Robin-driewieler.

George wilde als bewijs van zijn nieuwe serieuze inslag 'Candle in the Wind' spelen, maar ik zette op het podium een pubversie in van 'When I'm Sixty-Four'.

Later dat jaar ging het helemaal verkeerd voor me. Het begon toen ik tijdens een Amerikaanse tournee merkte dat er iets mis was met mijn stem. Het was heel raar. Ik kon tijdens een optreden in Madison Square Garden prima zingen, maar als ik niet op het podium stond, kwam ik niet verder dan wat gefluister. Het leek me verstandig om mijn stem tussen optredens door rust te gunnen en er een grap van te maken. Ik droeg backstage een Harpo Marx-pruik en een regenjas en toeterde als ik iets wilde zeggen.

Mijn stemproblemen verergerden toen we Australië bereikten. Mijn nieuwe album kwam net uit toen wij daar arriveerden. Die plaat, *Leather Jackets*, was vermoedelijk de beroerdste die ik ooit heb uitgebracht. Mijn regel was altijd dat ik geen drugs gebruikte in de studio, maar daar had ik me ditmaal niet aan gehouden. De coke had precies het effect op mijn creatieve beslissingen dat je zou verwachten. Ik zette ontstellend slechte nummers op het album. De grote single moest 'Heartache All over the World' worden, een nummer dat zo licht was dat je het met je pink had kunnen optillen. Er stonden oude nummers op die niet goed genoeg waren geweest voor eerdere albums, maar die ik nu na een paar lijntjes had aangezien voor vergeten pareltjes die mijn fans dringend moesten horen. Een van de slechtste nummers was 'Don't Trust That Woman', dat ik samen met Cher had geschreven en dat een ongelooflijk seksistische tekst had. Het was wel duidelijk wat ik van het liedje vond, want ik liet er niet eens mijn eigen naam bij zetten. De credits waren voor Cher en mijn bedachte studiopersonage Lady Choc Ice. Als je een liedje zo intens haat dat je niet eens wilt toegeven dat je het hebt geschreven, is het geen goed idee om het op te nemen en uit te brengen, maar ik was zo ver heen dat zulke logica niet aan me was besteed.

Niet de hele plaat was slecht: 'Hoop of Fire' was sterk, zeker in vergelijking met de andere nummers op de plaat, en 'I Fall Apart' was het zoveelste bewijs van Bernies onvoorstelbare talent om me woorden aan te reiken die mijn situatie zo volmaakt weergaven dat je ging denken dat ik ze zelf had geschreven. Niettemin kon niemand met twee oren aan zijn hoofd ontkennen dat *Leather Jackets* een wanproduct was.

Vandaar dat ik van de bijbehorende tournee iets bijzonders wilde maken, een evenement dat ambitieus en spectaculair genoeg was om mijn fans te laten vergeten hoe slecht de plaat was. Ik vroeg Bob Mackie om met de kostuums alles uit de kast te halen, en zo gebeurde het dat ik in de vs beurtelings optrad met een gigantische roze hanenkampruik met luipaardhuid aan de zijkanten, een andere pruik die was gebaseerd op het explosieve kapsel van Tina Turner in de jaren tachtig en een outfit die eruitzag alsof Mozart was toegetreden tot een glamrockband, een wit pak met pailletten in combinatie met een achttiende-eeuwse pruik, witte make-up en een *tache de beauté*. Die Mozart-outfit was bedoeld als een ironisch commentaar op de tweede helft van het optreden, waarin ik me liet begeleiden door het Melbourne Symphony Orchestra. Daarmee was ik iedereen voor die me eventueel pretentieus zou noemen omdat ik, een rockster, me gedroeg als een beroemde componist.

Samen met een orkest op tournee gaan en rock-'n-roll spelen was destijds helemaal nieuw. Het betekende dat ik de nummers van mijn vroege platen exact zou kunnen spelen zoals ze waren opgenomen, compleet met de prachtige arrangementen van Paul Buckmaster. Gus Dudgeon werd ingevlogen om de supervisie te voeren over het geluid. We gaven elk instrument van het orkest een microfoon – ook dat was nog nooit gedaan – en de resultaten waren verpletterend. Je wist niet wat je hoorde als in 'Madman Across the Water' de strijkers inzetten. Het was een overweldigende ervaring; als de cello's en bassen op gang kwamen, voelde ik het podium trillen onder mijn voeten. En dat was maar goed ook, want de ster van de show wist nauwelijks geluid voort te brengen.

Het was even bizar als verontrustend. Ik had geen flauw idee wat er zou gebeuren als ik op het podium mijn mond opende. Soms klonk ik prima. Maar soms kwaakte ik en schuurde ik en kon ik bepaalde noten niet halen. Om de een of andere reden had ik er meer last van bij praten dan bij zingen. Dan kwam er letterlijk niets uit mijn mond als ik een nummer wilde inleiden. Het was alsof de gebeden van bepaalde critici waren verhoord en iemand een knop had gevonden om me uit te zetten.

Het was duidelijk foute boel. Ik bleef enige tijd vertrouwen op het middeltje tegen keelpijn dat Leon Russell me in 1970 backstage in The Troubadour had gegeven: gorgelen met een cocktail van honing, ciderazijn en het heetste water dat ik kon verdragen. Het hielp niet. Pas na een optreden in Sydney waarin de luidste geluiden die ik voortbracht niet tijdens, maar tussen de nummers door kwamen – als ik zware hoestbuien had en speeksel rochelde in een kleurenschema waarbij de creaties van Bob Mackie verbleekten – besloot ik een afspraak te maken met de keel-, neus- en oorspecialist John Tonkin.

De dokter onderzocht mijn strottenhoofd en zei dat ik cysten op mijn stembanden had. Hij kon nog niet zeggen of die goed- of kwaadaardig waren. In dat laatste geval zou het voorbij zijn. Dan moest mijn strottenhoofd worden verwijderd en zou ik nooit meer kunnen spreken, laat staan zingen. Een biopsie moest uitsluitsel geven. Toen keek hij me fronsend aan. 'Je rookt wiet, hè?'

Ik verstijfde. Ik was joints gaan roken om het effect te temperen van alle coke die ik gebruikte, maar had al snel gemerkt dat wiet me ook prima beviel. Het was een ander soort drug dan coke of drank. Ik dacht dat het me socialer maakte, al was er een overweldigende hoeveelheid bewijs dat het me juist aanzette tot onmogelijk asociaal gedrag.

Ik kreeg van marihuana geen zin om te feesten of dagen aan één stuk op te blijven. Ik moest er veel van lachen en het liet muziek fantastisch klinken. Ik vond het vooral heerlijk om stoned naar Kraftwerk te luisteren. Hun muziek was zo simpel en hypnotiserend en zichzelf herhalend. Omdat ik nu eenmaal ik was, kon ik niet gewoon van tijd tot tijd een joint roken en genieten van *Trans-Europa Express* en *The Man-Machine*. Ik werd meteen net zo'n veelgebruiker als bij alle andere middelen. Tegen de tijd dat de Australische tournee begon, had ik een crewlid aangesteld dat niet veel meer deed dan joints voor me rollen. Hij had altijd en overal een schoenendoos vol wiet bij zich.

Toen dokter Tonkin vroeg of ik wiet rookte, besloot ik de details over die jointroller te verzwijgen. 'Zo nu en dan,' kraste ik. Dokter Tonkin rolde met zijn ogen, zei streng: 'Je bedoelt waarschijnlijk "heel vaak"', en zei dat ik moest stoppen. Het was mogelijk dat de wiet de rechtstreekse oorzaak was van de cysten. Helpen deed het zeker niet. Ik heb daarna nooit meer een joint gerookt. Ik was in die periode niet bepaald iemand die zich op het gebied van drank en drugs aan zijn voornemens hield. Ik had ontelbaar vaak tegen mezelf gezegd dat ik nooit meer zou gebruiken als ik weer eens een vreselijke kater had, en was die woorden meteen weer vergeten zodra de kater was vertrokken. Soms hield ik me enkele maanden aan mijn voornemen, maar vroeg of laat verviel ik toch weer in dat gedrag. Maar er bleek niets zo goed te werken om me te helpen stoppen als pure doodsangst, en geen woord is zo angstaanjagend als 'kanker'. Dokter Tonkin zei ik dat ik de rest van de Australische tournee moest afzeggen, maar dat weigerde ik te doen. We hadden nog een week optredens in Sydney voor de boeg. De kosten van afzeggen zouden kolossaal zijn geweest; er waren meer dan honderd musici en we wilden een film van de concerten opnemen en een liveplaat uitbrengen. Maar wat voor mij nog belangrijker was: als de kans bestond dat ik moest stoppen met zingen, wilde ik die dag zo lang mogelijk uitstellen.

Ik koos dezelfde stoïcijnse houding ('The show must go on!') toen ik de band en crew vertelde hoe het was gegaan. Maar nadat ik de inmiddels vertrouwde bar van het Sebel Town House was binnengelopen en krassend had verkondigd dat ik misschien keelkanker had, barstte ik in de tranen uit. Ik kon er niets aan doen. Ik was ontzettend bang. Zelfs als de operatie succesvol was, zelfs als de biopsie negatief was, bestond de kans dat mijn carrière over was. Ik wist dat Julie Andrews' stem volledig was verwoest na een operatie om cysten op haar stembanden te verwijderen.

We maakten de tournee af. Luttele minuten voor het laatste optreden in het Sydney Entertainment Centre, dat live zou worden uitgezonden op tv, was ik zo ziek en bang dat ik het gebouw uitrende. Terwijl ik me weg haastte, hoorde ik het orkest de ouverture spelen. Toen kwam ik Phil Collins tegen, die zo laat mogelijk was gekomen om niet te worden lastiggevallen door fans. Hij was zichtbaar verbaasd toen hij de ster van de avond het pand zag verlaten. 'Hé Elton... wacht eens, waar ga je heen?' vroeg hij. 'Naar huis!' riep ik zonder te blijven staan.

Het was niet de eerste keer dat ik de benen nam op een moment dat ik bijna het podium op moest. Een paar jaar eerder was ik bij een kerstshow in Hammersmith Odeon woedend weggelopen tussen het einde van de set en de toegift. Mijn auto was al

De onwaarschijnlijkste popster van Groot-Brittannië neemt zijn gouden platen in ontvangst. Stephen James, Bernie, ik en Dick James in het kantoor van DJM.

(*links*) Met mijn oma, Ivy Sewell, een schat van een mens; (*rechts*) Ik doe weer eens mijn best om Rod Stewart te overschaduwen.

(*boven*) Hare Koninklijke Hoogheid Tony King, wier loyale onderdaan John Lennon vanuit haar rokken verschijnt.

(*rechts*) Bagagelabels van de overtocht met de ss France. Tijdens deze reis schreef ik overdag *Captain Fantastic and the Brown Dirt Cowboy* en versloeg ik 's avonds al mijn concurrenten bij bingo.

Repetitie met John in de Record Plant in New York City, de dag voor het optreden op Thanksgiving in Madison Square Garden.

Op de landingsbaan met het Starship, dat net een nieuw likje verf heeft gekregen om te voldoen aan mijn wensen.

‘O, denk je dat ik geen piano kan spelen als ik dat draag? Laat dat maar aan mij over.’

Ik rijd in een golfkarretje met een lichtgevende bril en een strikdas op de voorkant naar de onthulling van mijn ster op de Hollywood Walk of Fame. Je kunt goed zien hoe blij ik was met dit evenement.

Met de fantastische Billie Jean King en Bernie, respectievelijk de inspiratie voor en de schrijver van 'Philadelphia Freedom'.

Met Bernie in Tower Grove Drive in LA in de jaren zeventig. De gevolgen van rampzalige experimenten met het verven van mijn haar zijn al goed zichtbaar.

Op het Wembley-podium met Stevie Wonder in 1977. Niemand weet het nog, maar ik sta weer eens op het punt om bekend te maken dat ik ga stoppen met optreden.

(*boven*) In Studio 54 voor een feestje van Roberta Flack. Naast me zitten Andy Warhol, Jerry Hall en Ahmet Ertegun. Het moet wel vroeg op de avond zijn, want mijn twee ogen kijken dezelfde kant op.

(*links*) In Leningrad met Ray Cooper, in 1979.

(*links*) Central Park, september 1980. Ik draag het Donald Duck-kostuum waarin ik niet goed kon lopen of zitten.

(*onder*) Het andere belangrijke samenwerkingsverband van mijn carrière: Graham Taylor, de trainer van Watford, bespreekt de tactiek met zijn voorzitter, 1983.

Backstage bij Live Aid met de grootse Freddie Mercury, die even hiervoor de show had gestolen en me monter liet weten dat ik er op het podium uitzag als de koningin-moeder.

Omdat George Michael de frivoliteit van de popmuziek achter zich wilde laten, verkleedde ik me voor het afscheidsoptreden van Wham! in juni 1986 als Ronald McDonald.

bij de Hogarth Roundabout toen ik bedaarde en besloot terug te keren. Dat was op zo'n tien minuten rijden van de zaal. Maar toen we wilden terugrijden, beseften we dat dat vanwege eenrichtingsverkeer een stuk langer zou duren. Verbijsterend genoeg zat het publiek er nog toen ik terugkwam.

Ditmaal had ik me al bedacht voordat ik bij de auto was. Het werd het beste concert van de hele tournee. Ik werd gaande gehouden door de gedachte dat ik misschien nooit meer zou zingen. 'Don't Let the Sun Go Down on Me' was die avond het hoogtepunt. Mijn stem was rauw en hees, maar ik denk niet dat ik dat nummer ooit beter heb gezongen. Het was toch al zo'n indrukwekkende song met dat immense orkest erachter, maar die avond leek elke regel een nieuwe betekenis te hebben en andere nuances te bevatten.

Na de tournee liet ik in een Australisch ziekenhuis de operatie uitvoeren. Het had niet beter kunnen gaan. Er was geen kanker. De cysten werden verwijderd. Na mijn herstel merkte ik dat mijn stem permanent was veranderd, maar de verandering beviel me goed. Mijn stem was dieper en ik kon geen falset meer zingen, maar mijn nieuwe geluid beviel me prima. Ik klonk voller en volwassener en mijn stem had een ander soort kracht. Ik kon niet geloven hoezeer ik had geboft. Ik vond dat 1987 slecht was begonnen, maar dat het vanaf dat moment alleen maar beter kon worden. Dat had ik totaal verkeerd ingeschat.

De eerste kop verscheen in februari 1987 in *The Sun*: ELTON JOHN IN ZEDENSCHANDAAL MET JONGENS. Achteraf begrijp ik wel dat het een kwestie van tijd was voordat *The Sun* me zou aanvallen: ik was gay en succesvol en hield mijn meningen niet voor me. In de ogen van zo'n blad ben je dan rijp voor een vendetta. De hoofdredacteur van destijds, Kelvin MacKenzie, was zo giftig dat Milieubescherming een cordon sanitaire om hem heen had moeten leggen. *The Sun* was onder zijn leiding geen krant, maar een dagelijks experiment om te zien hoeveel racisme, vrouwenhaat, xenofobie en vooral homofobie je in vierenzestig tabloidpagina's kon proppen. Je kunt amper aan iemand die *The Sun* in de jaren tachtig niet kende uitleggen hoe vilein de krant was. Ze behandelden mensen, of ze nu beroemd waren of niet, als stront. Ze vonden een maas in de wet en noemden de namen van verkrachtingsslachtoffers voordat er iemand voor het misdrijf was gearresteerd. Ze boden homo's geld aan om het land te verlaten: GA MAAR, GAYS, WIJ BETALEN ER GRAAG VOOR. Toen de acteur Jeremy Brett op zijn sterfbed lag vanwege hartfalen, stuurde *The Sun* verslaggevers naar het ziekenhuis om te vragen of hij aids had. En de lezers werden gerustgesteld: die ziekte kon je niet oplopen door heteroseks.

Mijn mond viel open toen ik het verhaal over mezelf las. Het grappige was dat tientallen mannen over de hele wereld een goed verhaal vol seks en drugs over me hadden kunnen vertellen: ex-vriendjes, mannen die na een onenightstand ontevreden waren afgedropen. Maar als ik hun eerste exposé moest geloven, had *The Sun* iemand gevonden die ik nog nooit had ontmoet en die bovendien had verteld over een orgie in het huis van Rod Stewarts manager Billy Gaff die ik niet had bijgewoond.

Ik moet er eerlijk bij vertellen dat iemand met wie ik echt naar bed was geweest nooit zo'n verhaal had kunnen vertellen. Het punt was nog niet eens dat het van begin tot eind was verzonnen, wat het overigens wel was. Het punt was dat het van begin tot eind was verzonnen door een tierende krankzinnige. Hij beweerde dat ik voor de orgie een 'krap leren broekje' had aangetrokken. *Een leren broekje?* Ik heb in de loop van mijn leven allerlei bespottelijke outfits gedragen, maar ik heb me nog nooit voorbereid op een nacht vol passie door me in een leren broekje te hijsen. Ik probeer iemand met me naar bed te laten gaan; dan wil ik niet dat hij gillend van het lachen wegrent. Ook zou ik met 'een seksspeeltje' hebben gezwaaid en zag ik eruit 'als Cleopatra'. Maar natuurlijk! Cleopatra, de laatste heerseres van de Ptolemaeïsche dynastie, de minnares van Julius Caesar en Marcus Antonius en de beroemdste zwaaier van dildo's en drager van leren broekjes uit de geschiedenis.

Het was in zekere zin om te lachen. In een ander opzicht was er niets leuks aan. Er werd bijvoorbeeld gesuggereerd dat de gigolo's minderjarig waren. Als je een leugen vaak genoeg herhaalt, gaan mensen denken dat het waar is, zeker als het in de krant staat. Wat als mensen dit gingen geloven? Wat moest ik dan? Mijn moeder en Derf zouden het lezen, misschien zelfs mijn oma. En tante Win natuurlijk; zij werkte in een kiosk. Ik kon me voorstellen hoe ze zich zou voelen als ze de exemplaren van *The Sun* in ontvangst nam of als ze die krant verkocht aan mensen die wisten wie haar neef was en haar zouden uitlachen.

Mijn eerste aandrang was dat ik me zou opsluiten in Woodside om een reeks wodkatini's te drinken. Toen belde Mick Jagger. Hij had het verhaal gezien en had goede raad voor me. Hij zei dat ik de krant in geen geval moest aanklagen. Toen hij een gerechtelijk bevel had laten uitvaardigen tegen *The News of the World* nadat die krant in de jaren zestig abusievelijk had beweerd dat hij tegen een undercover journalist had opgeschept over zijn drugsgebruik, hadden ze wraak genomen door hem te bespioneren, wat had geleid tot de beruchte politie-inval in Redlands. Jagger en Keith Richards waren in de gevangenis beland voordat hun straf vanwege grootscheepse publieke verontwaardiging was teruggedraaid. Merkwaardig genoeg had ons gesprek het tegenovergestelde effect van wat Mick wilde bereiken. Ik vertelde hem dat het me koud liet wat de pers over me schreef. Ik werd een enkele keer boos over een slechte recensie of een kwetsende opmerking, maar dat hoort bij beroemd zijn. Je moet tegen een stootje kunnen. Maar waarom zou ik toestaan dat ze leugens over me publiceren?

Ik kon bewijzen dat het artikel niet klopte. Op de dag dat ik, gekleed als een kruising van een figurant in een clip van The Village People en een majorette met een dildo, in het huis van Billy Gaff zou zijn geweest, had ik in New York met Tony King geluncht en met Bob Mackie de details van mijn Tina Turner-pruik besproken. Dat kon ik aantonen met vliegtickets en rekeningen van restaurants en mijn hotel. Ik had geld genoeg om het blad voor de rechter te slepen. Stik er maar in. Ik ging ze aanklagen.

Na het eerste gerechtelijke bevel publiceerde *The Sun* meer en meer verhalen met meer en meer leugens. Telkens als zo'n verhaal verscheen, liet ik een gerechtelijk bevel voor laster uitvaardigen. Soms waren de leugens heel akelig; zo zou ik jonge gigolo's hebben betaald om over me heen te plassen. Andere waren ronduit bizar. Ze beweerden dat ik rottweilers had met doorgesneden stembanden: ELTONS STILLE MOORDENAARS. Het enige probleem met dit verhaal was dat ik geen rottweilers had, maar alleen twee Duitse herders, die oorverdovend begonnen te blaffen toen de dierenbescherming langskwam om te kijken of ze wel goed werden verzorgd. *The Sun* bleef onverstoorbaar doorgaan, ook nog toen het allang duidelijk was dat het publiek er niets van wilde weten. Hun schrijfsels gingen ook niet ten koste van mijn populariteit. De verhalen werden over de hele wereld gepubliceerd, maar het livealbum dat we hadden opgenomen tijdens de Australische tournee werd een grote hit (platina in de VS), en de versie van 'Candle in the Wind' van dat album haalde totaal onverwacht de top tien in zowel de VS als het VK. Het ging wel ten koste van *The Sun* zelf. De verkoopcijfers van het blad daalden elke keer als ze weer eens een verhaal over me op de voorpagina plaatsten. Ik weet niet of de mensen beseften dat het allemaal gelogen was, of dat ze het zagen als een oneerlijke hetze, of dat ze de hele affaire oninteressant vonden.

Omdat ze begrepen dat ze in de problemen zaten, ging *The Sun* wanhopig op zoek naar belastend materiaal dat aan me zou blijven kleven. Ik werd overal gevolgd. Toen ik in hotel Century Plaza in Los Angeles verbleef, bleek dat mijn suite in het penthouse werd afgeluisterd. Mijn advocaten hadden ons gewaarschuwd – het was de suite waar president Reagan altijd zat – dus we hadden de kamer laten nalopen door de FBI. Het was duidelijk dat iemand me bang wilde maken en me wilde dwingen mijn advocaten in toom te houden. Ze boden vijfhonderd pond aan iedere gigolo die bereid was te zeggen dat hij met me had geslapen. Er waren talloze gegadigden, maar die waren allemaal zo ongeloofwaardig dat zelfs *The Sun* ervoor terugdeinsde om hen te gebruiken.

Ze kwamen niet verder dan wat polaroids die waren gestolen uit mijn huis, foto's van een jaar of tien geleden. Op een van de foto's was te zien dat ik een man pijpte. Ze publiceerden de foto's en ik schaamde me dood. Ik probeerde mezelf te troosten met de gedachte dat ik weer eens een primeurtje had; ik was de eerste artiest in de geschiedenis die met twee opeenvolgende elpees op 1 binnenkwam in de Amerikaanse albumlijsten, de eerste met zeven opeenvolgende Amerikaanse nummer 1-hits en de eerste die pijpend in een nationaal dagblad stond. Bovendien toonde het aan hoe wanhopig *The Sun* inmiddels was. Homoseksuele man zuigt aan penis; je wint er niet bepaald journalistieke prijzen mee. Het artikel zei meer over de journalist die het had geschreven dan over mij. Het hing aan elkaar van termen als 'walgelijk' en ‘geheime perversie’. Hoe saai moet je seksleven zijn als pijpen het toonbeeld is van onvoorstelbare losbandigheid?

Ik ging maandenlang door. Uiteindelijk lagen er zeventien gerechtelijke bevelen. Ik zou je graag vertellen dat ik geen moment heb getwijfeld aan mijn uiteindelijke overwinning, maar zo was het niet. Soms ging het prima met me. Dan was ik boos en strijdbaar. Maar er waren ook dagen vol verdriet, wanhoop en zelfs schaamte. Ik had de dingen waarvan ik werd beschuldigd niet gedaan, maar ik wist dat ik mezelf kwetsbaar had gemaakt voor een aanval zoals deze. Mijn drugsgebruik was een publiek geheim. Ik had geen seks gehad met minderjarigen, maar ik kon moeilijk beweren dat ik altijd kieskeurig was geweest in mijn partnerkeuze. Een paar jaar eerder had iemand met wie ik het bed had gedeeld zich voordat hij vertrok een ring met saffieren en diamanten, een horloge en wat cash toegeëigend. Ik maakte me zorgen over het proces, want mijn hele privéleven zou op straat komen te liggen en ik had geen idee wat *The Sun* uit de kast zou halen om me zwart te maken.

Ik nam uit angst mijn toevlucht tot mijn gebruikelijke gedrag als het me allemaal te veel werd. Ik sloot me op in mijn kamer, zoals ik als kind had gedaan als mijn ouders ruzie hadden, en negeerde wat er aan de hand was. Het enige verschil was dat ik nu een flinke voorraad drank en drugs meenam. Ik at drie dagen niet, werd dan wakker met enorme honger en propte mezelf vol. Dan raakte ik in paniek over mijn gewicht en sprong ik op en neer totdat ik moest overgeven. Ik had boulimia, al kende ik die naam nog niet. Ik wist wel dat je sommige levensmiddelen er makkelijker weer uitgooide dan andere. Zware dingen zoals brood waren lastig; dan zat je eindeloos over de pot heen gebogen te kokhalzen. Ik besefte dat zachte dingen goed waren en hield er een bizar dieet op na. Als ik een vreetbui had, zag ik twee pakken koekjes en een paar liter pindakaasijs van Haägen-Dazs als een volwaardige maaltijd. Ik propte alles naar binnen en liet het dan weer omhoogkomen. Ik sloop weg om over te geven en dacht dat niemand het zag. Ze zagen het natuurlijk wel, want als ik terugkwam rook ik naar kots en was het alsof ik had gehuild omdat je van overgeven wateroogjes krijgt. Maar niemand durfde me erop aan te spreken omdat ze bang waren voor de gevolgen. Mijn dieet en mijn gedrag van toen komen me nu weerzinwekkend voor, maar destijds was het mijn tweede natuur. Het was gewoon wie ik was.

Als het allemaal heel erg werd, zocht ik steun bij twee troostrijke gedachten. De eerste was dat ik in mijn conflict met *The Sun* het gelijk aan mijn zijde had. Als er ook maar een woord waar was geweest van wat ze schreven, had ik het niet aangedurfd om de krant aan te klagen. Het tweede was dat ik, hoe vreselijk het ook kon worden, mensen kende die er veel erger aan toe waren dan ik en die de kracht hadden gevonden om te dealen met problemen die mijn ellende in de schaduw stelden. Ik had enkele jaren eerder in de wachtkamer van een arts een artikel in *Newsweek* gelezen over de Ryan White, een tiener uit Indiana, wiens verhaal me zowel angst aanjoeg als inspireerde. Ryan, die aan hemofilie leed, had door een bloedtransfusie aids opgelopen, een ziekte die me erg bezighield. John Reids assistent Neil Carter was de eerste persoon die ik kende die eraan was gestorven. Drie weken nadat de ziekte bij hem was vastgesteld, was hij dood. Daarna was er geen houden aan. Elke keer als ik met Tony King in Amerika sprak, waar de epidemie al verder was voortgeschreden, vertelde hij me over alweer een oude vriend of een vriend van een vriend die ziek was. John Reids secretaresse Julie Leggatt was de eerste Britse vrouw bij wie aids werd geconstateerd. Mijn ex-vriendje Tim Lowe was positief. Dat gold ook voor een andere ex, Vance

Buck, een lieve, blonde jongen uit Virginia, die een groot fan was van Iggy Pop en wiens foto op de binnenhoes staat van mijn album *Jump Up!*, vlak onder de tekst van 'Blue Eyes'. Gary Osborne en ik dachten aan hem toen we dat nummer schreven. Het was vreselijk. Iedere homoseksuele man die de jaren zeventig en tachtig heeft meegemaakt, kan je hetzelfde verhaal vertellen. Iedereen is mensen verloren en iedereen herinnert zich een klimaat van angst.

Maar het was niet alleen het feit dat Ryan White aids had. Het was wat hem overkwam omdat hij de ziekte had. Hij was in Kokomo, zijn woonplaats, verstoten. De directeur van zijn schooldistrict had hem verboden lessen bij te wonen omdat hij zijn klasgenoten kon besmetten. Hij en Jeanne, zijn moeder, moesten een langdurige juridische strijd leveren. Toen de dienst onderwijs van Indiana hem in het gelijk stelde, wilde een groep ouders een dwangbevel tegen hem laten uitvaardigen. Ze mochten in de gymzaal van de school een veiling organiseren om geld in te zamelen om zijn terugkeer te verhinderen. Toen dat mislukte, richtten ze een andere school op zodat hun kinderen niet bij Ryan in de buurt hoefden te komen. Hij werd op straat uitgejouwd, iemand spoot het woord FLIKKER op zijn kluisje en zijn bezittingen werden beschadigd. De banden van Jeannes auto werden stuk gesneden en er werd een kogel in het raam van hun huis geschoten. Toen de plaatselijke krant Ryan steunde, ontving de redactie doodsbedreigingen. Zelfs hun methodistische kerk keerde hun de rug toe. Tijdens de zegening in de paasdienst wilde niemand in de gemeente Ryans hand schudden en 'vrede zij met je' tegen hem zeggen.

Ryan en Jeanne bleven zich ongelooflijk waardig, moedig en vol mededogen opstellen. Ze waren christenen die werkelijk leefden volgens het gedachtegoed van Christus en vergaven de mensen die hun leven, dat toch al niet makkelijk was, tot een hel hadden gemaakt. Ze veroordeelden nooit iemand, maar probeerden alleen te onderwijzen. Ryan groeide uit tot een intelligente, sympathieke, welbespraakte woordvoerder voor mensen met aids in een periode waarin de ziekte nog werd gedemoniseerd als Gods wraak op homo's en drugsverslaafden. Toen ik hoorde dat hij een fan was van mijn muziek en me wilde ontmoeten, nam ik contact op met zijn moeder om hen uit te nodigen voor een concert dat ik gaf in Oakland. De volgende dag zijn we samen naar Disneyland geweest. Ik vond ze een fantastisch stel. Jeanne deed me denken aan de vrouwen in mijn familie, vooral mijn oma. Ze kwam uit een arbeidersmilieu en was rechtdoorzee, hardwerkend en aardig. Een vrouw met een kern van onbreekbaar staal. Ryan was een heel bijzondere jongen. Hij was zo ziek dat ik hem in een rolstoel door Disneyland moest duwen, maar ik nam geen woede in hem waar. Hij was niet verbitterd, hij bezweek niet onder de druk. Hij vroeg niet om mededogen of sympathie. Toen ik met hem sprak, kreeg ik de indruk dat hij wist dat hij niet lang meer had en dat hij zijn schaarse tijd niet wilde verspillen aan zelfmedelijden of woede. Daar was het leven letterlijk te kort voor. Hij was een prachtig mens dat zijn leven zo normaal mogelijk wilde leven. Ik was diep onder de indruk van die twee.

We hebben daarna contact gehouden. Ik belde soms, of ik liet bloemen sturen, vroeg of ik hen ergens mee kon helpen. Ik zocht Ryan op als ik maar even de kans had. Toen ze het in Kokomo niet meer volhielden, leende ik Jeanne geld om met haar gezin naar Cicero te verhuizen, een stadje vlak buiten Indianapolis. Ik wilde haar het geld geven, maar ze wilde absoluut dat het een lening zou zijn. Ze stelde zelfs een contract op dat ik moest ondertekenen. Altijd als ik me hopeloos voelde over mijn eigen situatie, dacht ik aan Ryan en Jeanne, die in een vreselijke situatie echte moed toonden. Nu even geen zelfmedelijden, zei ik dan tegen mezelf. Gewoon aan de slag.

Niettemin hield ik me op de vlakte totdat Michael Parkinson me zijn hulp aanbood. Ik was in de jaren zeventig in zijn praatprogramma geweest en had Michael Caine begeleid op een barpiano terwijl hij 'Maybe It's Because I'm a Londoner' zong. Parkinson en ik waren bevriend geraakt. Hij nam contact met me op toen de eerste verhalen verschenen in *The Sun* en vertelde dat hij op ITV het nieuwe praatprogramma *One on One* ging presenteren, waarin hij per aflevering slechts één gast zou ontvangen. Wilde ik misschien naar Leeds komen en aanschuiven? Ik twijfelde, maar hij hield voet bij stuk.

'Ik doe dit niet voor mezelf,' zei hij. 'Ik doe het voor jou. Ik ken jou en ik weet hoe *The Sun* opereert. Je spreekt je niet in het openbaar uit, maar dat moet je wel doen. Als je zwijgt, gaan de mensen denken dat je iets te verbergen hebt.'

En dus verscheen ik in zijn programma. Als je de clips bekijkt op YouTube, zie je hoe zwaar de situatie me aangreep. Ik was ongeschoren en onopvallend gekleed, zag er verwilderd en bleek uit. Maar het ging goed. Het publiek stond duidelijk aan mijn kant. Toen Michael begon over *The Sun*, vertelde ik dat ik had ontdekt dat ze hadden geprobeerd de receptioniste van mijn arts om te kopen om mijn medische dossiers door te spelen.

'Ik denk dat ze mijn sperma willen onderzoeken,' zei ik. 'Best raar, want als je de verhalen mag geloven die ze hebben afgedrukt, hebben ze daar al emmers vol van gezien.'

Niet lang daarna vertelde de gigolo die de eerste beschuldigingen had geuit dat hij alles had verzonnen en me nooit had ontmoet. 'Ik houd niet eens van zijn muziek,' voegde hij eraan toe. Op de ochtend waarop de eerste lasterzaak zou dienen, gaf *The Sun* zich over. Ze boden aan te schikken voor een miljoen pond. Dat was de grootste schadevergoeding voor laster in de Britse geschiedenis, maar het was nog altijd een goede deal voor de krant. Als de zaak was voorgekomen, hadden ze me miljoenen moeten betalen. Die avond hoefde ik me niet voor te bereiden op het getuigenbankje, maar zag ik Barry Humphries alias Dame Edna Average optreden in het Theatre Royal op Drury Lane. Ik heb me suf gelachen. Na afloop bleven we hangen in de West End om de eerste editie van de ochtendkrant te zien arriveren bij de kiosken. *The Sun* drukte gedwongen verontschuldigingen altijd zo klein mogelijk af en verstopte ze op pagina 28. Maar ik had geëist dat de excuses net zo groot moesten zijn als de beschuldigingen: koeienletters, op de voorpagina: SORRY ELTON.

Veel mensen zeiden dat het een historische overwinning was die de Britse kranten veranderde, maar ik ben er niet zo zeker van dat *The Sun* echt is veranderd. Twee jaar later publiceerde de krant de meest notoire leugens uit zijn geschiedenis, over het gedrag van Liverpool-fans tijdens de tragische brand in het Hillsborough-stadion. Het verifiëren van feiten heeft op de redactie duidelijk niet opeens de hoogste prioriteit gekregen. Mij gingen de kranten wel anders behandelen, want ze hadden gezien dat ik juridische stappen ondernam als ze dingen verzonnen. Ik heb dat een paar jaar later nog eens gedaan, toen *The Daily Mirror* beweerde dat ik tijdens een feestje in Hollywood tegen mensen had gezegd dat ik een fantastisch nieuw dieet had ontdekt en dat ik mijn eten niet doorslikte, maar uitspuugde: ELTONS DIEET DES DOODS. Ik was op dat moment niet eens in Amerika. Ik kreeg 850.000 pond, die ik aan een goed doel schonk. Het ging niet om het geld. Het punt was dat ik iets duidelijk wilde maken. Je mag over me zeggen wat je wilt. Je mag zeggen dat ik een talentloze, kale oude nicht ben. Ik zal je waarschijnlijk een klootzak vinden omdat je het zegt, maar als het verboden was om je kleurrijk uit te laten over anderen, zat ik al jaren achter de tralies. Maar je mag niet over me liegen. Als je dat doet, sleep ik je voor de rechter.

Renate en ik zijn begin 1988 gescheiden na een huwelijk van vier jaar. Het was een verstandig besluit, maar ik voelde me afschuwelijk. Ik had het hart gebroken van iemand van wie ik hield en die onvoorwaardelijk van mij hield, iemand die niets te verwijten viel. Ik zou het haar niet hebben kwalijk genomen als ze me financieel had uitgekleed; alles wat verkeerd was gegaan, was louter en alleen mijn schuld. Maar daar was Renate te beschaafd en fatsoenlijk voor. Ik had haar veel pijn gedaan, maar er was geen bitterheid. De pers verscheen nog jarenlang bij haar huis als er iets met me aan de hand was omdat de journalisten hoopten dat Renate uit de school zou klappen, maar dat heeft ze nooit gedaan. Ze zei altijd alleen dat ze met rust gelaten wilde worden.

Ik heb haar na de scheiding nog één keer gezien. Ze verhuisde van Woodside naar een prachtig huisje in een klein dorpje. Er was tussen ons veel gebeurd, maar we hielden nog altijd van elkaar. Toen ik kinderen kreeg, heb ik haar uitgenodigd om naar Woodside te komen. Ik wilde dat ze hen zou zien, ik wilde haar zien, ik wilde dat ze deel zou uitmaken van onze levens en dat wij deel zouden uitmaken van het hare. Maar ze wilde niet komen en ik heb niet aangedrongen. Ik moet haar gevoelens respecteren.

elf

Het was de toestand waarin de squashbaan verkeerde die me duidelijk maakte dat mijn verzameldrift enigszins uit de hand was gelopen. Toen ik net in Woodside was gaan wonen, was ik dol geweest op de squashbaan. Ik daagde al mijn bezoekers uit voor een potje. Maar nu speelde niemand meer squash, want je kon de baan niet meer op. De ruimte stond boordevol kisten en dozen, die allemaal vol zaten met dingen die ik had gekocht. Op tournee, tijdens vakanties, bij veilingen, noem maar op. Ik kon al die spullen niet uitpakken omdat er in het hele huis letterlijk geen ruimte was om nog iets neer te zetten. Elke vierkante centimeter muur hing vol met schilderijen, posters, gouden en platina platen, ingelijste onderscheidingen. Het hele huis was bezaaid met stapels platen. De speciale platenkamer was een labyrint: gang na gang vol plafondhoge kasten waarin alles stond wat ik sinds mijn jeugd had gekocht. Ik bezat nog altijd de 78 toerenplaten die ik als kind van mijn zakgeld bij Siever's in Pinner had gekocht. Op de labels had ik met inkt 'Reg Dwight' geschreven en er zaten foto's van de artiesten, die ik uit tijdschriften had geknipt, op de hoesjes geplakt. De kamer was inmiddels te klein omdat ik de platenverzameling van de radioproducer Bernie Andrews had overgenomen, die voor de BBC *Saturday Club* had gemaakt en had samengewerkt met John Peel. Hij bezat alle singles die tussen 1958 en 1975 in Groot-Brittannië waren uitgebracht, duizenden en nog eens duizenden van die dingen. Een groot gedeelte was natuurlijk ontzettende troep. Zelfs in de gouden jaren van de popmuziek waren er meer slechte plaatjes gemaakt dan goede. Maar het appelleerde aan mijn verzameldrift. Alle Britse singles bezitten! Het was alsof mijn wildste jongensdromen waren uitgekomen.

Als ik alleen platen had verzameld, was het nog te doen geweest. Maar dat was niet zo. Ik verzamelde alles: kunst, antieke spullen, kleren, stoelen, sieraden, glaswerk. Ik had schitterende art-decovazen en lampen van Gallé en Tiffany die gewoon op de grond stonden omdat er geen plaats was op de tafels. Dat was tamelijk ongelooflijk als je bedacht hoeveel meubelen ik in alle kamers had weten te proppen. Wie door het huis liep, moest een route vinden door de duurste hindernisbaan van de wereld. Als je je voet niet goed neerzette of te snel omdraaide – en ik garandeer je dat die dingen zomaar kunnen gebeuren als je met grote regelmaat drank en drugs consumeert – kon je iets breken met een waarde van duizenden ponden. Dat was dus niet lekker ontspannen wonen. Als er bezoek was, zat ik voortdurend te brullen dat ze voorzichtig moesten zijn en goed moesten opletten. Als ik zo nu en dan mijn hoofd om de hoek van de squashbaan stak – daar was net genoeg ruimte voor, als je maar je adem inhield – zonk de moed me in de schoenen. Dingen bezitten had me al van jongs af aan gelukkig gemaakt, maar nu was het overweldigend geworden. Wat moest ik in vredesnaam doen met al die spullen?

Een paar maanden nadat Renate en ik uit elkaar waren gegaan, bedacht ik een radicale oplossing. Ik ging het verkopen. Alles. Elk schilderij, alle aandenkens, alle meubels, alle kunstvoorwerpen. Alle kleren en sieraden en glazen, alle cadeaus die fans me hadden gestuurd. Alles in het hele huis, behalve de platen. Ik nam contact op met Sotheby's, het veilinghuis dat niet lang daarvoor een grote postume verkoop had georganiseerd van de bezittingen van

Andy Warhol, en zei dat ik alles van de hand wilde doen. Het huis stuurde experts naar Woodside om eens rond te kijken. De experts zagen er nogal bleek uit toen ze vertrokken. Ik weet niet of ze uit het veld geslagen waren door de enorme omvang van wat ik wilde laten veilen – een van hen had me toegefluisterd dat ik de grootste privéverzameling meubels van Carlo Bugatti ter wereld bezat – of dat ze waren geschrokken van de onontkoombare lelijkheid van veel van mijn spullen. Ik hield mezelf voor dat ik een goed oog had ontwikkeld voor kunst en meubilair, maar kitscherige troep was ook aan mij besteed. Vergeleken met bepaalde spullen in mijn huis waren mijn oude podiumoutfits het toonbeeld van smaakvol understatement. Er was bijvoorbeeld een beeld van een bonobo in kleding in edwardiaanse stijl dat een fan me had gestuurd met een briefje waarin hij uitlegde dat het beeld de futiliteit van oorlog voorstelde. Er was een radio in de vorm van een pop in een doorschijnend negligé; op haar tieten zaten knoppen om het volume te regelen en zenders te zoeken. Ik bezat een stel koperen badkranen waaraan grote teelballen van doorzichtig plastic hingen.

Ik besloot een aantal originele scripts van *The Goon Show* die ik compleet met de handgeschreven aantekeningen van Spike Milligan op een veiling had gekocht te houden, en ook vier schilderijen: twee Magrittes, een portret dat Francis Bacon had gemaakt van zijn minnaar George Dyer en waarover mensen me in 1973 hadden verteld dat ik krankzinnig was om er 30.000 pond voor te betalen, en *The Guardian Readers*, het schilderij van Patrick Procktor dat de cover sierde van mijn album *Blue Moves.* Verder mocht alles weg.

Laat me voordat je de verkeerde indruk krijgt even zeggen dat het absoluut niet mijn bedoeling was om een simpeler, zinvoller leven te leiden door me te bevrijden van het juk van het consumentisme en me te ontdoen van materiële bezittingen. Als iemand dat dacht, moesten ze snel op hun schreden terugkeren toen ik Sotheby's bezocht om de geplande veiling te bespreken. Hoewel ik daar zogenaamd was om te overleggen hoe ik mijn wereldse bezittingen zou verkopen, kocht ik twee schilderijen van de Russische avant-gardisten Igor en Svetlana Kopystiansky. Het was vooral dat ik een nieuwe start wilde maken. Ik wilde Woodside compleet laten renoveren en herinrichten. Ik wilde niet meer wonen in het huis van een dolgedraaide popster. Ik wilde me thuis voelen.

Sotheby's had drie dagen nodig om alles te vervoeren van Woodside naar een pakhuis in Londen. Ze moesten vier verschillende veilingen houden. Een veiling voor podiumkleding en memorabilia, een voor sieraden, een voor art deco en art nouveau en een die 'verschillende collecties' heette, met alles van zeefdrukken van Warhol tot koffers en Schotse bonttasjes, want daar bleek ik er ook ooit twee van te hebben gekocht.

Ik gebruikte een foto van een gedeelte van de kavels voor de cover van mijn nieuwe album, dat ik *Reg Strikes Back* had genoemd. Dat leek me na alle gebeurtenissen van 1987 een passende titel. Sotheby's stelde slechts ongeveer een kwart van het aanbod tentoon op kijkdagen, maar dat was genoeg om het Victoria and Albert Museum te vullen. Bizar genoeg kwam oud-premier Edward Heath kijken. Hij was wellicht geïnteresseerd in een stel badkranen met teelballen van doorzichtig plastic. De veilingen waren een groot succes. Ze moesten dranghekken neerzetten om de toegestroomde mensenmassa in bedwang te houden. Er werden schilderijen verkocht voor het dubbele van de verwachte opbrengst. Dingen waarvan ik had gedacht dat fans er een paar pond voor over zouden hebben werden verkocht voor duizenden ponden. Alles ging van de hand: de bonobo die de futiliteit van de oorlog symboliseerde, de radio in de vorm van een pop in een negligé. Ze verkochten zelfs de banieren die Sotheby's had opgehangen om de veiling te promoten.

Ik ben niet gaan kijken. Ik had Woodside verlaten op de dag dat de verhuisauto's kwamen en ben daarna twee jaar niet in dat huis geweest. Ik wist het toen nog niet, maar tegen de tijd dat ik zou terugkomen, was mijn leven nog ingrijpender veranderd dan mijn huis.

Ik besloot naar Londen te verhuizen terwijl het huis werd leeggehaald. Aanvankelijk verbleef ik in een hotel, de Inn on the Park, de locatie voor het beroemde verhaal dat ik de burelen van Rocket belde en vroeg of ze iets wilden doen aan de wind die me wakker hield. Dit zou het ideale moment zijn om voor eens en voor altijd duidelijk te stellen dat er sprake is van een broodjeaapverhaal, dat ik nooit gek genoeg ben geweest om mijn label te vragen iets aan het weer te doen, dat ik last had van de wind en een kamer wilde waar het rustiger was. Helaas kan ik je dat niet vertellen, want het verhaal klopt. Ik was wel degelijk gek genoeg om Robert Key te bellen, de internationale manager van Rocket, en hem te vragen om iets te doen aan de wind die rond mijn hotelkamer raasde. Ik wilde zeer zeker geen andere kamer. Het was elf uur 's ochtends, ik was de hele nacht op geweest en overal lagen drugs. Het laatste wat ik wilde was dat het hotelpersoneel zou opdraven om me te helpen verkassen naar een andere verdieping. Ik vertelde Robert woedend hoe het zat. Ik moet hem nageven dat hij korte metten maakte met mijn verzoek. Hoewel hij zijn hand over de telefoon hield, hoorde ik hem tegen de anderen op kantoor zeggen: 'Mijn god, ze is nu echt helemaal doorgedraaid.' Toen richtte hij zich weer tot mij. 'Elton, ben je nou godverdomme helemaal van de pot gerukt? Hang op en ga naar bed.'

Ik huurde een huis in het westen van Londen, maar ik was een groot deel van de tijd op tournee in Amerika. Ik was verliefd geworden op een zekere Hugh Williams, die in Atlanta woonde. Ik was ook vaak in Indianapolis. Ryan White was sinds zijn verhuizing naar Cicero gelukkiger geworden, maar de voortgang van zijn ziekte was niet te stuiten. In het voorjaar van 1990 belde Jeanne me met het nieuws dat hij vanwege een acute ontsteking van de luchtwegen met spoed was opgenomen in het Riley Hospital for Children, waar hij aan de beademing lag. Ik ben er onmiddellijk naartoe gevlogen. Ik heb een week lang geprobeerd me nuttig te maken terwijl Ryan dan weer buiten bewustzijn raakte en dan weer bijkwam. Ik had geen idee wat ik kon doen. Ik ruimde de kamer op, haalde broodjes en ijs, zette bloemen in vazen en kocht knuffels voor de andere jonge patiënten op de afdeling. Ik trad op als Jeannes assistent en handelde haar telefoontjes af. Ik deed voor haar de dingen waar ik Bob Halley voor betaalde. Ryan was zo zichtbaar geweest als voorvechter voor de belangen van aidspatiënten dat hij een beroemdheid was geworden. Toen bekend werd dat hij stervende was, werd Jeanne overstelpt met mensen die hun hulp aanboden. Het werd haar te veel. Ik hield de telefoon bij Ryans oor toen Michael Jackson belde. Ryan kon alleen nog maar luisteren. Hij was te verzwakt om te antwoorden.

Als ik in mijn hotel zat, moest ik steeds denken aan Jeanne en Andrea, haar dochter. Ze moesten machteloos toezien terwijl Ryan langzaam en pijnlijk stierf. Ze hadden gebeden voor een wonder dat was uitgebleven. Ze hadden alle recht om boos te zijn en wrok te koesteren. Maar die gevoelens hadden ze niet. Ze waren stoïcijns en vergevend, geduldig en aardig. Zelfs onder deze vreselijke omstandigheden genoot ik van hun gezelschap, maar ze zorgden er ook voor dat ik me ging schamen op een manier die ik nog nooit had ervaren. Ik was de helft van mijn leven boos en wrokkig geweest over irrelevante zaken. Ik was iemand die over de telefoon tegen zijn werknemers schreeuwde omdat het weer bij mijn luxueuze hotel me niet aanstond. Wat er ook allemaal schortte aan mijn jeugd, zo was ik niet opgevoed. Hoe was ik zo geworden? Ik had mijn gedrag altijd voor mezelf weten te rechtvaardigen of er grappen over gemaakt. Dat lukte me nu niet meer: het echte leven had mijn bubbel van roem lekgeprikt.

Omdat bekend was dat ik in Indianapolis was, werd me gevraagd of ik in het Hoosier Dome wilde spelen tijdens een festival voor Farm Aid, een organisatie die was opgezet door Neil Young, Willie Nelson en John Mellencamp. Het zou een enorm evenement worden met onder meer Lou Reed, Carl Perkins en Guns N' Roses. Ik had mijn medewerking met alle liefde toegezegd, maar nu wilde ik niet gaan omdat ik Jeanne niet alleen wilde achterlaten bij Ryans ziekbed. Ik wist dat het einde naderde. Ik haastte me erheen en trad zonder band op in de kleren die ik in het ziekenhuis had gedragen. Ik raffelde 'Daniel' en 'I'm Still Standing' af, droeg 'Candle in the Wind' op aan Ryan en rende van het podium af. Ik was binnen een uur terug in het ziekenhuis. Ik was aanwezig toen Ryan de volgende ochtend, 8 april, om 7.11 uur overleed. Hij was achttien. Het was een maand voor de diploma-uitreiking van zijn middelbare school.

Jeanne vroeg of ik bij de begrafenis de kist wilde dragen en of ik wilde optreden. Ik zong 'Skyline Pigeon' met een foto van Ryan op mijn piano. Het was een nummer van mijn eerste album *Empty Sky*, een van de eerste goede dingen die Bernie en ik hadden geschreven, met toepasselijke tekstregels als: 'Dreaming of the open, waiting for the day that he can spread his wings and fly away again.' De begrafenis was een groot evenement, dat live werd uitgezonden op CNN. Michael Jackson en first lady Barbara Bush waren gekomen. Overal waarden persfotografen rond en honderden mensen stonden buiten in de regen. In sommige gevallen waren het mensen die het leven van de Whites tot een hel hadden gemaakt toen ze in Kokomo woonden; ze kwamen Jeanne excuses aanbieden en vroegen om vergiffenis.

Ryan lag in een open kist. Na de dienst liepen zijn familie en beste vrienden langs de kist om afscheid te nemen. Hij droeg zijn vale denimjasje en een zonnebril met spiegelglazen. Hij had die kleren zelf gekozen. Ik legde mijn handen op zijn gezicht en vertelde hem dat ik van hem hield.

Ik was in een merkwaardige stemming toen ik terugkeerde naar mijn hotel. Het was niet alleen rouw; er borrelde nog iets anders in me. Ik was boos op mezelf. Ik moest steeds denken aan het feit dat Ryan in zo weinig tijd zoveel had gedaan om mensen met aids te helpen. Een joch dat niets had, had een verandering teweeggebracht in de publieke perceptie. Ronald Reagan, die tijdens zijn presidentschap zijn uiterste best had gedaan om aids te negeren, had een stuk geschreven dat *The Washington Post* die ochtend publiceerde, waarin hij Ryan prees en zich beklaagde over de 'angst en onwetendheid' die rond de ziekte heersten. Ik was de bekendste gay rockster van de wereld. Ik had jarenlang hulpeloos toegezien terwijl vrienden, collega's en ex-minnaars een afschuwelijke dood stierven. Jaren later liet ik hun namen graveren op een plaquette die ik aan de muur van het kapelletje in Woodside liet hangen. Maar wat had ik gedaan? Nagenoeg niets. Ik liet me elk jaar testen op hiv en miraculeus genoeg was ik altijd negatief. Ik had opgetreden tijdens een paar benefietconcerten en meegewerkt aan een single voor het goede doel, een versie van 'That's What Friends Are For' van Burt Bacharach met Dionne Warwick, Stevie Wonder en Gladys Knight. Dat nummer was in de vs de bestverkochte single van het jaar geworden en we hadden er drie miljoen dollar mee opgehaald. Ik had een aantal door Liz Taylor georganiseerde evenementen bijgewoond om fondsen te werven, want ik kende Liz al jaren. Ze was in het echt heel anders dan haar grootse publieke imago. Ze was aardig en warm en ontzettend grappig. Ze had een fantastisch gevoel voor humor, heel grof en Brits. Je moest wel altijd je sieraden in de gaten houden als ze in de buurt was. Ze was geobsedeerd. Als je iets droeg wat haar beviel, zette ze al haar charme in om je net zo lang te bewerken totdat je het aan haar gaf. Je liep haar kleedkamer in met een horloge van Cartier om je pols. Als je vertrok, had je het niet meer en wist je niet hoe ze je het had ontfutseld. Ik denk dat ze dezelfde talenten inzette voor fondsenwerving. Ze had het lef om iets te doen: ze was betrokken bij de oprichting van de American Foundation for AIDS Research en hield Hollywood alert, hoewel iedereen haar had verteld dat haar carrière schade zou oplopen als ze zich zou inzetten voor aids.

Ik had haar voorbeeld moeten volgen. Ik had in de frontlinie moeten staan. Ik had mijn hoofd net als Liz op het hakblok moeten leggen. Ik had in protestmarsen moeten lopen met Larry Kramer en Act-Up. Alles wat ik tot nu toe had gedaan kwam oppervlakkig en showbusinessachtig op me over. Singles voor het goede doel. Evenementen om geld in te zamelen. Ik had mijn roem moeten gebruiken als een platform om aandacht te vragen en het verschil te maken. Ik was er ziek van.

Mijn humeur werd nog slechter toen ik de beelden van de begrafenis zag. Het was een prachtige dienst en mijn optreden was gepast en waardig. Maar ik schaamde me elke keer als de camera op me inzoomde. Ik zag er vreselijk uit. Dat had niets te maken met de tragedie van Ryans dood, maar alles met mijn manier van leven. Ik was pafferig en grauw. Mijn haar was witgrijs. Ik oogde uitgeput en ziek. Ik was drieënveertig, maar zag eruit als zeventig. Ik was er beroerd aan toe. Het roer moest om.

Maar nog niet meteen. Ik vertrok uit Indianapolis en mijn leven ging op de oude voet verder, op de manier die ik 'normaal' vond. Ik had voordat Ryan ziek was geworden een plaat opgenomen die ik moest promoten; dat was er in de aanloop naar zijn dood niet van gekomen. We hadden *Sleeping with the Past* opgenomen in Puk, een studio op het Deense platteland. Dat hadden we deels gedaan om geen last te hebben van de pers, die overal opdook vanwege mijn scheiding, en deels om het gedrag te vermijden dat tijdens de sessies voor *Leather Jackets* zo alledaags was geweest. In zekere zin betaalde de keuze zich uit. Zelfs ik kon diep in de Deense provincie geen drugs scoren. Het was hartje winter, ijskoud, compleet verlaten. Op de maan zou je meer kans hebben gehad om een cokedealer te vinden. Maar we trokken elke avond naar het nabijgelegen plaatsje Randers, waar we ons in de kroegen vergaapten aan het drinkgedrag van de Denen. Schatten van mensen, hartstikke aardig, altijd bereid om een potje met me te darten om mijn competitieve inborst te paaien. Maar zodra er drank in de buurt was, zag je dat ze van de Vikingen afstamden. Ik had niet moeten proberen die lui bij te benen, maar opnieuw liet mijn competitieve inborst zich gelden. De schnaps die de plaatselijke bevolking dronk, was een dodelijk goedje dat ze Noordzeeolie noemden. Ik was er al snel aan gewend om op de grond wakker te worden in iemands woning. Dan zat mijn tong vastgeplakt aan mijn verhemelte en was ik ervan overtuigd dat de alcoholvergiftiging me nu eindelijk fataal zou worden. Een aantal andere crewleden trof het nog slechter. Op de verjaardag van onze producer Chris Thomas had ik een brassband ingehuurd om in alle vroegte bij hem aan te kloppen en 'Happy Birthday to You' te zingen. Je zult je kunnen indenken hoe heerlijk dat moet hebben geklonken voor een man met een epische kater.

Schnaps, kroegen en katers. Laten we niet vergeten dat ik het dan over de werkweek heb. In de weekends nam ik het er soms een beetje van. Dan vloog ik naar Parijs om te feesten. Op de Rue de Caumartin had je de heerlijke gayclub Boy. Eigenlijk vond ik mezelf te oud voor clubs, maar ik bleef maar naar Boy teruggaan voor de muziek. Laurent Garnier en David Guetta dj'den daar. House en techno namen de Parijse clubs over en ik vond het allemaal net zo nieuw en opwindend en gedurfd als disco in de jaren zeventig. Als ik 'Good Life' van Inner City hoor, zie ik nog altijd de dansvloer van Boy tot ontploffing komen.

Ondanks mijn bezoekjes aan Parijs en de copieuze hoeveelheden Noordzeeolie die we dronken, maakten we een heerlijk album. We wilden een plaat maken met invloeden van de soul die ik in de jaren zestig in nachtclubs had gespeeld; vandaar de titel *Sleeping with the Past*. Je kunt het goed horen in nummers als 'Amazes Me' en 'I Never Knew Her Name'. Het enige nummer waarover ik twijfelde was de ballade 'Sacrifice', waarmee ik weer eens het onfeilbare commerciële instinct etaleerde op grond waarvan ik ooit had gedreigd Gus Dudgeon te zullen wurgen als 'Don't Let the Sun Go Down on Me' zou worden uitgebracht. Ik zei dat ik 'Sacrifice' niet op het album wilde hebben. Ze wisten me om te praten, maar toen wilde het label het nummer als een single uitbrengen. Dat vond ik ronduit stupide, want het was een ballade van vijf minuten die niemand op de radio zou draaien. Aanvankelijk zetten ze het op de B-kant van 'Healing Hands', een nummer dat naar mijn smaak meer hitpotentie had. De single deed echter niet veel totdat in juni 1990, bijna een jaar later, de diskjockey Steve Wright besloot de tekst op het label te negeren en in zijn show op Radio One de achterkant te draaien. Nog geen drie weken later had ik mijn allereerste Britse nummer 1.

Indachtig mijn gevoelens over mijn respons op de aidscrisis

besloot ik alle royalty's te doneren aan vier Britse liefdadigheidsinstellingen die iets aan aids probeerden te doen. Ook liet ik weten dat ik hetzelfde voortaan zou doen met de opbrengst van al mijn singles. Ik gaf geld aan Stonewall, een nieuwe organisatie die opkwam voor LGBT-rechten na de invoering van Section 28, een recent in Groot-Brittannië aangenomen wet die het lokale overheden en scholen verbood om homoseksualiteit te 'promoten'. Toen ik optrad bij de op televisie uitgezonden uitreiking van de International Rock Awards sprak ik de presentator, de homofobe komiek Sam Kinison, aan op zijn grappen, die vaak over aids gingen. Een week na Ryans begrafenis had hij die gebeurtenis in het radioprogramma van Howard Stern bespot. Ik zei dat ik daar met grote tegenzin was, dat Kinison een varken was en dat men hem niet als presentator had moeten inhuren. Zijn reactie was ongelooflijk. Hij begon te zeuren dat ik hem mijn excuses moest aanbieden en dat ik 'ver over de schreef' was gegaan. Een man die lachte om stervende 'flikkers' en wiens act was gebaseerd op kwetsen en zeggen wat niet mag worden gezegd was dodelijk beledigd omdat iemand iets onaardigs over hem had gezegd. Hij kon wel uitdelen, maar niet incasseren. Naar mijn excuses kon hij fluiten.

Ik speelde een paar benefietoptredens voor de stichting van Ryan bij de opening van Donald Trumps nieuwe casino in Atlantic City. Ik had Jeanne uitgenodigd, maar het waren geen geweldige optredens. Ik hield mezelf overeind met drank en drugs en speelde verre van foutloos. Het was niet dramatisch: ik vergat een paar tekstregels en verhaspelde een paar pianoloopjes. Ik betwijfel of het iemand in het publiek was opgevallen en de bandleden zeiden er niets van. Ik ben nooit een fan geweest van uitvoerige analyses achteraf, dat je bij elkaar gaat zitten om te praten over wat er allemaal verkeerd is gegaan. Ik zeg het liever als mensen heel goed waren en ga niet urenlang zaniken over een paar foutjes. Maar in mijn hart wist ik dat ik een van mijn ongeschreven regels had geschonden. Ik was heus weleens van het podium gerend omdat ik pathetisch naar een lijntje snakte. Maar ik had er een punt van gemaakt om nooit drugs te gebruiken voor een optreden; dan deed ik het publiek tekort, vond ik.

Toen ik weer in Atlanta was, wilde Hugh me iets vertellen. Hij was klaar met drank en drugs. Hij wist dat hij niet zou kunnen stoppen zonder hulp en had besloten naar een afkickkliniek te gaan. Hij had een behandelingsprogramma geboekt in Sierra Tucson, de kliniek waar Ringo Starr enkele jaren eerder was behandeld voor zijn drankprobleem. Hij zou nog die dag vertrekken.

Je zou denken dat ik dit nieuws van harte zou verwelkomen na wat er was gebeurd in Indianapolis: de schaamte die ik had gevoeld in het gezelschap van Ryans moeder en zus, de schok bij het zien van de beelden van mijn optreden bij de uitvaart. Ik had moeten vragen of de kliniek voor mij ook plaats had. Maar nee, ik ging uit mijn dak van woede. Ik was witheet. Hugh was mijn handlanger; als hij inzag dat hij een probleem had, moest ik ook een probleem hebben. In feite zei hij dat ik verslaafd was.

Hij was niet de eerste die suggereerde dat ik hulp nodig had. Mijn butler Mike Hewitson had me toen hij niet meer voor me werkte een weldenkende brief gestuurd: 'Je moet stoppen met deze nonsens, niet al die troep in je neus stoppen.' Ik reageerde door anderhalf jaar niet met hem te praten. Ook Tony King had geprobeerd met me te praten. Hij was bij me geweest met Freddie Mercury. Naderhand had Freddie tegen hem gezegd dat ik problemen leek te hebben en dat Tony moest ingrijpen. 'Je moet voor je vriend zorgen,' had hij gezegd. Dat oordeel had zwaar moeten wegen, zeker omdat het was uitgesproken door

Freddie, die wat drank en drugs betreft geen heilige was. Maar ik deed wat Tony te zeggen had af als de schijnheilige preek van een herstellende alcoholist. Een paar jaar eerder had ook George Harrison tijdens een krankzinnig feest in een huis in Los Angeles dat ik had gehuurd geprobeerd om tot me door te dringen. Ik had overal in de tuin lichtjes laten ophangen, liet Bob Halley de barbecue bedienen en had iedereen die ik kende en die in de buurt was uitgenodigd. Halverwege de avond, toen ik al ver heen was, kwam er een morsige vent binnenlopen die ik niet herkende. Wie was dat verdomme? Waarschijnlijk was hij personeel, een tuinman of zo. Ik sprak hem op luide toon aan en vroeg waarom de tuinman meende recht te hebben op een drankje. Er viel een pijnlijke, geschokte stilte, die werd verbroken door de stem van Bob Halley: 'Elton, dat is niet de tuinman. Dat is Bob Dylan.'

Ver uit mijn bol van de coke en gretig om het goed te maken rende ik op Dylan af. Ik greep hem beet en liep met hem naar het huis. 'Bob! Bob! Wat doe je in die vreselijke kleren, man. Kom mee naar boven, dan leen ik je wat spullen. Kom op, lieverd!'

Bob keek me geschokt aan. Zijn blik deed vermoeden dat hij wanhopig probeerde iets te bedenken wat hij nog minder graag zou doen dan zich verkleden als Elton John, maar dat hem niets te binnen schoot. Dit was in de late jaren tachtig. Ik had niet lang daarvoor een roze pak gecombineerd met een strohoed met bovenop een schaalmodel van de Eifeltoren, dus we kunnen het Bob niet echt kwalijk nemen. Maar ik liet me, vol van het zelfvertrouwen dat je opdoet van cocaïne, niet uit het veld slaan. Terwijl ik nog altijd probeerde hem de tuin uit te loodsen, hoorde ik de onmiskenbare, bijtende stem van George Harrison met dat Liverpoolse accent roepen: 'Elton! Misschien moet je dimmen met het witte poeder.'

Bob wist te ontkomen aan de verkleedpartij, maar dat deed

niets af aan het feit dat een van The Beatles en plein public had gezegd dat ik iets aan mijn cocaïneverslaving moest doen. Ik had er maar om gelachen.

Maar ditmaal lachte ik niet. Het beruchte temperament van de familie Dwight werd in alle hevigheid ontketend. Misschien drong het nu extra goed tot me door omdat ik na Indianapolis wist dat Hugh gelijk had. We kregen een vreselijke ruzie. Ik schreeuwde en zei allerlei afschuwelijke, kwetsende dingen van het soort dat zich later tegen je keert, dingen waar ik jaren later opeens weer aan moest denken en waar ik me enorm voor schaamde. Maar die dag richtten ze niets uit. Hughs besluit stond vast en hij vertrok die middag naar Arizona.

Ondanks de akelige manier waarop we afscheid hadden genomen vroeg Hugh me of ik hem wilde opzoeken in de kliniek. Dat was een grote vergissing. Ik was binnen twintig minuten weer weg, al was dat voor mij lang genoeg om ongekend veel stennis te schoppen. Ik ontplofte opnieuw: de kliniek was een strontPERSON, de therapeuten waren engerds, hij werd gehersenspoeld, hij moest onmiddellijk vertrekken. Toen hij dat niet wilde doen, beende ik weg om in een vliegtuig naar Londen te stappen.

Toen ik was geland, ging ik rechtstreeks naar mijn huurhuis, waar ik mezelf opsloot. Ik zat twee weken lang in mijn eentje in de slaapkamer, waar ik coke snoof en whisky achteroversloeg. Als ik al iets at, kotste ik het meteen weer uit. Ik bleef dagen aan één stuk wakker om naar porno te kijken en nog meer drugs te gebruiken. Ik nam de telefoon niet op en deed de deur niet open. Als er iemand aanklopte, bleef ik daarna nog uren in doodse stilte zitten, verstijfd van paranoia en angst. Ik durfde niet te bewegen omdat ik bang was dat ze er nog stonden en me in de gaten hielden.

Soms zette ik muziek op. Ik luisterde eindeloos vaak naar

'Don't Give Up' van Peter Gabriel en Kate Bush en huilde om de tekst: 'No fight left or so it seems, I am a man whose dreams have all deserted.' Ik werkte dagenlang aan nutteloze lijstjes van platen die ik bezat, liedjes die ik had geschreven, mensen met wie ik wilde samenwerken, voetbalteams die ik had zien spelen. Alles om maar de tijd te doden, om een reden te hebben om meer drugs te nemen, de slaap op afstand te houden. Ik werd verwacht bij een bestuursvergadering van Watford, maar ik belde om te zeggen dat ik me niet lekker voelde. Ik waste me niet, kleedde me niet aan. Ik hing maar wat rond en masturbeerde in een ochtendjas waar ik overheen had gekotst. Het was ranzig en gruwelijk.

Soms wilde ik Hugh nooit meer zien. Soms wilde ik niets liever dan met hem praten, maar ik kon hem niet te pakken krijgen. Hij was verkast naar een reïntegratiecentrum en na mijn uitbarsting in de afkickkliniek wilde niemand me vertellen waar hij zat. Ik werd uiteindelijk zo ziek dat ik besefte dat het voorbij was. Dat ik het niet zou redden. Als ik nog een paar dagen zo zou doorgaan, zou ik sterven aan een overdosis of een hartaanval. Was dat wat ik wilde? Ik wist dat het niet zo was. Ondanks mijn zelfdestructieve gedrag wilde ik mezelf niet echt te gronde richten. Ik wist niet hoe ik moest leven, maar ik wilde niet dood. Ik wist Hughs ex-vriendje Barron Segar op te sporen, die me vertelde dat hij in een reïntegratiecentrum in Preston zat, vier uur ten noorden van Tucson. Ik belde Hugh. Hij klonk nerveus. Hij zei dat hij me wilde ontmoeten, maar onder bepaalde voorwaarden. Ik moest eerst met zijn counselor praten. Hij wilde me zien omdat er dingen waren die hij tegen me wilde zeggen, maar die wilde hij alleen zeggen als ik ook een counselor zou meenemen. Hij bleef vaag, maar ik kreeg de indruk dat het een soort interventie was. Ik aarzelde even, maar de toestand waarin ik mezelf ervan kon overtuigen dat alles wel beroerd ging, maar dat ik intelligent genoeg en succesvol genoeg en rijk genoeg was om alles zelf op te lossen, was een gepasseerd station. Ik was te ongelukkig en schaamde me te zeer om dat nog te proberen. Dus zei ik ja. Ik wilde alles doen wat maar nodig was.

Robert Key reisde met me mee en Connie Pappas kwam naar het vliegveld van Los Angeles om ons op te pikken. Ik belde Hughs counselor, die zei dat onze ontmoeting een onderdeel moest zijn van Hughs therapie. We moesten allebei een lijst maken van dingen die ons niet bevielen aan de ander en die hardop voorlezen. Hoewel ik doodsbang was, zei ik ja.

De volgende dag zat ik in een piepkleine hotelkamer in Prescott tegenover Hugh. We zaten zo dicht bij elkaar dat onze knieën contact maakten. Ik las mijn lijst als eerste voor. Ik zei dat ik het vervelend vond dat Hugh niet netjes was. Hij liet altijd zijn kleren slingeren. Hij stopte zijn cd's na het luisteren niet terug in de doosjes. Als hij 's avonds een kamer verliet, deed hij het licht niet uit. Het waren de stomme, kleine irritaties die je op dagelijkse basis hebt over je partner.

Toen was Hugh aan de beurt. Ik zag dat hij trilde. Hij was veel banger dan ik. 'Je bent verslaafd aan drugs,' zei hij. 'Je bent een alcoholist. Je bent verslaafd aan eten en je hebt boulimia. Je bent verslaafd aan seks. Je bent *codependent*.'

Hij was klaar. Er viel een lange stilte. Hugh trilde nog steeds. Hij kon me niet aankijken. Hij dacht dat ik weer zou ontploffen en weglopen.

'Ja,' zei ik. 'Ja, dat klopt.'

Hugh en zijn counselor keken me aan. 'Heb je behoefte aan hulp?' vroeg de counselor. 'Wil je beter worden?'

Ik begon te huilen. 'Ja,' zei ik. 'Ik heb hulp nodig. Ik wil beter worden.'

twaalf

Lutheran Hospital
Park Ridge
Illinois
10 august 1990

Zestien jaar lang hebben jij en ik samengeleefd. En man, wat hebben we een lol gehad. Maar nu is de tijd gekomen dat ik er even voor ga zitten om je te laten weten wat ik werkelijk van je vind. Ik heb ontzettend veel van je gehouden. In het begin waren we onafscheidelijk. We kwamen elkaar voortdurend tegen. Soms in mijn huis, soms bij anderen. Tegen het einde waren we zo dol op elkaar dat ik besloot dat ik niet zonder je kon. Ik wilde dat we een fantastisch stel waren. Het liet me koud wat anderen ervan vonden.

Toen ik je net had leren kennen, leek je alles naar boven te brengen wat ik altijd had onderdrukt. Voor de eerste keer in mijn leven kon ik over alles praten. Je gaf me iets wat al mijn muren en barrières naar beneden haalde. Je schonk me een gevoel van vrijheid. Ik was nooit jaloers als anderen van je genoten. Ik vond het heerlijk om anderen van je charmes te overtuigen. Ik besef hoe stom ik moet zijn geweest, want jij hebt nooit echt om me gegeven. De relatie was eenzijdig. Jij wilt alleen maar zoveel mogelijk mensen vangen in je web.

Mijn lichaam en brein hebben zwaar geleden onder mijn liefde voor jou; je hebt me blijvende lichamelijke en geestelijke littekens bezorgd. Mensen zeggen weleens heel romantisch: 'Ik zou mijn leven voor je geven.' Dat heb ik inderdaad bijna gedaan. Maar jij bent een dame die je niet zomaar afschudt. We zijn talloze malen uit elkaar gegaan, maar ik kwam altijd weer bij je terug, ook al wist ik dat ik een fout maakte. Als er niemand anders was om me te troosten, kon ik op elk moment van de dag of de nacht bellen, en dan was je er. Ik zal me altijd over je blijven verwonderen. Ik heb auto's en zelfs vliegtuigen op pad gestuurd om je op te pikken zodat jij en ik samen een paar uren of dagen konden doorbrengen. Als je eindelijk arriveerde, was ik extatisch als ik je weer kon omarmen.

We hebben fantastische feestjes meegemaakt met allerlei mensen. We hebben heerlijke, intense gesprekken gevoerd over hoe we de wereld zouden veranderen. Niet dat we dat ooit hebben gedaan, maar praten konden we als de beste. We hadden seks met mensen die we nauwelijks kenden en om wie we geen reet gaven. Het maakte me niet uit wie ze waren, als ze maar met me naar bed wilden. Maar de volgende ochtend waren ze vertrokken en dan was ik weer alleen. Jij was dan ook vertrokken. Soms had ik een onverzadigbare behoefte aan je, maar was je spoorloos verdwenen. Met jou aan mijn zijde was ik onoverwinnelijk. Zonder jou was ik weer een verdrietig jochie.

Mijn familie heeft je nooit gemogen. Ze haatten de magische macht die je over me had. Je hebt me vervreemd van mijn familie en veel van mijn vrienden. Ik wilde hun uitleggen wat ik voor je voelde, maar ze luisterden nooit. Dan was ik boos en gekwetst. Ik schaamde me omdat ik meer van jou hield dan van mijn eigen vlees en bloed. Ik gaf alleen maar om mezelf en om jou. Daarom hield ik je voor mezelf. Later wilde ik je niet meer delen. Ik wilde dat we alleen zouden zijn. Ik werd ongelukkig omdat je mijn leven beheerste. Je was mijn Svengali.

Ik zal ter zake komen. Het heeft me zestien jaar gekost om te beseffen dat je me niet verder hebt gebracht. Altijd als ik een relatie probeerde op te bouwen met een ander, nam ik jou op een geven moment toch mee. Ik twijfel er niet aan dat ik de gebruiker was. Maar ik kreeg geen mededogen of liefde terug; de liefde die ik voor anderen voelde, was altijd oppervlakkig.

Ik was uitgeput en kreeg een hekel aan mezelf. Maar niet lang geleden heb ik iemand ontmoet, iemand van wie ik hield en die ik vertrouwde en die keihard eiste dat er in deze relatie alleen plaats was voor hem en mij. Hij liet me inzien hoe egocentrisch ik was geworden en liet me nadenken over mijn leven en mijn normen en waarden. Mijn leven is compleet vastgelopen. Nu heb ik de kans om te veranderen hoe ik leef en denk. Ik ben bereid nederigheid te accepteren en moet daarom voor het laatst afscheid van je nemen.

Je was mijn hoer. Je hebt me alle vormen van spiritualiteit ontzegd. Je hebt me ervan weerhouden om te ontdekken wie ik ben. Ik wil niet dat jij en ik straks in hetzelfde graf liggen. Ik wil een natuurlijke dood sterven en vrede hebben met mezelf. Ik wil de rest van mijn leven eerlijk zijn en consequenties onder ogen zien in plaats van me verbergen achter mijn roem. Ik heb het gevoel dat ik na zestien jaar met jou toch al dood was.

Voor de laatste keer, witte dame: vaarwel. Als ik je ergens tegenkom – en laten we eerlijk zijn: een vrouw zoals jij komt overal – zal ik je negeren en onmiddellijk vertrekken. Je hebt me in de loop van de jaren vaak genoeg gezien en ik ben ziek van je. Jij hebt de strijd gewonnen. Ik geef me over.

Bedankt. Heel erg niet bedankt.
Elton.

Ik voelde me anders zodra ik had gezegd dat ik hulp nodig had. Het was alsof er ergens vanbinnen een knop was omgezet, een waaklampje dat lang uit had gestaan. Op de een of andere manier wist ik dat het goed zou komen met me. Maar eenvoudig was het niet. Om te beginnen konden ze geen Amerikaanse kliniek vinden die me wilde opnemen. Ze waren bijna allemaal gespecialiseerd in de behandeling van één verslaving tegelijk, en ik had er drie: cocaïne, alcohol en eten. Ik wilde niet dat die beurtelings zouden worden behandeld, want dan zou ik vier maanden lang van kliniek naar kliniek moeten sjokken. Ik wilde ze tegelijkertijd laten behandelen.

Uiteindelijk vonden ze een plek. Ik weigerde bijna naar binnen te gaan toen ik het gebouw zag. Het centrum waar Hugh was behandeld – en dat ik schaamteloos tot stronthoop had uitgeroepen – was van alle gemakken voorzien, op het platteland vlak buiten Tucson met schitterend uitzicht op het Santa Catalinagebergte. Bij een enorm zwembad werden yogalesjes gegeven. Mijn kliniek was een doodgewoon ziekenhuis, het Lutheran, in Park Ridge, een voorstad van Chicago. Het was een grote, grijze kolos met spiegelende ramen. Het leek niet op een instelling die yogalesjes aanbood bij een zwembad, en je had alleen uitzicht op de parkeerplaats van een winkelcentrum. Maar Robert Key was meegekomen en ik vond het gênant om met mijn staart tussen mijn benen te vertrekken. Bovendien: waar moest ik dan heen? Hij zette me af bij de receptie, gaf me een knuffel en keerde terug naar Engeland. Ik checkte in op 29 juli 1990, onder de naam George King. Ze zeiden dat ik een kamer met iemand moest delen. Dat viel niet goed, totdat ik mijn kamergenoot ontmoette. Hij heette Greg. Hij was gay en zeer aantrekkelijk. Ik zou tijdens mijn verblijf in elk geval iets leuks hebben om naar te kijken.

Zes dagen later was ik vertrokken. Niet alleen omdat ik het zwaar had, al was dat wel zo. Ik kon niet slapen. Ik lag de hele nacht wakker in afwachting van het dagelijkse weksignaal om halfzeven. Ik had paniekaanvallen. Ik had ernstige stemmingswisselingen; niet van hoog naar laag, maar van laag tot nog lager. Ik leefde in een nevel van depressie en angsten die soms wat dikker en soms wat dunner was, maar nooit helemaal optrok. Ik was voortdurend ziek en misselijk. Ik was zwak en eenzaam. Je mocht niet bellen of spreken met mensen van buiten. Er werd een uitzondering op die regel voor me gemaakt toen op tv werd bekendgemaakt dat de gitarist Stevie Ray Vaughan was omgekomen bij een helikopterongeluk. Hij was op tournee met Eric Clapton en zijn helikopter maakte deel uit van een konvooi dat de artiesten en hun crews vervoerde. Ray Cooper zat in de band van Clapton. De berichten die ik hoorde waren verwarrend; op een gegeven moment werd gezegd dat Eric ook was overleden. Ik had geen idee of Ray in de helikopter had gezeten die was verongelukt. Na veel huilen en smeken mocht ik informatie inwinnen. Ray was ongedeerd.

Bovenal geneerde ik me. Niet voor mijn verslavingen, maar omdat we geacht werden dingen te doen – onze kamer opruimen, ons bed opmaken – en daar was ik totaal niet aan gewend. In de laatste periode van mijn verslaving schoor ik me en veegde ik mijn kont af; alle andere dingen liet ik door mijn personeel doen. Ik wist niet hoe een wasmachine werkte. Ik vroeg een andere patiënt, Peggy, of ze het wilde laten zien. Toen ze begreep dat ik geen grapje maakte, was ze heel aardig en behulpzaam. Dat veranderde niets aan het feit dat ik, een man van drieënveertig, niet eens de was kon doen. Ik kreeg tien dollar zakgeld per week om uit te geven aan briefpapier of kauwgum, maar ik had geen idee wat dingen kostten. Ik had al jarenlang niet meer geshopt zonder dat er een veilinghuis of een peperdure boetiek met designerspullen bij betrokken was. Ik schaamde me rot voor de volstrekt overbodige zeepbel die je om je heen kunt bouwen als je rijk en beroemd (en stom genoeg) bent. Ik zie het nog steeds vaak, vooral bij rappers. Ze hebben altijd en overal een enorme, zinloze entourage bij zich, nog veel groter dan het gevolg van Elvis dat ik bij onze ontmoeting al zo schokkend vond. Ze doen het vaak uit liefdadigheid – ze geven een baantje aan oude vrienden uit buurten waar niemand dood wil worden gevonden – maar het is een riskante zaak. Je denkt dat je jezelf omringt met mensen en je leven vergemakkelijkt. In feite isoleer je jezelf van de echte wereld. Mijn ervaring is: hoe geïsoleerder je wordt en hoe verder je komt af te staan van wie je zou moeten zijn, hoe moeilijker je je leven maakt en hoe ongelukkiger je wordt. Uiteindelijk leef je in een soort middeleeuws hof waarin jij de koning bent en alle anderen, bang als ze zijn om hun plekje in de pikorde te verspelen, elkaar bevechten om te zien wie het dichtste bij je kan komen en invloed op je kan uitoefenen. Het is een grotesk klimaat dat uiteindelijk je ziel vernietigt. En je hebt het zelf in het leven geroepen!

Maar het echte probleem was dat de behandeling uitging van

het twaalfstappenprogramma van Anonieme Alcoholisten. Zodra mijn counselor over God begon, haakte ik af. Ik wilde me verre houden van godsdienst. Godsdienst was dogma en schijnheiligheid en mensen zoals dominee Jerry Falwell die zeiden dat aids Gods manier was om homo's te straffen. Dat is voor veel mensen een struikelblok. Toen ik jaren later probeerde George Michael naar een afkickkliniek te krijgen, wees hij mijn voorstel om dezelfde reden af: 'Ik wil niets weten over God, ik wil niet bij een sekte.' Ik probeerde hem uit te leggen dat ik er precies zo over had gedacht, maar daarmee maakte ik het erger. Hij vond me neerbuigend en arrogant. Maar ik had echt hetzelfde meegemaakt. Die middag in Chicago verliet ik het gesprek, waarna ik in mijn kamer mijn koffer inpakte en vertrok.

Ik kwam niet verder dan de stoep, waar ik plaatsnam op een bankje en in tranen uitbarstte. Ik zou met gemak wat mensen kunnen bellen en daar wegkomen, maar waar moest ik naartoe? Terug naar Londen? Om wat te doen? Rondhangen in een ondergekotste badjas en hele dagen coke snuiven en porno kijken? Dat vooruitzicht sprak me niet aan. Ik sleepte mijn koffer schaapachtig terug het ziekenhuis in. Een paar dagen later was ik opnieuw bijna vertrokken nadat mijn counselor had gezegd dat ik de behandeling niet serieus nam: 'Je werkt niet hard genoeg, je doet alsof.' Ik werd woedend. Ik vertelde hem dat ik allang weg zou zijn geweest als ik het afkicken niet serieus had genomen. Ik zei dat hij de pik op me had omdat ik beroemd was. Hij verwierp mijn woorden zonder ernaar te luisteren. Toen noemde ik hem een klootzak en had ik opeens wel zijn aandacht. Ik werd voor een soort tuchtraad gesleept, die me berispte voor mijn gedrag en taalgebruik.

Dankzij een andere counselor, Debbie, die niet zo nodig een voorbeeld van me wilde maken om wie ik was, boekte ik vooruitgang. Ik had baat bij de dagelijkse vaste gang van zaken. Ik vond het fijn om dingen zelf te regelen. Ik accepteerde God niet, maar wel een hogere macht. Het viel allemaal op zijn plaats. Ik hoefde alleen maar naar mijn leven te kijken en naar alle momenten waarop mijn instinct of mijn lot me had geholpen. Van het moment waarop Ray Williams me schijnbaar achteloos in contact bracht met Bernie tot het moment waarop ik in de wachtkamer van een arts een tijdschrift had opengeslagen met het artikel over Ryan White tot mijn keuze om Woodside leeg te maken, die steeds minder ging lijken op een onbezonnen impuls en steeds meer op een voorgevoel dat mijn leven op het punt stond ingrijpend te veranderen. De AA-bijeenkomsten werden me dierbaar. Na een tijdje mocht ik gasten ontvangen: Billie Jean King en haar partner Ilana Kloss kwamen langs, net als Bernie en mijn vrienden Johnny en Eddi Barbis. Ik moest veel schrijven, onder meer een afscheidsbrief aan cocaïne – Bernie moest ervan huilen – en een lijst met de consequenties van mijn drank- en drugsgebruik. Die viel me zwaar, maar toen ik eenmaal op gang was gekomen, kon ik niet meer stoppen. Toen ik in het ziekenhuis aankwam, had een counselor me gevraagd hoe ik me voelde. Ik had hem de waarheid verteld: ik wist het niet, ik wist niet zeker of ik de afgelopen jaren echte gevoelens had gehad of dat alles het gevolg was van de voortdurend wisselende emoties die de drugs en de drank veroorzaakten. Nu kwam het er allemaal uit. De lijst met gevolgen nam drie pagina's in beslag. Zelfhaat. Zware depressies. Optreden onder invloed van drugs.

Het was zuiverend, maar tijdens de groepsbijeenkomsten leerde ik mijn problemen relativeren. Daar zaten mensen die afschuwelijke dingen hadden meegemaakt. We moesten tijdens een van de bijeenkomsten vertellen over ons ergste geheim. Ik sprak over de relaties die ik had gehad en over mijn feilloze vermogen om iemands leven over te nemen op grond van egoïstische, krankzinnige motieven. Na mij was een meisje aan de beurt uit het diepe Zuiden van de VS, die was opgenomen vanwege een eetverslaving. Ze had drie kwartier nodig voor haar verhaal, eerst omdat ze zo hard huilde dat ze nauwelijks uit haar woorden kon komen en daarna omdat ze zich niet verstaanbaar kon maken boven het huilen van alle andere aanwezigen uit. Ze was als kind misbruikt door haar vader. Als tiener was ze zwanger geworden. Ze was te bang om het aan wie dan ook te vertellen en ging meer en meer eten om aan te komen en zo haar zwangerschap te camoufleren. Uiteindelijk had ze het kind, doodsbang en moederziel alleen, zonder hulp van anderen gebaard.

Je moest op die bijeenkomsten tegen een stootje kunnen, maar ik ging ze geleidelijk heel fijn en waardevol vinden. Ze dwongen me om eerlijk te zijn nadat ik jarenlang anderen en mezelf had voorgelogen. Als een ander het lef had om te vertellen dat haar vader haar had misbruikt, moest ik ook de waarheid vertellen. Het zou hebben getuigd van minachting voor de anderen om dat niet te doen. Als je verslaafd bent, draait alles om liegen, je sporen uitwissen, jezelf voorhouden dat je geen probleem hebt, tegen anderen zeggen dat je iets helaas niet kunt doen omdat je ziek bent terwijl je gewoon een kater hebt. Eerlijk zijn was moeilijk, maar ook bevrijdend. Ik kon me ontdoen van alle randzaken die gepaard gingen met liegen: de schaamte, de gêne.

Als mensen vroeger probeerden me te helpen, wees ik hun bezorgdheid af door te zeggen dat ze het niet begrepen. Zij waren Elton John niet, dus hoe konden ze weten hoe het was om mij te zijn? Ik merkte al snel dat de andere verslaafden me wel begrepen. Ze begrepen me maar al te goed. Tijdens een van de bijeenkomsten moest iedereen opschrijven wat ze wel en niet leuk aan me vonden. Er werden twee lijsten op het schoolbord gekalkt: mijn goede en mijn slechte eigenschappen. Ik begon uitgebreid te praten over wat er was gezegd en accepteerde de punten van kritiek. Ik dacht dat ik goed bezig was, maar na een poosje werd ik onderbroken door iemand die me erop wees dat ik voortdurend sprak over de negatieve opmerkingen, maar met geen woord had gerept over de positieve. Dat wees op een negatief zelfbeeld, zeiden ze. Ik begreep dat ze gelijk hadden. Misschien vond ik het daarom zo heerlijk om op te treden. Omdat je het moeilijk vindt om persoonlijke complimenten te accepteren, wordt je leven een zoektocht naar een onpersoonlijk alternatief: noteringen in de hitparade, enorme hoeveelheden onbekenden die voor je applaudisseren. Logisch dat ik altijd had gezegd dat al mijn problemen verdwenen als ik optrad. Logisch dat de rest van mijn leven zo'n puinhoop was geworden. Ik ging naar mijn kamer en schreef IK BEN HET WAARD. IK BEN EEN GOED MENS op de blauwe map waarin ik mijn schrijfsels bewaarde. Het was een begin.

Na zes weken werd ik ontslagen. Ik vloog terug naar Londen, ging naar het kantoor van Rocket en vertelde iedereen dat ik een tijdje vrij zou nemen. Geen optredens, geen nieuwe nummers, geen opnamesessies. Minimaal een jaar, misschien wel anderhalf. Het was ongehoord – ik had sinds 1965 nooit meer dan een paar weken per jaar vrij genomen – maar iedereen accepteerde het. Ik deed alleen een kort, besloten optreden voor een goed doel met Ray Cooper in het Grosvenor House Hotel dat ik niet kon afzeggen. Ik vond het doodeng, maar we overleefden het. Ik zag daar het artwork voor een boxset die mijn hele carrière in kaart bracht, die al gepland was voordat ik naar de afkickkliniek ging. Ik vroeg of het kon worden aangepast. De titel *To Be Continued...* beviel me goed, want die vond ik positief en hoopvol en zelfs vooruitziend als je bedacht dat ik die al had gekozen voordat ik afkickte.

Maar ik wilde dat er een recente foto op zou komen in plaats van een verzameling oude kiekjes uit de jaren zeventig en tachtig. Dan zou de titel iets zeggen over mijn leven nu en niet alleen over mijn verleden. En dat was het enige werk dat ik dat jaar deed, tenzij je meetelt dat ik onaangekondigd in drag verscheen tijdens een optreden van Rod Stewart in Wembley Arena en op zijn schoot plaatsnam terwijl hij 'You're in My Heart' probeerde te zingen. Zelf tel ik het niet mee, want Rod voor joker zetten is geen werk, maar een van mijn favoriete hobby's.

Ik ging naar Atlanta om bij Hugh te zijn, maar onze relatie was een aflopende zaak. Onze counselors hadden ons gewaarschuwd dat het lastig zou zijn om bij elkaar te blijven. Ze hamerden erop dat het niet zou werken, dat de dynamiek van onze relatie onherstelbaar veranderd zou zijn nu we allebei nuchter waren. Onzin, zeiden we allebei. Ik had in de afkickkliniek veel geschreven over mijn liefde voor Hugh en hoe erg ik hem miste. We huurden een appartement, gingen samenwonen en ontdekten tot onze enorme verbazing dat de dynamiek van onze relatie onherstelbaar was veranderd nu we allebei nuchter waren en dat het niet werkte. Het was niet traumatisch en we gingen niet gillend en schreeuwend uit elkaar, maar droevig was het wel. We hadden samen veel meegemaakt, maar nu moesten we zonder elkaar verder.

Ik was een groot deel van de achttien maanden daarna in Londen, waar ik een rustig, regelmatig leven leidde. Ik kocht het huis dat ik al huurde, de plek waar ik me had verschanst tijdens mijn laatste cokemarathon. Ik woonde alleen en nam geen personeel aan. Ik vond het prettig om zelf dingen te doen. Ik kocht een Mini en haalde een hond uit een asiel in Battersea, een mormeltje dat Thomas heette. Ik stond elke ochtend om halfzeven op om hem uit te laten. Heerlijk vond ik dat. Het is een cliché van herstellende verslaafden om te zeggen dat je opeens dingen in je omgeving opmerkt die je niet zag toen je gebruikte – de prachtige bloemen, de wonderen van de natuur, dat soort onzin – maar het is alleen een cliché omdat het waar is. Daarom ging ik ook fotografie verzamelen toen ik nuchter was. Ik had tijdens mijn carrière fantastische fotografen gekend, zoals Terry O'Neill, Annie Leibovitz, Richard Avedon en Norman Parkinson, maar totdat ik stopte met drank en drugs had ik hun werk alleen gezien als promotiemateriaal en nooit als kunst. Ik ging op vakantie naar Zuid-Frankrijk om mijn vriend Alain Perrin te bezoeken, die bij Cahors woonde. Hij zat zwart-witte modefoto's te bekijken omdat hij er een paar wilde kopen. Ik keek over zijn schouder mee en was op slag geboeid. Het waren foto's van Irving Penn, Herb Ritts en Horst. Ik kende Herb omdat hij de coverfoto had gemaakt van *Sleeping with the Past*, maar nu had ik het gevoel dat ik zijn werk op een heel andere manier zag. Ik vond alles prachtig aan die foto's van Alain; de belichting, de vormen die de fotografen hadden gecreëerd en verdraaid, ik vond het allemaal bijzonder. Ik kocht er twaalf en dat was het begin van een obsessie die nooit is opgehouden. Onder de visuele kunsten is fotografie de liefde van mijn leven.

Die verandering in hoe ik dingen zag, ondervond ik voor het eerst in Londen. Een warme zomer was overgegaan in een milde herfst. Het was heerlijk om 's ochtends vroeg in het koele zonlicht met Thomas door Holland Park of op het stukje land van St James's te wandelen en de kleuren van de bladeren geleidelijk te zien veranderen. Vroeger was ik alleen zo vroeg op geweest als ik nog wakker was van de vorige avond.

Als ik de hond had uitgelaten, stapte ik in mijn Mini om mijn psychiater te bezoeken. Ik had er nog nooit een bezocht en het was zwaar. Ik heb in de loop van de jaren heel wat psychiaters gehad. Daar zaten goede mensen bij die me echt hebben geholpen mezelf beter te begrijpen. Anderen waren vooral geïnteresseerd in de eventuele voordelen van een connectie met een beroemdheid. Een van hen is zelfs geschorst omdat hij zijn patiënten seksueel misbruikte. Let wel: vrouwelijke patiënten. Ga vooral niet denken dat ik tot zijn slachtoffers behoorde.

Veel van mijn tijd ging in AA-bijeenkomsten zitten. Mijn sponsor in Chicago had me op het hart gedrukt dat ik in Londen naar een bijeenkomst moest gaan zodra ik door de douane was. Maar omdat ik na al die weken in Amerika naar voetbal snakte, had ik voor een wedstrijd van Watford gekozen. Die avond belde mijn sponsor. Hij werd woedend toen ik vertelde wat ik had gedaan. Hij had een groot deel van zijn leven vuilniswagens rondgereden in Chicago en moest met zijn collega's communiceren boven de herrie van zijn voertuig uit, dus hij kon schreeuwen als de beste. Hij klonk die avond alsof hij me zonder telefoon over de oceaan wilde toeschreeuwen. Omdat ik zelf altijd degene was geweest die tegen mensen schreeuwde, was ik even uit het veld geslagen. En ik schaamde me. Hij was een goede vent – hij vroeg me later de peetvader van zijn zoon te worden – maar op dat moment was hij oprecht boos en zijn woede kwam voort uit bezorgdheid om mij.

En dus volgde ik zijn advies en legde ik mezelf een streng regime van bijeenkomsten op: Alcoholics Anonymous, Cocaine Anonymous, Anorexics and Bulimics Anonymous. Ik bezocht bijeenkomsten in Pimlico, op Shaftesbury Avenue, in Marylebone, op Portobello Road. Soms bezocht ik drie of vier bijeenkomsten op een dag. Ik bezocht er honderd per maand. Sommige vrienden dachten dat ik verslaafd was geraakt aan het bijwonen van bijeenkomsten over verslaving. Ze hadden vermoedelijk gelijk, maar het was een hele verbetering ten opzichte van de dingen waaraan ik eerder verslaafd was geweest. En misschien was er wel ergens een bijeenkomst die me kon helpen hiermee om te gaan.

Toen ik mijn allereerste bijeenkomst verliet, dook er een fotograaf op die een foto van me nam. Iemand had me waarschijnlijk herkend en hem getipt, wat uiteraard tegen de regels was. De volgende dag stond op de voorpagina van *The Sun*: ELTON BIJ ALCOHOLICS ANONYMOUS. Aangezien ze ditmaal niet beweerden dat ik een leren hotpants droeg of met een dildo liep te zwaaien, liet ik het erbij zitten. Iedereen mocht het weten. Ik zette een positieve stap. Ik bleef naar bijeenkomsten gaan omdat ik dat prettig vond. Ik ontmoette er fijne mensen. Ik bood altijd aan om thee te zetten en maakte vrienden met wie ik nog altijd contact heb; doodgewone mensen, voor wie ik in de eerste plaats een herstellende verslaafde was en pas in de tweede plaats Elton John. Op een merkwaardige manier was het alsof ik bij Watford FC was. Ik kreeg geen speciale behandeling en we hadden allemaal dezelfde doelen. Je hoorde daar bijzondere dingen. De vrouwen in de bijeenkomsten voor anorexia- en boulimiapatiënten vertelden dat ze een erwt in vieren sneden en een kwart erwt aten voor de lunch en later een kwart als avondmaal. Krankzinnig vond ik dat. Maar dan schoot me te binnen hoe ik enkele maanden daarvoor was geweest – toen ik om tien uur 's ochtends ongewassen en straalbezopen letterlijk om de vijf minuten een lijntje coke deed – en besefte ik dat ze waarschijnlijk net zo dachten over mij.

Het was niet allemaal koek en ei in de eerste maanden nadat ik nuchter was geworden. Eind 1991 overleed mijn vader, die nooit meer de oude was geworden na de bypassoperatie van acht jaar eerder. Ik ben niet naar zijn begrafenis geweest. Dat zou hypocriet zijn overgekomen. Bovendien zou de pers massaal zijn opgedoken en dan was het een circus geworden. Mijn vader had niet gedeeld in mijn roem. Waarom zou ik hem aan het einde opschepen met de effecten ervan? Ik moet ook zeggen dat ik al genoeg had gerouwd om mijn relatie met mijn vader en er een vredig gevoel over had. Ik wilde dat het anders was geweest, maar het was zoals het was. Soms moet je op basis van de kaarten die je hebt gekregen je verlies nemen.

En dan was er Freddie Mercury. Hij had me niet verteld dat hij ziek was; ik had het gehoord van gemeenschappelijke vrienden. Ik zocht hem vaak op toen hij stervende was, maar ik kon nooit langer dan een uur blijven. Het maakte me overstuur en ik geloof niet dat hij wilde dat ik hem zo zag. Dat iemand die zo intens leefde en zo *noodzakelijk* was, een man die met het ouder worden alleen maar beter zou zijn geworden en de ene triomf aan de andere zou hebben geregen moest sterven op zo'n afschuwelijke, willekeurige manier. Een jaar later zouden ze hem in leven hebben kunnen houden met antiretrovirale medicatie. Maar nu was er niets wat ze voor hem konden doen. Hij was te broos om uit bed te komen en verloor zijn gezichtsvermogen. Zijn lichaam was overdekt met laesies van karposisarcoma. Maar hij was nog altijd dezelfde buitenissige, roddelende Freddie: 'Heb je de nieuwe plaat van mevrouw Bowie gehoord, lieverd? Waar is die schat toch mee bezig?' Overal lagen catalogi vol Japans meubilair en kunst. Zo nu en dan onderbrak hij ons gesprek om veilinghuizen te bellen om te bieden op spullen die hem bevielen: 'Lieverd. Ik heb dit net gekocht, vind je het niet prachtig?' Het was me niet duidelijk of hij niet begreep hoe dichtbij de dood was of dat hij dat wel wist, maar had besloten ondanks alles zichzelf te blijven. Het was hoe dan ook een ongelooflijk schouwspel.

Uiteindelijk besloot hij alleen nog pijnstillers te nemen. Hij stierf eind november 1991. Op eerste kerstdag stond Tony bij me voor de deur. Hij had iets bij zich in een kussensloop. Het was een waterverfschilderij van Henry Scott Tuke, een impressionist wiens werk ik verzamelde en die gespecialiseerd was in mannelijk naakt. Er zat een briefje bij: 'Allerliefste Sharon, ik dacht dat je deze mooi zou vinden. Liefs, Melina.' Hij had het schilderij op zijn sterfbed in een catalogus gezien en voor me gekocht. Hij dacht na over kerstcadeaus voor een kerst waarvan hij moet hebben geweten dat hij die niet meer zou meemaken. Hij bekommerde zich nog om anderen toen hij zich alleen nog om zichzelf had moeten bekommeren. Freddie was grandioos.

Sommige mensen hebben het zwaar als ze hun verslaving achter zich laten. Bij mij was het anders: ik was voortdurend blij en uitgelaten. Ik heb nooit meer de behoefte gehad om te gebruiken. Ik vond het heerlijk om elke dag wakker te worden zonder me beroerd te voelen. Vreemd genoeg droomde ik vaak over cocaïne. Dat doe ik nog steeds, bijna wekelijks, en dat terwijl ik mijn laatste lijntje achtentwintig jaar geleden heb gesnoven. Het is altijd dezelfde droom: ik ben aan het snuiven en dan hoor ik iemand de kamer binnenkomen, meestal mijn moeder. Ik probeer te verhullen wat ik aan het doen ben, maar ik mors en de cocaïne komt op de vloer terecht en ook ik kom onder te zitten. Ik krijg nooit trek in coke van die droom. Integendeel zelfs. Als ik wakker word, kan ik haast die verdovende sensatie voelen van coke die je keel in glijdt – het moment dat ik altijd vreselijk vond – en dan bedank ik God omdat het voorbij is. Ik zou weleens willen dat ik een glas wijn kon drinken bij het eten, of dat ik een biertje kon pakken met vrienden, maar ik weet dat het niet gaat. Ik vind het niet vervelend als mensen drinken in mijn bijzijn; het is mijn probleem, niet dat van hun. Maar ik denk nooit dat ik wel een lijntje zou willen doen en kan niet in de buurt zijn als mensen snuiven. Ik weet het al zodra ik ergens binnenkom. Ik kan het voelen als mensen het gebruiken. Ik merk het aan hun gedrag en hoe ze praten, met net iets te hoge stemmen en zonder echt te luisteren. Ik ga meteen weer weg. Ik wil geen cocaïne gebruiken en ik wil niet in de buurt zijn van mensen die het gebruiken omdat het een drug is waardoor mensen zich gaan gedragen als klootzakken. Ach, had ik dat vijfenveertig jaar geleden maar geweten.

Ik zocht voor elk land waar ik tourde uit waar de bijeenkomsten waren en ging steevast zodra ik was geland. Ik bezocht bijeenkomsten in Argentinië, Frankrijk en Spanje. Ik bezocht bijeenkomsten in Los Angeles en New York. En ik bezocht bijeenkomsten in Atlanta. Hugh en ik waren dan wel uit elkaar, maar ik was nog altijd dol op die stad. Ik had dankzij Hugh fantastische vrienden gemaakt, mensen van buiten de muziekindustrie, met wie ik het altijd naar mijn zin had. Het was een fantastische stad voor muziek, met een grote soul- en hiphopscene, en merkwaardig ontspannen. Niemand viel me lastig als ik naar de bioscoop ging of ging winkelen op Peachtree Road.

Ik bracht er zoveel tijd door dat ik besloot een appartement te kopen, een duplex op de zesendertigste verdieping. Ik had schitterende uitzichten, en het was me niet ontgaan dat ook mijn makelaar er prima uitzag. Hij heette John Scott. Ik vroeg hem mee uit en we werden een stel.

Uiteindelijk hield ik op met naar bijeenkomsten gaan. Ik was drie jaar lang bijna elke dag gegaan – dat zijn zo'n 1400 bijeenkomsten – en besloot uiteindelijk dat ze me niet verder konden helpen. Ik had het punt bereikt waarop ik niet meer elke dag wilde praten over cocaïne en drank en boulimia. Omdat ik een wereldberoemde verslaafde was die zijn leven in het openbaar een positieve draai had gegeven, werd ik degene tot wie mijn collega's zich vaak wendden als ze problemen hadden. Het is een running joke geworden dat Elton in actie komt als een popster met drank en drugs worstelt, maar dat vind ik prima. Als iemand er slecht aan toe is en hulp nodig heeft, bel ik even op, of ik stuur mijn nummer naar zijn manager. 'Ik heb het meegemaakt,' zeg ik dan.

'Ik weet hoe het is.' Ze mogen altijd contact met me opnemen. In sommige gevallen komt het in de openbaarheid. Zo heb ik ervoor gezorgd dat Rufus Wainwright naar een afkickkliniek ging. Hij gebruikte zoveel crystal meth dat hij op een gegeven moment tijdelijk blind werd. En ik ben Eminems sponsor. Hij zegt altijd hetzelfde als ik hem bel om te vragen hoe het gaat. 'Hallo, klootzak.' Heel Eminem, denk ik dan maar. Er zijn ook sterren van wie niemand het weet. Ik ga hier niet uit de school klappen. Ze willen hun problemen geheimhouden en dat is prima. Ik krijg er in elk geval altijd een goed gevoel van. Het is heerlijk om mensen te helpen nuchter te worden.

Maar sommige mensen kun je niet helpen en dat is vreselijk. Je staat aan de zijlijn toe te kijken en je weet wat er gaat gebeuren, weet dat het op slechts één manier kan aflopen. Zo ging het met Whitney Houston. Haar tante, Dionne Warwick, vroeg of ik haar wilde bellen. Maar de berichten die ik voor haar achterliet hebben haar niet bereikt of ze wilde er niets van weten. George Michael wilde het echt niet weten. Ik zeurde hem aan zijn kop omdat ik me zorgen maakte en omdat gemeenschappelijke vrienden steeds vroegen of ik iets kon doen. Hij schreef een open brief aan het tijdschrift *Heat* met de strekking dat ik me met mijn eigen zaken moest bemoeien. Ik zou willen dat we niet gebrouilleerd waren geraakt. Maar ik zou vooral willen dat hij nog leefde. Ik hield van George. Hij was belachelijk getalenteerd en heeft veel ellende meegemaakt, maar hij was door en door lief en aardig en ruimhartig. Ik mis hem ontzettend.

George was een van de eerste mensen met wie ik optrad nadat ik nuchter was geworden. Ik had genoten van mijn periode zonder werk, maar ik wist dat die niet voorgoed kon duren en dat wilde ik ook niet. Ik wilde weer aan het werk, ook al beangstigde het vooruitzicht me. Ik was weer voorzichtig gaan denken aan optreden. Om eens te kijken hoe het beviel had ik toegezegd dat ik op het podium zou verschijnen bij een concert van George. Hij deed een serie optredens in de Wembley Arena. Ditmaal was ik niet verkleed als Ronald McDonald en verscheen ik niet in een driewieler. Ik had een honkbalpetje op en we zongen net als in 1985 tijdens Live Aid 'Don't Let the Sun Go Down on Me'. Het was heerlijk. Het publiek werd gek van opwinding toen ik werd aangekondigd. Het duet werd als single uitgebracht en kwam aan beide zijden van de Atlantische Oceaan op 1. Ik boekte een studio in Parijs en opperde dat we een album zouden opnemen, de plaat die *The One* werd.

Op de eerste opnamedag hield ik het twintig minuten vol voordat ik in paniek de studio verliet. Ik weet niet meer wat het probleem was. Ik zal wel hebben gedacht dat ik geen album kon maken zonder drank en drugs. Erg zinnig was dat niet. Je hoefde maar naar *Leather Jackets* te luisteren om te beseffen dat het tegenovergestelde gold. Dat album was het overtuigende bewijs dat ik juist geen album kon maken als ik aan de drugs was. Ik ben de volgende dag teruggegaan. Langzaam maar zeker vond ik mijn ritme. Alleen 'The Last Song' leverde problemen op. Bernies tekst ging over een aan aids stervende man die zich verzoende met zijn vader, die hem had verstoten toen hij gay bleek te zijn. Het was een prachtige tekst die ik onmogelijk kon zingen. Het was vlak na de dood van Freddie en ik wist dat ergens in Virginia ook Vance Buck lag te sterven. Iedere poging om mijn partij in te zingen eindigde met een huilbui. Uiteindelijk lukte het me. 'The Last Song' werd uiteindelijk gebruikt aan het einde van *And the Band Played On*, een docudrama over de ontdekking van en de strijd tegen hiv. Het weerklonk terwijl je een montage zag van bekende aidsslachtoffers. Ik had de helft van die mensen persoonlijk gekend: Ryan, Freddie, en Steve Rubell van Studio 54.

Ik had inmiddels de Elton John AIDS Foundation opgericht. Ik was liefdadigheidswerk blijven doen. Maar hoe meer ik deed, des te meer ik besefte dat ik nog meer moest doen. Ik werd wakker geschud toen ik samen met mijn vriendje John vrijwilligerswerk deed voor Operation Open Hand, een organisatie die maaltijden bezorgde bij aidspatiënten in Atlanta. Bij sommige huizen deed de bewoner de deur op een kier open als we aanbelden. Ze zaten onder de laesies en wilden niet worden gezien omdat er nog altijd een stigma verbonden was aan aids. Soms deden ze de deur helemaal niet open. Dan lieten we de maaltijd achter op het trapje. Als we wegliepen, hoorden we de deur opengaan. Dan werd de maaltijd naar binnen gegrist voordat de deur werd dichtgeslagen. Die mensen stierven een gruwelijke dood, maar het ergste was dat ze dat in schaamte moesten doen, eenzaam en geïsoleerd van de buitenwereld. Het was vreselijk, als iets wat zich had voltrokken in de middeleeuwen, toen zieke mensen werden uitgestoten vanwege angst en onwetendheid. Maar het waren de jaren negentig van de twintigste eeuw, en het was Amerika.

Ik bleef erover malen. Uiteindelijk vroeg ik John of hij me wilde helpen een liefdadigheidsorganisatie op te richten die mensen zou helpen zich te beschermen tegen aids en zich zou richten op de elementaire zaken die mensen met hiv nodig hadden om beter en waardiger te leven; simpele zaken zoals voedsel, onderdak, vervoer, toegang tot medische hulp en counseling. De eerste twee jaar managede John de organisatie vanaf zijn keukentafel in Atlanta. Virginia Banks, die in mijn team in Los Angeles werkte, werd de secretaresse. We hadden een staf van vier mensen, onder wie ik. We waren onervaren en wisten niets over infrastructuur, maar ik begreep dat we de overheadkosten laag moesten houden. Ik heb vaak gezien dat liefdadigheidsinstellingen geld verspillen, zeker als ze worden gerund door beroemdheden; evenementen om fondsen te werven waarvoor alle gasten waren ingevlogen en door chauffeurs werden rondgereden op kosten van de instelling. Wij hebben de overhead tot op de dag van vandaag, dertig jaar later, minimaal gehouden. Al onze spectaculaire evenementen worden gesponsord en kostten mijn stichting geen cent.

Ik stortte mezelf in de aidsstichting. Mijn counselor in de kliniek had me gevraagd wat ik dacht te zullen doen met alle tijd en energie die ik over zou hebben als ik nuchter was, tijd en energie die ik vroeger had geïnvesteerd in drugs en herstellen van de gevolgen ervan. 'Het gat in de donut,' noemden ze dat. Ze wilden weten hoe ik van plan was het gat op te vullen. Ik weidde uit over grootse plannen: ik wilde Italiaans leren spreken, ik wilde gaan koken. Dat is er natuurlijk nooit van gekomen. Het was uiteindelijk de Foundation die het gat in mijn donut opvulde door me het gevoel te geven dat ik buiten mijn muziek om iets zinvols kon doen. Ik was vastberaden om er een succes van te maken. Zo vastberaden dat ik mijn platenverzameling liet veilen om fondsen te werven om de stichting van de grond te tillen: 46.000 singles, 20.000 albums en zelfs de 78 toerenplaatjes met 'Reg Dwight' met balpen op de hoesjes gekrabbeld. Een anonieme bieder kocht de hele verzameling voor $270.000. Ik praatte in op iedereen van wie ik dacht dat ze zouden kunnen helpen: zakenlieden die ons konden leren de organisatie zo efficiënt mogelijk te runnen; mensen die voor mijn label werkten; Robert Key van Rocket; en Howard Rose, de agent die vanaf mijn eerste bezoek aan de VS mijn optredens had geboekt.

Ik liet mijn vrienden ideeën aandragen. Billie Jean en Ilana bedachten Smash Hits, een jaarlijks tennistoernooi om geld in te zamelen dat al sinds 1993 loopt. Veel tennissterren werkten graag mee vanwege de dood van Arthur Ashe. Competitief als ik nu eenmaal ben, speelde ik zelf ook vaak mee, al is mijn beroemdste wapenfeit op een tennisbaan dat ik op mijn kont viel toen ik in een regisseursstoel wilde plaatsnemen langs een baan bij de Royal Albert Hall. Een andere doorbraak was de Academy Awards Viewing Party. Die werd ons cadeau gedaan door de politiek activist Patrick Lippert, die Rock the Vote oprichtte. Hij organiseerde altijd een Oscarfeest om fondsen te werven voor zijn goede doelen, maar nadat hij de diagnose hiv had gekregen, besloot hij dat evenement exclusief te gebruiken om geld in te zamelen om aids te bestrijden. Hij vroeg of we wilden meewerken. Het eerste feest werd in 1993 gehouden in Dudley Moores restaurant Maple Drive. Hoewel er slechts honderdveertig gasten waren – meer pasten er niet in het restaurant – haalden we $350.000 op, wat we destijds een enorm bedrag vonden. Een jaar later deden we het opnieuw en draafden er meer sterren op. Ik zat aan een tafeltje met Tom Hanks, Bruce Springsteen en zijn vrouw Patti, Emma Thompson en Prince. Patrick was er niet meer bij. Hij was drie maanden na het eerste feest op vijfendertigjarige leeftijd overleden aan aids. Net als voor Freddie kwamen de antiretrovirale medicijnen die zijn leven hadden kunnen redden net te laat.

De Elton John AIDS Foundation heeft inmiddels meer dan 450 miljoen dollar ingezameld en we hebben fantastische evenementen georganiseerd. Het laatste optreden van Aretha Franklin vond plaats tijdens het gala ter gelegenheid van ons vijfentwintigjarige bestaan in de Cathedral of St. John the Divine in New York. Ze zou het jaar daarvoor optreden, maar toen moest ze vanwege ziekte afzeggen. Ze had terminale kanker en had aangekondigd dat ze zou stoppen met optreden, maar voor ons maakte ze een uitzondering. Ik schrok toen ze binnenkwam. Ze was mager en broos en oogde ongezond. Ik vroeg haar of ze wilde zingen. Ik denk dat ik eigenlijk wilde vragen of ze zich wel goed genoeg voelde. Maar ze glimlachte en knikte en zei: 'Ik ga je niet opnieuw teleurstellen.' Ik denk dat ze moet hebben geweten dat het haar laatste optreden zou zijn. Ze vond het heerlijk dat het voor een goed doel was en dat we in een kerk waren, waar haar carrière ooit was begonnen. Ze zong 'I Say a Little Prayer' en 'Bridge over Troubled Water' en het dak ging eraf. Die vreselijke ziekte had haar stem niet aangetast. Ze klonk verbluffend goed. Ik stond aan de voorkant van het podium te kijken naar het laatste optreden van de beste zangeres van de wereld en huilde mijn ogen uit mijn kop.

Dankzij de AIDS Foundation heb ik dingen meegemaakt die ik anders nooit zou hebben ervaren en plaatsen bezocht die ik nooit zou hebben gezien. Ik heb verschillende malen het Amerikaanse Congres toegesproken om te vragen om meer geld voor de strijd tegen aids, maar dat was lang niet zo zenuwslopend als ik had gevreesd. Het was een makkie in vergelijking met die keer dat ik de Commissie Ruimtelijke Ordening van Watford toestemming vroeg voor de bouw van een nieuw stadion. Ik dacht dat ik vijandig zou worden ontvangen door de steil religieuze rechtervleugel van de Republikeinse Partij, maar die mensen waren in vergelijking met de commissieleden in Watford een toonbeeld van ruimdenkendheid, flexibiliteit en gezond verstand.

Mijn werk voor de AIDS Foundation zou ook leiden tot de belangrijkste verandering in mijn leven. Maar daarover later meer.

dertien

Ik wil niet mystiek – of, erger nog: arrogant – overkomen, maar ik kon me soms moeilijk onttrekken aan het gevoel dat het leven me een schouderklopje gaf omdat ik nuchter was geworden. *The One* werd wereldwijd mijn bestverkochte album sinds 1975. Na twee jaar was de renovatie van Woodside voltooid en trok ik er weer in. Dat was heerlijk. Het zag er eindelijk uit als een plek waar een normaal mens kon wonen en niet meer als het bespottelijke landhuis van een zich in coke wentelende rockster. Tien jaar nadat we voor het laatst samen een liedje hadden geschreven belde Tim Rice me totaal onverwacht op met de vraag of ik weer met hem wilde samenwerken. Disney maakte zijn eerste animatiefilm die niet was gebaseerd op een bestaand werk, maar op een origineel verhaal. Tim wilde me erbij betrekken. Ik was geïntrigeerd. Ik had in 1971 een soundtrack geschreven voor de film *Friends*, die recensies had gekregen waarvan de haren je te berge rezen. Roger Ebert sprak over een 'ziekmakend stukje corrupte meuk', maar niet alle recensenten waren zo enthousiast. Ik was sindsdien met een grote boog om soundtracks heen gelopen, maar dit was andere koek. De liedjes moesten een verhaal vertellen. Het idee was dat we geen alledaagse Broadway-achtige Disney-soundtrack zouden schrijven, maar popliedjes die kinderen leuk zouden vinden.

Het was een merkwaardig proces. Tim schreef net als Bernie eerst de teksten. Dat was prima. Het schrijven van een musical deed me denken aan het schrijven van het album *Captain Fantastic*, want er was een verhaallijn. De liedjes stonden in een bepaalde volgorde, dat wisten we al op voorhand. Maar ik zou liegen als ik zei dat ik nooit heb getwijfeld aan het project, of beter gezegd: aan mijn rol binnen het project. Ik heb talloze tekortkomingen, maar je kunt niet zeggen dat ik mezelf als artiest te serieus neem. Niettemin zat ik van tijd tot tijd achter mijn piano diep na te denken over het verloop van mijn carrière. Ik heb de muziek voor 'Someone Saved My Life Tonight', 'Sorry Seems to Be the Hardest Word' en 'I Guess That's Why They Call It the Blues' geschreven. Maar er was geen ontkomen aan: nu werkte ik aan een liedje over een winderig wrattenzwijn. Het was natuurlijk een behoorlijk goed liedje over een winderig wrattenzwijn. Op het gevaar af dat je me een opschepper zult vinden durf ik te zeggen dat het een van de beste liedjes ooit was over winderige wrattenzwijnen. Toch leek het opeens lang geleden dat de leden van The Band backstage kwamen en dolgraag mijn nieuwe album wilden horen, of dat Bob Dylan Bernie complimenteerde met 'My Father's Gun'. Maar ik besloot dat deze belachelijke situatie me goed beviel en zette door.

Dat was een verstandig besluit. Ik vond de uiteindelijke film meesterlijk. Ik nodig meestal geen mensen uit om hun mijn nieuwe plaat te laten horen, maar ik was zo blij met *The Lion King* dat ik een paar privévertoningen regelde voor mijn vrienden. Ik was ongelooflijk trots op het project en wist dat we iets bijzonders hadden gemaakt. Toch had ik niet zien aankomen dat de film een van de hoogste omzetten ooit zou binnenhalen. De film bracht mijn muziek onder de aandacht van een nieuw publiek. 'Can You Feel the Love Tonight?' won een Oscar voor het beste liedje. Drie van de vijf genomineerde liedjes kwamen uit *The Lion King*; een van de andere was 'Hakuna Matata', het nummer over het winderige wrattenzwijn. Er werden van de soundtrack 18 miljoen exemplaren verkocht, meer dan van alle albums die ik heb uitgebracht, behalve mijn eerste verzameling *Greatest Hits*. Het was een aardig extraatje dat de soundtrack *Voodoo Lounge* van The Rolling Stones de hele zomer van 1994 van de eerste plaats hield. Ik probeerde mijn lachen in te houden toen ik hoorde dat Keith Richards woedend had gegromd dat hij was verslagen 'door een fucking cartoon'.

Vervolgens werd bekendgemaakt dat er van de film een musical zou worden gemaakt, waarvoor Tim en ik nog meer liedjes moesten schrijven. Ik etaleerde weer eens mijn imposante talent om exact te voorspellen wat niet zou gebeuren door iedereen te vertellen dat het onmogelijk was om een animatiefilm om te zetten in een theatershow en dat het project gedoemd was om te mislukken. Ik zag het niet voor me.

Maar regisseur Julie Taymor leverde fantastisch werk af. De musical kreeg laaiend enthousiaste recensies, werd genomineerd voor elf Tony Awards, won er zes, en werd de succesvolste theaterproductie in de geschiedenis van Broadway. Maar hoewel de voorstelling er verbluffend uitzag en adembenemend ingenieus op de planken werd gebracht, vond ik het moeilijk om ernaar te kijken. Dat had niets te maken met de voorstelling zelf. Het kwam doordat ik op mijn platen altijd het laatste woord had en bij optredens alle touwtjes in handen had. Dit was iets waaraan ik een creatieve bijdrage had geleverd, maar waarover ik niets meer te zeggen had. De arrangementen en zelfs de teksten weken af van mijn opnamen van de liedjes. Bij musicals moet elk woord helder worden gezongen; de acteurs zingen heel anders dan rock- of popsterren. Het was een nieuwe ervaring die ik zowel verbijsterend als zenuwslopend vond. Ik zat ver buiten mijn comfortzone, maar ik begon in te zien dat dat voor een artiest die al veertig jaar aan de weg timmerde een prima plek was.

Disney was zo blij met het succes van *The Lion King* dat het bedrijf me een deal aanbood waar een bespottelijke hoeveelheid geld mee gemoeid was. Ze wilden me meer films, televisieprogramma's en boeken laten ontwikkelen. Er was zelfs sprake van een themapark; dat kon ik niet goed bevatten. Maar er was een probleem. Ik had afgesproken om nog een film te maken met Jeffrey Katzenberg, die de directeur van Disney was geweest tijdens de productie van *The Lion King*, maar een paar maanden na de release was vertrokken om met Steven Spielberg en David Geffen Dreamworks op te richten. Zijn vertrek had geleid tot een felle oorlog tussen de bazen van Hollywoodstudio's waar hele boeken over zijn geschreven. De deal met Disney was exclusief en bepaalde met name dat ik niets te maken kon hebben met Jeffrey, die Disney inmiddels had aangeklaagd voor contractbreuk. Hij eiste 250 miljoen dollar en kreeg dat bedrag uiteindelijk ook. Hoewel Jeffrey en ik niets op papier hadden gezet, had ik hem mijn woord gegeven. Hij was een van de mensen die me had gevraagd bij te dragen aan *The Lion King*. Ik moest de Disney-deal dus met spijt in het hart afwijzen. Dat heeft de wereld behoed voor een Elton John-themapark.

Hoewel het in mijn wereld wemelde van de nieuwe ideeën en mogelijkheden, had mijn nuchtere staat bepaald geen wonderen verricht voor mijn liefdesleven. Mijn relatie met John Scott was met een sisser afgelopen. En daarna? Niets. Als ik erbij zou hebben stilgestaan hoelang geleden het was sinds ik voor het laatst seks had gehad, zou ik met mijn gekwelde geschreeuw het personeel van Woodside op de vlucht hebben gejaagd.

Het probleem was dat ik geen beschikbare homoseksuele mannen kende. Nadat ik nuchter was geworden, kwam ik niet meer op plaatsen waar ik hen zou kunnen ontmoeten. Ik dacht niet dat ik in de verleiding zou komen om wodkatini's te drinken als ik naar een club of bar zou gaan, maar het leek me beter om die theorie niet op de proef te stellen. Bovendien had ik mezelf al voor mijn verblijf in de afkickkliniek te oud gevonden voor het nachtleven. Ik weet zeker dat ik nog zou hebben genoten van de muziek in Boy, maar ik wilde me niet voelen als de adellijke douairière op het debutantenbal die door haar pince-nez de nieuwe gasten begluurt.

Het werd me allemaal te veel op een zaterdagmiddag, toen ik thuis wat zat te rommelen en zwolg in zelfmedelijden. Ik hield een oog op de tv, waar de jongens van Watford mijn humeur nog slechter maakten door zich uit bij West Brom met 4-1 te laten verslaan. Ik zat al te denken over alweer een opwindende avond televisiekijken toen ik een idee kreeg. Ik belde een vriend in Londen en legde hem mijn probleem voor. Ik vroeg of hij misschien een paar mensen kon uitnodigen om die avond bij me te komen eten. Het was kort dag, maar ik zou het gezelschap met een auto laten ophalen in Londen. Ik besefte dat mijn verzoek pathetisch klonk, maar ik wilde dolgraag weer eens een paar homoseksuele mannen ontmoeten die niet in de AA zaten. Ik was niet eens op zoek naar seks; ik was gewoon eenzaam.

Ze arriveerden rond een uur of zeven: mijn vriend en vier mannen die hij had meegevraagd. Ze zeiden dat ze vroeg weer weg moesten voor een Halloweenfeest in Londen, maar daar zat ik niet mee. Ik vond mijn gasten sympathiek, grappig en spraakzaam. We aten spaghetti bolognese en het was gezellig. Ik was bijna vergeten hoe het was om een gesprek te voeren dat niet over mijn carrière of verslaving en nuchter worden ging. De enige gast die het niet naar zijn zin leek te hebben was David, een Canadees in een Armani-vest met tartanmotief. Hij was verlegen en sprak weinig. Dat vond ik jammer, want hij zag er voortreffelijk uit. Ik hoorde later dat hij in de gayscene van Londen had horen zeggen dat je maar beter uit de buurt kon blijven bij Elton John, tenzij je zin had om te worden overladen met cadeaus, gedwongen te worden om je leven op een laag pitje te zetten om mee te gaan op tournees en dan te worden gedumpt – meestal nog door zijn assistent ook – als hij een ander ontmoette of woedend op je werd als de cocaïne was uitgewerkt of hij bekendmaakte dat hij met een vrouw ging trouwen. Als je naar mijn verleden keek, hadden die fluisterstemmen in de Londense gayscene natuurlijk wel een punt.

We raakten aan de praat nadat hij had verteld dat hij geïnteresseerd was in film en fotografie. Ik leidde hem rond door het huis en liet hem mijn fotografieverzameling zien. Hoe langer we samen spraken, des te leuker ik hem ging vinden. Hij was kalm, maar zelfverzekerd en zeer intelligent. Hij vertelde dat hij uit Toronto kwam en enkele jaren eerder naar Londen was verhuisd. Hij woonde in Clapham en werkte voor het reclamebureau Ogilvy and Mather in Canary Wharf, waar hij met zijn eenendertig jaar een van de jongste leden van de raad van bestuur was. Ik had het idee dat er iets klikte tussen ons, dat we chemie hadden. Maar ik probeerde het van me af te zetten. De nieuwe, verbeterde, nuchtere Elton John ging niet zomaar besluiten dat hij verliefd was op iemand die hij pas enkele minuten kende.

Maar toen het gezelschap vertrok, vroeg ik zijn telefoonnummer. Dat deed ik op een achteloze manier, met de suggestie dat ik later misschien nog eens zin zou hebben om ons stimulerende gesprek over fotografie een vervolg te geven. Hij schreef zijn hele naam op – David Furnish – en ze vertrokken.

De volgende ochtend liep ik door het huis te ijsberen en probeerde ik te bedenken wat het vroegste tijdstip was waarop je iemand kon bellen die de avond daarvoor naar een Halloweenfeest was geweest zonder de indruk te wekken dat hij uiteindelijk een straatverbod tegen je moest uitvaardigen. Halftwaalf leek me redelijk. David nam op. Hij klonk moe, maar het leek hem niet te verbazen dat ik belde. Mijn achteloze verzoek of ik zijn nummer mocht hebben was niet erg achteloos overgekomen. Als je mocht afgaan op de reactie van zijn vrienden, die hem op de weg terug naar Londen genadeloos hadden geplaagd en hem hadden toegezongen met het refrein van 'Daniel', had ik net zo goed door de knieën kunnen gaan om met betraande ogen zijn enkels te pakken en hem pas te laten gaan als hij bereid was aan al mijn verzoeken te voldoen. Ik vroeg of we elkaar nog eens konden zien; dat wilde hij. Ik vroeg wat hij die avond van plan was, want ik zou in Londen zijn. Ik deed alsof dat een opzienbarend toeval was, maar ik geef toe dat als David die avond in Botswana zou zijn geweest, ik daar ook net toevallig had moeten zijn. 'De Kalahariwoestijn? Is dat even boffen! Daar heb ik morgenochtend een bespreking!' Ik stelde voor dat hij naar mijn huis in Holland Park zou komen en dat ik Chinees eten zou bestellen.

Ik hing op en zei tegen mijn chauffeur dat de plannen waren veranderd en dat we onmiddellijk naar Londen gingen. Ik belde het beroemdste Chinese restaurant dat ik kende, Mr. Chow in Knightsbridge, en vroeg of ze ook bezorgden. Omdat ik niet wist wat David lekker vond, bestelde ik bijna het hele menu.

David schrok even toen een eindeloze stoet Chinees voedsel werd bezorgd; toen alles binnen was, leek mijn huis op de squashbaan van Woodside voordat ik alles liet veilen. Verder verliep ons eerste afspraakje ongelooflijk goed. Nee, het lag niet aan mij. Het boterde echt tussen ons. Het was meer dan wederzijdse lichamelijke aantrekkingskracht. Ook onze karakters gingen goed samen. We raakten niet uitgepraat.

Maar David had bedenkingen over een eventuele relatie. Om

te beginnen wilde hij niet worden gezien als Elton Johns Nieuwste Vriendje. Dat zou tot ongewenste media-aandacht leiden. Hij had een leven en een carrière en wilde niet dat zijn onafhankelijkheid op zijn kop zou worden gezet omdat hij een beroemde partner had. Daar kwam bij dat hij maar half uit de kast was. Zijn vrienden in Londen wisten dat hij gay was, maar zijn familie en collega's wisten het niet. Hij wilde niet dat ze het te weten zouden komen via een foto in een rioolblad.

Daarom hielden we onze relatie de eerste maanden rustig en discreet. Vroeger zou je hebben gezegd dat we elkaar het hof maakten. We zaten meestal in het huis in Holland Park. Doordeweeks ging David naar zijn werk in Canary Wharf. Ik ging naar de studio of deed promotie voor mijn album met duetten dat net uit was. Ik maakte een video voor de versie van 'Don't Go Breaking My Heart' die ik had opgenomen met RuPaul. Eindelijk zag ik er eens gelukkig uit in een video. Want ik wás ook gelukkig. De relatie had iets wat ik aanvankelijk niet kon benoemen. Toen besefte ik wat het was. Ik zat voor de eerste keer in mijn leven in een doodgewone, gelijkwaardige relatie die niets te maken had met mijn carrière en het feit dat ik Elton John was.

Op zaterdag stuurden we elkaar altijd een kaartje om te herdenken dat we elkaar op een zaterdag hadden ontmoet en luisterden we – je wilt dit misschien even overslaan, want het is nogal klef – naar 'It's Our Anniversary' van Tony! Toni! Toné! Er waren veel gezellige etentjes en geheime weekendjes weg. Als ik hem op het werk belde, moest ik een nepnaam gebruiken: George King, het pseudoniem dat ik had gebruikt in de afkickkliniek. Ik vond het vreselijk romantisch. Een geheime romance! Als ik vroeger in het geheim verliefd was geweest, moest ik het geheimhouden omdat de ander me niet zag staan.

Maar hoe heerlijk ik het idee van een geheime affaire ook

vond, in de praktische uitvoering blonk ik niet uit. Het werd al snel duidelijk dat mijn idee van rustig aan doen na vijfentwintig jaar waarin ik mijn geld had verdiend door zo extravagant en over de top mogelijk te zijn strijdig was met hoe anderen daarover dachten. Als je zo min mogelijk aandacht wilt trekken is het geen goed idee om regelmatig vijfentwintig gele rozen te laten bezorgen op de werkplek van je partner, zeker als ze daar een open werkvloer hebben. Achteraf gezien was dat Cartier-horloge ook niet slim. Het was zo prijzig dat David het altijd moest dragen. Hij kon het uit angst voor inbraak niet thuis laten, want hij was niet verzekerd. Toen zijn collega's, die natuurlijk hadden opgemerkt dat zijn bureau in een bloemenkraam was veranderd, vroegen hoe hij aan het horloge kwam, verzon hij een geliefde grootmoeder in Canada die recent was overleden en hem wat geld had nagelaten, waarna hij de hele middag werd overstelpt met droevige glimlachjes, troostende omarmingen en condoleances. Toen we een weekend in Parijs hadden gepland en ik hem kwam ophalen op Charles de Gaulle, was me op het hart gedrukt dat ik niet mocht worden opgemerkt door eventueel aanwezige fotografen of fans. Maar toen ik in de aankomsthal stond te wachten, zag ik dat allerlei mensen om me heen elkaar aanstootten en naar me wezen. Tegen de tijd dat David verscheen, was ik behoorlijk geagiteerd. 'Snel instappen,' siste ik. 'Ik geloof dat ze me hebben herkend.' David glimlachte en zei met een blik op mijn kleren: 'Echt waar? Hoe is het mogelijk?' De outfit waarin ik had gedacht onzichtbaar te zijn bestond uit legging met harlekijnpatroon en een oversized hemd met een felgekleurd rococodesign, plus een enorme met juwelen afgezette crucifix rond mijn nek. Ik had alleen meer aandacht op mezelf kunnen vestigen als ik een piano had meegenomen en 'Crocodile Rock' had vertolkt.

De legging en het hemd waren van Gianni Versace, mijn favoriete ontwerper, wiens kleren ik de hele tijd droeg. Ik was geobsedeerd geraakt nadat ik eind jaren tachtig zijn winkeltje in Milaan had ontdekt. Ik meende bij toeval een genie te hebben gevonden, de beste ontwerper van mannenkleding sinds Yves Saint Laurent. Hij gebruikte de beste materialen, maar zijn kleren waren nooit stijf of grauw. Het was altijd een feest om ze te dragen. Ik was nog meer onder de indruk toen ik de man achter die kleren leerde kennen. Het was een vreemde gewaarwording, alsof ik een verloren tweelingbroer vond die al die jaren in Italië had gewoond. We waren vrijwel identiek: hetzelfde gevoel voor humor, dezelfde voorliefde voor roddel, dezelfde belangstelling voor verzamelen, dezelfde rusteloze inborst. Er zat geen uitknop op hem: hij dacht altijd na, verzon voortdurend nieuwe manieren om te doen wat hij deed. En wat deed hij? Alles. Hij kon alles ontwerpen: kinderkleding, glazen, servies, albumhoezen. Ik vroeg hem de cover te ontwerpen voor *The One* en hij maakte er iets prachtigs van. Hij had een verfijnde smaak. Hij kende altijd wel een afgelegen Italiaans kerkje waar schitterende mozaïeken in het schip waren verwerkt of een klein atelier waar ze het mooiste porselein maakten. En hij was de enige die ik ooit heb gekend die zo kon shoppen als ik. Hij ging van huis om een horloge te kopen en kwam met twintig horloges thuis.

Hij was nog erger dan ik. In vergelijking met Gianni's extravaganza was ik een schoolvoorbeeld van zuinig leven en zelfopoffering. Hij vond Miuccia Prada een communiste omdat ze een nylon handtas had ontworpen en niet een van krokodillen- of slangenhuid of een ander overdadig en decadent materiaal dat hij net had ontdekt. Hij wilde me altijd buitenissig dure spullen laten kopen.

'Ik 'eb een ongelooflijk tafelkleed voor jou gevonden dat jij moet kopen voor Kerstmis. 'Et is gemaakt door nonnen, die er dertig jaar voor nodig 'ebben. Moet je zien 'oe mooi. Het kost een miljoen dollar.'

Dat was zelfs mij te gortig. Ik zei dat ik een miljoen aan de prijzige kant vond voor iets wat verpest zou zijn zodra iemand er jus op morste. Gianni keek me verontwaardigd aan, alsof hij begon te vermoeden dat ik ook een communist was. 'Maar Elton,' sputterde hij, ''et is zo mooi... kijk 'oe ambachtelijk.'

Hoewel ik het tafelkleed niet kocht, werd Gianni mijn beste vriend. Ik vond het heerlijk om de telefoon op te nemen en zijn stem te horen met altijd dezelfde begroeting: ''Allo, bitch.' Ik stelde hem voor aan David en ze waren meteen dikke maatjes. Logisch natuurlijk, want Gianni was puur goud, tenzij je nylon handtassen ontwierp. Hij had een groot hart en je kon ontzettend met hem lachen. Hij zei een keer op dramatische toon: 'Als ik sterf, wil ik nog gayer worden gereïncarneerd. Ik wil supergay zijn!' David en ik wisselden verwarde blikken uit en vroegen ons af hoe zoiets ooit mogelijk was. Gianni was al gayer dan de gayste gaybar op Fire Island.

Soms maakte mijn normale relatie me duidelijk hoe abnormaal mijn leven was. Ik organiseerde een bescheiden lunch om David voor te stellen aan mama en Derf. Onze relatie was inmiddels geen geheim meer. Een collega van David had ons gezien toen we uit een auto stapten bij een restaurant van Planet Hollywood in Piccadilly. Hij moest bij zijn baas komen en hem het hele verhaal vertellen. Hij had al plannen gemaakt om met kerst naar Toronto te gaan om ook zijn familie bij te praten. Dat vond ik ontzettend eng. David had me verteld dat zijn vader aartsconservatief was en ik wist hoe vreselijk het kon zijn om uit de kast te komen als je niet werd gesteund door je familie. Ik had in Atlanta iets gehad met een zekere Rob, wiens godsdienstige ouders niets wilden weten van homoseksualiteit. Hij was een lieverd, maar ik zag aan hem dat het conflict tussen zijn seksualiteit en religie en de denkbeelden van zijn ouders aan hem vrat. We bleven toen het uit was bevriend. Op mijn verjaardag kwam hij bloemen brengen. Een dag later heeft hij zichzelf op de snelweg voor een vrachtwagen gegooid.

We hadden ons geen betere reactie van Davids familie kunnen wensen. Ze waren vooral blij omdat hij nu geen geheimen meer voor hen had. Toch had ik het zo lang mogelijk uitgesteld om hem voor te stellen aan mijn moeder. Sinds het was uitgegaan met John Reid had ze zich altijd koel gedragen tegenover mijn partners, alsof de aanwezigheid van anderen afbreuk deed aan de aandacht die ze kreeg. Dat maakte het leven voor mij en mijn partners een stuk lastiger.

Maar mijn moeder was niet het echte probleem tijdens de lunch. Het punt was dat een van de andere gasten, een psychiater, me op het laatste moment had laten weten dat zijn patiënt Michael Jackson in Engeland was en had gevraagd of hij mocht meekomen. Dat leek me een vreselijk slecht idee, maar ik kon moeilijk weigeren. Ik kende Michael al sinds hij dertien of veertien was. Na een concert dat ik had gegeven in Philadelphia was hij samen met Elizabeth Taylor in het Starship opgedoken. Zo'n schattig joch had je nog nooit gezien. Maar ergens in de jaren daarna was hij zich net als Elvis Presley meer en meer gaan afzonderen van de buitenwereld en de realiteit. God mag weten wat zich in zijn hoofd afspeelde en God mag weten met welke medicatie hij zich liet volpompen, maar ik dacht na elke ontmoeting met hem dat hij zo gek was als een deur. Dat zeg ik niet zomaar. Hij had duidelijk een psychische stoornis; het was verontrustend om hem in de buurt te hebben. Het was heel droevig, maar hij was ook weer zo iemand die je niet kon helpen. Hij was vertrokken en leefde in een eigen wereld waar alleen mensen werden toegelaten die hem vertelden wat hij wilde horen.

En nu kwam hij mee naar de lunch waar mijn moeder en mijn nieuwe vriendje kennis zouden maken. Lekker dan. Ik besloot David te bellen om hem het nieuws zo achteloos mogelijk te vertellen. Als ik net deed alsof er geen probleem was, zou hij misschien geen beren op de weg zien. Maar dat viel tegen, want ik was nog niet uitgesproken over de licht gewijzigde lunchplannen of hij onderbrak me al luidkeels: 'Dat kun je verdomme niet menen!' Ik probeerde hem met glasharde leugens op zijn gemak te stellen en beloofde hem dat de verhalen over Michaels excentrieke gedrag die hij misschien had gehoord schromelijk overdreven waren. Dat kan niet overtuigend zijn geweest, want hij had veel van die verhalen rechtstreeks van mij gehoord. Maar echt hoor, hield ik stug vol, het zou lang niet zo bizar worden als hij misschien verwachtte.

In zekere zin had ik gelijk. De lunch werd niet zo bizar als ik had verwacht. De lunch werd namelijk vreemder dan ik me ooit had kunnen voorstellen. Het was een zonnige dag, maar vanwege Michaels vitiligo moesten we binnen zitten met de gordijnen dicht. Die arme jongen zag er vreselijk uit, heel broos en ziek. Zijn make-up leek te zijn aangebracht door een maniak; dat spul zat overal. Op zijn neus of wat daarvan nog over was zat een pleister die zijn gezicht bij elkaar moest houden. Hij zei vrijwel niets en straalde ongemak uit zoals anderen zelfverzekerdheid uitstralen. Ik kreeg de indruk dat hij het niet meer gewend was om te eten in het bijzijn van anderen. Hij at niets van wat we serveerden. Hij had zijn eigen chef meegenomen, maar hij at ook niets van wat die man had gemaakt. Na enige tijd stond hij zonder een woord te zeggen op en verdween hij. We vonden hem pas twee uur later in het huisje van mijn huishoudster. Ze zat toe te kijken terwijl Michael Jackson en haar zoon van elf rustig zaten te gamen. Hij kon om welke reden dan ook het gezelschap van volwassenen niet verdragen. Terwijl dit alles zich afspeelde zag ik David, die aan de andere kant van de tafel zat, moedige pogingen doen om een gesprek te voeren met mijn moeder, die de gespannen atmosfeer opstookte door tijdens de maaltijd uitvoerig en op een luide toon die Michaels psychiater ook kon horen te verkondigen dat de psychiatrie pure verspilling van tijd en geld was. Telkens als ze even naar adem hapte, zag ik David om zich heen kijken, op zoek naar iemand die kon uitleggen waar hij in hemelsnaam was beland.

Maar ook zonder onverwachte bezoekjes van Michael Jackson moet de nieuwe wereld die hij betrad een bizarre indruk hebben gemaakt op David. Zo zag ik die wereld zelf soms ook. Daar had ik de King of Pop niet voor nodig. Niet al mijn losbandige kantjes waren ten prooi gevallen aan het afkicken. Het befaamde temperament van de Dwights was immuun voor alle vormen van behandeling en medische interventie. Ik kon nog zomaar ontploffen als ik daar zin in kreeg. De eerste keer dat David dat van dichtbij meemaakte was op de avond in januari 1994 toen ik zou worden ingewijd in de Rock and Roll Hall of Fame in New York. Ik wilde eigenlijk niet gaan, want het nut van de Hall ontgaat me. Het oorspronkelijke idee – de pioniers van de rock-'n-roll in het zonnetje zetten, de artiesten die in de jaren vijftig de koers uitstippelden die wij allemaal volgen, vooral diegenen die financieel zijn genaaid – was prima, maar het veranderde al snel in een pompeuze ceremonie die op tv wordt uitgezonden en waarvoor de kaarten tienduizenden dollars kosten. Het gaat er maar om dat ze elk jaar genoeg grote sterren op het podium zetten om die peperdure kaarten te verkopen.

Ik zou er verstandig aan hebben gedaan om de uitnodiging

beleefd af te slaan, maar ik voelde me verplicht. Ik zou worden geïntroduceerd door Axl Rose, die ik graag mocht. Ik had hem leren kennen toen de pers hem op de korrel nam. Ik weet hoe eenzaam je kunt zijn als de pers je aanpakt, dus ik wilde hem steunen. We konden goed met elkaar overweg en hebben samen 'Bohemian Rhapsody' gezongen tijdens het Freddie Mercury Tribute Concert. Daar werd ik flink om bekritiseerd omdat het nummer 'One in a Million' van Guns N' Roses homofobische teksten zou bevatten. Als ik had gedacht dat dat een weergave was van zijn persoonlijke gevoelens, was ik bij hem uit de buurt zijn gebleven. Maar dat was niet zo, want het nummer was duidelijk geschreven vanuit het perspectief van een personage dat niet Axl Rose was. Hetzelfde gold voor Eminem. Toen ik met hem optrad bij de Grammy's, kreeg ik kritiek van de Gay and Lesbian Alliance Against Defamation, maar het was duidelijk dat hij in zijn teksten een personage speelde dat hij opzettelijk weerzinwekkend had gemaakt. Ik denk net zomin dat Axl en Eminem homohaters zijn als ik denk dat Sting uitgaat met een prostituee die Roxanne heet of dat Johnny Cash een man in Reno doodschoot omdat hij hem wilde zien sterven.

En dus ging ik naar de Rock and Roll Hall of Fame. Ik zag al meteen bij aankomst dat het een vergissing was. Ik draaide me om en liep weg terwijl ik maar bleef mopperen dat de zaal godverdomme wel een mausoleum leek. Ik sleepte David mee terug naar het hotel, waar ik me meteen schuldig ging zitten voelen omdat ik de organisatie zou teleurstellen. We besloten terug te gaan. The Grateful Dead trad op met een kartonnen bord van Jerry Garcia, want Garcia vond die hele Rock and Roll Hall of Fame nonsens en weigerde te komen. Ik besloot dat Jerry dat aardig had gezien, draaide me om en wilde opnieuw vertrekken. David liep braaf mee. Ik had mijn pak al uit- en mijn ochtendjas aangetrokken toen ik toch weer werd bevangen door schuldgevoelens. Ik trok mijn pak weer aan en we gingen naar de uitreiking. Toen werd ik boos op mezelf en mijn verdomde schuldgevoel. Ik beende weg en omlijstte de rit terug naar het hotel eens te meer met een langdurig, luidkeels uitgesproken relaas over wat een tijdsverspilling deze avond was. Davids knikjes van medeleven en geluidjes van instemming klonken inmiddels enigszins plichtmatig, maar ik kon mezelf ervan overtuigen dat hij niet met zijn ogen rolde vanwege mij, maar vanwege de evidente tekortkomingen van de Rock and Roll Hall of Fame. Dat vergemakkelijkte mijn – tien minuten later genomen – besluit dat het als ik er nog eens goed over nadacht toch maar beter was om erheen te gaan. De andere gasten leken verbaasd toen ze ons zagen, want we waren inmiddels vaker naar onze tafel en weer terug gelopen dan het bedienend personeel.

Ik zou je nu graag vertellen dat het zo afliep, maar ik sluit niet uit dat ik nog een keer van gedachten ben veranderd en dat we nog een keer woedend zijn teruggekeerd naar het hotel voordat ik op het podium ben gestapt om de prijs in ontvangst te nemen. Axl Rose gaf een prachtige speech, ik liet Bernie op het podium komen om de prijs aan hem te geven, en toen zijn we weer vertrokken. We reden zwijgend terug naar het hotel. Uiteindelijk was het David die sprak. 'Nou,' zei hij rustig, 'dat was best een dramatische avond.' Hij bleef even stil en vroeg toen klaaglijk: 'Elton, is je leven altijd zo?'

Ik denk dat David op dat soort avonden geïnteresseerd raakte in het maken van *Tantrums and Tiaras*, al kwam het originele idee van mij. Een filmmaatschappij wilde een documentaire over me maken, maar ik dacht dat het interessanter zou worden als de film werd gemaakt door iemand die ik goed kende en die ik dichterbij zou laten komen dan een vreemde. Ik had geen behoefte aan schone schijn en bullshit. Ik wilde laten zien hoe het is om mij te zijn, met zowel de grappige momenten als de belachelijke aspecten. Ik voelde aan dat David de wereld wilde tonen wat hij allemaal moest gedogen. De film was zijn manier om de krankzinnige wereld te begrijpen die ook zijn leven was geworden. Hij richtte een kantoortje in in de tram die ik in Australië had gekocht – ik wist wel dat die ooit van pas zou komen – en begon met filmen.

Ik was niet bang dat men mijn monsterlijke, onredelijke kant zou zien. Ik weet donders goed hoe belachelijk mijn leven is en dat ik een enorme klootzak lijk als ik om helemaal niets uit mijn vel spring. Ik ga binnen enkele seconden van niets aan de hand naar nucleair en kom net zo snel weer tot rust. Dat temperament heb ik geërfd van mijn beide ouders, maar ik ben ook oprecht van mening dat alle artiesten, of ze nu schilders, theaterregisseurs, acteurs of musici zijn, diep vanbinnen de aanleg hebben om zich volstrekt onredelijk te gedragen. Dat is de schaduwzijde van creativiteit. Bijna alle artiesten met wie ik ooit bevriend ben geraakt hadden die karaktertrek ook: John Lennon, Marc Bolan, Dusty Springfield. Allemaal heerlijke mensen van wie ik zielsveel hield, maar bij vlagen waren ze onuitstaanbaar. Dusty had zelfs zoveel vlagen dat ze me vertelde dat ze het geheim had ontdekt van een succesvolle uitbarsting van divagedrag. Als je het punt bereikte waarop je voorwerpen door de kamer ging gooien, moest je wel weten dat wat je gooide niet duur of moeilijk vervangbaar was. Ik ben er eerlijker over dan veel anderen, vooral tegenwoordig. Platenlabels geven popsterren mediatraining en leren hun letterlijk om hun slechte eigenschappen te verbergen en nooit controversiële uitlatingen te doen.

Je hoeft mijn carrière niet grondig te hebben bestudeerd om te weten dat ik uit een andere periode kom, een tijd waarin nog niet werd gedacht dat je popsterren moest instrueren wat ze wel en niet moesten zeggen tegen de media. Daar ben ik blij om, ook al heb ik vaak opzienbarende dingen gezegd die decennialang de krantenkop THE BITCH IS BACK hebben opgeleverd. Het was misschien wreed om te zeggen dat Keith Richards eruitzag als een aap met artritis, maar hij was ook gemeen geweest over mij. Wie uitdeelt, moet kunnen incasseren. De enige keer dat ik voor echte problemen heb gezorgd was toen ik tegen de Amerikaanse zondagskrant *Parade* zei dat ik niet uitsloot dat Jezus een superintelligente, superempathische homoseksuele man was geweest. Ik bedoelde eigenlijk dat niemand iets weet over Jezus' privéleven en dat je van alles kunt afleiden uit wat hij de mensen leerde over vergiffenis en mededogen. Maar zo interpreteerden de religekkies mijn woorden niet. Het belangrijkste wat zij van Jezus leken te hebben geleerd was dat je mensen moet aansporen om iemand te vermoorden als hij iets heeft gezegd wat je niet bevalt. Een week lang had ik agenten van het politiekorps van Atlanta over de vloer. Ze sliepen in de logeerkamer. Er stonden mensen bij mijn appartementencomplex met borden met teksten als ELTON JOHN MOET DOOD. Dat zie je niet graag als je 's avonds thuiskomt. De man met dat bord zette ook een filmpje op YouTube waarin hij doodsbedreigingen uitte aan mijn adres. Hij werd uiteindelijk gearresteerd en de protesten ebden weg.

Ik vind het maar saai, zo'n wereld waarin artiesten worden gepresenteerd als perfecte mensen en de opdracht krijgen om niets te zeggen waarvan anderen van streek zouden kunnen raken. Het is een leugen. Artiesten zijn niet perfect. Niemand is perfect. Daarom heb ik een hekel aan documentaires die de schijn willen ophouden over artiesten en je willen wijsmaken hoe perfect ze waren. De meeste rocksterren kunnen zich soms vreselijk gedragen. Ze kunnen indrukwekkend en charmant zijn, en extravagant en oerstom. Dat wilde ik laten zien in *Tantrums and Tiaras.*

Niet iedereen vond dat een goed idee. George Michael schrok zich te pletter toen hij wat beelden zag. Niet van wat hij zag – hij kende me immers – maar omdat ik het wilde uitbrengen. Dat was een enorme vergissing, vond hij. John Reid zei dat hij achter het idee stond, maar deed zijn best om het project te saboteren. Nadat mijn moeder had aangegeven dat ze zich voor de documentaire wilde laten interviewen, heeft hij achter mijn rug om tegen haar gezegd dat ze erbuiten moest blijven omdat het alleen over seks en drugs zou gaan.

Daar was ik woedend over, maar het liet me koud wat andere mensen dachten. Ik vind het meestal vreselijk om mezelf op beeld te zien, maar ik genoot enorm van *Tantrums and Tiaras.* Omdat het echt was. David en producente Polly Steele volgden me tijdens mijn wereldtournee van 1995 met kleine camcorders. Meestal vergat ik dat ik werd gefilmd. Het is om je te bescheuren: ik roep bespottelijke dreigementen en zeg dat ik nooit meer naar Frankrijk zal komen omdat een fan naar me heeft gezwaaid terwijl ik aan het tennissen was of dat ik nooit meer een videoclip zal maken omdat iemand per ongeluk mijn kleren in de auto heeft laten liggen. Het was leerzaam, en ik denk dat de schok van het mezelf zien mijn gedrag heeft veranderd. En laten we ook alle therapie niet vergeten. Ik heb nog altijd een kort lontje, want aan je genen verander je niets. Maar ik begrijp nu beter wat een energieverspilling het is en hoe stom ik me voel als ik weer tot rust ben gekomen. Ik probeer kalm te blijven. Dat lukt niet altijd, maar ik doe mijn best.

Het enige over *Tantrums and Tiaras* wat ik betreur is hoeveel invloed de film had. Onze docu stond aan de wieg van de realitytelevisie waarin het leven van beroemde mensen wordt getoond. Of, nog erger, van iemand die beroemd is geworden vanwege zo'n serie. Het is niet verheffend om programma's als *Being Bobby Brown* en *The Anna Nicole Show* op je geweten te hebben. Je zou kunnen zeggen dat *Keeping Up with the Kardashians* in zekere zin mijn schuld is. Daarvoor kan ik de mensheid alleen maar om vergiffenis smeken.

In 1997 werd *Tantrums and Tiaras* eindelijk uitgebracht. David kwam terug van een persconferentie in Pasadena ter gelegenheid van de première toen ik te horen kreeg dat Gianni Versace was vermoord. Ik had een huis in Nice gekocht en we hadden afgesproken dat Gianni de week daarna naar Frankrijk zou vliegen voor een vakantie met David en mij. De tickets waren al geboekt toen hij bij zijn villa in Miami werd neergeschoten door een seriemoordenaar die al mannen had vermoord in Minnesota, Chicago en New Jersey. Het verhaal ging dat hij na een kortstondige ontmoeting in een nachtclub jaren geleden door Gianni geobsedeerd was geraakt, maar ik geloof niet dat iemand weet of dat echt waar is.

Ik was een wrak nadat John Reid had gebeld met het nieuws. Ik zette de tv in de slaapkamer aan en ging jankend naar de beelden kijken. Gianni had zijn vaste ochtendroutine afgewerkt. Hij kocht elke dag alle internationale kranten en tijdschriften. Er lagen altijd stapels in zijn huis, volgeplakt met post-its: ideeën die zijn aandacht hadden getrokken, dingen waarmee hij dacht te kunnen werken, dingen die hem inspireerden. En nu was hij dood. Het was net als met de dood van John Lennon: er was geen verklaring, niets wat het makkelijk maakte om het te bevatten, om het in je hoofd een beetje te rationaliseren. Het was gewoon een willekeurige moord.

Zijn familie vroeg me te zingen tijdens de herdenkingsplechtigheid in de Dom in Milaan. Ze wilden dat ik een duet zou zingen met Sting: opnieuw de 23e Hymne die ik in de kathedraal van Sydney had gezongen na de dood van John. De dienst was chaotisch. Overal, zelfs in de kerk, waren paparazzi, filmcrews en fotografen. Het was een claustrofobische ervaring, maar merkwaardig genoeg was het precies wat Gianni zou hebben gewild. Hij was dol op aandacht en publiciteit. Dat was zijn enige irritante eigenschap. Toen ik met hem op vakantie was op Sardinië hadden zijn pr-mensen de pers in elke plaats vooraf op de hoogte gebracht van onze komst. Ik zei hoe vreselijk ik dat vond, maar daar kon hij niet bij. 'O, Elton... ze 'ouden van je, ze willen foto nemen, is toch mooi? Ze 'ouden van je.' In de kathedraal begonnen twee functionarissen – monsigneurs of kardinalen of wat het ook waren – mij en Sting in het bijzijn van iedereen te ondervragen over ons optreden. Ik denk dat ze niet wilden dat we zouden zingen omdat we niet katholiek waren. Het was afschuwelijk, we werden als kleine kinderen op het matje geroepen tijdens een herdenkingsplechtigheid in een ruimte propvol camera's.

We mochten uiteindelijk zingen en wisten het optreden wonderbaarlijk genoeg tot een goed einde te brengen. Ik huilde onophoudelijk. Ik geloof niet dat ik ooit iemand heb gezien die zo buiten zinnen was van verdriet als Gianni's nichtje Allegra. Ze was elf toen hij stierf en ze was zijn oogappel. Hij liet zijn aandeel in het bedrijf aan haar na. Ze gaf zichzelf de schuld voor zijn dood omdat ze elke ochtend met hem op pad ging om de kranten te kopen, maar op de dag van zijn dood met haar moeder in Rome was geweest. Ze dacht dat hij nog zou leven als ze bij hem was geweest. Na zijn dood kreeg ze een vreselijke eetstoornis. Soms was ze verdwenen en dan vonden ze haar ergens in een van de klerenkasten in het huis, waar ze zich vastklampte aan Gianni's kleren, dingen die nog naar hem roken. Het was vreselijk. Echt vreselijk.

De hele familie Versace lag in puin na Gianni's dood. Donatella had al heel lang een cocaïneprobleem. Iedereen wist het, behalve Gianni. Hij was onvoorstelbaar naïef over drugs. Hij dronk niet eens. Hij nam weleens een glas rode wijn met Sprite en ijsklontjes; dat was natuurlijk zo vies dat hij geen behoefte had om verder te verkennen. Bij feestjes en evenementen van Versace ging hij vroeg naar bed. Daarna barstte het feest los en daarbij nam Donatella het voortouw. Hij wist dat er iets niet goed zat met haar, maar hij kwam er niet uit wat het was. Ik weet nog dat hij eens toen we door de tuin van Woodside wandelden zei: 'Ik begrijp mijn zus niet. Ze heeft goede dagen en slechte dagen. Ik begrijp niets van haar buien en die wisselvalligheid.' Ik zei dat ze verslaafd was aan cocaïne, dat ik vaak samen met haar had gesnoven voordat ik afkickte. Hij geloofde me niet. Hij kon zich geen voorstelling maken van het leven dat ze leidde als hij niet in de buurt was.

Na zijn dood liep Donatella's cokegebruik de spuigaten uit. Ik zag haar niet vaak. Ze meed me omdat ze wist dat ik haar gedrag afkeurde. Toch verscheen ze op een avond backstage bij een concert dat ik gaf in Reggio Calabria. Ze was ver heen, heel high. Ze zat tijdens mijn optreden aan de zijkant van het podium tranen met tuiten te huilen. Dat hield ze de hele avond vol. Of ze vond dat ik die avond heel slecht zong, of het was een noodkreet.

We besloten een interventie te doen. David en Donatella's pr-medewerker Jason Weisenfeld regelden alles tijdens het feestje voor Allegra's achttiende verjaardag in Gianni's oude appartement op de Via Gesù. Ik was er met David en Jason en mijn vriendin Ingrid Sischy en haar partner Sandy. We zaten in de kleine salon te wachten. Donatella en Allegra kwamen binnen in extravagante, schitterende avondjurken van Atelier Versace en namen plaats op de divan. We spraken om beurten. Er viel een vreselijke stilte. Je weet bij een interventie nooit wat er gaat gebeuren. Als degene die je wilt helpen niet wil toegeven dat ze een probleem heeft, kan het rampzalig aflopen. Plotseling riep Donatella dramatisch uit: 'Mijn leven is als die kaars in de wind uit jouw liedje. Ik wil dood!'

We wisten haar aan de telefoon te krijgen met The Meadows, een afkickkliniek in Scottsdale, Arizona. We konden alleen haar kant van het gesprek horen, die heel bijzonder was: 'Ja, ja... cocaïne... en ook pillen... o, een handje van die pil, en een handje van een andere pil, en als dat niet werkt, gooi ik alle pillen door elkaar... ja... oké, ik kom meteen, maar ik heb één voorwaarde: geen olieachtig eten.'

Nadat haar was verzekerd dat er geen olieachtig voedsel werd geserveerd, vertrok ze, nog altijd in haar avondjurk. Een dag later belde Jason om te vertellen dat ze was opgenomen. De door de instelling gehanteerde regel dat de patiënten geen make-up mochten dragen was niet in goede aarde gevallen en er was een incident geweest toen Donatella merkte dat ze was vergeten deodorant in te pakken. Verder maakte ze het goed. Ze heeft het programma afgemaakt en werd nuchter. We feliciteerden Jason met zijn voortreffelijke aanpak van de hele zaak.

'Ja,' zei hij sip. 'Nu hoef ik godverdomme alleen nog maar in Scottsdale deodorant van Chanel te vinden.'

Na de begrafenis nodigden we Antonio, Gianni's partner, uit om bij ons in Nice te komen logeren. Hij was in diepe rouw. Hij had het nooit goed kunnen vinden met Gianni's familie. Het was een merkwaardige, sombere zomer. We zaten in een nieuw huis dat we hadden ingericht op basis van Gianni's smaak en dat we hem dolgraag hadden willen laten zien om zijn mening te horen. Op een avond zei David dat ik eens moest nadenken over professionele beveiligers. Ik had dat nooit gedaan, zelfs niet na de moord op John. Ik had in de jaren zeventig een bodyguard gehad, een zekere Jim Morris, maar hij was vooral een campy accessoire. Hij was een bodybuilder die het tot Mr America had geschopt en hij was uit de kast, wat destijds voor een stoere zwarte vent wel een dingetje was. Hij droeg me vaak op zijn schouders het podium op; veel meer deed hij niet. Nu leken we echt beveiliging nodig te hebben. De wereld was veranderd.

Onze zomer zou nog merkwaardiger worden. Eind augustus werden we op een ochtend gewekt door het geluid van de faxmachine. David ging kijken wat het was en kwam terug met een vel met een handgeschreven boodschap van een vriend in Londen: 'Ik voel met jullie mee. Wat een vreselijk nieuws.' We wisten niet wat hij bedoelde. Het kon niet over Gianni gaan, die al zes weken dood was. Met een toenemend gevoel van angst zette ik de televisie aan. Zo ontdekte ik dat prinses Diana was overleden.

veertien

Ik leerde Diana kennen in 1981, vlak voordat ze met prins Charles trouwde. Het was op een feestje voor de vierentwintigste verjaardag van prins Andrew in Windsor Castle, waar Ray Cooper en ik het amusement zouden verzorgen. De avond was volstrekt surrealistisch. Het exterieur van het kasteel was gedecoreerd met psychedelische verlichting en voor ons optreden werden de gasten vermaakt met een mobiele disco. Maar omdat de koningin er was en niemand haar vorstelijke gevoelens wilde kwetsen, stond de muziek zo zacht als maar kon zonder de installatie helemaal uit te zetten. Je kon letterlijk boven het geluid van de muziek uit je voeten over de vloer horen bewegen. Prinses Anne vroeg me ten dans op 'Hound Dog' van Elvis Presley. Ik zeg dansen, maar veel meer dan gegeneerd met mijn voeten schuifelen deed ik niet, want ik was bang dat ik de muziek zou overstemmen. Als je je oren spitste en je heel goed concentreerde, kon je net horen dat de diskjockey Elvis had laten overgaan in 'Rock Around the Clock'. De koningin verscheen met een handtas. Ze liep op ons af en vroeg of ze mocht meedansen. Dus nu danste ik zo onhoorbaar mogelijk met prinses Anne en de koningin – die nog altijd haar handtas droeg – terwijl de stilste disco van de wereld Bill Haley ten gehore bracht. Ik moest denken aan die keer dat The Band mijn kleedkamer binnenviel, of toen Brian Wilson eindeloos het refrein van 'Your Song' zong tijdens mijn eerste bezoek aan de VS.

Elf jaar later was mijn leven onherkenbaar veranderd, maar deed ik nog altijd wanhopig mijn best om normaal te doen terwijl de wereld om me heen leek te zijn doorgedraaid.

Dat was kenmerkend voor al mijn contacten met de koninklijke familie. Ik vond hen buitengewoon charmant en grappig. Ik weet dat de koningin niet te boek staat als wild en frivool, maar dat heeft denk ik vooral te maken met haar baan. Het viel me op toen ik mijn twee onderscheidingen kreeg. Ze moest tweeënhalf uur lang die dingen uitreiken en met tweehonderd mensen over koetjes en kalfjes praten, de een na de ander. Ik denk dat heel weinig mensen in zo'n situatie voortdurend briljant en geestig zouden zijn. Ze vraagt gewoon of je hebt druk hebt. Je zegt: 'Zeker, mevrouw.' Zij zegt 'Wat heerlijk' en loopt verder. In privésituaties kon ze hilarisch zijn. Tijdens een ander feestje zag ik dat ze Viscount Linley vroeg of hij even wilde gaan kijken bij zijn zus, die zich niet lekker voelde en naar haar kamer was gegaan. Toen hij herhaaldelijk probeerde haar af te poeieren, gaf de koningin hem heel zacht een klapje in zijn gezicht en zei: 'Ga' – KLAP – 'niet' – KLAP – 'met' – KLAP – 'me' – KLAP – 'bekvechten' – KLAP – 'ik' – KLAP – 'ben' – KLAP – 'DE KONINGIN!' Toen was hij overtuigd. Toen hij wegliep, zag ze dat ik het had gezien. Ze knipoogde naar me en liep weg.

Maar hoe grappig of normaal de leden van de koninklijke familie ook waren – of ze nu klaagden over de kleuren van mijn Aston Martin of me vroegen of ik coke gebruikte voor mijn optreden of naar me knipoogden nadat ze een neef in het gezicht hadden geslagen – er kwam altijd een moment waarop ik me als een vis op het droge ging voelen en me afvroeg hoe ik, een musicus die was opgegroeid in de sociale woningbouw in Pinner, in vredesnaam verzeild was geraakt in hun gezelschap. Met Diana was het anders. Ze was ondanks haar status en achtergrond gezegend met imposante sociale vaardigheden en het vermogen om met iedereen te praten, zichzelf doorsnee te laten lijken, en de mensen in haar omgeving op hun gemak te stellen. Haar kinderen hebben die eigenschap geërfd, vooral prins Harry. Hij hecht net zomin als zijn moeder aan formaliteiten of grandeur. Die beroemde foto waarop ze de hand van een aidspatiënt vasthoudt in London Middlesex Hospital, zo was Diana. Ik geloof niet dat ze een statement wilde maken, al deed ze dat natuurlijk wel. Op dat moment veranderde ze voorgoed de manier waarop mensen naar aids keken. Ze had iemand ontmoet die leed, die verwikkeld was in een afgrijselijke doodsstrijd: waarom zou je zo iemand niet aanraken? Het is een natuurlijke menselijke impuls om zo iemand te troosten.

Het klikte meteen tussen ons toen ze die avond in 1981 de balzaal binnenkwam. We deden alsof we de charleston dansten terwijl we ons bescheurden over de gezapige disco. Ze was fantastisch gezelschap, de ideale gast bij een etentje. Ze was onvoorstelbaar indiscreet en dol op roddelen. Wat je haar ook vroeg, ze gaf altijd antwoord. Het enige vreemde was hoe ze sprak over prins Charles. Ze noemde hem nooit bij naam. Ze zei altijd 'mijn echtgenoot', nooit 'Charles', en gebruikte al helemaal geen koosnamen. Het maakte een kille, afstandelijke indruk. Heel vreemd, want Diana was verre van formeel. Ze kon nauwelijks geloven hoe dor en keurig sommige andere leden van het koninklijk huis soms konden zijn.

De impact die Diana op mij had, was nog niets vergeleken bij hoe heteroseksuele mannen op haar reageerden. Ze leken in haar aanwezigheid buiten zinnen te raken, alsof ze behekst waren. Toen ik aan *The Lion King* werkte, kwam Jeffrey Katzenberg, de baas van Disney, naar Engeland. We organiseerden een etentje in Woodside voor hem en zijn vrouw Marilyn. Toen ik vroeg of er iemand in Groot-Brittannië was die ze graag wilden ontmoeten, zeiden ze meteen: 'Prinses Diana.' We nodigden haar uit, net als George Michael, Richard Curtis en zijn vrouw Emma Freud, en Richard Gere en Sylvester Stallone, die op dat moment allemaal in Engeland waren. Het werd een bizarre avond. Het boterde meteen tussen Richard en Diana. Zij was al niet meer samen met prins Charles, Richard en Cindy Crawford waren net uit elkaar en al snel zaten ze met zijn tweetjes voor de open haard, waar ze helemaal opgingen in hun gesprek. De rest zat gewoon te kletsen, maar ik merkte dat de sfeer in de kamer subtiel was veranderd. Stallone keek voortdurend naar Diana en Richard. Ik kreeg de indruk dat hun ontluikende vriendschap hem een doorn in het oog was. Ik vermoed dat hij was gekomen met de nadrukkelijke bedoeling om Diana te versieren, maar inzag dat zijn plannetje werd gedwarsboomd.

Uiteindelijk werd de maaltijd geserveerd. We gingen naar de eetzaal en namen plaats aan tafel. Althans, de meeste gasten. Gere en Stallone waren in geen velden of wegen te bekennen. We wachtten. Nog altijd niets. Uiteindelijk vroeg ik David of hij hen wilde gaan zoeken. Toen hij terugkwam, had hij het stel bij zich, maar hij oogde ronduit bedrukt. 'Elton,' mompelde hij, 'we hebben een... probleem.'

David bleek de twee acteurs te hebben gevonden in de gang, waar ze van plan leken te zijn hun geschil over Diana op te lossen met een vuistgevecht. David had de zaak gesust door te doen alsof hij niet had gemerkt wat er aan de hand was – 'Hé, mannen! We gaan eten!' – maar Stallone was duidelijk ontstemd. Na het eten gingen Diana en Richard weer voor de haard zitten. Sylvester verliet woedend het huis. Toen David en ik hem uitlieten, zei hij: 'Ik zou nooit zijn gekomen als ik verdomme had geweten dat de prins in het witte pak ook was uitgenodigd. Als ik haar had willen hebben, had ik haar genomen!'

We wisten ons lachen in te houden totdat zijn auto uit het zicht was verdwenen. In de woonkamer zaten Diana en Richard nog altijd verrukt in elkaars ogen te staren. Het incident leek haar koud te laten; misschien had ze niets gemerkt. Of misschien overkwamen zulke dingen haar voortdurend en was ze eraan gewend geraakt. Na haar dood hoorde je weleens mensen praten over het Diana-effect. Dan bedoelden ze de manier waarop ze had veranderd hoe mensen over het koninklijk huis dachten, of over aids of boulimia of geestelijke stoornissen. Maar ik moest bij die term denken aan die avond met Gere en Stallone. Er was nog een ander Diana-effect, dat ervoor zorgde dat grote sterren elkaar als verliefde tieners te lijf gingen.

Ze was jarenlang een dierbare vriendin, maar toen raakten we totaal onverwacht gebrouilleerd. De oorzaak was *Rock and Royalty*, een boek dat Gianni Versace had samengesteld. Het was een verzameling portretten van beroemde fotografen zoals Richard Avedon, Cecil Beaton, Herb Ritts, Irving Penn en Robert Mapplethorpe, waarvan de opbrengst bestemd was voor de AIDS Foundation. Diana zou het voorwoord schrijven, maar ze krabbelde terug. Ik vermoed dat Buckingham Palace niet blij was met de betrokkenheid van een lid van de koninklijke familie bij een boek met foto's van mannen die alleen een handdoek droegen. Diana trok haar voorwoord op het laatste moment terug. Ze zei dat ze geen weet had gehad van de inhoud van het boek, maar dat was niet waar. Gianni had haar alles laten zien en ze had het prachtig gevonden. Ik schreef haar een brief waarin ik haar verweet dat haar besluit de Foundation veel geld had gekost en haar eraan herinnerde dat ze het boek wel degelijk had gezien. Ik kreeg een formele, kille brief terug: 'Geachte heer John...' Daarmee leek de kous af te zijn. Ik was boos op haar, maar ik maakte me ook zorgen. Ze leek contact te verliezen met allerlei intieme vrienden, mensen die eerlijk tegen haar waren en haar de waarheid durfden te vertellen. Ze omringde zich nu met mensen die zeiden wat ze wilde horen of braaf knikten als ze de paranoïde theorieën over de koninklijke familie debiteerde die ze na de scheiding was gaan geloven. Ik had persoonlijk ondervonden dat dat geen gezonde situatie was.

Ik sprak haar pas weer op de dag van de moord op Gianni. Zij was de eerste die belde nadat ik van John Reid had gehoord dat hij dood was. Ik weet niet hoe ze aan mijn nummer was gekomen, want we woonden nog maar kort in Nice. Ze was ook aan de Côte, in Saint-Tropez, op het jacht van Dodi Al-Fayed. Ze vroeg hoe het met me ging en of ik al had gesproken met Donatella. Toen zei ze: 'Het spijt me zo. Het was stom om elkaar uit het oog te verliezen. Laten we weer vrienden zijn.'

Ze kwam met ons mee naar de begrafenis. Ze zag er fantastisch uit, bruin van de vakantie. Ze droeg een parelketting. Ze was net zo warm en zorgzaam als ze altijd was geweest. De paparazzi werden gek toen ze de kerk binnenkwam. Het was alsof de grootste ster van de wereld was gearriveerd, en dat was ze natuurlijk ook. Ze lieten haar tijdens de dienst geen moment met rust, al moet ik zeggen dat de befaamde foto van haar waarop ze me zou troosten – ze leunt naar voren mijn kant op en praat tegen me, terwijl ik rode ogen heb van het huilen en glazig kijk – nu net een moment afbeeldt waarop ze dat niet deed. Ze wilde voor me langs leunen omdat David haar een pepermuntje aanbood. De warme, troostende woorden die ze op dat moment uitsprak waren: 'King? Lijkt me heerlijk.'

Ik schreef haar daarna om haar te bedanken en kreeg een briefje terug waarin ze aanbood om de AIDS Foundation te steunen en vroeg of ik iets wilde doen voor haar instelling, die campagne voerde tegen het gebruik van landmijnen. We zouden elkaar ontmoeten als we weer eens allebei in Londen waren om die zaken tijdens een lunch te bespreken. Die kans hebben we niet meer gekregen.

Een paar dagen na haar dood werd ik gebeld door Richard Branson, die me vertelde dat veel mensen die het condoleanceregister in St. James' Palace tekenden de tekst van 'Candle in the Wind' citeerden. Het nummer werd ook veel gedraaid op de radio; de meeste zenders hadden hun programmering aangepast en speelden sombere muziek, want zo was de stemming in het land. Richard vroeg of ik het nummer met een aangepaste tekst zou willen zingen tijdens de begrafenis. Ik denk dat de familie Spencer contact had opgenomen met Richard omdat ze wilden dat de begrafenis iets zou worden waarmee het volk zich verbonden kon voelen. Ze wilden geen kille plechtigheid vol pracht en praal en protocol. Dat zou niet bij Diana hebben gepast.

Ik belde Bernie. Het leek me een loodzware opdracht voor hem. Wat hij zou schrijven zou live worden uitgezonden en worden gezien en gehoord door miljarden mensen – het was duidelijk dat de begrafenis over de hele wereld zou worden uitgezonden op televisie – en moest ook nog eens worden goedgekeurd door de koninklijke familie en de Church of England. Maar hij was een rots in de branding. Hij deed alsof het alledaags werk was om een liedje te schrijven dat eerst ter inzage moest worden voorgelegd aan de koningin en de aartsbisschop van Canterbury. Hij faxte me de volgende ochtend al een tekst toe, die ik doorspeelde naar Richard Branson. Er waren geen problemen.

Toen ik de dag voor de begrafenis naar Westminster Abbey ging voor een repetitie had ik geen idee wat ik moest verwachten. Ik zat nog met de herinnering aan Gianni's begrafenis en de weerstand van de kerkelijke functionarissen tegen mijn optreden daar. Toen ging het om een psalm bij een besloten dienst; nu ging het om een rocknummer bij een nationale plechtigheid. Wat zou er gebeuren als mensen me hier opnieuw niet zouden willen?

Ik had me geen zorgen hoeven maken. De aartsbisschop was ontzettend aardig en behulpzaam. Er heerste een sfeer van kameraadschap, de gedachte dat we allemaal moesten samenwerken om er iets van te maken. Ik wilde absoluut een autocue naast mijn piano hebben met Bernies tekst. Ik was altijd tegen het gebruik van die apparaten geweest, deels omdat ik ze strijdig vond met het spontane karakter van rock-'n-roll – ik weet bijna zeker dat Little Richard geen autocue gebruikte toen hij 'Long Tall Sally' opnam – en deels omdat ik dacht: kom op zeg, doe gewoon je werk. Je hoeft als je op dat podium staat maar drie dingen te doen: zuiver zingen, de juiste noten spelen en de woorden onthouden. Als je maar twee van die drie dingen kunt opbrengen, moet je misschien ander werk zoeken. Daarom vind ik het ook niet kunnen als artiesten playbacken op het podium. Maar ik vond dat ik ditmaal een uitzondering moest maken op mijn regels. Het was een eenmalig evenement en in zekere zin het grootste optreden dat ik ooit zou verzorgen, want ik zou vier minuten lang de aandacht hebben van de hele wereld. Maar tegelijkertijd was het geen Elton John-moment. Het draaide vreemd genoeg niet om mij.

Hoe vreemd het was, werd me duidelijk toen we een dag later aankwamen bij Westminster Abbey. David en ik waren gekomen met George Michael; dit was lang voordat we ruzie kregen over zijn drugsgebruik. Hij had gevraagd of we samen konden gaan. We hadden onderweg amper een woord gewisseld, want George was te zeer van streek om iets te zeggen. Er zaten talloze mensen die ik kende in de kerk: Donatella Versace was er, David Frost, Tom Cruise en Nicole Kidman, Tom Hanks en Rita Wilson. Het was surrealistisch, alsof ik droomde en het zich niet afspeelde in het echte leven. We kregen plaatsen vlak bij het altaar, niet ver van waar de koninklijke familie zat. William en Harry waren buiten zichzelf van verdriet. Ze waren vijftien en twaalf en ik vond dat ze die dag onmenselijk werden behandeld. Ze moesten door de straten van Londen heen achter de kist van hun moeder aan lopen en hadden te horen gekregen dat ze geen emoties mochten tonen en recht voor zich uit moesten kijken. Zo behandel je kinderen die net hun moeder zijn kwijtgeraakt toch niet?

Het drong allemaal nauwelijks tot me door. Ik kan niet zeggen dat ik zenuwachtig was. Ik zou liegen als ik zei dat het geen moment bij me opkwam dat er twee miljard mensen zaten te kijken, maar ik zou optreden voor het gedeelte van de kerk waar de vertegenwoordigers zaten van de goede doelen die Diana had gesteund. Ik herkende vrienden van de AIDS Foundation: Robert Key, Anne Aslett en James Locke. Ik had geen plankenkoorts, maar wel een andere specifieke angst: wat als de autopiloot het zou overnemen en ik de verkeerde versie zou zingen? Ik had 'Candle in the Wind' honderden keren uitgevoerd. Het was niet volstrekt uitgesloten dat ik tijdens het zingen zou vergeten dat er een autocue stond en de oorspronkelijke tekst zou zingen. Hoe erg zou dat zijn? Afschuwelijk. Het was prachtig dat veel mensen regels uit het liedje in het condoleanceregister hadden geschreven, maar een groot deel van de tekst was totaal ongepast voor deze gelegenheid. Probeer je er maar eens uit te bluffen als je ten overstaan van een wereldwijd publiek van twee miljard mensen hebt gezongen over Marilyn Monroe en hoe ze naakt werd gevonden, of hoe je gevoelens voor haar het seksuele overstegen.

Toen gebeurde er iets vreemds. Ik merkte dat ik in gedachten de begrafenis verliet en dacht aan iets wat jaren eerder was gebeurd tijdens mijn eerste Amerikaanse tournee. Ik zou samen met Ray Charles en Mama Cass van The Mamas and the Papas optreden in het programma van Andy Williams. Toen ik arriveerde, vertelde de producer me achteloos dat we niet alleen allemaal in hetzelfde programma zaten, maar dat we samen zouden optreden. Ze leken te denken dat ik dolblij zou zijn met deze heerlijke verrassing. Dat hadden ze verkeerd gezien. Mama Cass? Prima. Andy Williams? Geen punt. Maar Ray Charles? Waren ze gek geworden? Ray Charles! Brother Ray! Het genie! Urenlang had ik als kind gefantaseerd dat ik hem was als ik me weer eens in mijn slaapkamer had opgesloten met mijn platenverzameling en playbackte op zijn album *Ray Charles at Newport Live*. En nu had de een of andere idioot bedacht dat het leuk zou zijn als hij op televisie met mij ging zingen, alsof een volstrekt onbekende Engelse singer-songwriter de ideale muzikale partner was voor de gigant die eigenhandig de soul had uitgevonden. Dat moest wel het slechtste idee zijn dat ik ooit had gehoord. Maar er was niets aan te doen. Ik stond aan het begin van mijn carrière en het was mijn eerste optreden op de Amerikaanse tv. Ik kon het me niet veroorloven om Amerikaanse televisiebazen tegen me in het harnas te jagen door moeilijk te doen. Ik deed het dus maar. Ik zong 'Heaven Help Us All' met Ray Charles. Hij bespeelde een witte piano, ik een zwarte. Het ging perfect. Ray was genereus, aardig en behulpzaam. 'Hé schat, hoe gaat het?' Dat zie je vaak bij artiesten die niets meer hoeven te bewijzen.

Ik leerde die dag een belangrijke les. Soms moet je gewoon presteren, ook al ligt wat je moet doen ver buiten je comfortzone. Je moet bij jezelf te rade gaan, alle emoties terzijde schuiven en denken: nee, ik ben een artiest. Dit is wat ik doe. Dus ik doe het.

Dus ik deed het. Ik weet niet veel meer over het zingen zelf, maar ik herinner me wel het applaus dat erop volgde. Dat leek buiten Westminster Abbey te beginnen en spoelde vervolgens de kerk in. Dat liet zien dat het besluit van Diana's familie om mij te laten zingen zich had uitbetaald en dat de mensen die buiten stonden het gevoel hadden dat ze erbij betrokken waren. Na de begrafenis ging ik meteen naar Townhouse Studios in Shepherd's Bush, waar George Martin op me zat te wachten. Er zou een nieuwe versie van 'Candle in the Wind' op single worden uitgebracht om geld in te zamelen voor een liefdadigheidsfonds dat in Diana's naam zou worden opgericht. Nadat ik het nummer twee keer live aan de piano had gezongen, ging ik naar huis. George dubde er een strijkkwartet overheen. Toen ik thuiskwam in Woodside stond David in de keuken naar de televisiebeelden te kijken. De begrafenisstoet had de M1 bereikt. Vanaf bruggen over de snelweg gooiden mensen bloemen naar Diana's lijkwagen. Eindelijk werd het me te veel. Ik had de hele dag niet het gevoel gehad dat ik mijn emoties kon tonen. Mijn gevoelens over Diana's dood hadden van invloed kunnen zijn op mijn vermogen om mijn werk te doen. De begrafenis was niet voor mij, maar voor haar. Tot aan dat moment had ik me niet kunnen veroorloven om van streek te zijn.

De single was waanzinnig succesvol. Mensen gingen bij platenzaken in de rij staan en renden naar binnen om handenvol cd-singles te kopen. Er werden bespottelijke statistiekjes bijgehouden. Op een gegeven moment werden er zes exemplaren per seconde verkocht; in nota bene Finland werd het de bestverkochte single aller tijden. Ik kreeg uit allerlei merkwaardige landen gouden platen: Indonesië, het Midden-Oosten. Het hield niet op. In Amerika stond de single veertien weken op 1, in Canada drie jaar in de top twintig. Ergens kon ik het niet begrijpen: waarom zouden mensen ernaar willen luisteren? Onder welke omstandigheden draaide je het? Ik heb dat nooit gedaan. Ik had het drie keer gezongen – een keer in de kerk en twee keer in de studio – en een keer beluisterd om te horen of de mix deugde, en dat was dat. Nooit meer. Ik denk dat veel mensen het kochten omdat het geld naar goede doelen ging. Dat is prachtig, al is een groot gedeelte van de 38 miljoen pond die het liedje opbracht verspild omdat de liefdadigheidsinstelling haar portretrecht ging beschermen tegen mensen die merchandise – borden, poppen, T-shirts – met de beeltenis van Diana maakten, waarna het geld moest worden besteed aan juridische kosten. Ze verloren een proces tegen het Amerikaanse bedrijf Franklin Mint, wat miljoenen dollars kostte. Zonder in te gaan op de details van die situatie moet ik zeggen dat een en ander de instelling niet sierde. Het was alsof ze het geld liever besteedden aan de bescherming van rechten dan aan het opruimen van landmijnen of hulp voor vrouwen met problemen.

Ik ging me uiteindelijk ongemakkelijk voelen van dat eindeloze succes van de liefdadigheidssingle, dat ertoe leidde dat je elke week weer beelden van Diana's begrafenis in *Top of the Pops* zag. Ik kreeg het gevoel dat veel mensen zwolgen in haar dood, dat de collectieve rouw uit de hand was gelopen en mensen weigerden het achter zich te laten. Ik vond het ongezond, morbide en onnatuurlijk. Ik kon me niet voorstellen dat Diana het zo zou hebben gewild. De media, die eerst de gevoelens van de bevolking hadden weerspiegeld, leken die gevoelens nu doelbewust op te stoken omdat het goed was voor de krantenverkoop en de kijkcijfers.

Het liep uit de hand. Ik wilde niets doen om het nog langer uit te melken. Een uitnodiging van Oprah Winfrey om in haar praatprogramma over de begrafenis te praten sloeg ik af. Ik stond niet toe dat de begrafenisversie van 'Candle in the Wind' verscheen op een cd die werd uitgebracht ter nagedachtenis aan Diana's leven en waarvan de opbrengst bestemd was voor goede doelen. Ik heb het nooit op verzamelingen met Greatest Hits gezet en het is nooit opnieuw uitgebracht. Ik heb zelfs de oorspronkelijke versie van 'Candle in the Wind' jarenlang niet live uitgevoerd. Het leek me beter als men het een poosje niet zou horen. Toen ik dat najaar op tournee ging, hield ik me er verre van. Ik zong om Gianni en Diana te gedenken het nummer 'Sand and Water' van de singer-songwriter Beth Nielsen Chapman, dat was uitgebracht op de dag dat Gianni werd vermoord en dat ik in Nice talloze malen had beluisterd: 'I will see you in the light of a thousand suns, I will hear you in the sound of the waves, I will know you when you come, as we all will come, through the doors beyond the grave.' Ik probeerde het onderwerp in interviews te vermijden. Hoewel de hitparadefanaat in me het heerlijk vond dat ik de bestverkochte single had sinds het begin van de hitlijsten, waren de omstandigheden eromheen dusdanig dat ik het achter me wilde laten. Ik heb alleen twintig jaar na Diana's dood nog een keer op speciaal verzoek van prins Harry in een interview gesproken over haar werk voor aids.

Het zou kunnen dat er ook een persoonlijk aspect in mijn gevoelens over de single was geslopen. Het was een vreemde, vreselijke zomer geweest. Sinds Gianni's dood was de wereld naar mijn gevoel doorgedraaid: zijn moord, de herdenkingsdienst, mijn verzoening met Diana, de weken in het huis in Frankrijk waarin we voor Antonio zorgden, Diana's dood en begrafenis, het uit de hand gelopen succes van 'Candle in the Wind'. Het was heus niet zo dat ik die dingen wilde vergeten, maar ik wilde wel eindelijk weer een min of meer normaal leven leiden. Ik besloot aan het werk te gaan. Ik ging op tournee. Ik verkocht een boel oude kleren voor de AIDS Foundation en noemde het evenement 'Uit de kast'. Ik nam een liedje op voor de animatieserie *South Park* omdat dat iets heel anders was dan 'Candle in the Wind' zingen tijdens een staatsbegrafenis. We gingen onderhandelen over een gezamenlijke tournee met Tina Turner, een goed idee dat al snel een vergissing bleek. Terwijl we nog aan het plannen waren, belde ze me op met de schijnbare bedoeling om me te vertellen hoe slecht ik was en hoe ik moest veranderen voordat we zouden kunnen samenwerken. Mijn haar beviel haar niet, de kleur van mijn piano beviel haar niet – die moest om de een of andere reden wit zijn – en mijn kleding beviel haar niet. 'Je draagt te vaak Versace, maar die kleren maken je dik. Je moet Armani dragen,' verkondigde ze.

Ik hoorde die arme Gianni tollen in zijn graf. Er heerste een sfeer van gekoesterde haat tussen de huizen Versace en Armani. Armani vond de ontwerpen van Versace vulgair en Gianni vond dat Armani saaie vanillekleren maakte. Ik hing op en kreeg een huilbui: 'Ze klonk godverdomme als mijn moeder,' jankte ik tegen David. Ik ben trots op mijn vermogen om kritiek te incasseren, maar het is deprimerend om een van de beste artiesten aller tijden, iemand met wie je moet gaan samenwerken, gedetailleerd te horen uitleggen dat ze vindt dat er niets aan je deugt.

Het was geen veelbelovende start van onze samenwerking, maar het werd nog erger. Ik zei ja tegen het idee om met Tina op te treden tijdens een groot evenement dat VH1 Divas Live heette. We zouden 'Proud Mary' en 'The Bitch is Back' doen. Mijn band ging een paar dagen eerder dan ik repeteren om te zien hoe het was om met haar te werken. Toen ik arriveerde, werd ik niet bepaald verwelkomd door een groep blije musici die een band hadden gesmeed op grond van de universele taal van de muziek. Ik kreeg te horen dat ik niet op mijn band hoefde te rekenen als ik met Tina op tournee zou gaan, want ze was 'een nachtmerrie'. Ik vroeg wat het probleem was.

'Daar kom je nog wel achter,' verzuchtte Davey Johnstone omineus.

Hij had gelijk. Tina vertikte het om de musici bij hun naam te noemen; ze wees op iemand en riep 'Hé, jij daar' als ze iemands aandacht wilde trekken. We speelden 'Proud Mary'. Het klonk voortreffelijk. Maar Tina onderbrak het nummer. Ze was niet blij. 'Het ligt aan jou,' gilde ze terwijl ze naar mijn bassist Bob Birch wees. 'Je doet het verkeerd.' Hij verzekerde haar dat ze ongelijk had. We begonnen opnieuw. Opnieuw krijste Tina dat we moesten stoppen. Ditmaal zou het de schuld zijn van Curt, mijn drummer. Zo ging het enige tijd door. We zetten in en moesten na dertig seconden weer stoppen. Alle bandleden kregen beurtelings de schuld totdat Tina eindelijk de echte bron van het probleem dacht te hebben gevonden. Ditmaal wees ze naar mij. 'Jij bent het! Je speelt het verkeerd!' Ik vroeg om opheldering. 'Je speelt het verkeerd!' snauwde ze. 'Je hebt geen idee hoe je dit nummer moet spelen.'

Het debat over de vraag of ik al dan niet 'Proud Mary' kon spelen werd al tamelijk snel tamelijk verhit voordat ik het beëindigde door Tina te verzoeken het nummer in haar reet te steken en me uit de voeten te maken. In de kleedkamer zat ik me woedend af te vragen wat haar probleem was. Ik heb me in mijn carrière vaak misdragen, maar er zijn grenzen. De ongeschreven regel is dat musici hun collega's niet als oud vuil behandelen. Misschien was ze onzeker. Ze was eerder in haar carrière slecht behandeld, was jarenlang belazerd en zelfs afgeranseld. Misschien ging ze daarom zo met anderen om. Ik ging naar haar kleedkamer en bood mijn excuses aan.

Ze zei dat ik te veel improviseerde met extra loopjes en melodietjes op de piano. Maar zo heb ik altijd gespeeld. Dat deed ik al in de Elton John Band, toen we onze nummers naar believen uitbouwden en veranderden. Dat is een belangrijk aspect van wat ik zo leuk vind aan live optreden. De muziek verandert voortdurend. Het is niet in steen gehouwen. Er is altijd speelruimte. De musici reageren op elkaar, zo houd je het spannend. Er is niets heerlijker dan op het podium iemand uit je band iets te horen spelen wat je niet had verwacht en wat op dat moment fantastisch klinkt. Je wisselt een blik uit, knikt elkaar toe en lacht: *dat is nu net waar het allemaal om draait!* Tina zag het anders. Alles moest elke keer exact hetzelfde en alles moest tot op de kleinste nuance worden ingestudeerd. Dat was voor mij het bewijs dat de tour geen succes kon worden. We hebben het later nog wel goedgemaakt. Ze kwam eten in Nice en liet een grote lippenstiftkus achter in het gastenboek.

In plaats daarvan regelde ik een nieuwe serie concerten met Billy Joel. We tourden al samen sinds de vroege jaren negentig. We stonden samen op het podium en speelden elkaars liedjes. Ik vond het een fantastisch idee. We hadden als pianisten een vergelijkbare muzikale aanpak, al is Billy bij uitstek een Amerikaanse schrijver in de traditie van de oostkust, zoals Lou Reed of Paul Simon. Ze verschillen sterk van elkaar, maar ook als je niets van hen wist zou je zeggen: die komen uit New York. We hebben jaren samengespeeld. Helaas liep het slecht af omdat Billy privéproblemen had. Alcohol was het grootste probleem. Soms viel hij op het podium halverwege 'Piano Man' in slaap omdat hij in de kleedkamer zijn medicatie tegen pijn in de borst had weggespoeld met drank. Als hij wakker werd, boog hij naar het publiek en maakte hij zich uit de voeten om tot vijf uur 's ochtends in de hotelbar te blijven hangen. Ik zei dat hij dezelfde hulp nodig had die ik had gehad, maar dat viel niet goed. Hij zei dat ik hem veroordeelde, maar dat was niet waar. Ik kon het gewoon niet aanzien dat zo'n aardige kerel zichzelf dat aandeed. Maar dat gebeurde allemaal pas later. In het begin waren de concerten met Billy heerlijk. Het was weer eens iets anders, we hadden pret, het publiek genoot en ze waren zeer succesvol.

Ik was dus druk bezig, druk genoeg om me het gevoel te geven dat de waanzin van de zomer achter me lag. Helaas had de rest van de wereld niet de behoefte om te bedaren. Toen we weer eens in Milaan waren, viel het me op dat veel mensen met een grote boog om me heen liepen. Het gebeurde overal waar ik maar kwam. Vrouwen sloegen een kruisje als ze me zagen en mannen grepen hun geslacht. Ze dachten vanwege mijn vriendschap met Gianni en Diana dat ik vervloekt was, dat het boze oog op me rustte. Zelfs magere Hein zou niet zo kil zijn ontvangen.

En toen, alsof het niet al vreemd genoeg was dat de Italianen deden alsof ik de engel des doods was, gebeurde er iets nog krankzinnigers. In maart 1998, toen ik net was begonnen aan een Australische tournee met Billy, werd ik gebeld door David. Hij was thuis in Woodside en vertelde dat de meisjes die elke week naar het huis kwamen voor de bloemenarrangementen hem hadden verteld dat ze niet meer voor ons wilden werken omdat ze al ruim anderhalf jaar niet waren betaald. Hij had het kantoor van John Reid gebeld om te vragen wat er aan de hand was en had te horen gekregen dat de bloemist niet was betaald omdat er geen geld was. Ik dreigde blijkbaar failliet te gaan.

Het was onbegrijpelijk. Het officiële standpunt van John Reid en zijn mensen was dat ik alles had uitgegeven, en nog wel meer ook. Begrijp me niet verkeerd: ik ken mezelf. Niemand – met Gianni als enige mogelijke uitzondering – zou me ooit een schoolvoorbeeld van zuinigheid noemen. Ik gaf veel geld uit. Ik had vier huizen, personeel, auto's, ik kocht kunst en porselein en designerkleding. Zo nu en dan kreeg ik een strenge waarschuwing van mijn accountant dat ik moest snoeien. Daar trok ik me niets van aan. Toch begreep ik niet hoe het mogelijk was dat ik meer uitgaf dan er binnenkwam. Ik werkte non-stop. Ik speelde veel live, lange tournees, honderd of honderdvijftig optredens in enorme, uitverkochte zalen. Mijn recente albums hadden wereldwijd platina gehaald en er verschenen met grote regelmaat compilaties die zo goed werden verkocht dat ik me afvroeg wie die in vredesnaam allemaal kochten. Ik kon me nauwelijks voorstellen dat iemand die 'Your Song' en 'Bennie and the Jets' mooi vond die nummers niet al lang in huis had. Van de soundtrack van *The Lion King* waren 18 miljoen exemplaren verkocht, de film had bijna een miljard dollar opgebracht, en de musical brak alle records op Broadway.

Ik had het gevoel dat er iets niet klopte, maar ik wist niet wat. Ik kan eerlijk zeggen dat geld me niet erg interesseerde. Ik heb extreem geboft en goed verdiend, maar goed verdienen is nooit mijn motivatie geweest. Ik zou liegen als ik zei dat ik niet heb genoten van de dingen die mijn succes me heeft gebracht, maar de mechanica van het verdienen van geld interesseerde me geen zier. Als dat zo was geweest was ik niet bij Bluesology gegaan, maar had ik een opleiding tot accountant gevolgd. Ik wilde gewoon muziek maken en platen opnemen. Ik was competitief ingesteld, wilde altijd weten hoeveel platen en concertkaartjes ik had verkocht en hield nauwgezet bij hoe mijn platen het deden in de hitparade, maar ik vroeg nooit hoeveel geld ik had verdiend en hoefde nooit de contracten en de royaltycheques te zien. Ik ben nooit voor de belasting het land uit gevlucht. Ik ben een Brit en wil het grootste deel van mijn tijd doorbrengen in Groot-Brittannië. Ik veroordeel mensen niet als ze het doen, maar het lijkt me niks. Je bespaart geld, maar ik zie niet in wat je daaraan hebt als je terugkijkt op je leven en beseft dat je de helft ervan eenzaam en alleen in Zwitserland medelijden met jezelf hebt zitten hebben in het gezelschap van andere belastingmigranten die daar ook niet wilden zijn. In creatief opzicht wil ik de muzikale ontwikkelingen van dichtbij kunnen volgen, en dan moet je niet in Monaco zitten. Het prinsdom heeft ongetwijfeld talloze voordelen, maar wat was ook alweer de laatste fantastische band uit Monte Carlo?

Ik hoefde mijn financiën ook niet als een havik in de gaten te houden. Daar had ik John Reid voor. Dat was de basis van de deal die we in de jaren tachtig hadden gesloten in Saint-Tropez. Ik betaalde hem 20 procent van mijn bruto-inkomsten – dat was veel in vergelijking met wat de managers van andere bands kregen – op voorwaarde dat hij absoluut alles zou regelen. Ik herinner me dat hij deze regeling beschreef als 'Rolls Royce-service'. Ik kon me zorgeloos wijden aan een leven vol creativiteit en plezier en was gevrijwaard van irritaties zoals het bekijken van belastingaangiften of bankafschriften of het lezen van de kleine lettertjes op contracten. Ik vond het logisch om het zo te doen, want ik vertrouwde John blind. We werkten al sinds mensenheugenis op allerlei manieren samen. Onze relatie was niet alleen gebaseerd op zakelijke overwegingen. Veel artiesten zeggen dat ze zo goed kunnen opschieten met hun manager, maar ik betwijfel of veel van die gasten hun maagdelijkheid aan hem zijn verloren. Ik vertrouwde John, al waren er momenten waarop ik ging denken dat de Rolls Royce misschien aan een APK toe was. Zo was er die keer dat een rioolblad allerlei details in handen kreeg over mijn financiële toestand, met inbegrip van een brief waarin mijn accountant schreef dat ik minder moest uitgeven. Ik dacht dat de informatie was gelekt, totdat bleek dat een zekere Benjamin Pell die had gevonden door het vuilnis bij het kantoor van John Reid te doorzoeken. Ze hadden vertrouwelijke informatie op straat gedumpt zonder die door de shredder te halen. Dat pleitte niet voor de beveiliging van het bedrijf of de manier waarop ze mijn belangen behartigden. Het protocol voor de afhandeling van gevoelige persoonlijke informatie was duidelijk aan herziening toe.

En dan was er dat plan van John om mijn masteropnamen te verkopen. Dat betekende dat ik een enorm bedrag in een keer in handen zou krijgen, en dat de koper daarna elke keer dat een van mijn platen werd verkocht of een van mijn liedjes werd gedraaid op de radio royalty's zou ontvangen. Het was een enorme deal die niet alleen betrekking had op wat ik al had opgenomen, maar ook op alle liedjes die ik in de toekomst zou opnemen. John haalde er advocaten bij en kopstukken uit de muziekindustrie die me verzekerden dat het een fantastisch idee was. Ik stemde ermee in. Maar dat enorme bedrag bleek veel lager te zijn dan ik had verwacht en wat ik had gedacht dat de opnamen waard zouden zijn. Iedereen leek zich te hebben blindgestaard op de bruto bedragen en had de netto-opbrengst genegeerd. Tegen de tijd dat John zijn commissie had opgestreken en de advocaten en de fiscus waren betaald, vond ik niet meer dat het overgebleven gedrag de verkoop rechtvaardigde van alle liedjes die ik had opgenomen en nog zou opnemen. Maar ik zette het uit mijn hoofd. Ik had van het bedrag het huis in Nice kunnen kopen en het gevuld met kunst en meubilair, en al mijn partners hadden goed geboerd. Ik besloot de hypotheken af te betalen van een aantal mensen die voor me werkten: mijn personal assistant Bob Halley, Robert Key, mijn chauffeur Derek, en Bob Stacey, die al decennialang mijn roadie was en voor mijn kleding zorgde. Ik had trouwens ook geen zin in een confrontatie met John.

Maar nu had ik het gevoel dat er iets flink scheef zat. David en ik besloten de hulp in te roepen van Frank Presland, een advocaat die eerder voor me had gewerkt. Hij was het met me eens dat er iets niet klopte en zei dat ik John Reid Enterprises moest laten doorlichten door een onafhankelijke auditor. Dat vond ook John een goed idee. Hij zei dat hij op alle mogelijke manieren zou helpen.

Ik was in Australië toen de auditoren met hun werk begonnen en zag steeds meer op tegen de telefoontjes met David, die me dagelijks bijpraatte over zijn gesprekken met Frank en de accountants. Op een avond klonk hij aangeslagen. Benjamin Pell, de man die de vuilnis bij het kantoor van John Reid had doorzocht, had hem gebeld om te zeggen dat David in de gaten werd gehouden, dat onze telefoons werden afgeluisterd, en dat hij goed moest uitkijken wat hij zei. Dergelijke activiteiten waren destijds heel normaal voor de Britse pers. Hoeveel erger kon het nog worden?

De auditoren brachten een aantal zaken aan het licht met betrekking tot de manier waarop bepaalde financiële zaken waren afgehandeld. Ik vermeed Johns telefoontjes en liet het aan Frank over om een juridisch standpunt te formuleren. Om een lang en bijzonder pijnlijk verhaal kort te maken: John stemde in met een schikking voor het dreigende dispuut en we kwamen overeen dat hij me vijf miljoen pond zou betalen. De hoogte van dat bedrag was gerelateerd aan zijn toenmalige financiële positie.

Ik kan je niet vertellen hoe ik me voelde, want dat veranderde zo ongeveer elke minuut. Mijn hart was gebroken. Ik voelde me verraden; ik had altijd gedacht dat John los van alle juridische complicaties mijn belangen zou laten prevaleren en dat hij me zou waarschuwen als er iets was waarover ik me zorgen moest maken. Ik was woedend, zowel op John als op mezelf. Ik voelde me dwaas omdat ik zo gretig was geweest om me te onttrekken aan mijn zakelijke beslommeringen. Ik schaamde me. Maar ik had vooral het gevoel dat ik een lafaard was. Het was belachelijk, maar ik schrok er nog altijd voor terug om John over de situatie aan te spreken en onrust te veroorzaken. We waren al zo lang samen dat ik me geen wereld zonder John meer kon voorstellen. Na onze ontmoeting in de lobby van hotel Miyako waren onze levens met elkaar vervlochten geraakt. We waren minnaars, vrienden en partners geweest, een team dat alles had overleefd: roem, drugs, knokpartijen, alle stommiteit en alle vormen van extreem gedrag die gepaard waren gegaan met mijn ontwikkeling tot Elton John. Alles wat je maar kunt bedenken, was gebeurd. En we waren altijd bij elkaar gebleven: Sharon en Beryl. Als iemand tegen me zei dat hij agressief was of kwam klagen over zijn korte lontje, moest ik altijd denken aan wat Don Henley ooit zei over Irving Azoff, de manager van The Eagles: 'Hij mag dan Satan zijn, maar hij is wel onze Satan.' En nu was het voorbij.

John verbrak zijn managementcontract en zag af van zijn claim op al mijn toekomstige verdiensten. Een jaar later sloot hij de deuren van John Reid Enterprises en stopte hij als manager. En ik ging op tournee. Er moesten schulden worden afbetaald.

vijftien

Een van de vele eigenschappen van Bernie waarvan ik zoveel houd is dat hij er nooit voor terugdeinst om me te vertellen dat het laatste album dat we samen hebben gemaakt, een album waarvan miljoenen exemplaren zijn verkocht, dat overal ter wereld de top tien heeft gehaald en een hele reeks hitsingles bevat, een kolossale ramp was en dat er onmiddellijk crisisberaad moet worden gevoerd om te waarborgen dat zoiets nooit meer zal gebeuren. Bernie en ik zaten in een commercieel succesvolle periode. Onze twee laatste albums, *Made in England* uit 1995 en *The Big Picture*, dat in het najaar van 1997 was verschenen, hadden het voortreffelijk gedaan en hadden overal platina platen opgeleverd, van Australië tot Zwitserland. Maar Bernie vond *The Big Picture* een enorme mislukking. Hij haatte alles aan die plaat: de liedjes, zijn eigen teksten, de productie, het feit dat we het album in Engeland hadden opgenomen en dat hij voor de sessies helemaal uit de VS had moeten komen. Het resultaat was, zo verkondigde hij toen hij drie jaar later op het terras van ons huis in Nice zat, een riekende hoop oersaaie stront. Toen hij op stoom was gekomen, zei hij zelfs dat het de slechtste plaat was die we ooit hadden gemaakt.

Nu was ik ook geen groot fan van *The Big Picture*, maar die laatste beschrijving ging wel erg ver. Ik vond het album zeker niet zo slecht als *Leather Jackets*, al was daar niet veel mee gezegd.

Leather Jackets was vooral een experiment geweest om te zien of je muziek kunt maken terwijl je zoveel cocaïne neemt dat je in feite krankzinnig bent. Maar mijn tegenwerpingen haalden niets uit. Bernie bleef erbij: *The Big Picture* was nog slechter.

Ik was het niet met hem eens, maar Bernie was duidelijk pissig. Zo pissig dat hij vanuit Amerika naar Frankrijk was gekomen om erover te praten. En ik moest hem nageven dat hij niet helemaal ongelijk had. Ik had veel geluisterd naar Ryan Adams' album *Heartbreaker*. Ryan was in feite een door country geïnspireerde singer-songwriter, het type dat je zomaar in de jaren zeventig had kunnen zien optreden in The Troubadour. Maar zijn muziek klonk zo krachtig en fris dat *The Big Picture* er gedateerd en oudbakken bij afstak. Misschien had ik mijn soloalbums een beetje verwaarloosd. Ik was sinds het succes van *The Lion King* meer en meer geïnteresseerd geraakt in film- en theatermuziek. Ik had de soundtrack geschreven voor de comedy *The Muse* en een instrumenteel stuk voor *Women Talking Dirty*, een Brits comedydrama dat David had geproduceerd. Ik schreef geen liedjes, maar instrumentele *scores*. Ik moest naar de film kijken en bij elke scène 30 of 60 seconden muziek componeren. Ik dacht dat het saai zou zijn, maar ik vond het heerlijk. Als je het goed doet, is het zeer inspirerend. Je ziet letterlijk het effect dat muziek kan hebben, want een kort fragmentje kan de emotionele impact van een scène radicaal veranderen.

Tim Rice en ik hadden de liedjes geschreven voor de animatiefilm *The Road to El Dorado* – de film die Jeffrey Katzenberg nog van me tegoed had – en we hadden nog een theatermusical geschreven, *Aida*. Dat was veel zwaarder werken geweest dan bij *The Lion King*. Er waren problemen met de decors, de regisseurs en ontwerpers moesten worden vervangen en ik was tijdens een try-out op Broadway halverwege de eerste akte woedend het theater uit gelopen toen ik merkte dat ze niet, zoals ik had verzocht, de arrangementen van twee van mijn liedjes hadden aangepast. Als ze niet bereid waren een vriendelijk verzoek te honoreren, zouden ze misschien wel aandacht voor me hebben als ik door het gangpad naar de uitgang beende. Maar het harde werk en het boos weglopen betaalden zich uit. De musical heeft vier jaar gelopen op Broadway en we wonnen een Grammy en een Tony voor beste soundtrack. Ik liep al rond met een idee voor nog een musical. We hadden tijdens het Filmfestival van Cannes *Billy Elliot* gezien en daar had ik me helemaal laten gaan. Ik wist van tevoren niet waar de film over ging. Ik verwachtte een vlotte Britse komedie met Julie Walters en was totaal niet voorbereid op de emotionele impact die de film op me zou hebben. De scène waarin Billy's vader hem ziet dansen in de sportschool en beseft dat zijn zoon echt talent heeft, al is het voor iets wat hij zelf niet begrijpt; en de finale, waarin de vader zijn zoon ziet optreden en trots en ontroerd is; het kwam gewoon iets te dichtbij. Het was alsof iemand het verhaal van mij en mijn vader, dat in werkelijkheid niet goed was afgelopen, van een gelukkig einde had voorzien. Het werd me te veel. Ik was zo overstuur dat David me moest helpen de zaal te verlaten. Zonder hem had ik daar waarschijnlijk nu nog zitten huilen.

Ik kwam enigszins tot rust en we bezochten de receptie na afloop. Toen we stonden te praten met Stephen Daldry, de regisseur van de film, en Lee Hall, de scenarist, zei David dat het verhaal ook goed zou werken als theatermusical. Ik was het met hem eens. Lee zag het idee ook zitten en vroeg wie de songteksten zou schrijven. Dat moest hij zelf doen, zei ik. Het was zijn verhaal en hij kwam uit Easington, waar de film zich afspeelde. Hij protesteerde dat hij nog nooit songteksten had geschreven, maar beloofde dat hij het zou proberen. Ik kon nauwelijks geloven wat hij vervolgens maakte. Lee was een natuurtalent. Ik hoefde nooit ook maar een woord te veranderen van wat hij had geschreven. Zijn teksten waren bovendien heel anders dan de woorden waarmee ik altijd had gewerkt. Ze waren rauw en boos en politiek: 'You think you're smart, you Cockney shite, you want to be suspicious, while you were on the picket line, I went and fucked your missus.' Er was een liedje dat uiteindelijk niet de show haalde met de titel 'Only Poofs Do Ballet' (Alleen flikkers doen aan ballet). Dus ja, in vergelijking daarmee leek de gedachte aan het opnemen van mijn zevenentwintigste album misschien wel een beetje op sleur.

Maar misschien kon ik de sleur doorbreken. Bernie had in Nice weemoedig gesproken over onze werkwijze in de jaren zeventig, toen we dingen zonder veel overdubs opnamen en mijn piano centraal stond in de sound. Ik had die gedachte grappig genoeg ook gehad. Misschien kwam het doordat ik Cameron Crowes film *Almost Famous* had gezien, een ode aan de rock van de vroege jaren zeventig waarin de fictieve band Stillwater centraal staat. In een van de scènes wordt 'Tiny Dancer' gebruikt, dat door de hele band plus entourage wordt gezongen in de tourbus. Door die scène werd 'Tiny Dancer' op slag een van mijn populairste nummers. De mensen vergeten weleens dat het was geflopt toen we het in 1971 op single hadden uitgebracht. Het haalde in Amerika niet eens de top veertig en mijn Britse label weigerde het uit te brengen. Toen het op de soundtrack van *Almost Famous* belandde, wisten veel mensen niet wat of van wie het was. Ik denk dat de film me zonder dat ik er erg in had allerlei ideeën aanreikte over het type artiest dat ik ooit was geweest en over hoe mijn muziek werd gemaakt en ontvangen voordat ik zo'n enorme ster werd.

Het was niet dat ik de klok wilde terugdraaien. Ik wilde niet retro zijn. Nostalgie kan voor artiesten een heuse valkuil zijn. Als je gaat mijmeren over de goede oude tijd zie je alles door een roze bril. Dat valt in mijn geval nog wel te vergeven omdat ik destijds vermoedelijk letterlijk een roze montuur met flikkerlichtjes en struisvogelveren droeg. Maar als je gaat denken dat alles vroeger beter was, kun je beter meteen stoppen met muziek schrijven en met pensioen gaan.

Ik wilde weer die ongekunstelde spirit te pakken krijgen die ik hoorde in de muziek van Ryan Adams. Ik wilde het simpel houden en me focussen op muziek maken in plaats van piekeren of ik wel hits zou maken en stappen terug doen om vooruit te komen.

Dat was de aanpak die we kozen voor het album *Songs from the West Coast*, dat in oktober 2001 uitkwam en me mijn beste recensies sinds lange tijd opleverde. Bernie had krachtige, simpele, directe teksten geschreven: 'I Want Love', 'Look Ma, No Hands', en het hartverscheurende, woedende 'American Triangle', over de homofobische moord op Matthew Shephard in Wyoming in 1998. We werkten in een studio in Los Angeles, waar we al jaren niet meer hadden opgenomen, en met een nieuwe producer, Pat Leonard, die vooral bekend was van zijn werk met Madonna, maar een groot fan was van de rock van de jaren zeventig. Pat, die als componist betrokken was geweest bij nummers als 'Like a Prayer' en 'La Isla Bonita', was idolaat van Jethro Tull. Ian Anderson, de voorman van die band, speelde tijdens optredens vaak lange dwarsfluitsolo's terwijl hij balanceerde op één been.

De plaat kreeg dat typische Californiësfeertje. Het is gewoon anders schrijven daar in vergelijking met bijvoorbeeld Londen, waar de regen elke dag met bakken uit de hemel valt. Het is alsof de ontspannende warmte doordringt tot in je botten en de gloed van het zonlicht voelbaar is in de muziek die je maakt. Ik was tevreden met het resultaat en heb dezelfde aanpak gekozen voor veel van de albums die ik later maakte: nadenken over dingen die ik had gedaan in het verleden, ideeën bij de kop pakken en er een andere draai aan geven. De opvolger *Peachtree Road* was net zo: we gingen graven in de country- en soulinvloeden op *Tumbleweed Connection* en nummers als 'Take Me to the Pilot'. *The Captain and the Kid* was een vervolg op *Captain Fantastic and the Brown Dirt Cowboy* waarop Bernie beschreef wat we hadden beleefd nadat we in 1970 naar Amerika waren gegaan, van die stomme dubbeldekker waarin ze ons ophaalden op het vliegveld tot het tijdelijke einde van onze samenwerking. Op *The Diving Board* speelde ik met alleen een bassist en een drummer, zoals in de originele Elton John Band, maar deed ik ook dingen die ik nooit eerder had gedaan door tussen de nummers door instrumentele passages te improviseren. Op *Wonderful Crazy Night* dacht ik aan de popachtige kanten van *Don't Shoot Me I'm Only the Piano Player* en *Goodbye Yellow Brick Road*. Ik nam dat album op in 2015 toen de kranten vol stonden met slecht nieuws. Ik had behoefte aan licht en lol, een gevoel van escapisme, felle kleuren en een twaalfsnarige gitaar.

Die albums flopten niet, maar ze waren ook geen enorme commerciële successen. Het is aanvankelijk frustrerend als zoiets gebeurt met een album dat je briljant vindt, maar die dingen moet je accepteren. Het waren geen commerciële albums en er stonden geen grote hitsingles op. Met name *The Diving Board* was onvoorstelbaar deprimerend. Maar het waren albums die ik wilde maken, albums waarvan ik dacht dat ik er nog altijd trots op zou zijn als ik er twintig jaar later naar zou luisteren. Ik zou het heerlijk hebben gevonden als ze op 1 waren gekomen, maar dat was niet mijn hoogste prioriteit. Ik heb een periode gehad waarin ik ziljoenen platen verkocht, en dat was prachtig om mee te maken. Maar ik heb altijd geweten dat er ooit een einde aan zou komen. Je kunt vreselijke problemen krijgen als je dat niet voor ogen houdt. Dat was een van de dingen die Michael Jackson fataal werden: hij was ervan overtuigd dat hij een plaat kon maken die nog groter zou worden dan *Thriller* en zat elke keer als het niet lukte in zak en as.

Vlak voordat we begonnen te werken aan *The Captain and the Kid* kreeg ik het aanbod om een reeks optredens te geven in Caesars Palace in Las Vegas. Ze hadden daar een groot nieuw theater gebouwd, het Colosseum. Céline Dion speelde er en ze wilden mij ook hebben. Aanvankelijk wilde ik het niet doen omdat ik Las Vegas associeerde met het revuecircuit waaraan ik was ontsnapt in 1967. Het was The Rat Pack en Donny en Marie Osmond. Het was de Elvis die ik had ontmoet in 1976 en die duidelijk niet beter was geworden van zeven jaar op de Vegas Strip. Het was zangers in smoking die hun publiek vertelden hoe heerlijk de showbusiness was. Maar ik begon me af te vragen of het mogelijk was om een heel andere aanpak te kiezen voor een show in Vegas. De fotograaf en regisseur David LaChapelle had een uitstekende clip geregisseerd voor 'This Train Don't Stop There Anymore', een van de singles van *Songs from the West Coast*. Justin Timberlake, backstage en gekleed zoals ik in de jaren zeventig, playbackte het liedje. Er was zelfs een John Reid-achtig figuur op de achtergrond die een journalist klappen gaf en de pet van het hoofd van een politieagent sloeg. Ik vond die clip zo goed dat ik David vroeg of hij een hele show wilde ontwerpen. Ik gaf hem carte blanche en zei dat hij zijn fantasie de vrije loop kon laten en zo extravagant kon zijn als hij maar wilde.

Als je Davids werk een beetje kent, weet je dat hij zulke aansporingen niet nodig heeft. Hij is briljant, maar in dat stadium van zijn carrière kon hij nog geen vakantiekiekje van iemand nemen zonder diegene aan te kleden als Jezus en hem op een gigantische flamingo te zetten, omringd door neonborden en gespierde jongens in suspensoirs van slangenleer. Hij is de man die Naomi Campbell fotografeerde als een topless worstelaar die met laarzen met stilettohakken het gezicht van een man vertrapt terwijl een groep gemaskerde mannen met dwerggroei toekijkt. Voor een van zijn shoots stond een onberispelijk gekleed model naast het lijk van een vrouw die was gedood door een uit een raam gevallen airco; haar hoofd was een massa bloedende pulp op de stoep. Hij wist Courtney Love te laten poseren als Maria Magdalena met iets wat verdacht veel leek op het ontzielde lichaam van Kurt Cobain over haar knieën gedrapeerd. Voor mijn show ontwierp hij een set vol neonborden en opblaasbananen en -hotdogs en -lippenstiften, zaken die een opmerkelijke gelijkenis vertoonden met stijve penissen. De video's die hij bij de liedjes had gemaakt waren allemaal kunstzinnig en wild en ostentatief gay. Er was een reconstructie van mijn zelfmoordpoging in de jaren zestig in het huis op Furlong Road die erin slaagde dat moment dramatisch voor te stellen en niet alleen maar heel pathetisch. Blauwe teddyberen schaatsten en voedden homo-erotische engelen honing. Er waren films van mensen die coke snoven van de kont van een blote jongen. Er was een afbeelding van het transseksuele model Amanda Lepore, naakt in een elektrische stoel met uit haar vagina vliegende vonken. De show heette *The Red Piano*, een behoorlijk onschuldige titel als je bedenkt wat het publiek te zien kreeg.

Wat mij betreft bevestigde de show dat David een genie was. Ik wist dat we iets goed hadden gedaan toen ik een paar mensen boos zag weglopen en toen mijn moeder zei dat ze het vreselijk vond. Ze kwam op de eerste avond kijken, toonde haar weerzin door na vijf minuten heel demonstratief een donkere zonnebril op te zetten en kwam na afloop backstage met een gezicht dat op onweer stond. Ze vertelde iedereen dat de show zo walgelijk was dat mijn carrière in één klap voorbij zou zijn. Sam Taylor-Wood was er ook. David en ik kenden haar uit de kunstwereld. Ik was dol op haar foto's. Ik had haar versie van Da Vinci's *Het laatste avondmaal* gekocht en had haar de clip laten regisseren van 'I Want Love', een andere single van *Songs from the West Coast*. Ze vond mijn moeders reactie onvoorstelbaar en zei dat ze haar wel had willen slaan met haar schoen. Maar ze kende mijn moeder natuurlijk nauwelijks. Mama was in de jaren zeventig begonnen kritiek te leveren en was daar nooit meer mee opgehouden. Er was gewoon niets wat haar beviel. Ik had geleerd het me niet aan te trekken of erom te lachen. Veel andere mensen vonden haar onophoudelijke gemopper schokkend.

Sommige mensen haatten *The Red Piano* omdat ze niet te zien hadden gekregen wat ze hadden verwacht, maar dat was nu net het punt. Dergelijke verwachtingen bewezen alleen maar dat ze mijn carrière niet goed hadden gevolgd. De show was gebaseerd op eerdere optredens die buitenissig en extravagant waren. De concerten in Vegas werkten omdat ze pasten bij mijn persoonlijkheid en de manier waarop ik mezelf altijd had gepresenteerd. Dat bombardement van beelden had niet de bedoeling om te shockeren, maar was een manier om uit het verleden te putten om naar de toekomst te kijken, een geüpdatete versie van shows die ik had gedaan in de jaren zeventig waarbij ik was geïntroduceerd door pornosterren of Divine in vol ornaat op het podium had gehaald. Ondanks een paar boze brieven naar mijn management en het gezanik van mijn moeder waren de shows zeer succesvol. En ze waren nog vernieuwend ook. Misschien hebben ze het imago van Las Vegas enigszins veranderd door het iets gewaagder te maken en het ouderwetse showbusinesssfeertje wat aan te tasten. Het werd een plaats waar Lady Gaga of Britney Spears of Bruno Mars kon optreden zonder dat ook maar iemand ervan opkeek.

In Groot-Brittannië werd de wet over homoseksueel partnerschap aangepast. Vanaf eind 2005 mochten stellen van hetzelfde geslacht een geregistreerd partnerschap aangaan. Afgezien van enkele technische details was je dan in feite getrouwd. David en ik spraken erover en besloten dat we vooraan wilden staan. We waren al meer dan tien jaar samen en het was een onvoorstelbaar belangrijke wet voor gaystellen. Ik had talloze mensen gekend die hun partners aan aids waren verloren en vervolgens hadden gemerkt dat ze geen rechten hadden. Dan dook de familie van hun overleden vriendje op en werden ze – soms uit hebzucht, soms omdat die mensen nooit hadden geaccepteerd dat hun zoon of broer gay was – buitengesloten en verloren ze alles. Hoewel we er uitgebreid over hadden gepraat, wist ik David alsnog te verrassen door hem een aanzoek te doen tijdens een etentje met The Scissor Sisters in Woodside. Ik deed het zoals het hoort en knielde voor hem. Het was een prachtig moment, al wist ik uiteraard al dat hij ja zou zeggen. We lieten de ringen die we voor elkaar hadden gekocht in Parijs – in dat weekend waarin ik dacht incognito over straat te gaan terwijl ik de hele voorjaars- en zomercollectie van Versace tegelijk droeg – opnieuw zegenen.

De nieuwe wet werd begin december ingevoerd, met een verplichte wachtperiode van vijftien dagen. 21 december was de eerste dag waarop we ons als partners konden laten registreren. Er moest veel worden geregeld. De plechtigheid zou plaatsvinden in de Guildhall in Windsor, waar prins Charles was getrouwd met Camilla Parker Bowles. Het zou een intieme, besloten aangelegenheid worden met alleen ik en David, mama en Derf, Davids ouders, onze hond Arthur, Ingrid en Sandy, en onze vrienden Jay Jopling en Sam Taylor-Wood.

Aanvankelijk wilden we een grote receptie houden in de Pinewood Studios, maar de planner presenteerde een budget dat zelfs ik belachelijk vond, wat best een indrukwekkende prestatie was. Ik weet nog dat ik dacht: voor dat geld kan ik me uitleven op de afdeling Oude Meesters van Sotheby's. Het was vlak voor Kerstmis en alle andere geschikte locaties waren al geboekt, dus we besloten het feest in Woodside te houden. We lieten op het terrein drie met elkaar verbonden feesttenten plaatsen. De eerste was de receptiezaal, de tweede de eetzaal en de derde huisvestte een grote dansvloer. James Blunt en Joss Stone zouden optreden. Hoewel we zeshonderd gasten verwachtten, wilde David zelf de tafelschikking maken. Hij ging bijzonder nauwgezet te werk. Hij heeft een hekel aan feesten waar mensen willekeurig bij elkaar worden gezet, zodat je de hele avond doorbrengt met vreemden. We moesten vanwege de eclectische gastenlijst bovendien voorzichtig zijn. We hadden mensen uitgenodigd uit alle onderdelen van ons leven. Hoewel ik trots was op het feit dat we zowel leden van het koninklijk huis hadden uitgenodigd als sterren van de gaypornostudio BelAmi, leek het me beter om die mensen niet bij elkaar te zetten. David arrangeerde het allemaal met behulp van wat hij clans noemde: er was een tafel voor sportsterren, een tafel voor mensen uit de modewereld, een tafel voor voormalige Beatles en hun entourage. Vervolgens drukte ik mijn persoonlijke stempel op zijn inspanningen door die teniet te doen.

Veel psychologen denken dat verslavingsgevoelige mensen verslaafd kunnen raken aan nagenoeg alles. Ik heb een groot gedeelte van de jaren nul geprobeerd die theorie te bewijzen met behulp van een papierversnipperaar die we hadden gekocht voor het kantoor in Woodside. Ik weet niet meer hoe mijn obsessie begon, maar die kwam gedeeltelijk voort uit mijn behoefte aan veiligheid nadat onze bankafschriften op de voorpagina's van de kranten waren beland omdat een of andere idioot die voor John Reid werkte onversnipperde documenten bij het vuilnis had gezet. Maar het was bovenal dat een papierversnipperaar een ongelooflijk, ondefinieerbaar bevredigend apparaat is: het geluid dat het voortbrengt, de aanblik van papier dat er langzaam in verdwijnt, de slierten die er aan de andere kant uit komen. Ik was er gek op. Ik kon in een kamer vol kunstwerken van onschatbare waarde zitten die ik geen van alle zo fascinerend vond als de aanblik van een oud tourneeschema dat werd versnipperd.

Ik weet dus niet wanneer deze obsessie begon, maar ik weet nog exact wanneer hij eindigde. Dat was ongeveer twee minuten nadat ik had gezien wat een puinhoop het was in de kamer waarin David aan de tafelschikking had gewerkt – overal lagen vellen papier – en ik had besloten hem te helpen door de boel een beetje op te ruimen en tegelijkertijd mijn passie te stillen om oude documenten te veranderen in confetti. Ik weet niet meer precies hoeveel pagina's van Davids nauwgezet uitgestippelde schikking ik aan de versnipperaar had gevoed voordat hij de kamer binnenkwam en begon te schreeuwen. Ik had hem nog nooit zo hard horen schreeuwen. David had nooit zulke vulkanische woede-uitbarstingen, maar hij leek in de loop van de twaalf jaar die we samen hadden doorgebracht het een en ander te hebben geleerd van de meester. Hij had blijkbaar gewacht op het ideale moment om het geleerde in de praktijk te brengen. Hij begon uitvoerig allerlei onbeheersbare sociale rampen te beschrijven, zoals dat de sterren van BelAmi hun film *Boys Like It Big 2* zouden bespreken met zijn moeder of mijn tante Win. Hij schreeuwde zo hard dat hij in het hele huis te horen was. Je kon bijvoorbeeld elk woord verstaan in onze slaapkamer. Dat weet ik omdat dat de plek was waar ik besloot me te verschuilen. Voor de zekerheid deed ik de deur zorgvuldig op slot. Ik was niet echt bang dat hij de papierversnipperaar zou stukslaan op mijn hoofd, maar de herrie die hij beneden bleef maken deed me vermoeden dat het niet helemaal ondenkbaar was.

Verder verliepen de voorbereidingen verrassend probleemloos. Onze vriend Patrick Cox organiseerde een fantastisch gezamenlijk vrijgezellenfeest in Too 2 Much, een gayclub in Soho. Een kostelijke avond met een volledige revueshow. Paul O'Grady was de presentator en zong een duet met Janet Street-Porter. Sir Ian McKellen kwam verkleed als de weduwe Twankey. Bryan Adams zong en Sam Taylor-Wood vertolkte 'Love to Love You Baby'. Er waren videoboodschappen van Elizabeth Taylor en Bill Clinton en optredens van het beroemde New Yorkse dragduo Kiki and Herb en Eric McCormack, die Will speelde in *Will and Grace* en bevriend was met David uit de tijd dat ze samen naar school gingen in Ontario. Jake Shears van The Scissor Sisters raakte zo opgewonden dat hij al zijn kleren uittrok en ons zijn talenten als paaldanser liet zien, die hij had opgedaan toen hij in New York in stripclubs werkte voordat de band succes had. Het was een bijzondere avond.

De plechtigheid vond plaats op een prachtige winterdag, zonnig en fris. Er hing zo'n magische sfeer van kerstochtend in het huis. Het was dankzij allerlei logés gezellig en druk. Davids Canadese familie was er en mijn oude schoolvriend Keith Francis en zijn vrouw waren zelfs uit Australië gekomen. Buiten legden mensen de laatste hand aan de drie tenten, anderen controleerden of de lichtjes in de bomen werkten. We hadden de vorige avond in het nieuws items gezien over de eerste partnerschappen die werden gesloten in Noord-Ierland, waar de registratieperiode korter was. De stellen hadden te maken gekregen met protesten van steile christenen die leuzen riepen over 'sodomitische propaganda' en meelbommen en eieren gooiden. Ik hield mijn hart vast, want als doodgewone mensen al te maken kregen met zulk gedrag, wat kon een beroemd gaystel dan verwachten? David verzekerde me dat het allemaal zou meevallen: de politie onderkende de dreiging en had een speciaal gebied ingericht voor demonstranten zodat die mensen niet onze dag konden verpesten. We hoorden dat er in Windsor al veel mensen langs de straten stonden en dat er een feestelijke sfeer hing. Niemand wilde ons belagen. Veel mensen droegen spandoeken en hadden taarten en cadeaus voor ons meegenomen. Er stonden nieuwswagens van CNN en de BBC en verslaggevers maakten hun items voor de camera's.

Ik zette de televisie uit en vroeg David om ook niet meer te kijken. Ik wilde samen en zonder afleidingen in het moment zitten. Ik was natuurlijk al eens getrouwd, maar dit was anders. Ik was nu echt mezelf en kreeg de kans om mijn liefde voor een andere man te tonen op een manier die ik nog niet had kunnen bevatten in de tijd waarin ik ging begrijpen dat ik gay was of toen ik in *Rolling Stone* uit de kast kwam, deels omdat in 1976 nog niemand sprak over het homohuwelijk of geregistreerd partnerschap en deels omdat ik destijds net zo weinig kans maakte om een langdurige relatie aan te gaan als om naar Mars te vliegen. Toch was dat moment nu gekomen en dat maakte me erg emotioneel. Niet alleen voor mezelf, maar ook in historisch opzicht, alsof we deel uitmaakten van veranderingen die de wereld beter maakten. Ik kon me niet herinneren dat ik ooit zo gelukkig was geweest.

En toen verscheen mijn moeder in haar rol als woeste sociopaat.

Ik kreeg de eerste indicatie dat er iets niet goed zat toen ze weigerde uit de auto te stappen. Zij en Derf waren volgens plan bij Woodside gearriveerd, maar ze weigerde om naar het huis te lopen. Ondanks allerlei smeekbeden om zich bij ons te voegen bleef ze onverstoorbaar zitten terwijl een hele stoet familieleden van David naar buiten liep om haar door de autoruit heen te begroeten. Wat was er godverdomme mis met dat mens? Ik kreeg niet de kans om het haar te vragen. De beveiligingsafspraken schreven voor dat het hele gezelschap in een konvooi auto's naar Guildhall zou rijden. Mama liet echter weten dat ze zich niet zou aansluiten bij die stoet en dat ze ook niet van plan was aan te schuiven bij de lunch in beperkte kring die we na de plechtigheid hadden gepland in Woodside. Toen reed ze pardoes weg.

Nou, lekker dan. Op de belangrijkste dag van mijn leven had mijn moeder weer eens zo'n bui waarvoor ik als jongen doodsbang was geweest. Ik kon zelf ook heel aardig mokken; dat had ik van haar geërfd. Maar bij mij duurde het nooit lang. Zodra ik besefte wat ik deed – shit, ik gedraag me niet zomaar als een idioot, maar ik gedraag me als mijn moeder – ging ik zo snel mijn beentjes me konden dragen iedereen mijn verontschuldigingen aanbieden. Mama liet het nooit achter zich, toonde nooit berouw, leek nooit te denken dat ze ongelijk had of zich slecht gedroeg. Het beste waarop je kon hopen was een vreselijke ruzie waarin ze altijd het laatste woord wilde hebben, gevolgd door een gênante poging om het goed te maken, een wankele wapenstilstand die standhield totdat ze weer uit haar dak ging. Ze had mokken in de loop van de jaren naar een episch, ontzagwekkend niveau getild. Ze was de Cecil B. DeMille van het slechte humeur, de Tolstoj van het chagrijn. Dat is maar een heel klein beetje overdreven. Deze vrouw heeft tien jaar lang geweigerd om met haar eigen zus te spreken na een ruzie over de vraag of tante Win wel of niet magere melk in haar thee had gedaan. We hebben het over een vrouw wier mokken het niveau bereikte dat ze uiteindelijk besloot haar hele leven achter zich te laten en te emigreren. Dat was in de jaren tachtig. Ze emigreerde naar Menorca omdat ze tegelijkertijd ruzie had gekregen met mij en een van de zonen uit Derfs eerste huwelijk. Ze verhuisde liever naar een ander land dan dat ze inbond en haar excuses aanbood. Het is zinloos om zo iemand redelijk toe te spreken.

Terwijl ik haar auto zag wegrijden van Woodside betrapte ik mezelf op de wens dat ze op dat moment op Menorca was. Of op de maan. Waar dan ook, als ze maar niet op weg was naar onze plechtigheid, want ik had zo'n donkerbruin vermoeden dat ze van plan was een scène te schoppen. Ik had haar aanvankelijk niet eens willen uitnodigen. Ik was bang dat ze iets zou uithalen, net als toen ik met Renate trouwde. Daarom had ik er destijds in Australië zo'n haast achter gezet; ik wilde mijn moeder er niet bij hebben. Maar ik was een paar weken voor de trouwdatum bijgetrokken omdat ik dacht dat zelfs mijn moeder niet gek genoeg zou zijn om een dergelijke stunt uit te halen. Dat bleek ik dus verkeerd te hebben gezien.

Toch heeft ze de dag niet verpest. Dat kon zelfs zij niet. Het was te magisch, dankzij de mensenmassa's die ons bij Guildhall toejuichten en de stoet auto's die later bij Woodside arriveerde, waar zo ongeveer iedereen die ik kende uitstapte om ons feest te vieren, alsof je hele leven aan je voorbijtrekt in de heerlijkste situatie die je maar kunt bedenken: Graham Taylor en Muff en Zena Winwood, Ringo Starr en George Martin, Tony King en Billie Jean King. Maar ik moet het mijn moeder nageven: ze heeft haar best gedaan. Toen David en ik onze geloften aflegden, begon ze er op luide toon overheen te ratelen dat de zaal haar niet beviel en dat ze zich niet kon voorstellen dat je op zo'n plek wilde trouwen. Toen de getuigen het document van geregistreerd partnerschap moesten ondertekenen, zette ze haar handtekening, zei bits 'Nou, dat was het dan', kwakte de pen neer en beende weg. Het was bizar. Ik werd heen en weer geworpen tussen complete euforie en woeste paniek over wat ze nu weer zou gaan doen. Ik stond machteloos. Ik wist uit ervaring dat ik alleen maar olie op het vuur zou gooien als ik zou proberen op haar in te praten. Dat zou uitlopen op een enorme ruzie die alles zou verpesten en zich bovendien zou afspelen ten overstaan van alle media of onze zeshonderd gasten. Het leek me geen goed idee als tijdens de berichten over onze plechtigheid te zien zou zijn dat Elton John en zijn moeder op de trappen van Windsor Guildhall tegen elkaar stonden te schreeuwen.

Tijdens het feest die avond maakte ze afkeurende gebaren en rolde ze met haar ogen als er werd gespeecht. Ze klaagde over haar plek. Ze vond dat ze te ver bij mij en David uit de buurt zat – 'Je had me net zo goed in Siberië kunnen zetten!' – al zat ze ongeveer bij ons op schoot. Ik ging haar zo veel mogelijk uit de weg. Dat was niet zo moeilijk met al die vrienden met wie ik wilde spreken en die ons het beste wilden wensen. Maar ik zag vanuit een ooghoek dat een lange rij mensen haar ging begroeten om razendsnel en vaak met boze blikken haar tafel weer te verlaten. Ze was bot tegen iedereen, ook mensen die onschuldige pogingen deden om een praatje te maken. Jay Jopling maakte de fatale fout om tegen haar te zeggen: 'Wat een heerlijke dag, hè?' Dat vond ze blijkbaar genadeloos provocerend. 'Ik ben verdomme blij dat je er zo over denkt,' had ze geantwoord. Tony King, die mama en Derf al jarenlang kende, ging ook gedag zeggen en kreeg te horen dat hij er heel oud uitzag. Sharon Osbourne kwam naast me staan en zei: 'Ik weet dat ze je moeder is, maar ik kan haar wel vermoorden.'

Ze vertelde aan de pers dat ze boos was geweest omdat ze niet op de foto's mocht omdat ze geen hoed droeg, maar dat is nonsens. Davids moeder had gezegd dat ze een hoed wilde dragen bij de plechtigheid. David had aangeboden met haar en mijn moeder te gaan winkelen, maar mijn moeder zei dat ze geen hoed wilde. Het moge duidelijk zijn dat dit totaal geen probleem was. Ze stond namelijk op alle familiefoto's.

Later bleek dat Davids ouders wisten wat haar probleem was. Ze wilden het ons niet voor de plechtigheid vertellen omdat ze ons niet van streek wilden maken. Ze hadden haar gebeld zodra ze in Engeland waren gearriveerd. Ze hadden het altijd goed met haar kunnen vinden, waren zelfs met haar op vakantie geweest. Mijn moeder had gezegd dat ze de handen ineen moesten slaan om het geregistreerd partnerschap te voorkomen. Ze kon niet goedkeuren dat twee mannen – in haar woorden – 'trouwden'. Ze vond het verkeerd dat homoseksuele stellen dezelfde rechten kregen als heteroseksuele. Al haar kennissen vonden het een vreselijk idee en hadden gezegd dat het mijn carrière zou schaden. Davids moeder zei dat ze geschift was, dat we iets heel bijzonders deden en dat mama ons moest steunen. Toen had mijn moeder opgehangen.

Ze sprak dezelfde woorden een paar jaar later tijdens een felle ruzie uit tegen mij. Mama was altijd een lastpak geweest, maar deze homofobische kant van haar had ik nog nooit gezien. Ze had me gesteund toen ik haar vertelde dat ik gay was en ze had zich niet uit het veld laten slaan toen de pers haar in het nauw dreef nadat ik in *Rolling Stone* uit de kast was gekomen. Ze had me moedig genoemd en gezegd dat het haar koud liet of ik homo of hetero was. Waarom had ze dertig jaar later opeens een probleem met mijn seksualiteit? Misschien had ze er altijd moeite mee gehad, maar had ze dat al die tijd onderdrukt. Maar zoals zo vaak denk ik dat het echte probleem was dat ze het vreselijk vond als ik iemand had die me dierbaarder was dan zij. Ze was vaak kil geweest tegen mijn vriendjes en ook tegen Renate. Maar dit was van een andere orde. Ze wist dat ik met die vriendjes nooit een langdurige relatie zou hebben. Daar was ik vanwege alle coke die ik gebruikte te grillig voor. En hoewel ik met Renate was getrouwd, moet mama hebben geloofd dat het huwelijk geen stand zou houden omdat ik nu eenmaal gay was. Maar nu was ik nuchter en had ik een duurzame relatie met een man van wie ik zielsveel hield. Het partnerschap was een manifestatie van het feit dat ik een partner voor het leven had gevonden. Ze kon het niet aan dat de navelstreng eindelijk werd doorgesneden. Dat idee had zo aan haar geknaagd dat ze niets anders meer kon zien en nergens meer om gaf. Ze was niet eens blij omdat ik eindelijk gelukkig was.

Nou, pech voor haar dan, want gelukkig was ik, en dat ging ik voor niemand meer veranderen, hoe humeurig ze ook werden. Misschien zou ze bijtrekken als ze dat eenmaal inzag.

Niet alleen in mijn privéleven was er veel om gelukkig over te zijn. Dankzij de optredens in Vegas, *Billy Elliot* en mijn nieuwe albums had ik zoveel lol in muziek maken dat mijn enthousiasme aanstekelijk werkte. David raakte geïnteresseerd in artiesten en albums die me hadden geïnspireerd aan het begin van mijn carrière. Hij was nog te jong geweest om ze destijds te ervaren. Hij maakte playlists voor zijn iPod met dingen die ik aanraadde. Die nam hij mee om in onze hotelkamer te beluisteren toen we met Ingrid en Sandy op vakantie naar Zuid-Afrika gingen. Ingrid en ik zijn een goed voorbeeld van een hechte, levenslange vriendschap op basis van een wankel begin. Ik leerde haar kennen toen ze een artikel over me schreef voor het tijdschrift *Interview*, waarvan ze de hoofdredacteur was. Ik had mijn best gedaan om haar te ontlopen en had onze afspraak in een slechte bui afgezegd. Ze belde terug en zei dat ze toch zou komen. Ik zei dat ze dat niet moest doen. Ze herhaalde dat ze toch zou komen. Ik zei dat ze moest oprotten. Ze hing op en stond enkele minuten later voor de deur van mijn hotelkamer. Nog enkele minuten later was ik dol op haar. Ingrid had kloten. Ingrid had meningen. En die meningen wilde je horen, want ze was razendslim. Ze was op haar zevenentwintigste aangesteld als hoofdredacteur van *Artforum* en leek alles te weten over de kunst- en de modewereld en iedereen te kennen die in die milieus iets voorstelde. Ze liet zich door niemand piepelen. Ook niet door mij, dat was wel duidelijk. Ze was ongelooflijk grappig. Aan het einde van de middag had ze naast haar interview mijn toezegging dat ik een column zou schrijven voor haar blad. Ik had hetzelfde gevoel als na mijn eerste ontmoeting met Gianni. Als hij mijn verloren gewaande broer was geweest, was Ingrid mijn verdwenen zus. We hingen voortdurend met elkaar aan de lijn. Ik genoot van onze gesprekken, deels omdat ze heerlijk kon roddelen, deels omdat je altijd iets van haar leerde, en deels omdat ze je altijd de waarheid vertelde, ook als je eigenlijk even geen behoefte had aan de waarheid.

Ingrid had haar geboorteland Zuid-Afrika als kind verlaten. Omdat haar moeder dreigde te worden gearresteerd vanwege haar betrokkenheid bij de antiapartheidsbeweging verhuisde de familie eerst naar Edinburgh en later naar New York. Ingrid was van Zuid-Afrika blijven houden, vandaar dat zij en Sandy mee waren gegaan op vakantie. Op een avond waren we ons aan het klaarmaken voor het diner met muzikale begeleiding van een van Davids playlists. Toen hij onder de douche stond, werd 'Back to the Island' van Leon Russell afgespeeld. Ik werd er totaal door overvallen. Het is een schitterend, bijzonder droevig nummer over verlies en spijt en het verstrijken van de tijd. Ik ging op bed zitten en begon te huilen. Leon die me kwam opzoeken in de kleedkamer in The Troubadour; de tournees die we deden met Eric Clapton en Poco, met mij in het voorprogramma: het leek allemaal opeens ontzettend lang geleden. Ik had dit liedje grijsgedraaid toen ik op Tower Grove Drive woonde. Ik kon dat appartement nog zo voor me zien. Het donkere hout van het interieur, suède op de muren van de slaapkamer, hoe het zonlicht 's ochtends over het zwembad streek. Een grote groep mensen die naar binnen strompelde nadat The Whiskey of The Rainbow of Le Restaurant ons eindelijk op straat had gezet, de wolken van de in Californië geteelde wiet en de blauwe ogen van een jongen die ik meelokte naar de spelletjeskamer en die zei dat hij hetero was, maar wiens glimlach me liet vermoeden dat hij te versieren was. Dusty Springfield die na een avondje in de gayclubs terugkwam en uit de auto op de oprijlaan tuimelde. Die middag waarop Tony King en ik mescaline probeerden en we uiteindelijk gillende doodsangsten uitstonden toen iemand uit ons gezelschap de keuken had geplunderd en met zijn door drugs aangetaste brein een nieuw type Bloody Mary had bedacht met een plak rauwe lever aan de zijkant van het glas. De aanblik daarvan had ons op de kast gejaagd.

Maar er waarden veel geesten door mijn herinneringen aan het LA van de jaren zeventig. Alle oude Hollywoodlegendes die ik had ontmoet waren gestorven van ouderdom. Zo ook Ray Charles. Ik was de laatste die een nummer met hem had opgenomen, voor een album met duetten. Dat was vierendertig jaar nadat hij me had gevraagd voor mijn eerste optreden op de Amerikaanse televisie. We zongen 'Sorry Seems to Be the Hardest Word' zittend, want hij was te zwak om te staan. Ik vroeg de technici om een kopie van de tape; niet voor de muziek, maar voor een herinnering aan onze gesprekken tussen de takes door. Ik denk dat ik tastbaar bewijs wilde hebben dat het echt was gebeurd, dat een jochie dat ooit Ray Charles had willen worden nu als een vriend met hem zat te praten. Maar er waren ook andere geesten, mensen die niet waren gestorven aan ouderdom, maar jong waren bezweken aan aids, die waren bezweken aan drank of drugs, die bij ongelukken om het leven waren gekomen, die waren vermoord of waren gestorven aan de dingen die je als je pech hebt doden als je in de vijftig of in de zestig bent. Dee Murray, mijn oude bassist. Doug Weston, de manager van The Troubadour. Bill Graham. Gus Dudgeon. John Lennon, George Harrison en Harry Nilsson. Keith Moon en Dusty Springfield. Talloze jongens op wie ik op de dansvloer van After Dark verliefd was geworden of op wie ik dacht verliefd te zijn geworden.

David keek bedrukt toen hij uit de badkamer kwam en me in tranen aantrof.

'Mijn god,' verzuchtte hij. 'Wat is er aan de hand?'

Hij had inmiddels bittere ervaringen opgedaan met mijn stemmingswisselingen en was bang dat een triviaal aspect van de vakantie me niet beviel en dat ik zou gaan gillen dat we onmiddellijk moesten vertrekken. Nee, zei ik, het is iets anders. Ik zat te denken aan het verleden. Leon zong op de iPod: 'Well all the fun has died, it's raining in my heart, I know down in my soul I'm really going to miss you.' Wat kon die man zingen, zeg. Wat was er eigenlijk van hem geworden? Ik had al jarenlang niemand meer over hem horen spreken. Ik pakte de telefoon, belde mijn vriend Johnny Barbis in LA en vroeg hem of hij Leon wilde opsporen. Hij belde me terug met een nummer in Nashville. Ik belde en er werd opgenomen. De stem klonk gruiziger dan ik me herinnerde, maar het was onmiskenbaar dat Oklahoma-accent van Leon. Ik vroeg hoe het met hem ging. Hij zei dat hij in bed naar *Days of Our Lives* lag te kijken. 'Het gaat prima. Ik kan net de eindjes aan elkaar knopen.' Ja, zo kon je het ook zeggen. Leon had een aantal slechte zakelijke beslissingen genomen, hij had een enorm aantal ex-vrouwen, en de tijden waren veranderd. Hij trad overal op waar ze hem maar wilden hebben. Een van de beste musici en songwriters van de wereld speelde in sportbars en pubs, bij bierfestivals en conventies van motorrijders, in plaatsen in Missouri en Connecticut waarvan ik nog nooit had gehoord. Ik vertelde dat ik in Afrika was en dat ik naar zijn muziek zat te luisteren en nadacht over het verleden. Ik bedankte hem voor alles wat hij voor me had gedaan en vertelde hoe belangrijk zijn muziek was in mijn leven. Dat leek hem oprecht te ontroeren.

'Dat is heel aardig van je,' zei hij. 'Heel erg bedankt.'

Toen we uitgesproken waren, keek ik naar de telefoon in mijn handen. Er klopte iets niet. Ik kon het niet uitleggen, maar ik wist dat dat niet de reden was waarom ik hem had gebeld. Ik pakte de telefoon en draaide opnieuw zijn nummer. Hij lachte toen hij opnam. 'Mijn god, ik hoor vijfenveertig jaar niets van je en nu bel je twee keer in tien minuten!' Ik vroeg of hij samen met mij een album wilde maken. Het bleef lang stil. 'Meen je dat?' vroeg hij. 'Denk je dat ik het kan?' Een zucht. 'Ik ben heel oud.' Ik zei dat ik ook best oud was en dat als ik het kon, hij het ook kon, als hij wilde. Hij lachte opnieuw. 'Nou, reken dan maar... ja.'

Het was van mijn kant geen liefdadigheid. Ik deed het voor mezelf. Als je me in 1970 had verteld dat ik ooit een plaat zou maken met Leon Russell, zou ik je voor gek hebben verklaard. Het was niet altijd makkelijk. Hij had me over de telefoon verteld dat hij gezondheidsklachten had, maar ik begreep pas hoe ziek Leon was toen hij aankwam in de studio in LA. Hij zag er met zijn lange witte baard, donkere bril en wandelstok uit als de ziekelijke patriarch in een toneelstuk van Tennessee Williams. Hij liep moeilijk. Hij zat twee uur per dag in een leunstoel in de studio te zingen en te musiceren. Meer kon hij niet opbrengen, maar wat hij in die twee uur deed was ongelooflijk goed. Soms vroeg ik me af of zijn bijdragen aan ons album postuum zouden worden uitgebracht. Op een dag vloeide er een uit zijn brein gelekte vloeistof uit zijn neus. Hij werd in allerijl naar het ziekenhuis gebracht voor een operatieve ingreep. Hij werd ook meteen behandeld voor hartfalen en een longontsteking.

Maar we voltooiden het album. We noemden het *The Union* en het haalde in de vs de top vijf. In het najaar van 2010 gingen we op tournee en speelden we voor soms wel 15.000 mensen in het soort zalen dat Leon al decennialang niet meer had gezien. Sommige avonden moest hij optreden in een rolstoel, maar dat had geen enkele invloed op hoe hij klonk. Hij was avond aan avond groots.

Dankzij dat album kreeg Leon eindelijk wat hem toekwam. Hij kreeg een nieuw platencontract en werd toegelaten tot de Rock and Roll Hall of Fame. Ik was zo blij voor hem dat ik mijn gelofte om daar nooit meer te komen vergat en aanbood voor hem te speechen. Hij verdiende goed, kocht een nieuwe bus en speelde over de hele wereld in betere, grotere zalen dan hij in jaren had gedaan. Hij heeft getourd tot de dag in 2016 waarop hij stierf. Als je hem nooit hebt zien optreden, heb je iets gemist. Leon Russell was de allerbeste.

zestien

De eerste keer dat het gebeurde was in 2009 in Zuid-Afrika, bij een hulppost voor kinderen die kampten met aids en de nasleep ervan. Het was in hartje Soweto, een locatie waar weeskinderen en jongeren die genoodzaakt waren om een huishouden te leiden terechtkonden voor een warme maaltijd, counseling of hulp met hun huiswerk. We waren daar omdat de instelling werd gefinancierd door de Elton John AIDS Foundation en ze een presentatie voor ons hadden gegeven. De vrouwen die het centrum runden en de kinderen die er hulp kregen hadden uitgelegd hoe het werkte. Een klein jochie in zo'n felgekleurd hemd dat beroemd was geworden dankzij Nelson Mandela gaf me een kleine lepel, het symbool van de Zuid-Afrikaanse suikerindustrie. Maar daarna wilde hij niet meer weg om bij de andere kinderen te gaan zitten. Ik weet niet waarom – hij kon niet weten wie ik was – maar hij leek me heel lief te vinden. Hij heette Noosa en is zolang we daar waren steeds in mijn buurt gebleven. Ik hield zijn handje vast en trok gekke bekken en daar moest hij om lachen. Een schattig ventje. Ik vroeg me af hoe zijn leven buiten het centrum was. Je hoorde in Zuid-Afrika gruwelijke verhalen over hoe aids levens had verwoest die toch al niet makkelijk waren. Waar moest hij heen als hij hier zou vertrekken? Terug naar wat?

Als ik naar hem keek, ervoer ik iets wat medelijden en genegenheid oversteeg. Ik voelde een zweem van iets anders, iets wat sterker was dan de reactie op een snoezig jongetje. Ik kon het niet benoemen. Ik liep naar David toe en zei: 'Wat een schat van een jochie. Hij is een wees. Misschien heeft hij hulp nodig. Wat vind jij?'

David was verbijsterd. Hij was weleens begonnen over het idee om een familie te starten; het was voor homoseksuele stellen lang niet meer zo ongebruikelijk als vroeger om kinderen te adopteren. Maar telkens als hij het onderwerp aansneed, had ik zoveel bezwaren geopperd dat hij het er maar bij liet zitten.

Ik ben gek op kinderen. Ik heb ontelbaar veel peetkinderen, van wie ik allemaal zielsveel houd. Er zitten bekende kinderen bij, zoals Sean Lennon en Brooklyn en Romeo Beckham, en totaal onbekende, zoals de zoon van mijn AA-sponsor. Maar mijn eigen kinderen? Dat was een heel ander verhaal. Ik was te oud. Te vastgeroest in mijn gewoonten. Te vaak afwezig, want altijd op tournee. Te dol op porselein en fotografie en moderne kunst, zaken die er niet goed tegen bestand waren om omver te worden gegooid of met stiften te worden bekrast of met Marmite te worden besmeurd of al die andere zaken waar kleine kinderen een handje van hebben. Te druk om in mijn leven de ruimte te vinden die een mens nodig heeft om een ouder te zijn. Ik zei die dingen niet omdat ik een oude brompot was; ik was gewoon eerlijk. In feite lag mijn jeugd ten grondslag aan mijn bezwaren. Kinderen opvoeden was een onvoorstelbare uitdaging en ik wist uit de eerste hand hoe vreselijk het was als je er een zooitje van maakte. Je wilt natuurlijk geloven dat je niet dezelfde fouten zult maken als je ouders, maar wat als je dat toch doet? Ik kon niet leven met de gedachte dat ik mijn kinderen net zo ongelukkig zou maken als ik was geweest.

Ondanks al die bezwaren stond ik opeens te roepen dat we moesten onderzoeken of we een wees uit Soweto konden adopteren. Logisch dat David ervan stond te kijken. Wat was er in vredesnaam aan de hand? Ik wist het ook niet, maar het was duidelijk dat er zojuist iets was gebeurd waar ik geen controle over had. Het was alsof het vaderlijke instinct zich eindelijk liet gelden, nu ik al over de zestig was, zoals ook mijn libido zich had aangediend toen ik eenentwintig was, veel later dan bij de meeste mensen.

Eigenlijk maakte het niet uit wat het was. We deden hier en daar navraag en ontdekten dat het met de situatie van het kleine jochie wel meeviel. Hij woonde bij zijn opa met een zus en nog een familielid. Er werd goed voor hen gezorgd en het was een hecht gezinnetje, zo hecht zelfs dat toen Noosa zich aan mij vastklampte, zijn zusje was gaan huilen omdat ze bang was dat we hem bij haar zouden weghalen. We zouden hem niet helpen door hem weg te halen uit zijn vertrouwde cultuur en identiteit en hem mee te nemen naar het VK. We konden beter investeren in de toekomst die hij had in zijn eigen land. Ik heb hem later nog verschillende malen gezien als ik in Zuid-Afrika was voor optredens of werk voor de AIDS Foundation. Hij was nog altijd aandoenlijk en hij was duidelijk heel gelukkig.

Het was een merkwaardig voorval, maar ik zette het van me af omdat ik wist dat we het juiste hadden gedaan. Ik nam weer mijn oude standpunt over kinderen in. Ik geloof niet dat een van ons tweeën het onderwerp in die tijd aansneed. En toen gingen we – in hetzelfde jaar – naar Oekraïne.

Het weeshuis stond in Donetsk, een grote industriestad in het midden van het land. Het was bestemd voor kinderen van één tot elf, een plek waar ze in de gaten werden gehouden om te zien of ze besmet waren met hiv. Niet ieder kind dat wordt geboren uit een moeder met hiv test positief. Als ze het virus hadden, werden ze behandeld met antiretrovirale medicijnen en werden ze goed verzorgd. We werden rondgeleid en deelden voedsel, luiers en schoolboeken uit aan het zorgpersoneel en de kinderen; geen luxueuze cadeaus, maar spullen waar ze echt iets aan hadden. Ik speelde 'Circle of Life' op een piano die ik zelf had gedoneerd. Meteen daarna rende een klein jochie op me af. Ik tilde hem op en knuffelde hem. Ze zeiden dat hij Lev heette. Hij was veertien maanden oud, maar was zo klein dat hij er jonger uitzag. Hij had een afschuwelijke achtergrond. Zijn vader was veroordeeld voor de moord op een tienermeisje. Zijn moeder, een chronische alcoholiste, was hiv-positief en had tuberculose. Ze kon haar kinderen niet verzorgen. Ze wisten nog niet of Lev ook hiv had, maar zijn oudere broer Artem was positief. Lev had blond haar en bruine ogen en een glimlach die niet te rijmen viel met zijn omgeving en levenssituatie. Ik smolt elke keer als hij die glimlach liet zien.

Ik heb hem tijdens ons verblijf daar niet meer neergezet. Wat in Soweto was gebeurd, gebeurde opnieuw, en intenser. We hadden onmiddellijk een sterke connectie. Ik moet erbij zeggen dat het een emotionele periode voor me was. Een paar dagen eerder was Guy Babylon, die elf jaar lang keyboards had gespeeld in mijn band, plotseling overleden. Hij was pas tweeënvijftig en had een volmaakt gezonde indruk gemaakt totdat hij tijdens het zwemmen was getroffen door een hartaanval. Het maakte me nog maar eens duidelijk dat het leven kort is en dat je nooit weet wat je te wachten staat. Misschien verschafte dat inzicht me de nodige helderheid over wat ik eigenlijk belangrijk vond in het leven. Waarom zou je je diepste gevoelens over zoiets fundamenteels als het vaderschap ontkennen?

De rest van het gezelschap ging verder met de rondleiding, maar ik bleef in die kamer met Lev spelen. Ik vond niet dat ik kon vertrekken. Uiteindelijk kwam David me zoeken. Zodra hij de kamer binnenstapte, stak ik van wal.

'Dit kleine ventje is heel bijzonder, hij heet Lev, hij is een wees. Hij heeft mij gevonden en niet omgekeerd. Ik denk dat dit mijn roeping is. Ik denk dat het universum ons iets duidelijk wil maken en dat we hem moeten adopteren.'

David was nog verbaasder dan eerder in Soweto. Hij had gewoon gevraagd wat ik aan het doen was en had niet verwacht dat ik een heel verhaal zou ophangen over een roeping en boodschappen van het universum. Maar hij zag dat ik het meende. Hij zei dat ik even moest kalmeren en dat we rustig te werk moesten gaan. We moesten meer weten over Levs situatie en zijn familie en of hij wel uit het weeshuis weg mocht voordat was vastgesteld of hij al dan niet hiv-positief was.

Ik heb Lev de hele dag meegedragen. Ik had hem nog steeds vast toen we naar buiten werden geloodst voor een persconferentie in een geïmproviseerde tent. Ik zette hem bij David op schoot terwijl ik de vragen van de pers beantwoordde. De laatste vraag ging over het feit dat ik had gezegd dat ik geen kinderen wilde. Dacht ik er anders over nu ik in het weeshuis kinderen had gezien die een thuis nodig hadden? Het was de perfecte gelegenheid om te laten zien dat ik goed had geluisterd naar Davids waarschuwing dat ik mijn gedachten over Levs toekomst voor me moest houden. Maar ik draaide door en zei dat het jochie dat met David op de eerste rij zat onze harten had gestolen en dat ik hem en zijn broertje dolgraag wilde adopteren als dat kon.

Je herinnert je vast nog wel dat ik een paar hoofdstukken terug uitlegde waarom ik blij was dat ik beroemd was geworden in een tijd waarin platenlabels en managers hun artiesten nog niet dwongen om mediatraining te volgen en goed op hun woorden te letten. Dat ik er trots op ben dat ik altijd eerlijk antwoord geef en zeg wat ik vind. Misschien moet ik die bewering nu enigszins kwalificeren door op te merken dat zich in mijn carrière momenten hebben voorgedaan waarop mediatraining me opeens voorkwam als een uitstekend idee en ik wenste dat ik bij wijze van uitzondering een saai en ontwijkend antwoord had gegeven en niet de waarheid had verteld. Dit was duidelijk zo'n moment. Ik wist al dat ik het niet had moeten zeggen zodra de woorden uit mijn mond waren gekomen, vooral ook omdat ik zag dat David zijn hoofd boog, zijn ogen sloot en iets mompelde wat verdacht veel leek op 'O, shit'.

'Die opmerking,' klaagde hij toen we naar het vliegveld werden gereden, 'gaat binnen enkele minuten de hele wereld over.'

Hij had gelijk. Tegen de tijd dat ons vliegtuig landde in Groot-Brittannië was zijn BlackBerry volgestroomd met sms'jes en voicemailberichten van vrienden die ons wilden feliciteren met het fantastische nieuws. De media hadden het dus al opgepikt. Bepaalde segmenten van de Britse pers hadden niet negatiever kunnen reageren als ik had gezegd dat ik een pathologische haat koesterde voor alle kinderen en van plan was om het weeshuis in Donetsk nog diezelfde avond persoonlijk in de hens te zetten. *The Daily Mail* en *The Sun* stuurden onmiddellijk verslaggevers naar Oekraïne. Een van de persmuskieten kreeg een minister te pakken, die zei dat adoptie onmogelijk was omdat we homo's waren. Ik was bovendien te oud. Een ander ging op bezoek bij Levs moeder, kocht wodka voor haar en nam haar mee naar het weeshuis voor een foto. Dat betekende een automatische vertraging van het adoptieproces, want een kind kon pas aan de staat worden toevertrouwd als het twaalf maanden in een weeshuis zat zonder bezoek te krijgen van een familielid. De journalist in kwestie wist dat niet, of het liet hem koud. Het ergste was dat het verhaal uitsluitend over mij en David ging en niet over de

(*boven*) Bernie en ik met Ryan White, in 1988. Ik wist het toen nog niet, maar mijn ontmoeting met Ryan zou mijn leven redden.

(*rechts*) Ik ben eindelijk nuchter, maar wil het leven van Rod Stewart nog altijd zo ingewikkeld mogelijk maken. Ik sta op het punt om onaangekondigd het podium op te lopen en op zijn schoot te gaan zitten.

Een foto van Herb Ritts uit 1992. Ik kende Liz Taylor al jaren.
Je kon ontzettend met haar lachen en ze had het lef om – veel eerder dan ik – Hollywood te dwingen aandacht te besteden aan aids.

(*links*) Backstage in Earls Court met prinses Diana, mei 1993; (*rechts*) Tim Rice en ik werken aan *The Lion King*. Ik vond de uiteindelijke film meesterlijk.

(*links*) Met David Furnish, dolverliefd en van top tot teen in Versace; (*rechts*) David, Gianni Versace, ik en Gianni's partner Antonio D'Amico bij Gianni's huis aan het Comomeer.

Het eerste Oscarfeest om geld in te zamelen voor mijn AIDS Foundation was in 1993. De feesten zijn uitgegroeid tot een jaarlijks evenement. Deze foto is genomen op het tiende feest, met Denzel Washington en Halle Berry, die eerder die avond de Oscars voor Beste Acteur en Beste Actrice wonnen.

David en ik op een foto die Mario Testino in 1996 maakte in de Ritz in Parijs.

David en ik met mama en Derf op de dag waarop ik werd geridderd, in 1998.

Met tante Win op het feest na ons geregistreerd partnerschap.
Mijn moeder, die zich onvoorstelbaar irritant gedroeg, staat niet op de foto.

(*links*) 21 december 2005, de dag waarop David en ik ons geregistreerd partnerschap aangingen. Ik was nog nooit zo gelukkig geweest; (*rechts*) Ik had me zorgen gemaakt dat er bij de Guildhall in Windsor zou worden geprotesteerd, maar veel mensen hadden taart en cadeaus meegenomen.

Backstage tijdens de afscheidstournee met Bernie, 2018. Na vijftig jaar nog altijd tegenpolen en nog altijd beste vrienden.

(*links*) Los Angeles, 2011. Onze zoon Zachary zet zijn eerste stapjes.

(*onder*) Ontbijt met Zachary in Nice. Het vaderschap was de meest onverwachte gebeurtenis van mijn leven en het beste wat me ooit is overkomen.

(*boven*) Ik draag mijn shopkennis over aan de jongens.

(*rechts*) Lady Gaga, smaakvol gekleed als altijd, verricht haar taken als peetmoeder.

(*links*) Ik zat enorm in de zenuwen backstage bij de Oscars van 2019, totdat Eminem naar me toe kwam en me afleidde met een gesprek over een gezamenlijk album. (*rechts*) De jongens zien papa en Bernie hun Oscar voor '(I'm Gonna) Love Me Again' winnen.

(*links*) Bij de Élysée Palace ontving ik in 2019 de Légion d'Honneur, Frankrijks hoogste burgeronderscheiding, van president Macron. (*rechts*) Na de ceremonie liepen president Macron en ik hand in hand naar buiten.

betrokken kinderen. Ik ontkwam niet aan de gedachte dat dit waarschijnlijk allemaal niet zou zijn gebeurd als ik mijn mond had gehouden tijdens de persconferentie. Maar misschien had dat niets uitgemaakt. Dat zouden we nooit weten.

We bleven het proberen. We onderzochten de logistieke aspecten van adoptie, maar het werd duidelijk dat het niets zou worden. We hadden in beroep kunnen gaan bij het Hof van Justitie, maar dat leek weinig kans te bieden omdat Oekraïne niet bij de Europese Unie hoort. We hadden een psycholoog benaderd met vragen over de emotionele gevolgen als we een kind dat in een weeshuis had geleefd in ons gezin zouden opnemen en waren geschrokken van zijn antwoord. Hij was van mening dat elk kind dat langer dan achttien maanden in een weeshuis woont daar onherstelbare psychologische schade aan overhoudt. Zo'n kind is nooit emotioneel gekoesterd en is niet vaak genoeg geknuffeld en bemind. Dat zou effecten hebben waar het nooit meer van herstelt. We besloten niet meer te zoeken naar een manier om Lev en Artem te adopteren, maar gingen samenwerken met een plaatselijke instelling om hen zo snel mogelijk uit het weeshuis te halen. Hun moeder stierf en hun vader moest weer naar de gevangenis, maar ze hadden een relatief jonge grootmoeder en we konden regelen dat ze bij haar gingen wonen.

We konden de jongens dankzij de liefdadigheidsinstelling discreet financieel steunen. We kregen te horen dat we dat beter anoniem konden doen – zo anoniem dat zelfs de grootmoeder niet wist dat we hielpen – omdat de media de kinderen nooit met rust zouden laten als zou blijken dat ik de weldoener was. De hulp die we gaven was geen extravagante Elton John-steun; dat zou het isolement van de jongens alleen maar hebben versterkt. We zorgden ervoor dat ze genoeg hadden van de zaken die ze volgens de instelling nodig hadden: behoorlijk meubilair, voedsel, schoolboeken, juridische bijstand. Toen de Russen dat deel van Oekraïne binnenvielen, werkten we samen met dezelfde instelling die het weeshuis had gefinancierd om de jongens te evacueren naar Kiev. We zullen altijd een oogje op hen houden.

Toen ik vorig jaar naar Oekraïne ging voor de AIDS Foundation heb ik Lev en Artem gezien. Ze liepen in identieke hoodies de kamer in en we hebben elkaar omarmd en gehuild en eindeloos gepraat. Er was zoveel tijd verstreken. Lev was uitgegroeid tot een grappige, brutale, charmante jongen van tien. In zekere zin was er niets veranderd, want ik voelde nog exact dezelfde connectie met hem als op de dag van onze eerste ontmoeting. Ik zou nog altijd dolgraag willen dat we hem hadden kunnen adopteren, maar ik weet dat zijn grootmoeder de jongens fantastisch opvoedt.

Onze pogingen om adoptieouders te worden waren mislukt. Dat was ontmoedigend, maar de vaderlijke gevoelens verdwenen niet. Het was alsof er in mij een knop was omgezet. Ik wilde nu net zo graag kinderen hebben als David. Maar het proces was verre van eenvoudig. Adoptie was voor een homoseksueel stel nog altijd zeer ingewikkeld. Ook de andere optie, gebruik van een draagmoeder, was problematisch. Het is in het VK verboden om het via een financiële transactie te doen, maar je kunt wel een kind uit een land waar het legaal is naar Groot-Brittannië halen. Onze arts in Californië verwees ons door naar het bedrijf California Fertility Partners. Het proces is onvoorstelbaar ingewikkeld: er zijn instellingen voor eiceldonoren en instellingen voor surrogaatmoeders en er zijn, zeker als je in het buitenland woont, gecompliceerde juridische processen. Hoe meer we ernaar keken, des te moeilijker het leek te worden. Na een poosje liep mijn hoofd om van de hormoontherapieën en blastocysten, embryotransfers en ouderlijke verantwoordelijkheden en eiceldonoren.

We kregen het advies om een ongetrouwde draagmoeder te vinden, want het was weleens gebeurd dat de echtgenoot van een draagmoeder juridische eisen op tafel legde met betrekking tot een kind met wie hij geen biologische connectie had. We besloten allebei bij te dragen aan het spermamonster, zodat we niet zouden weten wie van ons tweeën de biologische ouder was. We kregen het advies om zo veel mogelijk geheimhouding te betrachten. We moesten anoniem blijven voor de draagmoeder en deden ons voor als Edward en James, een Engels gaystel waarvan vaag werd gezegd dat ze 'werkzaam waren in de entertainmentindustrie'. Alle betrokkenen moesten geheimhoudingsovereenkomsten tekenen. Dat vond ik, nadat ik recent tot mijn schade en schande had ondervonden dat je soms beter je mond kon houden, een prima idee. Toen de media de identiteit hadden achterhaald van de draagmoeder van Matthew Broderick en Sarah Jessica Parker moest die arme vrouw onderduiken. Een door de pers achtervolgde zwangere vrouw was wel het laatste waar we behoefte aan hadden.

Vertrouwen is ontzettend belangrijk in dit soort situaties. Als je eenmaal een eiceldonor hebt uitgekozen en het monster hebt afgegeven aan de vruchtbaarheidskliniek ligt je lot in de handen van anderen. We hebben enorm geboft. We vonden een fantastische arts, Guy Ringler, een homoseksuele man die zich specialiseerde in vruchtbaarheidszaken voor LGBT-ouders. En we vonden een fantastische draagmoeder. Ze woonde ten noorden van San Francisco en was al eerder draagmoeder geweest. Mijn roem en het geld lieten haar koud; ze wilde alleen maar liefhebbende stellen helpen kinderen te krijgen. Toen ze ongeveer drie maanden zwanger was, had ze bedacht wie Edward en James werkelijk waren, maar dat veranderde niets aan haar houding en gedrag. David ging haar opzoeken; dat gebeurde iets buiten haar woonplaats, want hij mocht niet worden herkend. Toen hij thuiskwam en dolenthousiast vertelde hoe fantastisch ze was, werd het opeens heel echt. Ik voelde geen enkele onzekerheid of aarzeling over ons besluit, geen paniek, geen 'wat hebben we gedaan?' Alleen maar opwinding en blijde afwachting.

De rest van de zwangerschap trok als in een roes aan me voorbij. De baby was uitgerekend op 21 december 2010. We werden heel close met de draagmoeder, haar vriendje en familie. Naarmate ik hen beter leerde kennen, kreeg ik een grotere hekel aan die term 'draagmoederschap op basis van een financiële transactie'. Alsof het om geldwolven gaat. Deze mensen waren aardig en liefhebbend en oprecht blij omdat ze konden bijdragen aan de verwezenlijking van onze droom. We namen een oppas aan, die eerder had gepast op de zoon van onze vriendin Elizabeth Hurley. We kenden haar omdat Liz na de geboorte op Woodside had gelogeerd om geen last te hebben van de media. We begonnen een kinderkamer in te richten in ons appartement in LA. Ook dat moest allemaal in het geheim. Alle gekochte spullen werden naar ons kantoor in LA gestuurd, uit de verpakking gehaald en als kerstcadeaus voor mij of David verpakt voordat ze naar ons huis gingen.

Toen de uitgerekende datum naderde, verhuisden de draagmoeder en haar familie naar een hotel in LA. Ingrid en Sandy, die we hadden gevraagd om peetouders te worden, kwamen ook voor de geboorte. Het oorspronkelijke plan was om tijdens een kerstlunch voor onze vrienden in LA bekend te maken dat we een familie waren geworden, maar we moesten de lunch uitstellen omdat de baby aan de late kant was. Uiteindelijk was de draagmoeder de slapeloze nachten, rugpijn en gezwollen enkels zo beu dat ze in actie kwam. Een restaurant op Goldwater Canyon in Los Angeles serveerde waterkerssoep die geacht werd weeën op te wekken. De soep maakte zijn reputatie waar; op de middag van de dag voor Kerstmis werden we gebeld met het bericht dat we zo snel mogelijk naar Cedars-Sinai moesten komen.

Ik nam de geheimhouding nog altijd serieus en ging verkleed en met een hoed op naar het ziekenhuis. Daar was geen persmuskiet te bekennen, dus ik had me net zo goed kunnen kleden in de Doc Martens van meer dan een meter die ik in *Tommy* had gedragen en mijn oude bril met de oplichtende letters ELTON. Het ziekenhuis was totaal verlaten en neonatalogie was net zo uitgestorven als het hotel in *The Shining*. Ze vertelden ons dat niemand een kindje wil krijgen met de kerst. Ze laten het inleiden of laten een keizersnede uitvoeren om niet met de feestdagen in het ziekenhuis te liggen. Dat lag voor ons anders. We hadden juist geprobeerd alles zo te timen dat het zou gebeuren als ik niet aan het werk of op tournee was. Er was dus geen ziel te bekennen, afgezien van ons gezelschap en een dame in de kamer ernaast, een Australische die een tweeling baarde. En onze zoon, die om halfdrie 's ochtends op eerste kerstdag werd geboren.

Ik knipte de navelstreng door; ik vind zulke dingen meestal doodeng, maar nu namen de emoties het over. We trokken onze shirts uit om huid-op-huidcontact te kunnen hebben met de baby. We noemden hem Zachary Jackson Levon. Iedereen denkt dat die derde naam is ontleend aan het gelijknamige nummer dat Bernie en ik schreven voor *Madman Across the Water*, maar ze hebben het mis: hij is genoemd naar Lev. Dat moest wel. Lev was als een engel, de boodschapper die me iets over mezelf leerde wat ik niet echt begreep. Zonder Lev waren we daar niet geweest: op neonatalogie, met een baby in onze armen en in de wetenschap dat onze levens voorgoed waren veranderd.

Naast Ingrid en Sandy vroegen we ook Lady Gaga om Zachary's peetmoeder te worden. Ik was gaan samenwerken met allerlei jongere artiesten, van Kanye West tot The Scissor Sisters. Het was altijd vleiend om te worden gevraagd om samen te werken met mensen die nog niet waren geboren toen mijn carrière begon. Met Gaga had ik een bijzondere band. Ik vond haar de eerste keer dat ik haar zag meteen al fantastisch: de muziek die ze maakte, de buitenissige outfits, het gevoel voor drama en spektakel. We waren totaal verschillende mensen; zij was een jonge vrouw uit New York van net over de dertig. Maar zodra we elkaar ontmoetten, bleek dat we uit hetzelfde hout waren gesneden. Ik noemde haar dan ook Elton Johns bastaarddochter. Ik was zo dol op haar dat ik mezelf weer eens problemen met de pers op de hals haalde.

Ik had altijd prima kunnen opschieten met Madonna, al maakte ik weleens grappen omdat ze playbackte op het podium. De problemen begonnen toen zij in een Amerikaans praatprogramma nare dingen zei over Gaga. Ik hoorde natuurlijk ook dat Gaga's single 'Born This Way' sterk op 'Express Yourself' leek, maar ik begreep niet waarom ze daar zo lomp en gemeen over moest doen. Ze had het ook kunnen zien als een compliment en de bevestiging dat ze een nieuwe generatie artiesten had beïnvloed, zeker omdat ze altijd beweert dat ze opkomt voor vrouwen. Ik vind het gewoon niet oké. Een gevestigde artiest moet niet schoppen tegen een jongere artiest die aan het begin staat van haar carrière. Ik was woest en zei akelige dingen over haar tegen de Australische televisie-interviewer Molly Meldrum, die ik al kende sinds de jaren zeventig. Je kunt aan de beelden zien dat die opmerkingen niet bij het interview hoorden, maar dat ik tussen de takes door mijn hart zat te luchten tegen een oude vriend. Je ziet mensen camera's klaarzetten voor het volgende shot. Maar het werd toch uitgezonden, zodat ik weer een vriendin armer was. Ik had die dingen natuurlijk niet moeten zeggen. Ik heb me later verontschuldigd toen ik haar tegen het lijf liep in een restaurant in Frankrijk. Ze was er heel aardig over.

Gaga bleek een voortreffelijke peetmoeder te zijn. Ze kwam vaak backstage en wilde Zachary dan baden terwijl ze haar extravagante Gaga-outfits droeg. Dat was bizar om te zien.

Ik vond alles aan het vaderschap een openbaring. Ik kan je geen briljante inzichten over het vaderschap geven die je niet al honderden malen hebt gehoord. Alle clichés kloppen: het zet je met beide benen op de grond, het verandert je kijk op de wereld, je voelt een liefde die alle andere liefdes overstijgt en het is een ontzagwekkende ervaring om getuige te zijn van iemands ontwikkeling als persoon. Het is allemaal waar. Misschien voelde ik al die dingen extra omdat ik pas laat in mijn leven ging denken dat ik ooit vader zou worden. Als je had geprobeerd de Elton John van de jaren zeventig of tachtig te vertellen dat hij meer bevrediging zou halen uit het verschonen van een luier dan uit een optreden of het schrijven van een liedje, had je meteen op de vlucht moeten slaan uit angst voor rondvliegend serviesgoed. Toch was het waar: ondanks de enorme verantwoordelijkheden was er geen enkel aspect van het vaderschap waar ik niet van genoot. Zelfs de woede-uitbarstingen van mijn peuter vond ik merkwaardig charmant. *Denk je echt dat je moeilijk bent, klein worstje van me? Heb ik je weleens verteld over die keer dat ik acht wodkatini's dronk, me in het bijzijn van een complete filmcrew uitkleedde en de neus van mijn manager tot pulp sloeg?*

We wisten vrijwel meteen dat we nog een kind wilden. Vooral omdat we zo genoten van het ouderschap, maar er speelde nog iets. Want hoe hard we ook ons best deden om het leven van ons kind normaal te maken, wisten we dat dat een utopie was vanwege het beroep van een van zijn ouders en alles wat daarmee samenhing. Omdat Zachary voordat hij naar school ging altijd met me meeging op tournee, had hij voor zijn vierde verjaardag al twee keer de wereld rondgereisd. Hij was gebaad door Lady Gaga en had paardje-hop gespeeld op de knie van Eminem. Hij had tijdens concerten in Las Vegas in de coulissen gestaan en was talloze malen – meestal tegen wil en dank, net zoals ik – gefotografeerd door paparazzi. Dat zijn geen normale levenservaringen voor een peuter. Het moge duidelijk zijn dat je bepaalde privileges geniet als je de zoon bent van Elton John, maar je houdt jezelf voor de gek als je denkt dat er niet ook nadelen aan zijn verbonden. Ik had het vreselijk gevonden als enig kind en het leek ons een goed idee dat hij een broertje of zusje zou hebben met wie hij zijn levenservaringen zou kunnen delen. We gebruikten dezelfde draagmoeder, dezelfde instanties en dezelfde eiceldonor en eens te meer verliep alles zonder problemen. Elijah werd geboren op 11 januari 2013.

De enige die niet blij voor ons leek te zijn was mijn moeder. Mijn relatie met haar, die altijd getroebleerd was geweest, was de gebeurtenissen rond onze plechtigheid in 2005 nooit meer te boven gekomen. Ik probeerde er zoals zo vaak het beste van te maken, maar iets in haar was veranderd of op zijn minst uitvergroot. Ik kreeg een constante stroom van kritiek van haar te verduren. Ze wrong zich in bochten om me te laten weten wat een hekel ze had aan de dingen die ik deed. Elk nieuw album dat ik maakte was troep. Waarom probeerde ik niet wat meer op Robbie Williams te lijken? Kon ik zulke liedjes niet meer schrijven? Elk schilderij dat ik kocht was foeilelijk. Ze had zelf iets mooiers kunnen maken. Als ik optrad voor het goede doel was mijn optreden het saaiste dat ze ooit had bijgewoond en was de avond alleen nog gered door iemand anders, die in haar ogen de show had gestolen. Als de AIDS Foundation een evenement organiseerde waar het zwart zag van de beroemdheden, was dat een bewijs dat ik alleen geïnteresseerd was in roem en de konten kussen van andere sterren.

Voor de afwisseling was er zo nu en dan een uitbarsting van echte woede. Die zag ik nooit aankomen en ik wist nooit wat de aanleiding was. Bij haar in de buurt zijn was alsof je een onontplofte bom meenam naar een lunchafspraak of op vakantie. Ik voelde altijd spanning omdat ik me afvroeg wat haar tot ontploffen zou brengen. Een keer was het het feit dat ik een kennel had gekocht voor de honden die we hadden in ons huis in Nice. Een andere keer was het *Billy Elliot*, in haar ogen het enige goede werk dat ik in tien jaar had gedaan. De musical was veel succesvoller dan alle betrokkenen ooit hadden kunnen denken, niet alleen in het VK maar ook in landen waar de mensen nog nooit hadden gehoord van de mijnwerkersstaking of de impact van het beleid van Thatcher op de Britse industrie. Het verhaal bleek universele gelding te hebben. Mama bezocht in Londen tientallen voorstellingen. Op een middag waren de mensen van de kassa haar kaartjes kwijtgeraakt en duurde het vijf minuten voordat ze die hadden gevonden. Mama dacht dat ik dat had gepland om haar te vernederen. Gelukkig schreven Bernie en ik als opvolger de musical *The Vampire Lestat*, die geen succes had. Alles ging mis met dat project: de timing, de mise-en-scène, de dialogen. Zo konden we op de oude voet verder. Mijn moeder kreeg de kans om me te vertellen dat ze al vanaf het begin had geweten dat het een flop zou worden. Die kans liet ze zich niet ontnemen.

Ik probeerde het weg te lachen of te negeren, maar dat lukte niet altijd. Als ze op ruzie uit was, kon mama me behendig bespelen. Ze wist waar de knopjes zaten, want ze had die knopjes ooit zelf geïnstalleerd. Ze kon me nog altijd het gevoel geven dat ik een jochie van tien was en dat alles mijn schuld was. Ik leefde in constante angst voor een metaforische draai om mijn oren. Het gevolg was – je kunt het uittekenen – dat ik probeerde haar te ontlopen. Op mijn zestigste verjaardag had ik een groot feest georganiseerd in St John the Divine in New York, de kathedraal waar ik later het laatste optreden van Aretha Franklin zou bijwonen. Mama was een van de eregasten geweest bij de viering van mijn vijftigste verjaardag, het beroemde verkleedfeest waar zij en Derf waren verschenen als de koningin en de Duke of Edinburgh en waar ik als Lodewijk XIV een sleep had die werd vastgehouden door twee Cupido's en een pruik die zo groot was dat ik me moest laten vervoeren in de laadruimte van een busje van een meubelzaak. Ik had meer dan genoeg tijd om na te denken over de wijsheid van mijn outfitkeuze, want het busje kwam anderhalf uur vast te zitten in een verkeersopstopping. Ditmaal besloot ik mijn moeder niet uit te nodigen. Ik wist dat ze het feest zou verpesten met zure opmerkingen, dat ze zich niet zou amuseren en ik al evenmin. Ik verzon een smoesje en zei dat ik de reis te ver vond voor haar – ze had gezondheidsklachten gehad – maar de waarheid was dat ik haar er niet bij wilde hebben.

Tegen de tijd dat Zachary werd geboren spraken we helemaal niet meer met elkaar. Mama had het voortdurend bekritiseren achter zich gelaten en deed inmiddels haar uiterste best om te kwetsen. Ze had me met zichtbaar genot verteld dat ze bevriend was gebleven met John Reid nadat onze zakelijke relatie was beëindigd. 'Ik begrijp niet waarom je zo van streek bent,' had ze me toegesnauwd toen ik zei dat ik dat weinig loyaal vond. 'Het is maar geld.' Ja, zo kon je het ook zeggen. We hadden onze laatste ruzie toen mijn personal assistant Bob Halley vertrok. Hij werkte al sinds de jaren zeventig voor me, maar onze relatie was onder druk komen te staan. Bob leefde graag op grote voet.

Hij was woedend toen het management in zijn uitgaven snoeide om mijn tournees kostenefficiënter te maken. Soms heeft je roem meer effect op de mensen om je heen dan op jou. Het liep uit de hand na een conflict over de auto's met chauffeur die we gebruikten. Het management was overgestapt op een goedkoper bedrijf. Bob was woest. We maakten er ruzie over in het St Regis hotel in New York. Hij vond dat zijn gezag was aangetast. Ik zei dat we gewoon probeerden wat zuiniger te zijn. Hij zei dat hij zou opstappen en ik verloor mijn geduld en zei dat ik daar geen problemen mee had. Toen ik later was gekalmeerd, ben ik nog eens met hem gaan praten. Ditmaal zei hij dat hij een hekel had aan iedereen die voor Rocket werkte; hij bleek de pik te hebben op mijn hele managementteam. Ik wist niet goed hoe ik daarop moest antwoorden. Je hele team of je personal assistent? Het was niet de moeilijkste keuze die ik ooit heb moeten maken. Bob liet weten dat hij ontslag nam en beende weg, maar zei nog wel dat mijn carrière zonder hem geen zes maanden meer zou duren. Bob had vele talenten, maar hij was geen helderziende. De enige verandering in mijn carrière na zijn vertrek was dat de kosten voor tournees scherp daalden.

Mijn moeder was witheet toen ze hoorde dat Bob was vertrokken. Ze hadden het altijd goed met elkaar kunnen vinden. Ze was niet geïnteresseerd in mijn kant van het verhaal en zei dat Bob een betere zoon voor haar was geweest dan ik.

'Je geeft godverdomme meer om dat *ding* waarmee je bent getrouwd dan om je eigen moeder,' zei ze.

Na dat telefoontje heb ik haar zeven jaar niet gesproken. Soms moet je erkennen dat je met je kop tegen een muur staat te beuken. Hoe vaak je het ook doet, je zult er nooit doorheen breken. Je bent alleen verzekerd van knallende hoofdpijn. Ik bleef erop toezien dat ze financieel werd verzorgd. Toen ze wilde verhuizen naar Worthing, kocht ik een huis voor haar. Ik betaalde voor alles, inclusief de best mogelijke zorg toen ze moest worden geopereerd aan haar heup. Ze veilde alle cadeaus die ik haar ooit had gegeven – van sieraden tot platina platen waarin ik haar naam had laten graveren – maar ze had geen geld nodig. Tegen de kranten zei ze dat ze op de kleintjes paste, maar dat was gewoon weer een manier om me voor schut te zetten, net als het feit dat ze bij haar negentigste verjaardag een imitator van me liet optreden. Uiteindelijk heb ik een deel van de sieraden teruggekocht. Voor mij hadden ze nog de sentimentele waarde die ze voor mama duidelijk niet meer hadden.

Ik wilde haar, hoe droevig het ook was, niet meer in mijn leven hebben. Ik heb haar niet uitgenodigd toen de wet opnieuw werd veranderd en David en ik in december 2014 konden trouwen. Het was een besloten bijeenkomst, veel kleiner dan die voor ons geregistreerd partnerschap. We zijn met zijn tweeën naar het kantoor van de burgerlijke stand in Maidenhead gegaan en daarna is de ambtenaar met ons meegekomen naar Woodside voor het officiële gedeelte. We hadden de gouden ringen die we al jaren geleden in Parijs hadden gekocht en voor ons geregistreerd partnerschap hadden gebruikt met linten aan konijnenknuffels vastgemaakt die door Zachary en Elijah naar binnen werden gebracht.

Ik zou kunnen zeggen dat mijn moeder de jeugd van haar kleinzoons heeft gemist, maar het liet haar koud. Tante Win en mijn neven en nichten kwamen, zoals je van familie verwacht, vaak langs om de peuters te knuffelen en te verwennen en met hen te spelen. Maar toen een paparazzo na de geboorte van Zachary aan mijn moeder vroeg hoe ze het vond om haar eerste kleinkind niet te zien – hij wilde een primeurtje scoren over de afgedankte grootmoeder – kreeg hij nul op het rekest. Ze zei dat het haar niets kon schelen, dat ze niet van kinderen hield en dat nooit had gedaan. Ik moest lachen toen ik dat las. Ze was er niet op uit om vrienden te maken, maar je kon haar niet verwijten dat ze niet eerlijk was.

Ik nam contact met haar op toen ik hoorde dat ze ernstig ziek was. Ik zond haar een e-mail met wat foto's van de kinderen in een bijlage. Ze erkende amper hun bestaan. Verder dan 'Nou, je hebt het er maar druk mee!' kwam ze niet. Ik nodigde haar uit voor een lunch. Er was niet veel veranderd. Het eerste wat ze zei toen ze Woodside binnenliep was: 'Ik was vergeten hoe klein het hier is.' Ik had me voorgenomen niets terug te zeggen en niet in te gaan op haar provocaties. De kinderen waren boven aan het spelen, dus ik vroeg of ze hen wilde zien. Mijn moeder zei nee. Ik zei dat ik niet wilde praten over John Reid en Bob Halley, dat ik na alles wat we hadden meegemaakt alleen maar wilde zeggen dat ik van haar hield.

'Ik houd ook van jou,' zei ze. 'Maar ik vind je niet aardig of zo.'

Oké dan. Daarna hielden we het beleefd. We konden zo nu en dan telefonisch met elkaar praten. Ik vroeg nooit wat ze vond van dingen die ik had gemaakt. Als ik over de kinderen begon, stapte ze meteen over op een ander onderwerp. Ik kon het contact tussen haar en tante Win herstellen. Ze waren gebrouilleerd geraakt toen Derf in 2010 overleed en mama had geweigerd Wins zoon Paul toe te laten bij de uitvaart omdat 'Fred hem nooit had gemoeten'. Tussen haar en oom Reg kon ik het niet meer goedmaken. Ik heb geen idee waarover ze ruzie hadden gekregen, maar ze spraken nog altijd niet met elkaar toen ze in december 2017 overleed.

Ik was ongelooflijk overstuur van haar dood. Ik was de week daarvoor naar Worthing gegaan om haar te bezoeken. Ik wist dat ze terminaal was, maar ze leek die middag niet op de drempel van de dood te staan. Het was een merkwaardig bezoekje. Toen ik aanklopte, deed Bob Halley open. We zeiden hallo en gaven elkaar een hand. Dat was voor mijn moeder het hoogtepunt van de middag.

Ze was nooit zo'n warme, voedende moeder die je altijd wilde aanraken en knuffelen, en ze had iets gemeens wat verder ging dan haar slechte humeur en het befaamde korte lontje van de Dwights. Er zat ook iets in haar waarover ik liever niet nadacht omdat het me angst inboezemde. Ze leek er plezier in te hebben om ruzie te zoeken, en niet alleen met mij. Ze is in de loop van de tijd met iedereen in onze familie wel gebrouilleerd geweest. Toch waren er ook periodes waarin ze me steunde en waarin je, zeker aan het begin van mijn carrière, veel lol met haar kon hebben. Dat is ook wat veel mensen die haar in de vroege jaren zeventig hadden gekend na haar dood tegen me zeiden: dat je zo met haar kon lachen.

We hebben een besloten uitvaart voor haar gehouden in de kapel in Woodside. Ik wilde me de goede dingen herinneren met alleen familie om me heen. Ik huilde toen ik tijdens de dienst over haar sprak. Ik miste de vrouw die ik beschreef vreselijk, maar eigenlijk was ik mama al tientallen jaren voor haar dood gaan missen. Het was alsof ze net zo plotseling en onverwacht verdween als ze was opgedoken. Aan het einde werd haar kist weggereden in een lijkwagen. We stonden daar in stilte, wat er nog over was van de Dwights en de Harrisen, en zagen de lijkwagen vertrekken over de lange oprijlaan. De stilte werd verbroken door oom Reg, die zijn zus voor de laatste keer toesprak.

'Nu heb je niet meer het laatste woord, hè Sheila?' mompelde hij.

zeventien

Hoewel ik al mijn hele leven lang voor mijn geld muziek maak, is live optreden me nooit gaan vervelen. Zelfs toen ik dacht dat ik het beu was – toen ik met Long John Baldry in het revuecircuit speelde of halverwege de jaren zeventig, toen ik totaal uitgeput was – was ik het niet. Dat kon je zien aan de grootse manier waarop ik liet weten dat ik ermee stopte om luttele weken later alweer op het podium te staan. Dat gevoel dat ik krijg voordat ik op moet, een mix van adrenaline en angst, is altijd gebleven. Daar ben ik ontzettend dankbaar voor, want man, wat is dat een heerlijk gevoel. Het is verslavend. Soms heb je misschien genoeg van het reizen of de promotiewerkzaamheden, alle shit die gepaard gaat met tournees, maar van dat gevoel wil ik altijd meer. Dat en de wetenschap dat er zelfs tijdens het slechtste concert – slecht geluid, een tam publiek, een beroerde zaal – iets verbijsterends gebeurt op het podium: een vonkje dat overspringt, een plotselinge inspiratie, een liedje dat je al duizenden malen hebt gezongen en opeens geheel onverwacht de herinnering oproept aan iets wat je allang was vergeten.

De muziek zal je altijd blijven verrassen, maar na vijftig jaar krijg je wel het gevoel dat alleen de muziek dat nog kan. Het is verleidelijk om te denken dat je alles hebt gedaan wat je op een podium kunt doen, behalve doodgaan. Ik heb nuchter opgetreden, ik heb dronken opgetreden en ik heb tot mijn grote schaamte opgetreden terwijl ik zo stoned was als een garnaal. Van sommige concerten werd ik zo blij en uitgelaten als een mens zich kan voelen; andere optredens waren een loodzware, wanhopige worsteling. Ik heb piano's bespeeld en piano's beklommen, ik ben van piano's gevallen en heb een piano het publiek in geduwd, er iemand uit het publiek mee geraakt en daarvoor de rest van de avond mijn nederige excuses aangeboden. Ik heb opgetreden met mijn jeugdhelden en een aantal van de beste artiesten uit de muziekgeschiedenis, ik heb gespeeld met mensen die zo slecht waren dat ze nooit op een podium hadden mogen staan en ik heb gespeeld met mannelijke strippers in padvinderkostuums. Ik heb me voor optredens verkleed als een vrouw, een kat, Minnie Mouse, Donald Duck, een generaal uit een fictief land, een musketier, een *pantomime dame* en een enkele keer zelfs als een normaal mens. Ik heb concerten gegeven die werden onderbroken vanwege bommeldingen of vanwege demonstraties tegen de oorlog in Vietnam of omdat ik stampvoetend het podium verliet om even later, vol berouw over het feit dat ik zo boos was geworden, weer het podium op te schuifelen. In Parijs werden hotdogs naar mijn hoofd gegooid, in North Carolina werd ik terwijl ik een kippenpak droeg buiten westen geslagen met een hasjpijp – mijn band dacht dat ik was neergeschoten – en ik ben in een gorillapak een podium opgerend om Iggy Pop te verrassen. Dat was niet een van mijn beste ideeën. Het was 1973 en ik had Iggy and the Stooges de avond daarvoor al gezien. Ik had nog nooit zoiets goeds gezien. Het was de absolute tegenpool van mijn muziek, maar ongelooflijk goed: de energie, de herrie de ze maakten, en Iggy die als Spiderman overal tegenaan en in klom. De avond daarna besloot ik opnieuw te gaan; ze speelden een hele week in Richards in Atlanta. Het leek me leuk om een gorillapak te huren en tijdens het optreden het podium op te rennen om zo mijn bijdrage te leveren aan de heersende sfeer van chaos en anarchie. Maar ik leerde die avond een belangrijke levensles: als je iemand wilt verrassen door in een gorillapak het podium op te rennen, check dan altijd eerst of degene die je gaat verrassen niet zoveel acid heeft gebruikt dat hij niet meer het onderscheid kan maken tussen een man in een gorillapak en een echte gorilla. Die les leerde ik toen mijn opkomst niet tot daverend gelach leidde, maar Iggy ertoe aanzette om gillend een veilig heenkomen te zoeken. Even later stond ik niet meer op het podium, maar vloog ik door de lucht omdat een andere Stooge, die inzag dat besluitvaardig ingrijpen pure noodzaak was, me had opgepakt en in het publiek had gekwakt.

Je zult dus begrijpen dat ik soms denk dat ik het hele scala van mogelijkheden bij optredens wel heb gehad en dat ik zo'n beetje alles heb gedaan. Maar zodra je dat denkt, laat het leven je weten dat je het verkeerd ziet. En dat brengt me dan bij die avond in Las Vegas in 2017, toen ik terwijl het laatste akkoord van 'Rocket Man' wegstierf van de piano sprong en over het podium van The Colosseum liep om het applaus van het publiek in ontvangst te nemen, triomfantelijke gebaren te maken en te wijzen naar fans die bovengemiddeld uit hun bol gingen. Dat was op zich niet zo raar, afgezien dan van het feit dat ik die dingen deed terwijl ik in een luier plaste die schuilging onder mijn pak. Voor een publiek in een luier pissen, dat was weer eens iets nieuws. Prostaatkanker heeft weinig voordelen, maar het had me in elk geval de kans gegeven om op het podium iets heel nieuws te beleven.

Het is in mijn leven nooit rustig, maar de voorgaande jaren waren extreem tumultueus geweest. Sommige ontwikkelingen waren ronduit positief. Ik wende veel makkelijker dan ik had verwacht aan het vaderschap. Ik vond het heerlijk om alledaagse dingen met de jongens te doen; op zaterdag naar de bios, Legoland bezoeken en de Kerstman ontmoeten in Windsor Great Park. Ik vond het heerlijk om hen mee te nemen naar Watford. Ze zijn gek van voetbal. We kunnen er uren over praten. Ik beantwoord al hun vragen over de geschiedenis van de sport. 'Wie was George Best, papa?' 'Wat maakte Pele zo goed?' Ze kwamen mee naar Vicarage Road toen er een naar mij vernoemde nieuwe tribune werd geopend, iets waar ik enorm trots op ben. Er is ook een tribune die de naam van Graham Taylor draagt. Ze gaan vaak naar wedstrijden en zijn soms zelfs mascottes.

Ik vond het heerlijk hoe de kinderen me ankerden in het dorpje waar Woodside vlakbij ligt. Ik woonde er al sinds halverwege de jaren zeventig zonder dat ik ooit de plaatselijke bevolking had leren kennen. Maar toen de jongens naar een peuterspeelzaal en daarna de basisschool gingen, maakten ze vriendjes en werden de ouders van die vriendjes onze vrienden. Die mensen waren niet geïnteresseerd in wie ik was. Een gehaaste moeder op het schoolplein is minder geïnteresseerd in hoe je 'Bennie and the Jets' hebt geschreven of hoe prinses Diana in het echt was dan in het schooluniform en lunchboxjes en hoe lastig het is om binnen achtenveertig uur een kostuum bij elkaar te scharrelen voor de kerstvoorstelling. En ik vond het prima zo. We kregen er een nieuwe vriendenkring bij die we niet zouden hebben gehad als David en ik alleen een beroemd gaystel waren geweest dat zich in de hogere kringen begaf.

In 2011 was mijn show *The Million Dollar Piano Show* in première gegaan in Las Vegas. Hij was minder controversieel dan zijn voorganger, maar net zo spectaculair en succesvol. Ik had Tony King, die jarenlang met The Rolling Stones had gewerkt en met de band over de hele wereld had gereisd, erbij gehaald als creatief directeur. Hij deed het fantastisch en maakt sinds die tijd deel uit van mijn organisatie. Zijn officiële titel is Eminence Grise en dat past perfect bij Tony. Het jaar daarna maakte ik *Good Morning to the Night*, een album dat in niets leek op al mijn voorgaande werk en toch op nummer 1 kwam. Maar eerlijk gezegd maakte ik *Good Morning to the Night* niet. Ik had de mastertapes van mijn werk uit de jaren zeventig doorgespeeld aan Pnau, een Australisch elektronicaduo dat ik te gek vond, en had gezegd dat ze ermee mochten doen wat ze maar wilden. Ze remixten elementen van oude nummers tot nieuwe tracks, waardoor ik bij vlagen klonk als Pink Floyd of Daft Punk. Ik vond de resultaten fantastisch, al begreep ik niet precies wat ze hadden gedaan. Er stond een album met mijn naam erop op 1 en ik had geen flauw benul hoe dat tot stand was gekomen. We deden samen een superfijn optreden tijdens een festival op Ibiza. Ik ben altijd nerveus voor een optreden – gelukkig maar, want zodra je niet meer nerveus bent, ga je op de automatische piloot – maar die dag was ik echt doodsbang. Het publiek was zo jong dat ze mijn kleinkinderen hadden kunnen zijn en het eerste gedeelte van de show zat ik helemaal alleen achter mijn piano op het podium. Maar ze vonden het fantastisch. Het is ontzettend bevredigend als je een publiek ziet genieten dat sterk afwijkt van de mensen die normaal gesproken naar je komen kijken.

Naast Pnau werkte ik ook samen met onder meer Queens of the Stone Age, A Tribe Called Quest, Jack White en The Red Hot Chili Peppers. Ik vind het heerlijk om de studio in te gaan met mensen van wie je nooit zou denken dat ik met hen zou samenwerken. Het doet me denken aan mijn werk als sessiemuzikant in de late jaren zestig: de uitdaging om je stijl aan te passen en muzikaal te improviseren is nog altijd opwindend.

Ik zat met Clean Bandit in de studio toen ik aan de telefoon werd geroepen. Vladimir Poetin wilde me spreken. Er was ophef geweest over concerten die ik had gegeven in Rusland, want ik had op het podium gesproken over LGBTQ-rechten. Ik had een optreden in Moskou opgedragen aan de nagedachtenis van Vladislav Tornovoi, een jonge vent die in Wolgograd was gemarteld en vermoord omdat hij gay was. In St. Petersburg had ik gezegd dat het belachelijk was dat een standbeeld van Steve Jobs in die stad was verwijderd omdat Tim Cook, zijn opvolger als CEO van Apple, uit de kast was gekomen. Het telefoontje bleek een hoax te zijn van twee gasten die dat vaker deden met beroemde mensen, onder wie Michail Gorbatsjov. Ze namen het gesprek op en zonden het uit op de Russische televisie, maar ik hoefde me nergens voor te schamen. Ik had geen domme dingen gezegd. Ik had alleen gezegd dat ik dankbaar was en dat ik hem graag wilde ontmoeten om te spreken over mensenrechten en betere voorzieningen voor de behandeling van aids. Een paar weken later belde de echte Poetin me om zijn excuses aan te bieden en te zeggen dat hij een keer met me wilde afspreken. Hoewel ik daarna nog in Rusland ben geweest, is die ontmoeting er nog niet van gekomen. Misschien is mijn uitnodiging zoekgeraakt in de post. Ik blijf hopen.

Je bereikt niets door mensen buiten te sluiten. Vandaar dat ik in 2010 optrad tijdens de bruiloft van de rechtse Amerikaanse radiopresentator Rush Limbaugh. Ik was verbaasd dat ik werd gevraagd, en mijn eerste woorden op het podium waren: 'U vraagt zich vast af wat ik hier in godsnaam kom doen.' Ik kreeg in de media veel kritiek over dat optreden. Limbaugh heeft onvoorstelbaar domme dingen gezegd over aids, hoe kun je voor zo iemand optreden? Maar ik bouw liever bruggen dan muren. Bovendien heb ik mijn hele gage voor die avond gedoneerd aan de Elton John AIDS Foundation. En geloof me: ik ben niet goedkoop als je me wilt inhuren als bruiloftszanger. Zo heb ik het feestje van een rechtse presentator gebruikt om geld in te zamelen voor aids.

Er gebeurden in die jaren ook nare dingen. Bob Birch, die twintig jaar lang bassist was geweest in mijn band, pleegde zelfmoord. Hij had gezondheidsproblemen gehad sinds een auto-ongeluk in de jaren negentig, toen hij voor een optreden in Montreal was aangereden door een vrachtwagen. Hij was nooit volledig hersteld van zijn verwondingen, maar ik had zijn pijn en de bijbehorende psychologische belasting onderschat. Ik vond hem onvoorstelbaar veerkrachtig. Hoewel hij in eerste instantie te horen had gekregen dat hij nooit meer zou kunnen lopen, was hij zes maanden later alweer op tournee. Zijn spel leed er niet onder en je hoorde hem nooit klagen, zelfs niet toen hij alleen zittend kon spelen. Maar tijdens de zomeronderbreking van onze tournee in 2012 verergerden zijn klachten en werden ze uiteindelijk zelfs ondraaglijk. Ik werd op een ochtend in Nice om zes uur 's ochtends gebeld door Davey, die me vertelde dat Bob zich bij zijn huis in Los Angeles door zijn hoofd had geschoten. Ik zou willen dat ik contact met hem had opgenomen, dat ik iets van me had laten horen. Ik weet niet wat ik had kunnen doen, maar na zijn dood kon ik de gedachte dat hij in stilte had geleden niet afschudden.

Toen overleed Ingrid Sischy. Ze had al eerder borstkanker gehad, in de late jaren negentig. Ze had me in tranen gebeld met het verzoek of ik een afspraak voor haar kon regelen met Larry Norton, de uitmuntende oncoloog die ook Linda McCartney had behandeld. De kanker was genezen, maar Ingrid was altijd bang gebleven voor recidive. Ze zocht op allerlei bizarre plaatsen naar tekenen van de terugkeer van de ziekte en gedroeg zich zo paranoïde dat het tussen ons een running joke was geworden: 'Moet je kijken, Elton, mijn handen trillen. Zou ik handkanker hebben?' 'Natuurlijk heb je handkanker, Ingrid. En waarschijnlijk ook tandkanker en haarkanker.'

Dat leek destijds grappig omdat ik me niet kon voorstellen dat ze echt zou sterven. Ik had nooit iemand ontmoet met zoveel levenskracht. Ze was altijd bezig en werkte aan talloze projecten tegelijk. Ze was enorm aanwezig in mijn leven. Ik belde haar letterlijk elke werkdag om te babbelen en te roddelen en haar mening te vragen, want ze had over alles en iedereen meningen, die ze nooit onder stoelen of banken stak. Als iemand zo straalt van het leven en zoveel ruimte inneemt is het onmogelijk om te denken dat ooit het einde kan komen.

Totdat het komt. In 2015 keerde de kanker terug. Ze stierf heel plotseling. Het was zo onverwacht dat ik me van Engeland naar Amerika moest haasten om haar nog te zien voordat ze ons verliet. Ik haalde het op het nippertje. Ik heb nog afscheid kunnen nemen, wat me met veel overleden vrienden niet was gelukt. Eigenlijk was ik opgelucht dat het zo snel ging. Ingrid was zo bang voor kanker en zo bang om dood te gaan. Ze heeft de dood niet weken of maanden in de ogen hoeven te zien. Maar dat bood nauwelijks troost. Ik was Gianni kwijtgeraakt en nu was ik mijn beste vriendin kwijtgeraakt, iemand die als een zus voor me was. Ik denk de hele tijd aan haar. Er hangen foto's van haar in al mijn huizen, dus ze is altijd bij me. Ik mis haar goede adviezen, haar intelligentie, haar passie en hoe we met elkaar lachten. Ik mis *haar*.

En dan was er David. Ik kan niet zeggen dat het me niet was opgevallen dat hij meer – te veel misschien – was gaan drinken. Meestal nam hij 's avonds een glas wijn mee naar bed, dat hij leegdronk terwijl hij las of terwijl we praatten. Of hij bleef veel langer op dan ik en dan zag ik de volgende ochtend een lege fles op het aanrecht staan. Soms twee flessen. Als we op vakantie waren in Nice kwam hij soms helemaal niet naar bed. Dan lag hij als ik 's ochtends opstond te slapen achter de computer of op de bank in de woonkamer. Maar ik kan met mijn hand op mijn hart zeggen dat ik niet dacht dat hij problemen had. Wat er de vorige avond ook was gebeurd, hij stond altijd om zeven uur op om aan het werk te gaan. Soms werd hij dronken als we een avond uit waren. Ik herinner me dat ik hem na een verjaardag die ik samen met Sam Taylor-Wood had gevierd bij zijn arm moest pakken en hem met de nodige kracht naar de auto moest leiden om te voorkomen dat de paparazzi hem zouden zien waggelen. Maar hij zette zichzelf nooit voor schut. Als je bedenkt dat ikzelf onder invloed in staat was geweest tot het hele scala – verbaal en fysiek geweld, naaktheid in het openbaar – begrijp je misschien waarom ik Davids problemen niet onderkende.

Ik besefte niet dat hij zichzelf overeind hield met drank. Ik had altijd gedacht dat hij opmerkelijk gemakkelijk en zelfverzekerd mijn wereld had betreden, maar allerlei dingen waaraan ik gewend was en waarvan ik vond dat ze erbij hoorden, bleken hem angst aan te jagen. Hij vond het vervelend dat hij overal werd gefotografeerd en dat de pers ons altijd in de gaten hield; hij vond het lastig om bij evenementen van de AIDS Foundation in het openbaar te spreken; hij had vliegen nooit prettig gevonden, maar in mijn leven gaat er vrijwel geen week voorbij zonder dat ik de binnenkant van een vliegtuig zie. Een paar drankjes maakten het hem makkelijker om met die zaken om te gaan. En dan was er nog het feit dat we vaak niet samen waren. Als ik op tournee was, zat hij thuis. Ik wil hem niet afschilderen als een weduwe van de rock-'n-roll, want hij had ook een actief leven. Maar na verloop van tijd werd hij eenzaam en ging hij zich vervelen. En wie zich minder eenzaam wil voelen of zich minder wil vervelen, komt weleens op het idee om een fles wijn open te trekken of een paar wodka's achterover te slaan. En dan waren ook de kinderen er nog. Elke ouder kan je vertellen dat er, hoe je ook van het ouderschap geniet, altijd momenten zijn waarop de loodzware verantwoordelijkheid je bij de keel grijpt. David was niet de eerste ouder in de geschiedenis die zodra de jongens in bed lagen naar de koelkast rende voor een verkoelende, ontspannende alcoholische versnapering. We hadden natuurlijk hulp. Maar al heb je de beste nanny's van de wereld, elke ouder die zijn kinderen een warm hart toedraagt kent momenten waarop hij wordt overweldigd door de gedachte dat hij nieuwe mensjes op aarde heeft gezet en ervoor moet zorgen dat hun levens zo goed mogelijk worden. Het kan effectief zijn om die angsten te bezweren met drank. Althans, zo lang als het drinken duurt. Maar de volgende ochtend keren je angsten met verdubbelde kracht terug. Zo ging het ook bij David. Het bereikte een climax toen we in 2014 in Los Angeles waren, twee dagen voordat ik zou beginnen met een Amerikaanse tournee. Ik zou die avond vertrekken naar Atlanta. Tony King kwam daar ook heen en ik verheugde me erop om met hem bij te praten voor het begin van de tournee. David was verdrietig en wilde dat ik een dag langer bij hem zou blijven. Ik zei nee. Na een hevige ruzie vertrok ik toch. Toen David de volgende ochtend belde, ruzieden we opnieuw op een manier die de eerdere ruzie liet lijken op een klein meningsverschil over waar we zouden lunchen. Ik hing uiteindelijk huilend en trillend op. Er waren dingen gezegd waarvan ik me ging afvragen of we voor ons volgende gesprek juridische bijstand nodig zouden hebben. Toen ik weer van David hoorde, zat hij in een afkickkliniek in Malibu. Hij vertelde dat hij na ons telefoongesprek in bed was gaan liggen. Hij kon Zachary en Elijah in de gang horen spelen, maar hij was te gedeprimeerd en angstig om te gaan kijken wat ze deden. Dat was de druppel: hij belde zijn huisarts om te zeggen dat hij het beu was en dat hij hulp nodig had.

Ik was blij dat hij zich liet behandelen. Ik schaamde me omdat ik niet had opgemerkt hoe erg de situatie was geworden. Toen ik dat eenmaal besefte, wilde ik alleen maar dat David beter zou worden. Maar ik was ook bezorgd. Niemand is een grotere fan van nuchter worden dan ik, maar ik weet ook dat het een enorme onderneming is die mensen compleet kan veranderen. Wat als de man van wie ik hield bij thuiskomst een ander mens zou zijn? Wat als onze relatie zou veranderen – zoals mijn relatie met Hugh was veranderd nadat we nuchter waren geworden – en niet meer zou werken? Ik lag er hele nachten van wakker. Maar toen David thuiskwam, leek hij niet erg te zijn veranderd, al had hij meer energie en focus en legde hij zich toe op zijn herstel op een manier die ook invloed had op mij. Ik begon weer naar AA-bijeenkomsten te gaan, wat ik sinds de vroege jaren negentig niet meer had gedaan. Ik ging aanvankelijk alleen om David gezelschap te houden en te laten zien dat ik hem steunde. Maar toen ik er eenmaal was, genoot ik ervan. De mensen zeggen altijd inspirerende dingen en als je vertrekt, heb je altijd een spiritueel steuntje gekregen. We gingen op zondagen bijeenkomsten organiseren in ons huis en nodigden andere herstellende vrienden uit, zoals Tony King. Het is denk ik een beetje zoals naar de kerk gaan. Je bent dankbaar voor je nuchterheid. Het was voor mij altijd alsof ik energie had getankt.

Ook David zat vol nieuwe energie. Niet lang nadat hij nuchter was geworden, ontsloeg ik Frank Presland, die mijn advocaat en later mijn manager was geweest. Ik was over de managers die ik na John Reid had gehad nooit echt tevreden geweest. Ik overwoog verschillende opties en begon me af te vragen of David het zou kunnen. Voordat we elkaar leerden kennen, was hij een grote jongen geweest in de reclamewereld. Hij had enorme campagnes geleid en met budgetten gewerkt; de vereiste vaardigheden leken sterk op wat je moest kunnen als manager van een rockster. Ik had wel bedenkingen over het aangaan van een zakelijke relatie met mijn partner, maar het idee om met hem samen te werken sprak me aan. We hadden kinderen, dus het zou een soort familiebedrijfje worden. David had ook twijfels, maar zei uiteindelijk ja.

Hij ging zijn nieuwe taken energiek te lijf: onderschat nooit de ijver van iemand die net nuchter is. Hij stroomlijnde het bedrijf en voerde bezuinigingen door. Hij deed aanpassingen die aansloten bij de manier waarop de muziekindustrie veranderde. Hij maakte werk van streaming en social media, zaken waar ik niets van wist. Ik heb nooit een mobiele telefoon gehad. En als je iets weet over mijn verzamelwoede, zul je je kunnen voorstellen dat streaming niet echt mijn ding is. Ik wil albums hebben, liefst heel veel, en bij voorkeur op vinyl. En nadat ik eens had nagedacht over mijn korte lontje en mijn voorliefde voor stevige, soms ronduit controversiële meningen, besefte ik dat ik maar beter zo ver mogelijk uit de buurt kon blijven van iets als Twitter.

David zorgde voor alles. Hij stelde een fantastisch team samen. Hij was oprecht geïnteresseerd in aspecten van de muziekbusiness die ik oersaai vond. Hij begon werk te maken van een biografische film over mijn leven.

Hij had ook een aantal radicale ideeën. Hoe radicaal? Dat ontdekte ik op een ochtend in LA, toen hij me een vel papier gaf. Hij had een aantal data opgeschreven die te maken hadden met de schoolcarrières van Zachary en Elijah. Het begin van elk schooljaar, de lengte van de vakanties, de jaren waarin ze naar een nieuwe school zouden gaan en examens zouden hebben.

'Zeg maar waarbij je aanwezig wilt zijn,' zei hij. 'Dan kun je daar rekening mee houden bij de planning van tournees.' Ik bekeek het papier, een schets van hun toekomstige levens. Tegen de tijd dat ze de laatste opgeschreven data zouden bereiken, zouden ze geen kinderen meer zijn, maar tieners, jonge mannen. Ik zou al over de tachtig zijn.

'Alles,' zei ik uiteindelijk. 'Ik wil bij alles aanwezig zijn.' David trok zijn wenkbrauwen op. 'In dat geval,' zei hij, 'moet je overwegen om je leven te veranderen. Denk eens na over stoppen met touren.'

Het was een moeilijke beslissing. Ik heb mezelf altijd beschouwd als een actief musicus, zoals in de periode waarin we met Bluesology door het hele land reden in het busje dat Arnold Tendler voor ons had gekocht. Dat is geen valse bescheidenheid. Het moge duidelijk zijn dat er nogal wat is veranderd sinds de jaren zestig. Zo kan ik je verzekeren dat ik niet vaak meer achter in een busje naar concerten word vervoerd. Maar mijn arbeidsethos staat recht overeind. Als je vroeger een optreden kreeg aangeboden, dan speelde je. Zo verdiende je geld, zo definieerde je jezelf als musicus. Ik was trots op het feit dat mijn tourschema's sinds de jaren zeventig niet ingrijpend waren veranderd. Ik speelde natuurlijk in grotere zalen, reisde luxueuzer, verbleef in duurdere en betere hotels en hoefde me niet meer op te sluiten in toiletten om vrouwelijke fans te ontlopen, want zelfs de vurigste groupies hadden inmiddels begrepen dat de kans niet groot was dat Elton John zou bezwijken voor hun charmes. Maar ik speelde nog altijd honderdtwintig à honderddertig concerten per jaar. En hoeveel shows ik ook deed, ik wilde er altijd het volgende jaar meer doen. Ik had een lijstje met landen waar ik nog wilde optreden; landen waar ik nog nooit was geweest, zoals Egypte, waar ik vanwege mijn homoseksualiteit niet welkom was. Ik zei vaak en graag dat ik het een mooi vooruitzicht vond om te sterven op het podium.

Maar ik was geschrokken van het lijstje dat David me had

voorgelegd. Mijn kinderen zouden maar één keer opgroeien. En hoe dol ik ook was op mijn fans, ik wilde niet in Madison Square Garden of het Staples Center in Los Angeles of de Taco Bell Arena in Boise zijn terwijl dat gebeurde. Ik wilde alleen maar bij Zachary en Elijah zijn. Ik had eindelijk iets gevonden wat de verlokkingen van het podium evenaarde en zelfs overtrof. We begonnen plannen te maken voor een afscheidstournee, die grootser en spectaculairder moest worden dan alles wat ik ooit had gedaan. Het moest een enorm feest worden, want ik wilde iedereen bedanken die in de loop van de jaren platen en concerttickets hadden gekocht.

We hadden al plannen voor de afscheidstournee gemaakt toen ik te horen kreeg dat ik kanker had. Het werd ontdekt tijdens een routineonderzoek. Mijn arts constateerde dat de concentratie van het prostaatspecifieke antigeen in mijn bloed licht was gestegen en stuurde me voor een biopsie naar een oncoloog. De uitslag was positief. Ik schrok merkwaardig genoeg veel minder van het woord kanker dan toen ik in de jaren tachtig dacht dat ik keelkanker had, vermoedelijk omdat het prostaatkanker was. Dat is natuurlijk geen triviale aandoening, maar het was een zeer frequent voorkomende vorm die vroeg was ontdekt. Daar komt bij dat ik een ijzersterke gesteldheid heb waardoor ik snel herstel. Ik had eerder angstaanjagende gezondheidsproblemen gehad, maar die hadden me nauwelijks problemen bezorgd. Zo was ik in de jaren negentig onwel geworden toen ik op weg was naar de bruiloft van David en Victoria Beckham. Ik voelde me die ochtend zwakjes tijdens het tennissen en raakte in de auto op weg naar het vliegveld buiten bewustzijn. Ik miste de bruiloft en ging naar het ziekenhuis, waar ze mijn hart onderzochten en me vertelden dat ik een ontsteking van het binnenoor had. Toen ik de volgende dag weer stond te tennissen, kwam David met veel misbaar het huis uit stormen om te zeggen dat ik onmiddellijk moest stoppen. Iedereen weet hoe ik het vind om te worden gestoord als ik aan het tennissen bent; denk maar aan het incident in *Tantrums and Tiaras* toen ik zei dat ik Frankrijk onmiddellijk zou verlaten en het land zou boycotten omdat een fan naar me had gezwaaid en 'joehoe' had geroepen toen ik net wilde serveren. Ik riep in niet mis te verstane bewoordingen dat hij in de stront kon zakken toen hij tegen me riep dat het ziekenhuis had gebeld. Ze hadden een vergissing gemaakt. Ik had hartritmestoornissen en moest zo snel mogelijk naar Londen komen om me een pacemaker te laten aanmeten. Ik hoefde slechts een nacht in het ziekenhuis door te brengen en vond de pacemaker een echte aanwinst. Ik leek meer energie te hebben dan eerder.

Later is het me een keer gelukt om negen optredens te doen, vierentwintig keer in het vliegtuig te stappen en met Coldplay op te treden tijdens een benefietbal voor de AIDS Foundation met een opengebarsten blindedarm. De artsen hadden gezegd dat ik colitis had. Ik was uitgeput, maar ik wist van geen ophouden. Ik had kunnen doodgaan; als je blindedarm openbarst, leidt dat doorgaans tot peritonitis en dan ben je binnen enkele dagen dood. Ik liet mijn blindedarm verwijderen, lag enkele dagen onder de morfine in het ziekenhuis te hallucineren – daar genoot ik eerlijk gezegd zeer van – herstelde een paar weken in Nice en ging weer op tournee. Zo zit ik in elkaar; als ik niet zo'n onverwoestbare fysieke gesteldheid had gehad, zouden de drugs me decennia geleden al om zeep hebben geholpen.

De oncoloog legde uit dat ik twee opties had. De eerste was een ingreep om mijn prostaat te verwijderen. Voor de tweede, behandeling met bestraling en chemotherapie, zou ik tientallen keren naar het ziekenhuis moeten. Ik koos meteen voor de ingreep. Veel mannen willen dat niet, want het is een zware operatie, je mag daarna minstens een jaar geen seks hebben en je verliest enige tijd de controle over je blaas, maar in mijn geval waren het eigenlijk de kinderen die mijn beslissing namen. Ik wilde niet dat mijn ziekte jarenlang een schaduw zou werpen over ons leven. Ik wilde er gewoon vanaf.

Ik liet de operatie snel en in het geheim uitvoeren in Los Angeles. We zorgden ervoor dat de pers niet te weten kwam dat ik ziek was. Hysterische verhalen in de pers en fotografen bij ons huis, dat waren wel de laatste zaken waar ik behoefte aan had. De operatie was een doorslaand succes. Ze ontdekten dat de kanker was uitgezaaid naar twee kwabben in mijn prostaat: dat zou men ook met gerichte radiotherapie niet hebben opgespoord. Ik had de juiste beslissing genomen. Tien dagen later trad ik weer op in Caesars Palace.

Ik merkte pas dat er iets niet goed zat toen ik in Las Vegas arriveerde. Toen ik 's ochtends wakker werd, had ik een ongemakkelijk gevoel. De pijn werd in de loop van de dag heviger en was onverdraaglijk geworden tegen de tijd dat ik voor het optreden backstage zat. Ik was in tranen. De band vond dat we het optreden moesten afzeggen, maar dat wilde ik niet. Voordat je bewondering krijgt voor mijn moed en ongeëvenaarde professionele instelling wil ik er even op wijzen dat ik niet zei dat we moesten spelen omdat ik zo stoïcijns of plichtsgetrouw was. Ik ging liever het podium op, want het alternatief was dat ik thuis zou gaan zitten met niets te doen en onbeschrijfelijke pijn. We speelden, en het werkte zo'n beetje. Het optreden leidde me in elk geval af van de pijn, vooral op het al gememoreerde moment waarop ik besefte dat mijn blaas de nawerkingen van de radicale prostatectomie ondervond.

Dat was best grappig. Als het publiek dat eens wist, dacht ik. Maar als het in je broek doen ten overstaan van vierduizend mensen het hoogtepunt van je dag is, zit er duidelijk iets niet goed. Ik bleek last te hebben van een zeldzame complicatie van de ingreep: er lekte vloeistof uit mijn lymfeklieren. De pijn verdween toen ik in het ziekenhuis werd gedraind. De vloeistof bouwde zich weer op en de pijn keerde terug. Heerlijk: nog zo'n opwindende avond van hevige pijnen en incontinentie in Caesars Palace. Zo ging het tweeënhalve maand door, voordat ze de kwaal bij toeval oplosten. Door een standaard coloscopie, die enkele dagen voor mijn zeventigste verjaardag werd uitgevoerd, werd de vloeistof verplaatst.

Mijn feest vond plaats in de Red Studios in Hollywood. David had als verrassing Zachary en Elijah meegenomen uit Londen. Ryan Adams, Rosanne Cash en Lady Gaga traden op. Prins Harry stuurde een video waarin hij me feliciteerde met een Elton John-bril op zijn neus. Stevie Wonder trad voor me op. Hij was blijkbaar vergeten dat ik de vorige keer dat hij had geprobeerd dat te doen, vierenveertig jaar eerder aan boord van het Starship, had geweigerd mijn slaapkamer te verlaten. Of misschien had hij het me vergeven. Bernie was er met zijn vrouw en twee jonge dochters. Hij werd ook in het zonnetje gezet, want we vierden ook dat we elkaar vijftig jaar geleden, in 1967, hadden leren kennen. We poseerden samen voor foto's. Ik in een kastanjebruin pak met satijnen revers, een overhemd met een geplooide kraag en fluwelen slippers, en Bernie in een spijkerbroek, met kort haar en armen vol tatoeages. We waren nog net zo sterk elkaars tegenpolen als op die dag dat Bernie vanuit Owmby-by-Spital naar Londen kwam. Hij woonde weer op het platteland, op een ranch in Santa Barbara. Hij was half teruggekeerd naar zijn afkomst en was half veranderd in een van de personages uit het Wilde Westen waarover hij zo graag schreef, iemand uit een van de liedjes op *Tumbleweed Connection*. Hij had wedstrijden lassovangen gewonnen. Ik verzamelde porselein en in de Tate Modern was een tentoonstelling te zien met een gedeelte van mijn enorme verzameling twintigste-eeuwse fotografie. Een van de topstukken was de oorspronkelijke foto van Man Ray waarvan Bernie en ik een poster hadden gekocht toen we onze slaapkamer in Frome Court inrichtten. We begaven ons in totaal verschillende werelden. Ik heb nooit begrepen waarom we zo goed konden samenwerken. Maar het klikte, daar kan geen twijfel over bestaan.

Het was een magische avond. Ik ga slecht met complimenten om en heb meestal weinig behoefte aan avonden waarop iedereen me vertelt hoe fantastisch ik ben, maar ik had het enorm naar mijn zin. Ik had geen kanker meer, ik had geen pijn. De operatie was een succes geweest. De complicaties waren opgelost. Ik stond op het punt om in Zuid-Amerika een aantal optredens te verzorgen met James Taylor. Alles was weer als vanouds.

Totdat ik bijna doodging.

Ik begon me beroerd te voelen tijdens de vlucht naar huis vanuit Santiago. We moesten overstappen in Lissabon en toen ik weer instapte, was ik koortsig. Ik had het ijskoud en begon onbeheersbaar te rillen. Ik kreeg het iets warmer toen ik mezelf in allerlei dekens wikkelde, maar het ging duidelijk niet goed. Na thuiskomst in Woodside belde ik de dokter. Mijn koorts was iets gedaald en hij adviseerde me rust te nemen. Toen ik de volgende ochtend wakker werd, voelde ik me slechter dan ik me ooit had gevoeld. Ik werd naar het King Edward VII-ziekenhuis in Londen gebracht. Een scan maakte duidelijk dat er iets heel erg mis was. Ze vertelden me dat mijn toestand zo ernstig was dat het ziekenhuis niet beschikte over de apparatuur die nodig was om me te behandelen. Ik moest worden overgebracht naar de London Clinic.

Ik kwam daar aan rond twaalf uur. Het laatste wat ik me herinner is dat ik hyperventileerde terwijl ze probeerden een ader te vinden voor een injectie. Dat is bij mij altijd moeilijk, want ik heb heel gespierde armen. Het probleem wordt nog verergerd door mijn angst voor naalden. Uiteindelijk haalden ze er een Russische verpleegster bij die eruitzag alsof ze net haar uniform had aangetrokken na een trainingssessie met olympische kogelstoters. Om halfdrie lag ik op de operatietafel. Er lekte opnieuw lymfevloeistof, ditmaal in mijn diafragma, en dat moest via drainage worden verwijderd. Ik heb twee dagen op de intensive care gelegen. Toen ik bij kennis kwam, werd me verteld dat ik in Zuid-Amerika een zware infectie had opgelopen die werd behandeld met enorme hoeveelheden intraveneus toegediende antibiotica. Alles leek goed te gaan, maar toen keerde de koorts terug. Ze namen een monster van de infectie en lieten het opkomen in een petrischaal. Het was veel erger dan ze in eerste instantie hadden gedacht en ik kreeg nog grotere doses antibiotica. Ik onderging MRI-scans en ontelbaar veel andere tests. Ik lag daar maar en voelde me vreselijk. Ik werd dan weer hier- en dan weer daarheen gereden. Ze staken slangetjes in me en trokken die er weer uit en ik begreep nauwelijks wat er allemaal gebeurde. De artsen vertelden David dat het slechts vierentwintig uur had gescheeld. Als de tournee in Zuid-Amerika een dag langer had geduurd, was ik er geweest.

Ik had ongelooflijk veel geluk gehad met een fantastisch team om me heen en de best mogelijke medische zorg, maar destijds zag ik mezelf niet als een bofkont. Ik kon niet slapen. Ik lag de hele nacht wakker en vroeg me af of ik zou sterven. Ik kende de details niet en wist niet hoe dicht bij de dood ik was geweest, want die informatie had David me wijselijk onthouden. Maar door de ernst van de ziekte ging ik nadenken over sterfelijkheid.

Dit was niet het moment om te gaan, en het was ook geen prettige manier. Ik wilde thuis sterven, omringd door mijn gezin, en als het even kon wilde ik stokoud worden. Ik wilde de jongens terugzien. Ik had meer tijd nodig.

Na elf dagen werd ik ontslagen. Ik kon niet lopen vanwege pijnscheuten in mijn benen en was door de kwantiteit en kwaliteit van de antibiotica zo slap als een vaatdoek, maar ik was in elk geval thuis. Het duurde zeven weken voordat ik volledig was hersteld en weer kon lopen. Ik verliet het huis alleen voor medische afspraken. Het was gedwongen vrije tijd; dat zou me normaal gesproken tot wanhoop hebben gedreven. Ik kon me de laatste keer niet heugen dat ik zo lang thuis was geweest. Maar hoewel ik me beroerd voelde, genoot ik er zeer van. Het was voorjaar en de tuin van Woodside was op zijn mooist. Er waren ergere plaatsen om gevangen te zitten. Ik kwam terecht in een huiselijke sleur. Overdag wandelde ik over het terrein en genoot ik van de tuin in afwachting van het moment dat de jongens uit school zouden komen en me alles zouden vertellen over hun dag.

Toen ik eenzaam en alleen in het ziekenhuis lag, had ik gebeden: laat me niet sterven, laat me mijn kinderen terugzien, gun me wat meer tijd. Ik had het merkwaardige gevoel dat mijn herstelperiode het antwoord was op die gebeden: als je meer tijd wilt, moet je leren op deze manier te leven, moet je het rustiger aan doen. Het was alsof me een nieuw leven werd getoond en ik besefte dat ik meer van dat leven hield dan van op tournee zijn. Alle twijfels die ik nog had over stoppen met touren verdampten. Ik wist dat ik het juiste besluit had genomen. Muziek was iets prachtigs, maar het klonk nooit zo goed als Zachary's verhalen over wat er was gebeurd bij de padvinders of tijdens de voetbaltraining. Ik kon me niet blijven gedragen alsof ik vierentwintig was. Door te doen alsof ik vierentwintig was zou ik het karwei afmaken dat drank en drugs niet hadden kunnen voltooien. Het zou me doden, en ik was nog niet klaar om te sterven.

achttien

De film was ongeveer een kwartier aan de gang toen ik begon te huilen. En het was niet dat er zo nu en dan een traan over mijn wang liep en ik even mijn ogen moest deppen. Het was een complete, ongeremde waterval met acuut overstromingsgevaar. Wat ze tegenwoordig 'lelijk huilen' noemen. Ik zou willen zeggen dat het was zoals bij *Billy Elliot*, maar dit was erger. Bij *Billy Elliot* had ik me kunnen inhouden tot de emotionele climax van de film, het stukje waarbij je geacht wordt te huilen. Ditmaal was de film nauwelijks begonnen en daar kwam het al. En bij *Billy Elliot* was het me nog gelukt om stil te janken, afgezien van wat gesnuif. Maar deze huilbui was voorzien van geluidseffecten. Het geluid dat ik maakte, leek verrassend veel op de zangimprovisaties waarmee Yoko Ono een hele generatie hulpeloze Beatlesfans traumatiseerde. Ik overstemde de film nog net niet, maar mijn gejammer was luid genoeg om de aandacht van de rest van het publiek af te leiden van wat er gebeurde op het witte doek. Ik werd aangestaard, onder meer door David. Ik kon door mijn tranen heen zien dat hij wanhopig in zijn zakken zat te zoeken; naar tissues, dacht ik, of misschien een prop om in mijn mond te duwen. Zijn gelaatsuitdrukking was een merkwaardige mengeling van gêne, bezorgdheid en doodsangst. Hij had verdacht veel weg van een man die twaalf jaar van zijn leven had geprobeerd een prachtige musical te maken over het leven van zijn man, en diezelfde man, van wie hij misschien een reactie van plezier of opwinding had verwacht, nu in het openbaar zag instorten. En dat al zo vroeg in de film.

Het idee voor een biografische film was in 2004 ontstaan dankzij de films die David LaChapelle had gemaakt voor de *Red Piano*-shows in Las Vegas. Als er dan toch een film over me zou worden gemaakt, moest die er zo uitzien. Zijn films hadden een rafelrandje, maar ze waren wonderlijk, surrealistisch en overdadig. Dat paste goed bij mijn wonderlijke, surrealistische, overdadige carrière. We lieten Lee Hall, die *Billy Elliot* had geschreven, aan een scenario werken. Ik vond het resultaat geweldig. Hij had verzonnen elementen gecombineerd met zaken die er keihard inhakten: droomsequenties en dansnummers gingen hand in hand met huiselijke conflicten en drugsmisbruik. Maar het duurde jaren en nog eens jaren om het project van de grond te krijgen. Ik werd er gek van.

Je zult inmiddels wel hebben begrepen dat geduld niet mijn beste eigenschap is, zeker niet tijdens het creatieve proces. Ik componeer razendsnel en kan slecht tegen getreuzel in de studio. Het zal wel met mijn leeftijd te maken hebben. Ik ben opgegroeid in een tijd waarin je wat liedjes schreef, die je in vier of vijf dagen opnam en enkele maanden later lag het album in de winkels. Maar zelfs de langste opnameperiode van een album vergt maar een fractie van de tijd die het kost om een film te maken. Ons project wilde maar niet van de grond komen. Het aantal pogingen om de film in productie te nemen was eindeloos. Een studio had eindelijk groen licht gegeven, maar toen werd de studiobaas ontslagen en was alles opeens weer anders. Een andere studio was dol op het scenario, maar klaagde over de gay seksscènes. De distributeurs weigerden de film uit te brengen omdat onze film een R-rating zou krijgen (zodat iedereen onder de zeventien de film alleen mocht zien in het gezelschap van een volwassene). Ze wilden dat we aanpassingen zouden doen om er een familiefilm van te maken. Sorry, doen we niet. Ik wilde dat de film de waarheid zou tonen en ik vrees dat mijn leven zich niet bij uitstek leent voor een familiefilm. Het hoefde heus geen eindeloze orgie van seks en drugs te worden, maar iedereen weet dat die zaken een grote rol hebben gespeeld in mijn leven. De film mocht niet de indruk wekken dat ik elke avond vroeg naar bed was gegaan met een glas warme melk en een bijbel.

We hebben allerlei regisseurs en acteurs overwogen. Op een gegeven moment zou Justin Timberlake me spelen. Later stond Tom Hardy in de startblokken. Ik vind hem een voortreffelijke acteur, maar hij kon niet zingen en het leek me geen goed idee om iemand mijn liedjes te laten playbacken. David LaChapelle wilde zich richten op zijn carrière als beeldend kunstenaar en verliet het project. Hij opperde nog wel het briljante idee dat de film begint met dat ik ga afkicken. Veel later heeft hij nog de filmposter ontworpen. Daarna kwam Michael Gracey in beeld. Hij had nog nooit een film geregisseerd – hij deed commercials – maar was bewonderenswaardig enthousiast. We hebben vijf of zes jaar lang ons uiterste best gedaan om alles op poten te zetten, maar we kregen het niet voor elkaar. Michael ging *The Greatest Showman* regisseren en we begrepen dat we niet op hem konden wachten. We hadden iemand anders nodig.

Pas toen ik een rolletje speelde in de tweede *Kingsman*-film viel alles op zijn plaats. Ik heb al eerder mezelf gespeeld in films, en dat was niet bepaald werk waar je Oscars voor krijgt. Ik was dol op de Spice Girls, maar je kon wel zien aankomen dat hun film *Spiceworld* uiteindelijk niet de top tien aller tijden van *Cahiers du Cinéma* zou halen. Ik was altijd terughoudend als ik zo'n rolletje kreeg aangeboden; meestal probeerde ik eronderuit te komen. Als je zoals ik een slecht zelfbeeld hebt over je uiterlijk, heb je geen trek om je gezicht te zien op een scherm van vijftien meter. In de vroege jaren zeventig stuurde Hal Ashby me het scenario toe van *Harold and Maude* omdat hij wilde dat ik de mannelijke hoofdrol zou spelen en de soundtrack zou schrijven. Hoewel het een fantastisch script was, sloeg ik zijn aanbod af. Ik wilde me concentreren op muziek. Ik stelde voor dat hij Cat Stevens zou vragen voor de soundtrack. Ik heb zelfs geprobeerd onder *Tommy* uit te komen, terwijl ik voor mijn rol in die film niet eens hoefde te acteren. Ik hoefde alleen maar 'Pinball Wizard' te zingen met The Who, en ik moest zorgen dat ik niet omviel in mijn Doc Martens van 1 meter 20 hoog. Toch zei ik nee toen ze belden. Toen ze Rod Stewart benaderden, raadde ik hem aan er niet aan te beginnen: 'Daar zou ik met een heel grote boog omheen lopen, schat.' Maar toen belde Pete Townshend zelf. Tegen hem kon ik geen nee zeggen. Rod was witheet toen hij het hoorde. 'Jij kreng! Dat heb je expres gedaan!' Dat was niet zo, maar hij geloofde me niet. Het hielp waarschijnlijk niet dat ik er smakelijk bij lachte.

Het rolletje in *Kingsman: The Golden Circle* was te belachelijk om af te slaan. Ik zou worden gekidnapt door Julianne Moore en mocht, gekleed in een van mijn podiumoutfits uit de jaren zeventig, de slechteriken omleggen met een paar goed gemikte karatetrappen. Tijdens de opnamen liet regisseur Matthew Vaughn zich ontvallen dat hij dolgraag eens een musical wilde maken. Och, echt waar? Hij las het scenario en werd een van de producenten van onze film. Maar hij deed meer dan die titel doet vermoeden. Matthew was een echte partner en een man met visie. Hij haalde Dexter Fletcher erbij als regisseur. Hij had een uitstekende werkrelatie met Paramount Pictures en Jim Gianopulos, de CEO van dat bedrijf. Paramount kwam aan boord als distributeur en werd zo de eerste mainstream Hollywoodstudio ooit die een film uitbracht met een seksscène tussen twee mannen.

Matthew wees ons er ook op dat Taron Egerton, die hij in de beide *Kingsman*-films had geregisseerd, kon zingen. Hij had zelfs al een van mijn nummers, 'I'm Still Standing', gezongen in de animatiefilm *Sing*, waardoor het nummer een nieuw publiek had gevonden. Opeens luisterden kinderen ernaar; ze maakten zelfs TikTokfilmpjes waarin ze dansten op het refrein. Ik was weg van Taron. Ik wist dat hij de juiste man voor de rol was toen ik hem 'Don't Let the Sun Go Down on Me' hoorde zingen. Hij haalde het einde zonder te dreigen iemand te vermoorden of te gillen over Engelbert Humperdinck; een hele verbetering ten opzichte van mijn eerste poging om het nummer te zingen. Ik nodigde hem uit om te komen eten in Woodside. We aten een afhaalcurry en ik liet hem mijn dagboeken uit de vroege jaren zeventig lezen zodat hij een idee kon krijgen van hoe mijn leven was in die periode. Ik was die dagboeken helemaal vergeten, maar op een dag in de zomer van 2017 was een oude roadie van me naar ons kantoor gekomen met een doos die hij op de zolder van zijn huis had gevonden. Naast die dagboeken zaten er twee paspoorten in, waarvan een op naam van Reginald Dwight, met een foto van me uit de late jaren zestig waarop ik door een bril met een zwaar montuur nerveus in de camera kijk, en het andere op naam van Elton John met een foto van me in de volledige uitdossing van een rockster. De dagboeken gaven een beeld van wat er was gebeurd in de periode tussen de foto's. Er was een dagboek voor elk jaar van 1970 tot en met 1976. Ze beginnen vrij normaal: lijsten van sessies die ik had gedaan, platen die ik had gekocht. Alledaagse gebeurtenissen uit het leven van een hardwerkende musicus: 'Heb sessie gespeeld met Brotherhood of Man. Heb "Anyway That You Want Me" van Evie Sands gekocht.

Wat een plaat!!! Monopoly gespeeld. Bernie heeft een blindedarmontsteking.' Dan wordt mijn leven volslagen krankzinnig en worden de dagboeken onbedoeld hilarisch. Om de een of andere reden bleef ik schrijven in dezelfde nuchtere stijl, wat alles nog bespottelijker maakt. 'Opgestaan. Huis opgeruimd. Voetbal gekeken op tv. "Candle in the Wind" geschreven. Naar Londen gegaan. Rolls-Royce gekocht. Ringo Starr kwam eten.' Ik denk dat ik alles wat me overkwam wilde normaliseren. Maar wat me overkwam was natuurlijk allesbehalve normaal.

Toen de opnamen eenmaal waren begonnen, bleef ik uit de buurt van de film, die inmiddels *Rocketman* heette. Ik keek niet naar de *rushes* en vertoonde me niet op de set. Ik dacht dat ik het werk van de acteurs zou bemoeilijken als ze voortdurend degene over wie de film ging zouden zien rondlopen. Ik deed zo nu en dan een suggestie, beantwoordde vragen over details, en Bernie en ik schreven een nieuw nummer, 'I'm Gonna Love Me Again', dat ik aan het einde van de film samen met Taron zing. Dat was het wel zo'n beetje. David en ik bespraken niet uitvoerig wat er op de set gebeurde, al liet hij natuurlijk weleens iets doorschemeren. Ik hoorde dat Taron het vreselijk had gevonden om zijn haar met een scheermes te laten uitdunnen om het meer te laten lijken op mijn haar in de jaren zeventig. Dat vond ik kostelijk. Welkom in mijn leven, schat. Jouw haar groeit tenminste weer aan. En dan was er de avond van de Grote Pijpcontroverse. We zaten rustig in bed. Ik las en David bekeek e-mails op zijn laptop toen hij plotseling uitriep: 'Dat is godverdomme toch ongelooflijk!' Hij sprong het bed uit en ging bellen. Ik hoorde hem in een andere kamer zeggen: 'De studio zei dat we de pijpscène korter moeten maken, maar jij hebt hem langer gemaakt.' Ik kon mijn oren niet geloven. Welke pijpscène? Begrijp me goed: ik heb niets tegen pijpen – ik ben zelfs een uitgesproken liefhebber – maar ik kon me niet herinneren dat die activiteit in het scenario stond.

Toen hij terugkwam, vroeg ik voorzichtig of alles goed was. Hij verzekerde me dat alles in orde was. Toch duurde het even voordat ik die avond was ingeslapen. Er worden miljoenen dollars uitgegeven aan een film over je leven, en dan kom je opeens tot de ontdekking dat er een lange, schijnbaar controversiële pijpscène in zit. Zie dan maar eens lekker te slapen.

Ik wist dus niet precies wat me te wachten stond toen ik eindelijk plaatsnam in het filmzaaltje van Paramount. David was – heel begrijpelijk – enorm nerveus. In de eerste plaats had hij zich met hart en ziel ingezet voor de totstandkoming van de film. Bovendien had hij me in de twintig jaar die we al samen waren zien ontploffen omdat een bloemstuk me niet beviel. Of bagage, of een nieuw pak. Hoe woedend zou ik niet kunnen worden over een peperdure film over mijn leven? Zijn stemming sloeg radicaal om toen ik in tranen uitbarstte. Hij oogde niet meer gespannen, maar ronduit suïcidaal.

Het was de scène in het huis van mijn oma op Pinner Hill Road waarop ik zo sterk reageerde. Mijn vader en moeder en oma zetten 'I Want Love' in. Ik wist dat het nummer in de film zat, maar niet hoe ze dat zouden gebruiken. Het gaat over Bernie, een man van middelbare leeftijd die een paar scheidingen achter de rug heeft en zich afvraagt of hij ooit nog verliefd zal worden: 'I want love, just a different kind… won't brick me up, won't fence me in, that's the love I want.' Maar het ging net zo goed over de mensen in dat huis. Niemand was gelukkig, iedereen had het gevoel dat ze daar tegen hun wil vastzaten, iedereen wist dat er buiten dat huis een beter leven op hen wachtte. Ik besefte dat de tekst die ik talloze malen had gezongen mijn jeugd en familie perfect samenvatte en begon te janken.

Uiteindelijk kwam ik tot rust en kon ik de rest van de film zien. John Reid, die werd gespeeld door Richard Madden, bleek betrokken te zijn bij de befaamde pijpscène. De pijnlijke onderhandelingen over de lengte van de scène hadden blijkbaar iets opgeleverd. Na afloop werd er niet geapplaudisseerd of gefeliciteerd. Er viel een gespannen stilte. Het was duidelijk dat men verwachtte dat ik iets zou zeggen en dat het negatief zou zijn. Ik keek naar David, die nog altijd leek te denken dat het leven hem niet veel meer te bieden had.

'En? verzuchtte hij.

'Niets meer aan doen,' zei ik. 'Hij is fantastisch.'

Toen we de film vertoonden in Cannes, wist ik dat anderen net zo over *Rocketman* dachten als ik. Ditmaal wist ik de scène in het huis op Pinner Hill Road door te komen zonder te huilen of mijn inmiddels legendarische Yoko Ono-imitatie ten beste te geven. Het publiek begon te juichen bij de scène waarin ik 'Your Song' schrijf en aan het eind was er een staande ovatie van vijf minuten. Ook daarna verliep alles ideaal. We kregen fantastische recensies, de film trok veel publiek en won prijzen. Ik was dolblij, vooral met de erkenning die Taron kreeg. Ik vond dat hij mijn essentie had gevonden zonder me te imiteren; Jamie Bell had hetzelfde gedaan met Bernie en Richard Madden had het geflikt met John Reid. Taron had ongelooflijk hard gewerkt, niet alleen aan het acteren, maar ook aan de muziek. Hij verdiende alle onderscheidingen en complimenten die hij kreeg.

Na de première zagen we elkaar veel. Ik merkte dat het avontuur hem mentaal had uitgeput. In zekere zin was ik verrast dat hij met me wilde optrekken. Taron had me twee jaar lang moeten spelen en had daarna maandenlang tijdens promotiewerkzaamheden vragen over me beantwoord. Ik zou er alle begrip voor hebben gehad als hij de naam Elton John nooit meer had willen horen, laat staan dat hij met me wilde dineren. Maar we raakten goed bevriend. Op een avond in Los Angeles nam ik hem mee naar het huis van Joni Mitchell. Dat was wel een ding voor hem, want hij was een groot fan van Joni. Eerlijk gezegd was het ook een ding voor mij. Ik kende Joni al tientallen jaren, maar ik had haar voor het laatst gezien op het feest voor mijn zeventigste verjaardag en toen oogde ze schrikwekkend broos. Ze had in 2015 een aneurysma gehad en had twee of drie dagen buiten bewustzijn in haar huis op de grond gelegen voordat iemand haar vond. Ze mocht van geluk spreken dat ze nog leefde. Op mijn feest, enkele jaren later, zat ze nog in een rolstoel. Sinds die tijd hadden gemeenschappelijke vrienden van ons, de countryzangeres Brandi Carlile en haar vrouw Catherine, de gewoonte opgevat om Joni wekelijks te bezoeken. Ze namen vaak andere musici als Herbie Hancock en Chaka Khan mee en moedigden Joni aan om met hen te zingen. Joni had ook veel zware fysiotherapie gekregen, maar ik kon me niet aan de indruk onttrekken dat de bezoekjes van Brandi een belangrijke bijdrage hadden geleverd aan haar herstel omdat ze de kans kreeg weer iets te doen waar ze zielsveel van hield en ontzettend goed in was.

Haar herstel was goed zichtbaar toen we aankwamen in haar huis in Bel Air. Joni liep zonder hulpmiddelen. Ze leek een heel ander mens dan de vrouw die ik enkele jaren eerder had gezien. Brandi was er met Tim en Phil, de eeneiige tweeling die bas en drums speelt in haar band. Ook Bonnie Raitt was van de partij. We zaten rond de piano en zongen elkaars liedjes. Joni zong oude jazzklassiekers waarbij Brandi de tweede stem deed. Vier jaar geleden kon Joni niet eens praten; nu klonk haar stem verbijsterend. Het was heerlijk. Joni woonde al in dat huis sinds de vroege jaren zeventig. Het had, ook omdat overal aan de muren haar schilderijen hingen, iets van de oude ambiance behouden. Ik moest de hele avond aan die tijd denken: die magische versie van L.A. die ik leerde kennen tijdens mijn eerste bezoek aan Amerika, de feestjes in Laurel Canyon waar musici bij elkaar kwamen om te zingen en te spelen uit pure liefde voor muziek.

Taron nam het stilletjes in zich op. Hij had de avond van zijn leven. Nou ja... dat had hij totdat Joni hem vroeg wat hij wilde zingen. Het zou best kunnen dat ik hem niet had verteld dat je werd geacht op te treden als je haar uitnodiging aannam.

Heel even was ik bang dat die arme stakker uit zijn stoel zou springen en zou proberen het pand te verlaten. Ik zei dat ik hem zou begeleiden en zette 'Tiny Dancer' in. Na enig aandringen van Brandi stond hij op en zong met me mee. Hij was fantastisch; iedereen was diep onder de indruk. Toen we aan het einde van de avond in de auto stapten, zei hij dat hij nauwelijks kon geloven wat er was gebeurd; dat hij het lef had gehad om te zingen in aanwezigheid van zijn grote idool. 'Elton, die vrouw is... een godin.' Hij is later opnieuw bij haar op bezoek geweest, zonder mij. Het schijnt dat hij in Joni Mitchells woonkamer 'Your Song' heeft gezongen alsof het de normaalste zaak van de wereld was.

Ik was teleurgesteld toen Taron geen Oscarnominatie kreeg voor Beste Acteur. Maar ja, de Oscars zijn een loterij en het was een goed jaar in die categorie. Bovendien had Rami Malek in 2019 de Oscar gewonnen voor zijn vertolking van Freddie Mercury in *Bohemian Rhapsody* en het lag niet voor de hand dat er opnieuw een musical zou winnen. Maar een nominatie had hij zeker verdiend. Ik vond het oneerlijk dat Taron en de cast en Dexter en zijn crew al het zware werk hadden gedaan, maar dat ik de enige nominatie kreeg, voor Beste Liedje. Ik werd steeds nerveuzer toen de dag van de uitreiking naderde. Ik maak me meestal geen zorgen meer over awards. Die tijd heb ik gehad. Het is heerlijk om prijzen te winnen, maar ik ben in dat opzicht niets tekortgekomen. Ik kan moeilijk gaan roepen dat mijn talenten in de loop van de jaren onvoldoende zijn erkend. Maar ik gunde Bernie een Oscar. Ik had er al een, maar die was voor 'Can You Feel the Love Tonight', een nummer uit *The Lion King* dat ik had geschreven met Tim Rice. Ik had me bovendien in mijn kop gehaald dat de reputatie van de hele film afhing van onze overwinning. Dat was belachelijk, want we hadden al twee Golden Globes, een Critics' Choice Award, twee Hollywood Film Awards en twee Hollywood Critics Association Awards gewonnen en de recette naderde de tweehonderd miljoen dollar. We hadden meer beeldjes dan een Griekse zuilengalerij. Maar ik zag het even allemaal niet zo helder; dat was me tijdens de periode van mijn leven die in de film aan bod komt ook regelmatig overkomen. Het werd allemaal nog erger omdat iedereen tegen me zei dat ik zeker zou winnen. Ze bedoelden het goed, maar elk mailtje en elk telefoontje verhoogde de druk. Ik was bang dat al die mensen die dachten dat ik zou winnen me een enorme sukkel zouden vinden als ik dat niet deed.

Je zult je kunnen voorstellen dat ik tijdens het weekend van de Oscars voortreffelijk gezelschap was. We werden gevraagd voor tientallen feestjes. Maar elke keer als David voorstelde dat we een uitnodiging zouden aannemen, zei ik dat hij in de stront kon zakken. We vierden de nominatie uiteindelijk door thuis te blijven en ruzie te maken, waarbij ik voortdurend brulde dat ik onder grote druk stond en David uitweidde over het succes van de film en alle erkenning die hij al had gekregen, en nog langer uitweidde over alle manieren waarop ik zijn weekend aan het verpesten was. Hij dreigde zelfs dat hij niet naar de Oscaruitreiking zou gaan als ik niet een beetje zou opvrolijken. Daar schrok ik van. Ik besloot me verder alleen in stilte zorgen te maken.

Dat bleef ik doen tijdens de Oscaravond, waar ik 'I'm Gonna Love Me Again' zou zingen. Ik was backstage en stond doodsangsten uit toen ik bij de deur van mijn kleedkamer een vertrouwde begroeting hoorde: 'Hallo, oud kreng.' Het was Eminem, die 'Lose Yourself' zou zingen. We bedachten dat we ooit eens samen een album zouden moeten opnemen en belandden in een wedstrijdje wie daar de walgelijkste titel voor kon bedenken. Ik ben er trots op dat ik er een paar bedacht waarvan zelfs Eminem schrok. Dat is geen geringe prestatie. Toen hij vertrok om zich voor te bereiden op zijn optreden sloeg bij mij de angst weer toe. Dat had niets te maken met mijn korte optreden, dat prima verliep, maar alles met de award. Ik wilde alleen maar dat het allemaal voorbij zou zijn.

En uiteindelijk was het ook voorbij. Tegen de tijd dat werd aangekondigd dat we hadden gewonnen, was ik compleet uitgeput en zweette ik zo hevig dat mijn pak aan mijn lichaam plakte. Toen ik voor de elite van Hollywood verscheen, leek ik meer op een man die volledig gekleed een douche had genomen dan op iemand die even een liedje had gezongen. Toen mijn naam werd genoemd, zakte ik heel even onderuit in mijn stoel. Ik stond op en liep verdwaasd naar Bernie. Hij omhelsde me en ik zei dat hij namens ons allebei moest spreken. Ik was opgelucht, dolblij en doodmoe, maar ik was vooral overweldigd en niet in staat om iets te zeggen. Het was bovendien Bernies moment. Het was zijn eerste Oscar. Nadat hij zijn zegje had gedaan, wist ik ook nog een aantal dankbare woorden uit te brengen. Ik vertelde hoe belangrijk Bernie voor me was en hoe trots ik was dat we na tweeënvijftig jaar samenwerken deze erkenning hadden gekregen. Ik zwaaide naar Zachary en Elijah, die thuiszaten.

Na afloop gingen we naar het traditionele Oscarfeest van de

Elton John AIDS Foundation. De jongens van de Netflixserie *Queer Eye*, die als gastheren optraden, hadden er iets bijzonders van gemaakt. Bernie en ik poseerden buiten voor de camera's en zwaaiden triomfantelijk met onze Oscars. Ik trad op met Sam Fender, een van mijn favoriete jonge artiesten. Bijna niemand leek te weten wie hij was, maar het dak ging eraf. Ik werd ontelbaar vaak gefeliciteerd en geknuffeld. Helaas zweette ik nog steeds als een otter. Ik had me omgekleed, maar mijn nieuwe outfit was net zo doorweekt als de vorige. Ik wierp jaloerse blikken in de richting van Jonathan Van Ness van *Queer Eye*, die een rugloze jurk met één mouw droeg en een zilveren handtas. Hij leek het veel koeler te hebben dan ik in mijn pak. Maar ik wist dat mijn kleren het probleem niet waren. Het lag aan mij. Er zat iets niet goed.

Dat bleek tijdens onze vlucht van Los Angeles naar Nieuw-Zeeland, waar ik moest optreden. De vlucht van veertien uur deed me geen goed. Ik hield me staande tijdens een concert in Napier, maar voor de show in Auckland werd er een arts bij gehaald die vaststelde dat ik een lichte longontsteking had. David zei dat ik het concert moest afblazen. Dat verdomde ik, al was het maar omdat premier Jacinda Ardern in het publiek zat. Ze kwam me voor het optreden backstage begroeten en was te beleefd om te zeggen dat ik er nogal klam uitzag. Er zaten ook nog veertigduizend andere mensen in de zaal. Ik vind het vreselijk om optredens af te zeggen, en zeker op het allerlaatste moment. Aangevuurd door de vastberadenheid die me al talloze malen heeft geholpen – van de gevechten in het Northwood Hills Hotel tot die keer dat ik het in mijn broek deed op het podium van Caesars Palace – stak ik een lange speech af waarin ik David uitlegde hoe belangrijk het was om mijn publiek niet teleur te stellen en tijdens de show alles te geven wat ik in me had. Het zou allemaal nog veel stimulerender zijn geweest als mijn stem niet zwakker en zwakker was geworden. Niettemin liet ik onomwonden weten dat het optreden gewoon zou doorgaan.

Maar het optreden ging niet gewoon door. Ik heb ongeveer een uur schor gekwaakt totdat ik tijdens 'Someone Saved My Life Tonight' duizelig werd. Toen ik aan het einde van dat nummer een buiging maakte, kukelde ik bijna van het podium. Ik vroeg om een arts, die in de coulissen verscheen en me een zuurstoftest afnam. David vond dat ik moest stoppen. Hij vertelde dat Elijah, die in de zaal zat, in tranen was omdat hij zich zorgen maakte over papa's gezondheid. Ik weigerde. David negeerde me en zei tegen de tourmanager dat hij het introbandje voor het volgende nummer niet moest afspelen. 'Funeral for a Friend', het openingsnummer van *Goodbye Yellow Brick Road*, begint met een opname van wind op een kerkhof en klokgelui. Afspelen die tape, zei ik tegen de tourmanager. Stop de tape, zei David. Ik begon te schreeuwen en beëindigde de discussie door het podium op te lopen. Maar toen begaf mijn stem het helemaal. Het concert was voorbij, of ik dat nu wilde of niet. Ik verontschuldigde me tegenover het publiek, barstte in tranen uit en laste een pauze in om beter te worden. David was tactvol genoeg om me niet in te wrijven dat hij gelijk had gehad.

De afscheidstournee was toen al bijna anderhalf jaar bezig. We waren op 8 september 2018 begonnen in Allentown, Pennsylvania. David had er helemaal het overdadige feestje van gemaakt dat ik voor ogen had. Hij had hulp gekregen van een fantastisch team met onder meer Sam Pattinson, die het visuele gedeelte voor zijn rekening nam, en onze ongelooflijke tourmanager Keith Bradley. We hadden een schitterend decor met een lijsttheater waarop taferelen uit mijn leven werden getoond: het

Starship, het logo van Watford FC, portretten van Leon Russell en Ryan White. De piano kon over het podium bewegen terwijl ik speelde. David had verbijsterend mooie films laten maken als begeleiding bij de liedjes; de nog altijd knappe Tony King had ervoor gezorgd dat ze er piekfijn uitzagen. Vijftig jaar nadat hij mijn leven was komen binnenwaaien, vertrouwde ik zijn smaak nog altijd impliciet. Er waren animaties die de cover van *Captain Fantastic* tot leven brachten, clips uit verschillende fases van mijn carrière, beelden van overleden idolen en vrienden, hippe films van hedendaagse kunstenaars. Soms was het alsof de films oude liedjes van een nieuwe betekenis voorzagen. 'I Guess That's Why They Call It the Blues' werd begeleid door een serie door Martin Parr gemaakte foto's van doodgewone Britse stelletjes: gepensioneerde mensen op bankjes, vaders en moeders van middelbare leeftijd in badplaatsen. Die beelden leken een liedje over twee geliefden die niet bij elkaar zijn en elkaar missen te veranderen in een liedje over dat je moet investeren in een langlopende relatie. Andere filmpjes legden uit wat een liedje altijd al had betekend. David LaChapelle maakte er een voor 'Daniel' dat onderstreepte dat het nummer over een Vietnamveteraan gaat die zijn oorlogsherinneringen wil ontvluchten en dat het niet, zoals iedereen destijds dacht, een versluierde beschrijving is van een homoseksuele relatie. Kostelijk vind ik dat: het was niemand opgevallen dat Bernie in de jaren zeventig een aantal nummers had geschreven die refereerden aan mijn seksualiteit, maar iedereen sloeg aan op een liedje dat daar juist niets mee te maken had.

De recensies waren onvoorstelbaar goed. De laatste keer dat ik zo goed was besproken, had ik al mijn haar nog en moesten de recensenten uitleggen wie ik was. Ze hadden goed begrepen wat ik wilde doen. Ik wilde niet zomaar als een wandelende jukebox mijn hits spelen, maar de sfeer van de oude Elton John Band opnieuw oproepen. Davey Johnstone, Nigel Olsson en Ray Cooper speelden in mijn band. We rekten de nummers op en improviseerden. Op een goede avond kon 'Burn Down the Mission' of 'Levon' wel vijftien minuten duren. We werkten ons een slag in de rondte en haalden er zomaar flarden van andere liedjes bij, zoals we dat ook vaak deden in de vroege jaren zeventig als we plotseling van een van onze eigen nummers overgingen in 'Give Peace a Chance' of 'I Want to Take You Higher' of 'Get Back'. Het was riskant, maar de fans vonden het heerlijk, misschien wel omdat de bands van nu dat nooit meer doen. Concerten zijn tegenwoordig veel strakker geregisseerd dan vroeger. Bands willen wat ze al in de studio hebben gedaan zo goed mogelijk nadoen en proberen niet op het podium iets nieuws te creëren.

Het heerlijkste van de recensies was de genegenheid die eruit sprak, een gemeende droefheid omdat ik had besloten te stoppen met tournees; het gevoel dat een tijdperk ten einde liep. Zelf had ik die gevoelens ook, deels omdat ik wist dat ik voor de laatste keer optrad in bepaalde steden en landen, maar vooral omdat die tournee veel te maken had met het aan elkaar knopen van de losse eindjes in mijn leven. Allerlei mensen kwamen me backstage opzoeken; artiesten, maar ook mensen uit mijn verleden die ik al jaren niet meer had gezien. Toen ik in Charlotte, North Carolina speelde, werd er op de deur van mijn kleedkamer geklopt. Een beveiliger begeleidde een knappe blonde man naar binnen. Ray Williams zag er nog net zo uit als toen ik tweeënvijftig jaar eerder zijn kantoor bij Liberty Records was binnengelopen. Hij had sinds de beëindiging van onze samenwerking in de filmindustrie gewerkt. Hij had in interviews weleens gesproken over onze tijd samen, maar hij had verzwegen dat hij het geheim van de eeuwige jeugd had ontdekt.

Dat ik enigszins nerveus werd toen hij verscheen, had niet alleen te maken met zijn uiterlijk. Ik zou er begrip voor hebben gehad als Ray nog altijd wrok koesterde over de manier waarop onze relatie was afgelopen. Hij had me in feite ontdekt en me in contact gebracht met Bernie. Ik wist dat het nooit iets zou zijn geworden als hij mijn manager was gebleven; maar met mijn karakteristieke neiging om alles wat op een confrontatie lijkt te vermijden, had ik het aan Dick James overgelaten om Rays contract te beëindigen, en op Dicks aanpak was ook het een en ander aan te merken geweest. Het ging destijds allemaal te snel in mijn leven om me er veel zorgen over te maken, maar er had altijd iets van schuldgevoel aan me geknaagd als Rays naam viel. Maar bij onze ontmoeting in Charlotte wilde Ray niet over het verleden spreken. Ik was niet bitter. Hij grijnsde naar me en we omhelsden elkaar. Hij zei dat hij trots was op wat ik had bereikt en dat hij had genoten van *Rocketman*. Het was een heerlijk weerzien.

Toen ik in Hove speelde, kwam mijn stiefmoeder Edna drie dagen voor haar negentigste verjaardag langs met drie van mijn halfbroers: Simon, Stanley en Robert. Ik had haar altijd graag gemogen en haar tante Edna genoemd, maar onze relatie was nogal problematisch geweest. Ze was niet blij met de dingen die ik in het openbaar over mijn vader zei, waarin ze vaak niet de man herkende met wie ze was getrouwd. Het was alsof we twee verschillende mannen hadden gekend die toevallig dezelfde naam hadden. Maar deze keer hadden we het heerlijk samen. Het was heel anders dan mijn bezoekjes aan mijn vader toen hij oud was, die heel realistisch worden weergegeven in *Rocketman*: pijnlijk en ongemakkelijk omdat ik maar blijf hopen op een of andere doorbraak in onze relatie. Die komt niet en dan geef ik het op en ga ik naar huis. Er is een foto van een van die bezoekjes. Mijn vader zit op de bank en de kinderen uit zijn tweede huwelijk krioelen over hem heen terwijl ik, alleen en duidelijk niet op mijn gemak, op enige afstand van de rest van het gezelschap zit. Iemand nam die avond in Hove een foto die heel anders is, maar er ook merkwaardig veel op lijkt. Iedereen glimlacht en er is geen vreemde eend in de bijt. Maar ik zit in exact dezelfde houding als mijn vader op die oude foto: omringd door familieleden terwijl een kind van een van mijn halfbroers over me heen klautert.

Edna zat op de bank in mijn kleedkamer en we bleven maar praten. Op een gegeven moment keek ze naar David, die met een van mijn halfbroers zat te praten, en zei: 'Hij is het beste wat je ooit is overkomen.' Ten tijde van onze laatste ontmoeting dronk ik nog, en ze zal wel hebben opgemerkt hoe ingrijpend ik was veranderd en hoeveel gelukkiger ik nu was. Ik bedacht dat mijn moeder nooit zoiets zou hebben gezegd. Bij het vertrek spraken we af contact te houden. Dat deed ik niet voor mijn vader, maar omdat ik die mensen zo aardig vond. Maar mijn vader zou het heerlijk hebben gevonden dat ik contact had met zijn andere kinderen.

Alleen Rod Stewart leek niet blij voor me te zijn. Toen de tournee werd aangekondigd, zei hij in een Amerikaans praatprogramma dat hij nooit zou bekendmaken dat hij met pensioen ging; dat was niet rock-'n-roll. Ik begreep niet wat hij bedoelde, maar ik had geen zin in een preek over de ontembare spirit van de rock-'n-roll van iemand die al tien jaar lang Amerikaanse musicalliedjes en 'Have Yourself a Merry Little Christmas' croont. Hij zei dat ik mijn pensioen aankondigde om meer kaarten te verkopen. Het klonk niet als een van onze gebruikelijke plagerijtjes. Hij beschuldigde me ervan dat ik loog over een van de belangrijkste beslissingen van mijn leven, een besluit dat ik niet lichtvaardig had genomen. Hij leek het nog te menen ook. Ik vond het van lef getuigen dat hij me verweet dat ik mijn tournee wilde promoten terwijl hij letterlijk in een tv-programma zat om zijn eigen tournee te promoten.

Toen kalmeerde ik. Misschien had hij het als een grapje bedoeld, maar kwam het er verkeerd uit. In augustus 2018 stuurde ik hem een e-mail. 'Lief hartje van me, ik was een nanoseconde lang pissig op je, maar we kennen elkaar al veel te lang om over zoiets ruzie te maken. Ik bemin je innig en wens je alleen het beste. Ik verheug me op je nieuwe album. Liefs voor jou en Penny, E xxx.' Ik kreeg antwoord van zijn schoonmoeder, Sally, die ook zijn assistente is. Ze schreef dat ze mijn bericht zou doorsturen, dus ik weet dat hij het heeft gezien. Toch hoorde ik maandenlang niets. Toen kreeg ik een bericht van zijn manager, Arnold Stiefel, die me liet weten dat Rod contact wilde hebben. Ik zei dat ik graag over de telefoon wilde praten en vroeg zijn mobiele nummer. Ik kreeg als antwoord dat hij niet met me kon praten omdat hij tussen optredens door 'voortdurende stemrust' in acht nam. Dat leek me heel redelijk, maar toen ontdekte ik dat hij ondanks die 'stemrust' in allerlei praatprogramma's verscheen om me een geldwolf te noemen en *Rocketman* af te kraken. Het was blijkbaar geen probleem om te praten in een programma als *Loose Women*; hij wilde gewoon niet met mij praten. Ik heb geen idee waarom hij zo boos op me was. Ironisch eigenlijk, als je bedenkt wat ik in mijn leven allemaal heb gedaan om hem boos te maken. Hoe dan ook: ik heb nog steeds niets van hem gehoord. Sommige mensen denken dat het onvermijdelijk was dat een vriendschap die was gebaseerd op een amicale rivaliteit en elkaar de loef afsteken uiteindelijk zou stuklopen, maar volgens mij is dat niet zo. Ik vind het vreemd en ook nogal sneu, vooral omdat ik niet de kans heb gekregen om hem erop te wijzen dat de kaartverkoop voor mijn tournee veel beter loopt dan die voor de zijne.

Want Phyllis had het verkeerd gezien: de tournee was een groot succes. Het was zwaar werk – we hadden 179 optredens verzorgd toen het coronavirus alles tijdelijk een halt toeriep – maar ik genoot met volle teugen. Hoe kon ik ook anders? Alles verliep beter dan ik had durven dromen. We speelden voor volle zalen en kregen fantastische recensies, Zachary en Elijah reisden mee en ik had superveel plezier. In mijn eigen land ontving ik de Companion of Honour, een onderscheiding die slechts vijfenzestig mensen tegelijk kunnen hebben. Soms bekroop me het gevoel dat ik op mijn tweeënzeventigste het beste jaar van mijn carrière beleefde. Er zijn niet veel rocksterren die me dat kunnen nazeggen.

Gelukkig zette het universum me weer met beide benen op de grond. We speelden in Australië tijdens de Zwarte Zomer, toen de ergste natuurbranden in de geschiedenis van dat land waren uitgebroken. In Sydney kwamen de branden zo dichtbij dat je ze kon ruiken. Er zweefde zoveel as door de lucht dat je vanuit de haven niet eens het beroemde Opera House kon zien. Het nieuws toonde elke avond beelden van verwoesting: duizenden gebouwen in puin, stervende mensen, banen die verloren gingen, een half miljard gestorven dieren. Ik doneerde een miljoen dollar aan het reddingsfonds. Verder stond ik machteloos.

Eind januari had de regen de meeste branden geblust. Maar op de avond dat we optraden in Coldstream, Virginia was het nog bloedheet. Het concert vond plaats in de openlucht en was de eerste van twee shows voor twaalfduizend mensen in een wijngaard. Toen ik het podium op liep, was het veertig graden met een hoge vochtigheidsgraad, geen ideale omstandigheden als je tweeënhalf uur gaat spelen. Maar mijn stem hield zich goed, het publiek was fantastisch, en we wisten dat het niet zou gaan regenen. We hadden de weersvoorspelling geraadpleegd en het zou tot ver na middernacht droog blijven.

Ik was net weer het podium op gegaan om 'Funeral for a

Friend' te spelen – ja, alweer dat nummer – toen ik een regendruppel op mijn gezicht voelde. Ik had geen tijd om de voorspellende vaardigheden van de plaatselijke weermannen te vervloeken, want het was een uitdaging om piano te blijven spelen in de hevigste bui die ik ooit heb meegemaakt. Toen stak de storm op en vloog de regen horizontaal. Ik hoorde mensen in het publiek gillen. Er vlogen picknickmanden en stoelen door de lucht. Ik werd me er voor de eerste keer in mijn leven pijnlijk van bewust dat ik een haarstukje droeg. Het was niet uitgesloten dat iemand in Tasmanië plotseling mijn pruik op zijn hoofd zou krijgen.

De acute angst dat mijn haar het hazenpad zou kiezen maakte plaats voor verwarring. Wat was dat geluid dat ik uit de boxen hoorde komen? Ik besefte tot mijn afgrijzen dat ik het zelf voortbracht. Ik wist niet hoe een met water volgelopen piano klinkt. Daar had ik niet veel aan gemist. Het maakt eigenlijk niet uit welke toets je aanslaat, je krijgt steeds hetzelfde doffe, metaalachtige geluid. 'Funeral for a Friend' is een gecompliceerd stuk; een instrumentaal nummer dat begint als een hymne, waarna het toenemende tempo vooral wordt aangestuurd door mijn dramatische pianoakkoorden. Die avond klonk het alsof iemand een zak kleerhangers een trap af duwde. Ik speelde stug door en hamerde op de toetsen alsof mijn leven ervan afhing. Een paar roadies renden het podium op en probeerden een deken over me heen te leggen. Maar het waaide zo hard dat ze de stof om mijn hoofd wikkelden. Ik schreeuwde dat ze moesten oprotten. Ze bedoelden het goed, maar het regende zo onvoorstelbaar hard dat het nogal een loos gebaar was om een deken over me heen te gooien. Alsof je een hoed opzet om de aandacht af te leiden van het feit dat je hoofd is afgehakt. Ze hadden me beter een paar zwemvliezen en een snorkel kunnen geven.

Ik wil er even op wijzen dat al deze zaken zich voltrokken in misschien tien seconden. Zo lang had mijn tourmanager namelijk nodig om het optreden af te blazen voordat iemand op het podium zou sterven door elektrocutie of verdrinking. Gelukkig zat mijn haar nog op mijn hoofd toen ik haastig werd afgevoerd. Het publiek onderging het allemaal bewonderenswaardig stoïcijns. Regen werd in Australië gezien als de grote verlosser. Daar hadden ze wel een verpeste avond voor over.

Toen ik mijn doorweekte onderbroek in de kleedkamer zat, moest ik lachen. Niet alleen om de bespottelijke gebeurtenissen, maar ook omdat ik me realiseerde dat ik dit al eerder had meegemaakt. In oktober 1971 was ik voor het eerst in Australië. Ik vond het ontzettend opwindend. In Europa en Amerika speelde ik op universiteiten en in theaters; in Australië deed ik voor het eerst grote openluchtshows. De speelplekken maakten een nogal geïmproviseerde indruk – haastig opgebouwde podia op racebanen en tenniscomplexen – en het weer was niet wat ik had verwacht op grond van de beelden van Australië die je in Engeland op televisie zag. Het regende veel en het was zo koud dat ik de geplande podiumoutfits niet kon gebruiken; zonder een warme jas was het niet te doen. Maar het publiek had nergens last van en alles ging prima totdat ik op de Randwick Racecourse in Sydney speelde. Ook die avond was er halverwege de set zomaar een storm opgestoken. Toen bleek hoe haastig dat podium was neergezet. We merkten dat het niet meer was dan een simpele stellage met wat zeildoek erover toen het zeildoek loskwam en op me landde terwijl ik zat te zingen. Ik speelde vrolijk door en trakteerde het publiek – dat ik niet kon zien – op een versie van 'Take Me to the Pilot'. Op die avond tijdens mijn afscheidstournee zou ik trouwens best blij zijn geweest met een stuk zeildoek. Hoe dan ook: de cirkel was weer rond.

Toen de tournee in Frankrijk aankwam, werd bekendgemaakt dat ik de Légion d'Honneur zou ontvangen. Ik heb in mijn leven meer prijzen en onderscheidingen gekregen dan een mens nodig heeft, maar deze gaf me van meet af aan een heel ander gevoel. Het was niet alleen het feit dat het de hoogste onderscheiding was die je in Frankrijk als gewone burger kunt ontvangen en dat ze die niet klakkeloos uitdelen aan buitenlandse popsterren. Alleen Bob Dylan, Barbra Streisand, Quincy Jones en Paul McCartney waren me voorgegaan. Het was ook de plechtigheid. Zo'n uitreiking is meestal kort en oersaai, maar dat gold niet voor deze. David en Zachary en Elijah waren erbij; de jongens gingen zodra de plechtigheid voorbij was door de tuinen van het Élysée rennen, maar daar maakte niemand zich druk over. Ik mocht vrienden uitnodigen uit alle gebieden van mijn leven. Donatella Versace was er; Alessandro Michele van Gucci en zijn partner Vanni; Zachary's peetouders Bob en Tamar Manoukian; mijn vrienden Theo en Louise Fennell en Robin Hurlstone; Alain Perrin, die me had laten kennismaken met het verzamelen van fotografie, en zijn vrouw Florence. Ik had ook vrienden meegenomen van de Elton John AIDS Foundation: de CEO, Anne Aslett; mijn dierbare vriendin Lily Safra, die in de loop van de tijd enorm veel heeft gedoneerd; en ook Lelio Marmora van het mondiale gezondsheidsinitiatief Unitaid en Peter Sands, de executive director van het Global Fund to Fight AIDS, Tuberculosis and Malaria. President Macron had aangeboden als gastheer op te treden tijdens een congres om fondsen te werven voor het Global Fund, een bedelactie die om de paar jaar wordt gehouden waarbij de directeur wereldleiders en grote bedrijven smeekt om meer geld bij te dragen voor de bestrijding van de drie dodelijkste besmettelijke ziekten van onze planeet. We hadden geruchten gehoord dat Frankrijk niet van plan was zijn bijdrage te verhogen, dus het leek me verstandig om die mensen in contact te brengen met Macron, zodat ze hun zaak konden bepleiten.

We luisterden verbijsterd naar de speech van vijfendertig minuten die president Macron in perfect Engels en zonder aantekeningen gaf over mijn carrière. Zijn woorden waren complimenteus en ongelooflijk persoonlijk; hij noemde liedjes en citeerde teksten, sprak over mijn stichting en drukte Zachary en Elijah op het hart dat ze trots op me moesten zijn. Na afloop liepen we hand in hand naar buiten om de pers toe te spreken. De president benadrukte de Franse bereidheid om aids te bestrijden en riep andere wereldleiders op zijn voorbeeld te volgen. Hij stopte me een papiertje toe met zijn mobiele telefoonnummer en e-mailadres en zei dat ik altijd mocht bellen. En dat heb ik gedaan; een paar maanden later, vlak voor de bedelconferentie, belde ik hem vanuit Vancouver om hem fijntjes te herinneren aan wat hij over aids had gezegd na de uitreiking van de Légion d'Honneur. Het Global Fund kreeg maar liefst veertien miljard dollar bij elkaar.

Na de uitreiking gingen we eten in een Italiaans restaurant. Het was een magische dag geweest waarop alles perfect was verlopen. Na afloop zaten we in ons hotel te praten over hoe fantastisch het allemaal was. Toen ik zei dat we wat foto's hadden moeten laten maken – dat waren we in alle opwinding vergeten – begon David zomaar te huilen. Toen ik vroeg wat er aan de hand was, zei hij dat hij aan zijn ouders moest denken en aan die keer, toen hij eenentwintig was, dat hij had geprobeerd zijn moeder te vertellen dat hij gay was. Ze had zo beroerd gereageerd dat hij meteen weer in de kast was gedoken. Ze had gezegd dat hij nooit kinderen zou krijgen, nooit zou trouwen en nooit de veiligheid en geborgenheid zou kennen van een echte relatie. Hij had geen toekomst, zou altijd worden gediscrimineerd en zou misschien nog sterven aan aids ook. Dat zei ze niet uit gemeenheid; ze was gewoon doodsbang. Destijds dacht men echt dat een homoseksuele man veroordeeld was tot zo'n leven. Dat is helemaal niet zo lang geleden. En kijk ons nu eens.

'Ongelooflijk hoe je leven kan veranderen,' zei hij.

Ik dacht even na. David en ik hadden voordat we elkaar leerden kennen heel andere levens geleid, maar ik kon hetzelfde zeggen over mezelf.

'Nou,' knikte ik. 'Ik weet precies wat je bedoelt.'

epiloog

Toen de afscheidstournee werd aangekondigd, schreven sommige journalisten dat ze niet konden geloven dat ik echt zou stoppen. Ze onderbouwden die bewering met uitvoerige kennis van mijn verleden en indrukwekkende psychologische analyses van mijn persoonlijkheid: eerdere pogingen om te stoppen, verslavingsgevoeligheid, een geboren entertainer, geobsedeerd door muziek. Ze hadden hun stelling beter kunnen onderbouwen door te citeren wat ik had gezegd tijdens de persconferentie: dat ik niet van plan was om me terug te trekken uit de muziek of nooit meer op te treden. Ik had alleen gezegd dat ik mezelf niet meer de hele wereld rond wilde slepen. Dat het na deze laatste tournee – driehonderd shows in drie jaar in Noord- en Zuid-Amerika, Europa, het Midden-Oosten, Azië en Australië, met meereizende kinderen en een tutor – voorbij zou zijn.

Het is niet het einde. Ik word blij van de gedachte dat stoppen met tournees me meer tijd zal geven om andere dingen te doen. Ik wil musicals en soundtracks voor films blijven schrijven en meer tijd besteden aan werk voor de AIDS Foundation, vooral in Afrika. Ik wil me sterk maken voor de LGTBQ-gemeenschap daar en praten met politici in Oeganda of Kenia of Nigeria om iets te doen aan de manier waarop mensen in die landen worden behandeld. Ik wil samenwerken met andere artiesten. Ik wil een grote tentoonstelling samenstellen over mijn carrière; ik denk aan een permanent museum om een gedeelte van mijn kunst- en fotografieverzameling tentoon te stellen. Ik wil meer tijd besteden aan nieuwe albums op de manier waarop we aan het begin van mijn solocarrière werkten, toen Bernie stapels teksten schreef en we materiaal te over hadden. Ik ben niet meer de studio in gegaan met een groot aantal nummers om uit te kiezen sinds *Madman Across the Water* achtenveertig jaar geleden. Ik heb sinds die tijd vooral in de studio geschreven, de muzikale tegenhanger van een schilder met een leeg doek. Ik wil weer gaan schrijven zonder meteen op te nemen wat ik heb gemaakt, zoals we *Captain Fantastic* maakten, door me te herinneren wat ik bedenk terwijl we het doen. Ik wil een album maken met covers van oude soul- en r&b-nummers. Geen beroemde dingen, gewoon liedjes die we speelden met Bluesology en waar ik nog altijd van houd, zoals 'The Pain Gets a Little Deeper' van Darrow Fletcher of 'Boogaloo Down Broadway' van The Fantastic Johnny C of 'Are You Lonely For Me?' van Freddie Scott. Ik wil live spelen, maar veel kleinere optredens, zodat ik ander materiaal een kans kan geven. Als er al een probleem is met het schrijven van nummers als 'I'm Still Standing' of 'Rocket Man' of 'Your Song', is het dat ze zo groot worden dat ze een eigen leven gaan leiden en al je andere werk overschaduwen. Ik houd zielsveel van die liedjes, maar ik heb andere nummers geschreven die ik net zo goed vind, maar bij die toppers in de schaduw staan. Ik wil die liedjes ook graag eens in de schijnwerpers zetten.

Maar bovenal wil ik tijd besteden aan… normaal zijn, of in elk geval zo normaal als ik ooit kan hopen te zijn. Minder tournees betekent meer tijd om de kinderen naar school te brengen en op te halen, meer zaterdagmiddagen bij Pizza Express of Daniel's, het warenhuis in Windsor; uitstapjes die de jongens heerlijk vinden, maar die lange tijd niet voorkwamen op mijn radar en waarvan ik inmiddels heb ontdekt dat ik er ook van kan genieten. Dat werd me wel duidelijk toen de coronapandemie toesloeg en mijn geplande optredens in Amerika werden afgelast. We zaten tijdens de lockdown in Los Angeles en wisten niet wanneer alles weer normaal zou worden. Ik stond doodsangsten uit. Elke dag al dat akelige nieuws, plus de wetenschap dat ik, als drieënzeventigjarige overlevende van kanker en diabetespatiënt met een pacemaker, die onlangs een longontsteking had gehad en twee jaar eerder bijna was overleden aan een zeldzame besmettelijke ziekte, zo ongeveer tot alle mogelijke risicogroepen behoorde.

Terwijl ik thuiszat en alle tijd van de wereld had, werkte ik mee aan een aantal optredens voor goede doelen. Verder deed ik wat iedereen deed. Ik probeerde fit te blijven, belde of facetimede met vrienden, keek naar *The Handmaid's Tale* en *Chernobyl*, vroeg me hardop af of we niet beter een paar opbeurende series hadden kunnen kiezen, en probeerde te voorkomen dat mijn bek voortdurend van verbijstering openviel bij *Tiger King*. Toen Little Richard overleed, luisterde ik de hele avond naar zijn platen en dacht ik terug aan die keer dat ik hem had zien optreden – met Sam Cooke als voorprogramma, als je dat kunt geloven – in hetzelfde jaar waarin ik van school ging, en hoe overdonderd ik was door zijn optreden en hoeveel invloed dat op me had. Natuurlijk: Reg Dwight is in 1947 geboren in Pinner, maar Elton John is geboren op die avond in de Harrow Granada in oktober 1962.

Ik speelde vooral veel met de kinderen. Mijn leven draaide eigenlijk om het Ladderspeltoernooi van de familie Furnish-John dat elke middag om vijf uur plaatsvond. Het maakte niet uit dat ik nooit won. Ik hamerde er dan ook voortdurend bij Zachary en Elijah op dat het gewoon een geluksspel was en dat je er niets voor hoefde te kunnen, waarna ze steevast moesten lachen en riepen dat papa niet tegen zijn verlies kon. Maar geloof me: papa genoot volop. Ik had net als iedereen ook slechte dagen, als angst en onzekerheid me bij de keel grepen en ik voortdurend moest denken aan wat zich allemaal afspeelde in de buitenwereld. Maar als het bordspel op tafel kwam en de kinderen krijsend hun overwinning vierden, was ik gelukkig. Ik was blij om daar te zijn.

Er zit een scène tegen het einde van *Rocketman* waarin ik mijn jongere zelf omhels. In zekere zin is dat een perfecte samenvatting van mijn leven. Ik heb altijd geprobeerd om Reg Dwight achter me te laten omdat Reg Dwight niet zo'n gelukkig mannetje was. Maar door afstand van hem te nemen heb ik geleerd dat het misging als ik te ver bij hem – de doodgewone vent die ik ooit was – uit de buurt raakte. Dan werd ik ongelukkiger dan ooit. Ik heb – net als jij, net als iedereen – behoefte aan een connectie met de werkelijkheid.

Ik had en heb een uitzonderlijk leven. Ik zou er niets aan willen veranderen, zelfs niet aan de gedeelten waar ik spijt van heb, want ik ben ongelooflijk gelukkig met hoe het allemaal is gelopen. Het moge duidelijk zijn dat ik beter had kunnen weglopen toen ik John Reid lijntjes coke zag hakken in de studio en dat ik mijn neus in allerlei opzichten beter niet in zijn zaakjes had kunnen steken. Maar misschien moest ik al die ellende meemaken om te komen waar ik nu ben. Ik had nooit verwacht dat ik met een man zou trouwen en vader zou worden van twee jongens; dat leek me niet zo heel lang geleden nog volstrekt onmogelijk. Maar ook dat heb ik geleerd in de loop van mijn belachelijke leven. Vanaf het moment dat ik na een mislukte auditie die envelop met teksten van Bernie in mijn handen kreeg gedrukt, is alles altijd anders gelopen dan ik had verwacht. Mijn leven is een aaneenschakeling van kleine momenten die alles veranderden. Wat als ik zo overstuur was geweest van mijn mislukte auditie dat ik die envelop op weg naar het station in een vuilnisbak had gegooid? Wat als ik voet bij stuk had gehouden en niet naar Amerika was gegaan toen Dick James daarop aandrong? Wat als Watford op die zaterdagmiddag in de vroege jaren negentig West Bromwich had verslagen zodat ik in een goed humeur was geweest en niet een vriend had gebeld met de vraag of hij een paar homoseksuele mannen wilde meenemen voor een etentje? Wat als Lev me niet zou zijn opgevallen in dat weeshuis in Oekraïne? Waar zou ik nu dan zijn? En wie zou ik zijn? Je kunt jezelf tot waanzin drijven met zulke vragen. Maar het is allemaal gebeurd, en hier ben ik. Het heeft geen zin om te vragen 'Wat als?' Je kunt beter vragen: 'Wat nu?'

dankwoord

Ik wil graag iedereen bedanken die mijn geheugen heeft opgefrist en die heeft bijgedragen aan mijn verbijsterende leven.

index

fotoverantwoording

Alle foto's komen uit het familiearchief van de auteur of zijn persoonlijke collectie, behalve:
Pagina 3 linksboven: © Edna Dwight
Pagina 3 onder: © Mercury Records Ltd
Pagina 5 boven: © Mike Ross / Lickerish Syndication
Pagina 5 onder: © Barrie Wentzell
Pagina 6 boven, pagina 10 midden, links en rechts: photographs courtesy of Rocket Entertainment
Pagina 6 midden: foto door David Larkham
Pagina 6 onder: foto door Don Nix © OKPOP Collection / Steve Todoroff Archive
Pagina 7 boven: © Bob Gruen / www.bobgruen.com
Pagina 7 onder: © Anonymous / AP / Shutterstock
Pagina 8 boven: © Michael Putland / Getty Images
Pagina 8 onder: © Bryan Forbes
Pagina 9 boven: © MARKA / Alamy Stock Photo
Pagina 9 rechtsonder, pagina 11 boven en onder, pagina 12 boven en onder: © Sam Emerson (courtesy of Rocket Entertainment)
Pagina 10 boven: © May Pang
Pagina 10 onder: © Mike Hewitson
Pagina 13 boven: © Terry O'Neill / Iconic Images
Pagina 14 boven: © Ron Galella / WireImage
Pagina 14 onder: © Northcliffe Collection / ANL / Shutterstock

Pagina 15 boven: © Chris Morris / Shutterstock
Pagina 15 onder: © Alan Cozzi / courtesy of Watford FC
Pagina 16 boven: © Richard Young
Pagina 16 onder: © Pete Still / Redferns
Pagina 17 boven: © Alan Berliner / Berliner Studio
Pagina 17 onder: foto door Eugene Adebari
Pagina 18 boven: foto door Herb Ritts © Herb Ritts Foundation
Pagina 18 linksonder: © Richard Young / Shutterstock
Pagina 18 rechtsonder: © AF archive / Alamy Stock Photo
Pagina 19 linksboven: © Greg Gorman
Pagina 19 onder: © KMazur / WireImage
Pagina 20: © Mario Testino, David Furnish and Elton John, Paris, 1997
Pagina 21 boven: foto door Charles Green
Pagina 21 onder: © Johnnie Shand Kydd
Pagina 22 links- en rechtsboven: © Sam Taylor-Johnson
Pagina 22 onder: foto door Greg Gorman © HST Global (courtesy of Rocket Entertainment)
Pagina 23 linksboven: © Matthew Baron
Pagina 23 rechtsmidden, linksonder en rechtsonder: © David Furnish
Pagina 24: privécollectie Elton John

de pers over *Ik*:

'Verrassend, humoristisch en opvallend openhartig. Een rockautobiografie waar je wijzer van wordt én steeds weer hardop door in de lach schiet, dat is niet standaard' *de Volkskrant* *****

'Dit is een van de beste autobiografieën van popsterren ooit verschenen omdat de zanger zo geestig en bloemrijk vertelt en genadeloos open is. Hij zet zichzelf neer als een eenzame junk en een verwende diva' *NRC Handelsblad* ****

'De memoires van Elton John zijn op het botte af eerlijk, en zo grappig en schandalig als u had verwacht, maar ook welbespraakt en bedachtzaam' *De Standaard* ****

'Elton John is een uitstekend verteller, die gedetailleerd alles uit de doeken doet. Het boek staat bol van de onthullingen, talloze anekdotes over beroemdheden en smeuïge verhalen, maar ook de nodige zelfreflectie. Daarmee is Ik de meest candid rockautobiografie ooit en zeldzaam leuk leesvoer' *OOR*

'Met een onweerstaanbare zelfspot en tegelijk een trefzekere zelfanalyse lijkt Elton John over alles te vertellen. Hij vertelt in heerlijk onderkoelde, Brits ironische zinnen over zijn seksualiteit, maar kan ook feilloos uitleggen wat de aantrekkingskracht van rock-'n-roll was' *De Groene Amsterdammer*

'Elton John houdt allesbehalve de schijn op in *Ik*. Net als eerder dit jaar in de musicalfilm *Rocketman* vertelt hij openhartig over zijn zelfmoordpogingen, zijn verslaving aan alcohol, drugs en pijnstillers, zijn eetstoornis en zijn vulkanische woedeuitbarstingen. De heftige episodes dist hij op met een fikse klodder humor en zelfspot' *Trouw*

'Om meerdere redenen een geweldig boek, fantastisch. Als je de film hebt gezien: lees het boek ook nog even' *DWDD*

'Ik vond het zó fijn om dit boek te lezen. Nu heb je het échte verhaal. En wat opvalt is zijn gigantische geheugen, hij beschrijft alles tot in detail. Hij spaart niemand, maar vooral zichzelf niet. Het zit vol met anekdotes en hij schrijft zó levendig' Henkjan Smits bij *Tijd voor Max*

'Het is bijna onmogelijk om te stoppen met lezen in *Ik*. Zelfspot en Brits understatement gaan een chemische reactie aan met groteske ijdelheid' Susan Smit